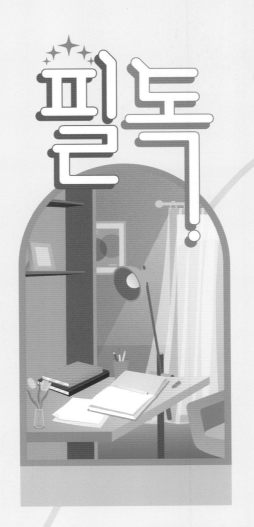

필독

KB190413

중학 국어 | 비문학 독해 2

교재
내용
문의
교재 내용 문의는 EBS 중학사이트
(mid.ebs.co.kr)의 교재 Q&A 서비스를
활용하시기 바랍니다.

교재
정오표
공지
발행 이후 발견된 정오 사항을 EBS
중학사이트 정오표 코너에서 알려 드립니다.
교재학습자료 ▶ 교재 ▶ 교재 정오표

교재
정정
신청
공지된 정오 내용 외에 발견된 정오 사항이
있다면 EBS 중학사이트를 통해 알려 주세요.
교재학습자료 ▶ 교재 ▶ 교재 선택 ▶ 교재 Q&A

필독

중학 국어로 수능 잡기 시리즈

과목 　　　　　 학년	중학 1학년	중학 2학년	중학 3학년
문학	문학 1	문학 2	문학 3
비문학 독해	비문학 독해 1	비문학 독해 2	비문학 독해 3
문법	문법		
문학 작품 읽기	교과서 시, 교과서 소설		

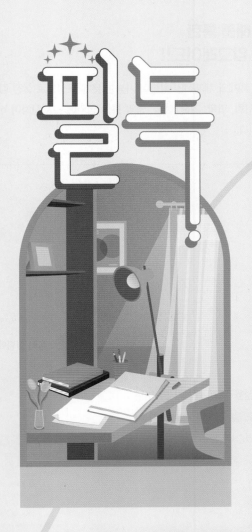

필독

중학 국어 | 비문학 독해 2

이 책의 구성과 특징

영역별 비문학 독해를 통한
비문학 독해 능력 업그레이드!!

- 교과와 연계된 엄선된 제재와 체계적인 학습이 가능한 문제 구성으로 실전 감각을 익힐 수 있습니다.
- 다양한 제재를 인문, 사회, 과학, 기술, 예술, 영역 통합 영역에서 제시하여 비문학 독해 능력을 향상할 수 있도록 하였습니다.

출발

01 필독 TIP

기본적인 제재 파악 먼저!

제재에 대한 정보를 제시하였습니다. 중점을 두고 읽어야 할 부분이 어디인지 확인할 수 있고 글의 수준도 별 표시를 활용하여 어휘, 문장, 배경지식으로 구분하여 제시하였습니다.

인문 01 심리 실험에 나타난 인지 부조화

필독 TIP
어휘 ★★★
문장 ★★★
배경지식 ★★★
이 글은 인지 부조화의 원리를 설명하고 있다. 스탠퍼드 대학의 실험 결과와 일상생활에서의 사례를 통해 인지 부조화의 원리와 이를 극복하는 올바른 삶의 자세를 이해하며 읽도록 한다.

1959년, 레온 페스팅거라는 미국의 사회 심리학자는 자기가 일하는 스탠퍼드 대학의 학생들을 상대로 다음과 같은 공고를 냈다.

아주 중요한 심리 실험에 참가할 지원자를 모집합니다.

실험 중 학생들이 해야 할 일이란 나무판에 꽂혀 있는 수십 개의 나무못을 빼내 시계 방향으로 반 바퀴 돌린 다음 다시 제자리에 꽂는 작업이었다. 이렇게 지루하고 의미 없는 작업을 한 시간이나 해야 했다. 페스팅거는 작업을 모두 마친 학생을 두 그룹으로 나눈 뒤, 한 그룹에게는 단돈 1달러를 주고, 다른 그룹의 학생들에게는 20달러를 주면서 이렇게 부탁했다. "다음 지원자에게 실험이 아주 재미있고 보람이 있었다고 말해 주지 않겠나? 학생들의 참여를 북돋는 의미에서 말이야." 거짓말을 하라는 것이었다. 그런데 사실 다음 지원자인 척 기다리고 있던 학생은 페스팅거의 조수였다. 두 그룹 중 어느 쪽이 실험에 더 좋은 평가를 내렸을까?

얼른 생각해 보면 20달러를 받은 학생이 실험에 대해 긍정적 평가를 내렸을 것 같다. 그러나 실험이 재미있었고 과학적인 의미도 클 것이라고 대답한 것은 예상과 달리 1달러를 받은 학생들이다.

어째서 이런 결과가 나왔을까? 페스팅거는 그 까닭을 인지 부조화로 설명했다. 명문인 스탠퍼드대 학생으로서 단돈 1달러를 받고 지루하기만 한 실험이 재미있었다고 거짓말을 하는

---

02 STEP I

어휘 먼저 확인!

제재를 읽고 가장 먼저 어휘 학습이 가능하게 하였습니다. 독해에서 가장 기본은 어휘를 먼저 이해하는 것입니다. 제재에서 낯선 개념과 어휘를 살펴봄으로써 독해를 위한 기본을 다질 수 있습니다.

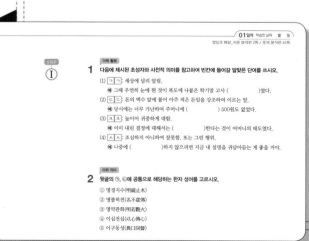

01일차 학습한 날짜 월 일
정답과 해설_지문 분석편 2쪽 / 문제 분석편 42쪽

STEP I

어휘 활용

1 다음에 제시된 초성자와 사전적 의미를 참고하여 빈칸에 들어갈 알맞은 단어를 쓰시오.

(1) ㄱ ㄱ : 세상에 널리 알림.
　ⓔ 그때 우연히 눈에 띈 것이 복도에 나붙은 학기말 고사 (　　　　　)였다.

(2) ㄷ ㄷ : 돈의 액수 앞에 붙어 아주 적은 돈임을 강조하여 이르는 말.
　ⓔ 당시에는 너무 가난하여 주머니에 (　　　　) 500원도 없었다.

(3) ㅈ ㅈ : 높이어 귀중하게 대함.
　ⓔ 이미 내린 결정에 대해서는 (　　　　)한다는 것이 어머니의 태도였다.

(4) ㅅ ㅅ : 조심하지 아니하여 잘못함. 또는 그런 행위.
　ⓔ 나중에 (　　　　)하지 않으려면 지금 내 설명을 귀담아듣는 게 좋을 거야.

어휘 의미

2 윗글의 ㉠, ㉡에 공통으로 해당하는 한자 성어를 고르시오.

① 명경지수(明鏡止水)
② 명불허전(名不虛傳)
③ 명약관화(明若觀火)
④ 이심전심(以心傳心)
⑤ 이구동성(異口同聲)

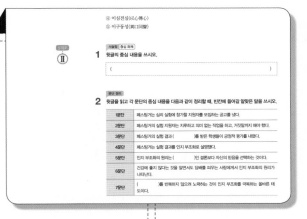

03 STEP II

꼼꼼한 지문 분석과 이해!

글의 주제를 파악하고 각 문단의 내용을 정리해 보도록 문제를 제시하였습니다. 중요 개념이나 글의 구조를 도식화하여 해석하고 따져 보면서 글을 분석할 수 있게 하여 스스로 독해할 수 있는 능력을 기를 수 있게 하였습니다.

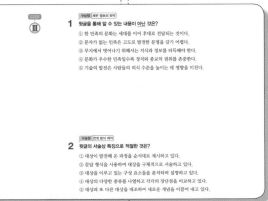

04 STEP III

수능형 문제로 실전 연습!

단계적 학습의 마지막은 수능형 문제로 실전 연습을 하는 것입니다. 수능형 문제를 통해 문제 해결 능력을 키울 수 있습니다.

05 시각 자료 · 독해 지식 · 배경지식

마무리까지 확실하게!

제재 이해와 문제 해결에 필요한 배경지식을 제시하고 지문을 통해 독해 지식을 익힐 수 있게 구성하였습니다. 문제와 제재 속 시각 자료를 분석적으로 제시하여 효과적인 제재 이해와 문제 풀이가 가능하도록 하였습니다.

정답과 해설

지문 분석편과 문제 분석편으로 구성된 완벽한 제재 해설!

제재를 완벽히 분석할 수 있도록 상세한 지문 첨삭 방법으로 지문 분석편을 제시하였습니다. 문제 분석편을 통해 자세한 정답과 오답 풀이로 문제를 확실하게 이해할 수 있습니다.

이 책의 차 례

학습 계획표

언제 할까		무엇을 할까	어떻게 했지
15일차 ☐ 월 ☐ 일	**과학**	**05** 운동량과 충격량	• 핵심어 • 주제
16일차 ☐ 월 ☐ 일		**06** 케플러의 법칙	• 핵심어 • 주제
17일차 ☐ 월 ☐ 일		**07** 탄소의 순환	• 핵심어 • 주제
18일차 ☐ 월 ☐ 일	**기술**	**01** 버스 카드는 어떤 원리로 작동할까?	• 핵심어 • 주제
19일차 ☐ 월 ☐ 일		**02** 인조 오팔에 적용된 나노 기술	• 핵심어 • 주제
20일차 ☐ 월 ☐ 일		**03** 포석정에 숨은 과학 원리 **04** 파마의 과학적 원리	• 핵심어 • 주제
21일차 ☐ 월 ☐ 일		**05** 팔만대장경 판전의 비밀	• 핵심어 • 주제
22일차 ☐ 월 ☐ 일		**06** 합성 섬유 기술 **07** 냉장고의 원리	• 핵심어 • 주제
23일차 ☐ 월 ☐ 일	**예술**	**01** 알라 프리마 **02** 사진이 보여 주는 것	• 핵심어 • 주제
24일차 ☐ 월 ☐ 일		**03** 고딕 건축과 르네상스 건축 **04** 우연성 음악	• 핵심어 • 주제
25일차 ☐ 월 ☐ 일		**05** 불상의 수인에서 영향받은 한국의 춤 **06** 영화에서의 조명 **07** 일상 공간의 빛을 그린 화가들	• 핵심어 • 주제
26일차 ☐ 월 ☐ 일	**영역 통합**	**01** 양궁 속에 숨은 과학 **02** 로봇의 인권	• 핵심어 • 주제
27일차 ☐ 월 ☐ 일		**03** 인쇄술의 발달과 사회의 변화	• 핵심어 • 주제
28일차 ☐ 월 ☐ 일		**04** 범죄와 형벌	• 핵심어 • 주제

EBS
필독 중학 국어 비문학 독해

2

영역별 학습

1
인문

2
사회

3
과학

4
기술

5
예술

6
영역 통합

심리 실험에 나타난 인지 부조화

필독 TIP

어휘 ★★★

문장 ★★★

배경지식 ★★★

이 글은 인지 부조화의 원리를 설명하고 있다. 스탠퍼드 대학의 실험 결과와 일상생활에서의 사례를 통해 인지 부조화의 원리와 이를 극복하는 올바른 삶의 자세를 이해하며 읽도록 한다.

1959년, 레온 페스팅거라는 미국의 사회 심리학자*는 자기가 일하는 스탠퍼드 대학의 학생들을 상대로 다음과 같은 공고를 냈다.

아주 중요한 심리 실험에 참가할 지원자를 모집합니다.

실험 중 학생들이 해야 할 일이란 나무판에 꽂혀 있는 수십 개의 나무못을 빼내 시계 방향으로 반 바퀴 돌린 다음 다시 제자리에 꽂는 작업이었다. 이렇게 지루하고 의미 없는 작업을 한 시간이나 해야 했다. 페스팅거는 작업을 모두 마친 학생들을 두 그룹으로 나눈 뒤, 한 그룹에게는 단돈 1달러를 주고, 다른 그룹의 학생들에게는 20달러를 주면서 이렇게 부탁했다. "다음 지원자에게 실험이 아주 재미있고 보람이 있었다고 말해 주지 않겠나? 학생들의 참여를 북돋는 의미에서 말이야." 거짓말을 하라는 것이었다. 그런데 사실 다음 지원자인 척 기다리고 있던 학생은 페스팅거의 조수였다. 두 그룹 중 어느 쪽이 실험에 더 좋은 평가를 내렸을까?

얼른 생각해 보면 20달러를 받은 학생이 실험에 대해 긍정적 평가를 내렸을 것 같다. 그러나 실험이 재미있었고 과학적인 의미도 클 것이라고 대답한 것은 예상과 달리 1달러를 받은 학생들이었다.

어째서 이런 결과가 나왔을까? 페스팅거는 그 까닭을 인지 부조화*로 설명했다. 명문인 스탠퍼드대 학생으로서 단돈 1달러를 받고 지루하기만 한 실험이 재미있었다고 거짓말을 하는 것은 스스로 용납할 수 없는 일이었을 것이다. 이렇게 인지 부조화를 겪은 학생들은 실험이 실제로 어느 정도 재미있고 보람도 있었다고 믿는 쪽을 택함으로써 자기를 합리화했으며 결국 자기는 거짓말을 한 것이 아니라고 믿었다는 것이다.

사람들은 자기가 어리석은 선택을 했다는 것을 알고 난 후에도 어떻게든 그 선택이 어쩔 수 없는 것이었다고 믿으려 애쓴다. ㉠명백히 잘못된 판단이었음에도 여러 이유를 들어 끝까지 자신이 옳았다고 우긴다. 합리적인 결론보다 부조리*하더라도 자신의 믿음을 선택하는 것. 이것이 바로 '인지 부조화의 원리'이다.

담배가 건강에 좋지 않다는 것을 ㉡뻔히 알면서도 '흡연자 중에 100살 넘게 사는 사람도 많아. 담배보다 교통사고로 죽는 사람이 더 많아. 담배를 피우면 살도 안 쪄.' 하는 식으로 자기 합리화*를 하는 것도 모두 인지 부조화를 해소하려는 것이다.

우리는 살아가면서 어쩔 수 없이 내키지 않는 일을 하게 될 때가 있다. 그러나 그것을 정당화* 하기 위해서 그 일이 하고 싶었다고 스스로를 속이지는 말자. 진정으로 자기 존중감이 높은 사람은 자기의 잘못된 선택이 옳았다고 끝까지 주장하는 사람이 아니라, 자신의 실수를 솔직하게 인정하고 그 실수를 반복하지 않으려 노력하는 사람이다.

＊ 사회 심리학자: 사회 속에서 행동하는 개인이나 집단의 의식 및 행동을 연구하는 학문을 전공한 사람.

＊ 인지 부조화: 사람들이 자신의 태도와 행동 따위가 서로 모순되어 양립할 수 없다고 느끼는 불균형 상태.

＊ 부조리: 이치에 맞지 아니하거나 도리에 어긋남. 또는 그런 일.

＊ 자기 합리화: 자책감이나 죄책감에서 벗어나기 위하여 자신이 한 행위를 정당화하는 일. 또는 그런 심리적 경향.

＊ 정당화: 정당성이 없거나 정당성에 의문이 있는 것을 무엇으로 둘러대어 정당한 것으로 만듦.

STEP I

어휘 활용

1 다음에 제시된 초성자와 사전적 의미를 참고하여 빈칸에 들어갈 알맞은 단어를 쓰시오.

(1) ㄱㄱ : 세상에 널리 알림.

⑩ 그때 우연히 눈에 띈 것이 복도에 나붙은 학기말 고사 (   )였다.

(2) ㄷㄷ : 돈의 액수 앞에 붙어 아주 적은 돈임을 강조하여 이르는 말.

⑩ 당시에는 너무 가난하여 주머니에 (   ) 500원도 없었다.

(3) ㅈㅈ : 높이어 귀중하게 대함.

⑩ 이미 내린 결정에 대해서는 (   )한다는 것이 어머니의 태도였다.

(4) ㅅㅅ : 조심하지 아니하여 잘못함. 또는 그런 행위.

⑩ 나중에 (   )하지 않으려면 지금 내 설명을 귀담아듣는 게 좋을 거야.

어휘 의미

2 윗글의 ㉠, ㉡에 공통으로 해당하는 한자 성어를 고르시오.

① 명경지수(明鏡止水)

② 명불허전(名不虛傳)

③ 명약관화(明若觀火)

④ 이심전심(以心傳心)

⑤ 이구동성(異口同聲)

STEP II

서술형 중심 화제

1 윗글의 중심 내용을 쓰시오.

(   )

문단 정리

2 윗글을 읽고 각 문단의 중심 내용을 다음과 같이 정리할 때, 빈칸에 들어갈 알맞은 말을 쓰시오.

1문단	페스팅거는 심리 실험에 참가할 지원자를 모집하는 공고를 냈다.
2문단	페스팅거의 실험 지원자는 지루하고 의미 없는 작업을 하고, 거짓말까지 해야 했다.
3문단	페스팅거의 실험 결과 ( )를 받은 학생들이 긍정적 평가를 내렸다.
4문단	페스팅거는 실험 결과를 인지 부조화로 설명했다.
5문단	인지 부조화의 원리는 ( )인 결론보다 자신의 믿음을 선택하는 것이다.
6문단	건강에 좋지 않다는 것을 알면서도 담배를 피우는 사람에게서 인지 부조화의 원리가 나타난다.
7문단	( )를 반복하지 않으려 노력하는 것이 인지 부조화를 극복하는 올바른 태도이다.

3 다음 구조도의 빈칸에 알맞은 말을 써넣어, 윗글의 내용을 정리하시오.

레온 페스팅거의 실험

공고 내용	중요한 심리 실험에 참가할 지원자를 모집함.
실험 참가자가 한 일	• 지루하고 의미 없는 작업을 반복함. • 다음 지원자에게 거짓말을 함. • 실험에 대해 평가를 함.
실험 참가자에 대한 보상	• 한 그룹: 1달러를 줌. • 다른 그룹: 20달러를 줌.
실험 결과	1달러를 받은 학생들이 실험에 대해 ( )으로 평가함.
실험 결과 분석	인지 부조화를 겪은 학생들이 자기 ( )를 함.

↓

인지 부조화의 원리

• 개념: 합리적인 결론보다 (   )하더라도 자신의 믿음을 선택하는 것
• 예시: 건강에 좋지 않다는 것을 알면서도 담배를 피우는 사람이 자기 합리화를 하는 것

↑

글쓴이의 의견

자신의 실수를 솔직하게 인정하고
그 실수를 반복하지 않으려고 노력하는 태도가 필요함.

STEP
Ⅲ

수능형 | 세부 정보의 파악

1 윗글에 나타난 레온 페스팅거의 실험에 대한 설명으로 적절하지 <u>않은</u> 것은?

① 실험 전에 했던 결과 예상이 빗나간 실험이었다.

② 학생들에게 거짓말을 하도록 만들었던 실험이었다.

③ 단순한 행위가 가진 의미를 탐구하기 위한 실험이었다.

④ 인지 부조화를 많이 일으킨 학생은 1달러를 받은 학생들이었다.

⑤ 같은 행동을 한 후 두 그룹으로 나누어 반응을 살펴보는 실험이었다.

수능형 | 반응의 적절성 판단

2 윗글을 읽은 학생이 〈보기〉에 대해 보인 반응으로 적절하지 <u>않은</u> 것은?

┌─ 보기 ───────────────────────────
어느 날, 여우 한 마리가 길을 가다가 높은 가지에 매달린 포도를 보았다.

"참 맛있겠다."

여우는 포도를 먹고 싶어서 펄쩍 뛰었다. 하지만 포도가 너무 높이 달려 있어서 여우의 발에 닿지 않았다. 여우는 여러 차례 힘을 다해 뛰어 보았지만 결국 포도를 먹지 못하고 돌아가야 했다. 돌아가면서 여우가 말했다.

"저 포도는 너무 시어서 맛이 없을 거야."
└──────────────────────────────────

① 여우는 어쩔 수 없이 내키지 않는 결정을 하는 상황에 놓여 있군.

② 여우는 인지 부조화를 일으키면서 이를 해결하기 위해 자기를 합리화하고 있군.

③ 여우는 합리적인 결론보다는 부조리하더라도 자신의 믿음을 선택했다고 볼 수 있군.

④ 여우는 자신의 상황을 솔직하게 인정하고 그 상황을 극복하려는 노력을 하는 것이 더 바람직하겠어.

⑤ 여우는 주변 상황을 인식하는 능력이 부족하지만 자신의 지식을 활용하여 정확한 판단을 내리고 있어.

📖 지문으로 이해하는 독해 지식 | **관심 유발**

　글쓴이는 독자의 관심을 유발하기 위해 다양한 방법을 사용한다. 즉, 의문문 형식으로 대상을 소개하거나, 속담이나 명언으로 글을 시작하거나, 널리 알려진 말의 뜻을 반대로 해석하거나, 참신한 관점을 제시하는 방법을 활용해 독자들의 글에 대한 흥미를 유발하여 관심을 가지도록 유도한다. 이 글에서 글쓴이는 질문을 제시하여 독자의 관심을 유발하고 질문에 대한 답을 제시함으로써 인지 부조화에 대해 설명하고 있다.

┌──────────────────────────────────
어째서 이런 결과가 나왔을까? 『페스팅거는 그 까닭을 인지 부조화로 설명했다. 명문인 스탠퍼드대 학생으로서
　　　　질문을 통한 관심 유발　　　　『 』: 질문에 대한 답　　■: 관심을 유발하여 설명하려는 내용
단돈 1달러를 받고 지루하기만 한 실험이 재미있었다고 거짓말을 하는 것은 스스로 용납할 수 없는 일이었을 것이다. 이렇게 인지 부조화를 겪은 학생들은 실험이 실제로 어느 정도 재미있고 보람도 있었다고 믿는 쪽을 택함으로써 자기를 합리화했으며 결국 자기는 거짓말을 한 것이 아니라고 믿었다는 것이다.』〈중략〉

합리적인 결론보다 부조리하더라도 자신의 믿음을 선택하는 것. 이것이 바로 '인지 부조화의 원리'이다.
　　　　　　　　　　　　인지 부조화의 개념
└──────────────────────────────────

포퍼의 과학적 연구 방식

필독 TIP

어휘 ★★★★
문장 ★★★
배경지식 ★★★★

이 글은 포퍼가 말하는 올바른 과학적 연구 방식이란 무엇인지 설명하고 있다. 귀납적 연구 방법과 포퍼가 생각하는 과학 연구 과정의 개념을 비교하고 과학적 가설의 특징을 이해하며 읽도록 한다.

포퍼는 과학 연구 과정에서 아무리 오랫동안 대표 이론으로 간주*되었던 것이라도 그것의 장점이 아니라 문제점을 지속적으로 발견하려 노력해야 하며 문제점이 정말로 발견되었을 때는 주저 없이 기존 이론을 폐기*하고 새로운 대안을 찾아야 한다고 주장했다. 포퍼 이전의 대부분의 사람들은 과학자가 세계에 대한 예감에서 시작해 그 예감이 올바르다는 것을 뒷받침하는 증거를 수집한다고 믿었다. 하지만 포퍼에 따르면 과학자가 하는 일은 자신의 이론이 거짓임을 증명하려고 시도하는 것이다.

자신이 본 모든 백조가 희다면 "모든 백조는 희다."라는 가설을 참이라고 받아들이는 것이 합리적이다. 하지만 단 한 마리라도 검은 백조가 존재한다는 증거가 나온다면 이 경우 "모든 백조는 희다."라는 가설은 반증*되어 거짓으로 판명*된다. 이는 관찰을 통해 일반적인 결론으로 나아가는 귀납의 한계를 보여 준다. 포퍼는 이러한 이유로 과학적 탐구의 핵심을 경험적 사실을 축적하여 과학의 진보로 나아가는 것으로 생각하는 것에 반발했다.

포퍼는 과학자의 자유롭고 대담한* 추측을 통해 제안된 가설을 경험적 증거가 결정적으로 반증하는 방식을 이용해 점점 더 일반적인 이론으로 과학적 세계관을 구축하는 것이 과학이 발전하는 올바른 방법이라고 믿었다. 그러한 예로 "모든 기체는 가열하면 팽창한다."를 들 수 있다. 과학자들이 이 가설을 검사하는 방법은 아주 다양한 기체를 찾아내고 가열해 보는 것이다. 그러나 '검사한다'는 것이 가설을 뒷받침하는 증거를 발견한다는 의미는 아니다. 그것은 가설이 거짓임을 보여 주려는 시도에도 살아남을 수 있다는 것을 증명하려 한다는 말이다. 백조의 경우와 마찬가지로 "모든 기체는 가열하면 팽창한다."라는 가설을 무너뜨리기 위해서도 가열했을 때 팽창하지 않는 단 하나의 기체만 찾으면 충분한 것이다.

인류는 무엇인가를 배우기 때문에 진보*한다. 과학자가 하나의 가설이 거짓임을 보여 준다면 그 결과 새로운 지식, 즉 가설이 거짓이라는 지식을 얻을 수 있다. 가열할 때 팽창하는 많은 기체를 관찰하는 것은 가설에 대한 확신이 조금 더 생긴다는 점을 제외하면 우리에게 아무런 지식도 가져다주지 않는다. 그러나 반증은 실제로 우리에게 무엇인가를 가르친다. 반증 가능성은 포퍼가 생각한 과학적 가설의 핵심이다. 그는 이 생각을 과학과 '사이비 과학'의 차이를 설명하기 위해 사용했다.

＊**간주**: 상태, 모양, 성질 따위가 그와 같다고 봄. 또는 그렇다고 여김.

＊**폐기**: 못 쓰게 된 것을 버림.

＊**반증**: 어떤 사실이나 주장이 옳지 아니함을 그에 반대되는 근거를 들어 증명함.

＊**판명**: 어떤 사실을 판단하여 명백하게 밝힘.

＊**대담**: 담력이 크고 용감한.

＊**진보**: 정도나 수준이 나아지거나 높아짐.

STEP
I

어휘 의미

1 다음에 제시된 단어의 사전적 의미를 찾아 바르게 연결하시오.

(1) 대안	•	•	ㄱ. 못 쓰게 된 것을 버림.
(2) 예감	•	•	ㄴ. 부풀어서 부피가 커짐.
(3) 축적	•	•	ㄷ. 어떤 안(案)을 대신하는 안.
(4) 팽창	•	•	ㄹ. 지식, 경험, 자금 따위를 모아서 쌓음.
(5) 폐기	•	•	ㅁ. 어떤 일이 일어나기 전에 암시적, 본능적으로 미리 느낌.

어휘 의미

2 다음 빈칸에 공통으로 들어갈 알맞은 단어를 쓰시오.

(1) (   ): 어떤 사실을 설명하거나 어떤 이론 체계를 규칙에 따라 결론을 이끌어 내기 위하여 설정한 가정.

  예 그는 자신의 주장을 증명하기 위해 한 가지 (   )을 세웠다.

(2) (   ): 개별적인 특수한 사실이나 원리로부터 일반적이고 보편적인 명제 및 법칙을 유도해 내는 일.

  예 오늘은 (   ) 추리와 연역 추리의 차이점에 대해 알아보겠습니다.

(3) (   ): 어떤 사실이나 주장이 옳지 아니함을 그에 반대되는 근거를 들어 증명함. 또는 그런 증거.

  예 그의 주장은 논리가 워낙 치밀해서 (   )을 대기가 어렵다.

STEP
II

서술형 중심 화제

1 윗글의 중심 내용을 다음과 같이 정리할 때, 빈칸에 들어갈 알맞은 내용을 쓰시오.

| (   )과 그것이 시사하는 의미 |

2 윗글을 읽고 각 문단의 중심 내용을 다음과 같이 정리할 때, 빈칸에 들어갈 알맞은 말을 쓰시오.

1문단	포퍼는 과학자가 하는 일은 자신의 이론이 (　　　　　)임을 증명하는 것이라고 여겼다.
2문단	포퍼는 과학적 탐구의 핵심을 (　　　　)적 사실을 축적하여 과학의 진보로 나아가는 것으로 생각하는 것에 반발했다.
3문단	포퍼는 경험적 증거가 가설을 결정적으로 반증하는 방식을 통해 점점 더 일반적인 이론으로 과학적 세계관을 구축하는 것이 과학이 발전하는 올바른 방법이라고 믿었다.
4문단	(　　　　　) 가능성은 포퍼가 생각한 과학적 가설의 핵심이다.

3 다음은 기존 과학자들과 포퍼의 과학적 탐구 방법에서 나타나는 차이점을 정리한 것이다. 빈칸에 들어갈 알맞은 말을 쓰시오.

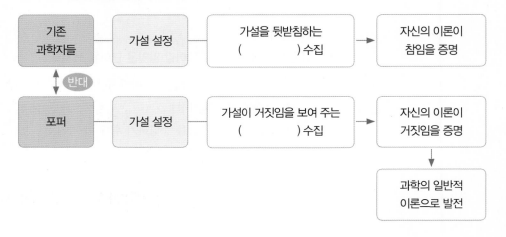

1 윗글의 내용과 일치하지 <u>않는</u> 것은?

① 포퍼 이전의 과학자들은 가설이 맞는다는 것을 증명하려고 했다.

② 포퍼는 반증 가능성을 과학과 사이비 과학을 구분하는 데 사용하였다.

③ 어떤 가설을 무너뜨릴 수 있는 증거는 그 자체로 새로운 지식이 될 수 있다.

④ 귀납의 한계는 하나의 반증으로도 가설이 거짓으로 판명될 수 있다는 점이다.

⑤ 포퍼에 따르면 가설을 뒷받침하는 증거를 많이 찾아야 그 가설이 과학적 이론으로 발전할 수 있다.

수능형 다른 상황에 적용

2 윗글을 읽고 〈보기〉를 이해한 내용으로 가장 적절한 것은?

┌─ 보기 ───┐
│   정신 분석학 이론은 무엇이든 설명할 수 있는 것처럼 보인다. 물에 빠진 아이를 구하기 위해 │
│ 물속으로 뛰어드는 사람의 심리는 자신의 능력을 증명하고 싶은 욕구로 설명하고, 같은 상황에 │
│ 서 물에 뛰어들기를 주저하는 사람의 심리는 열등감의 결과로 설명한다. │
└───┘

① 정신 분석학 이론은 무엇이든 설명함으로써 다양한 비판의 가능성을 인정한다.

② 정신 분석학은 과학적 이론에 비해 새로운 대안을 발견할 수 있는 기회가 더 많다.

③ 정신 분석학은 관찰을 통해 일반적인 결론을 도출한다는 점에서 과학적 탐구와 유사하다.

④ 포퍼의 입장에서 정신 분석학은 그 이론이 거짓임을 보여 주기 어렵다는 점에서 그 자체로 완전한 지식이라고 할 수 있다.

⑤ 정신 분석학 이론은 같은 상황에서 다른 결과가 나오는 경우에도 어떤 것도 틀린 것이라 판명할 수 없다는 점에서 과학과 다르다.

📖 지문으로 엮어 읽는 배경지식 **귀납법과 연역법**

귀납법은 개별적인 특수한 사실이나 원리로부터 일반적이고 보편적인 명제 및 법칙을 유도해 내는 추론법인 반면, 연역법은 일반적인 사실이나 원리를 전제로 하여 개별적인 사실이나 보다 특수한 다른 원리를 이끌어 내는 추론법으로, 귀납법과 연역법은 서로 상대적인 개념이다.

귀납법은 주어진 사실이나 현상들에 근거해 새로운 정보와 지식을 얻을 수 있어 일상생활에서도 흔하게 나타나는 사고방식이다. 또한 과거의 수많은 경험을 토대로 미래의 일을 예측하는 것 등도 모두 귀납법에 해당한다. 그러나 귀납법은 전제가 결론의 필연성을 논리적으로 확립해 주지 못한다는 한계를 지니고 있으므로, 귀납적 비약에 빠지지 않도록 조심해야 한다.

연역법은 "인간은 모두 죽는다."(대전제), "소크라테스는 인간이다."(소전제), "따라서 소크라테스는 죽는다."(결론)와 같은 삼단 논법이 대표적인데, 이러한 연역법에 의해 도출된 결론은 대전제의 일부이기 때문에 새로운 지식이라고 보기는 어렵다.

이렇듯 귀납법과 연역법은 각각 장단점을 가지고 있기 때문에 상호 보완적으로 사용해야 한다.

순자의 성악설

순자는 인간의 본성을 악하다고 보았다. 무슨 근거로 그렇게 보았을까? 순자도 맹자와 마찬가지로 인간의 본성*을 선천적인 것으로 규정*한다. 하지만 인간의 도덕적인 측면에 주목한* 맹자와 달리 순자는 배고프면 먹고 싶고, 추우면 따뜻하게 하고 싶고, 피곤하면 쉬고 싶은 인간의 자연적이고 생리적*인 욕구에 주목했다. 이 욕구는 귀가 좋은 소리를 듣고 싶어 하고 눈이 좋은 빛깔을 보고 싶어 하는 것 같은, 감각 기관의 이기적 욕구와도 통한다.

순자는 이러한 생리적 욕구를 바탕으로 한 이기심이 누구에게나 있다고 생각했다. 그리고 이 욕구대로 간다면 다툼이 생길 수밖에 없다는 것이다. 하지만 실제로 사람들이 악한 행위만 하는 것은 아니다. 오히려 그 반대로 행동하는 경우도 얼마든지 있다. 그렇다면 이처럼 자신의 악한 본성을 거스르는* 착한 행위는 어디에서 오는 것일까?

순자는 인간의 마음 작용을 성(性), 정(情), 려(慮), 위(僞) 4단계로 나누었다. 이 네 부분은 마음이 움직이는 순서이기도 하다. 첫 단계인 '성'은 가장 기본적인 것으로, 삶의 자연스러운 본질이자 날 때부터 지닌 본성이다. 둘째 단계인 '정'은 좋다, 나쁘다, 노엽다, 슬프다, 즐겁다 등과 같이 밖에 있는 사물들과 만나서 생기는 감정이다. 셋째 단계인 '려'는 구체적인 감정이 생긴 뒤에 어떻게 할 것인가를 선택하는 문제로 사람의 사고 작용에 해당하는 셈이다. 넷째 단계인 '위'는 선택이 끝난 뒤 실행해 나가는 의지적인 실천이다.

순자는 본성대로 가면 결과가 악이고, 본성을 거스르는 의지적 실천대로 가면 선이기 때문에 '성'은 악이고 '위'는 선이라고 보았다. 순자가 인간의 본성을 악하다고 보았다고 해서 본성대로 살자고 한 것은 아니다. 그에게는 의지적 실천을 통해 본성이 가져올 악한 결과를 어떻게 변화시켜 나갈 것인가가 문제였다. 따라서 순자의 철학은 '위'에 그 가치가 있으며, 그런 점에서 순자의 철학은 의지에 기초한 실천 철학이라고 할 수 있다.

순자는 인간의 본성을 착하다고 한 맹자의 주장은 본성을 제대로 알지 못한 것이라고 비판한다. 사람의 타고난 본성과 후천적인 의지에 따른 노력을 구분하지 못한 것이라는 지적이다. 그리고 맹자의 말대로 본성이 본래 착한 것이라면, 현실의 인간은 대부분 태어나면서 바로 자신의 착한 본성을 잃어버리게 되는 셈이라고 비판했다. 또 인간이 본래 착한 존재라면 애초부터 훌륭한 임금이나 좋은 제도 따위는 필요가 없다고도 했다. 순자에게 도덕성은 본성 자체에서 나오는 것이 아니므로 현실에서 이루어지는 노력의 결과인 셈이다.

* **본성**: 사람이 본디부터 가진 성질.
* **규정**: 내용이나 성격, 의미 따위를 밝혀 정함. 또는 그 정하여 놓은 것.
* **주목한**: 관심을 가지고 주의 깊게 살핀.
* **생리적**: 신체의 조직이나 기능에 관련되는 것.
* **거스르는**: 일이 돌아가는 상황이나 흐름과 반대되거나 어긋나는 태도를 취하는.

STEP
I

1 어휘 의미

다음 단어의 사전적 의미가 맞으면 ○, 틀리면 ×표를 하시오.

(1) 본성: 사람이 본디부터 가진 성질.   (   )

(2) 주목: 관심을 가지고 주의 깊게 살핌.   (   )

(3) 이기심: 자기 자신의 이익만을 꾀하는 마음.   (   )

(4) 욕구: 무엇을 얻거나 무슨 일을 하고자 바라는 일.   (   )

(5) 선천적: 성질, 체질, 질환 따위가 태어난 후에 얻어진 것.   (   )

2 어휘 활용

다음 문장에 들어갈 알맞은 단어를 찾아 ○표를 하시오.

(1) 검찰은 이번 사건을 불법 행위로 (규정하고 / 규명하고) 수사에 나섰다.

(2) 그는 부모의 뜻을 (거수하고 / 거스르고) 결국 이민을 떠나기로 결심했다.

(3) 그에게 화가 난 선생님은 (노여운 / 가여운) 얼굴을 애써 감추며 말씀하셨다.

3 어휘 활용

다음 문장의 빈칸에 들어갈 알맞은 단어를 〈보기〉에서 찾아 쓰시오.

보기
| 감각 | 본질 | 실행 | 지적 |

(1) 그 일은 도저히 (   ) 불가능한 일이다.

(2) 그 둘은 형태는 다르지만 실상 (   )은 같다.

(3) 너무 피곤한 나머지 모든 (   )이 마비되는 느낌이다.

(4) 일이 늦어지고 있다는 사장님의 (   )에 직원들이 야근을 하였다.

STEP
II

1 서술형 중심 화제

윗글의 중심 화제는 무엇인지 쓰시오.

(   )

2 윗글을 읽고 각 문단의 중심 내용을 다음과 같이 정리할 때, 빈칸에 들어갈 알맞은 말을 쓰시오.

1문단	순자는 인간의 본성을 ( )고 보았다.
2문단	인간이 자신의 악한 본성을 거스르고 착한 행위를 하는 것은 무엇 때문일까?
3문단	순자는 인간의 마음 작용을 '성, 정, 려, ( )' 4단계로 나누었다.
4문단	순자는 인간의 본성은 악하지만, 의지적 ( )을 통해 본성이 가져올 악한 결과를 변화시킨다고 보았다.
5문단	순자는 도덕성이란 본성 자체에서 나오는 것이 아니라 현실에서 이루어지는 노력의 결과로 보았다.

3 다음은 순자가 말한 인간의 마음 작용 4단계이다. 빈칸에 들어갈 알맞은 말을 쓰시오.

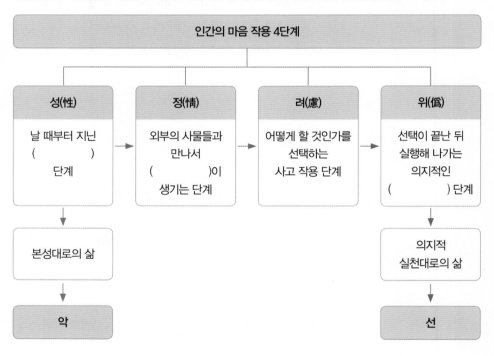

인간의 마음 작용 4단계

성(性)	정(情)	려(慮)	위(僞)
날 때부터 지닌 ( ) 단계	외부의 사물들과 만나서 ( )이 생기는 단계	어떻게 할 것인가를 선택하는 사고 작용 단계	선택이 끝난 뒤 실행해 나가는 의지적인 ( ) 단계

본성대로의 삶 → 악

의지적 실천대로의 삶 → 선

1 윗글을 읽고 확인할 수 있는 내용이 아닌 것은?

① 인간의 본성에 대한 맹자의 견해

② 본성에 충실한 삶을 살기 위한 조건

③ 순자의 철학에서 가장 가치 있는 마음 작용의 단계

④ 순자가 생각한 마음이 움직이는 순서와 도덕성의 관계

⑤ 본성을 거스르는 행동이 가능한 이유에 관한 순자의 입장

수능형 반응의 적절성 판단

2 윗글을 읽은 후 〈보기〉의 '의인'에 대해 보인 반응으로 적절하지 <u>않은</u> 것은?

> ─ 보기 ─
>
> 　의인은 아래층에서 화재가 난 것을 감지하자마자 119에 신고하고 본능적으로 건물 밖으로 탈출했다. 하지만 그는 곧 연기가 자욱한 건물로 다시 뛰어 들어갔다. 잠든 이웃을 깨우기 위해서였다. 뜨거운 불길을 헤치며 층층마다 문을 두드리고 초인종을 누르며 주민들을 깨워 대피시켰다. CCTV를 확인한 결과, 그는 불길이 치솟는 건물 안을 들어갔다 나오기를 세 번이나 반복했다. 그 덕분에 이웃 20가구 주민들은 모두 목숨을 건졌다.
>
> 　하지만 정작 의인 자신은 불길을 빠져나오지 못했다. 옥상 문 앞에 쓰러진 채 발견된 그는 유독 가스에 질식해 의식을 잃은 상태였다. 이후 그는 열흘간 사경을 헤매다가 끝내 세상을 떠났다.
> － ○○일보, 20○○. ○○. ○○.

① 의인이 화재가 난 것을 인식하고 밖으로 탈출한 행동은 '성'에서 비롯된 것이라 할 수 있겠군.

② 의인이 위험을 인지했을 때 자신을 보호하려고 한 것은 인간의 가장 기본적인 욕구라 할 수 있겠군.

③ 의인은 다른 사람들을 위험한 상태로 둘 수 없으니 구해야 한다는 의지를 실천한 사람으로 볼 수 있겠군.

④ 의인이 건물로 다시 뛰어 들어간 것은 화재가 다른 사람들에게도 위험할 수 있다는 사고 작용에서 비롯된 것이겠군.

⑤ 다른 사람들을 구하고 자신은 목숨을 잃은 의인의 행동은 순자의 성악설이 지닌 한계를 보여 주는 사례라 할 수 있겠군.

📖 지문으로 엮어 읽는 배경지식 　**성선설(性善說)**

▲ 맹자

　성선설(性善說)은 맹자가 주장한 학설로, 인간의 본성을 선(善)한 것으로 본다. 맹자는 인간의 덕성(德性)을 높일 수 있는 단서(端緖)를 천부적으로 갖추고 있다고 보았는데, 측은(惻隱)·수오(羞惡)·사양(辭讓)·시비(是非) 등의 마음이 4단(四端)이며 그것은 각각 인(仁)·의(義)·예(禮)·지(智)의 근원으로부터 나온다고 보았다. 즉, 불쌍히 여기는 마음(측은지심)이 없는 것은 사람이 아니고, 부끄러운 마음(수오지심)이 없으면 사람이 아니며, 사양하는 마음(사양지심)이 없으면 사람이 아니며, 옳고 그름을 아는 마음(시비지심)이 없으면 사람이 아니라고 하였고, 이런 뜻에서 인간의 성(性)은 선(善)하다고 보았다. 이러한 맹자의 성선설은 유가의 계보를 이은 후대의 사상가들에 의해 인간 본성에 관한 정통 사상으로 대접받았다.

3천여 년 전의 고래 사냥

필독 TIP

어휘 ★★★
문장 ★★★
배경지식 ★★★

이 글은 반구대 암각화를 통해 청동기 시대의 고래잡이를 설명하고 있다. 암각화를 통해 알 수 있는 당시 사람들의 생활 모습을 이해하며 읽도록 한다.

암각화*가 그려진 시기는 대개 지금으로부터 약 3천여 년 전이므로, 암각화는 기원전 6~7세기 청동기 시대 사람들의 흔적이라고 할 수 있다. 우리나라의 암각화를 대표하는 것은 반구대 암각화(국보 제285호)인데, 여기에 그려진 그림은 크게 바다 동물과 육지 동물로 구분된다. 그중 바다 동물은 대부분 고래인데, 고래를 아주 가까이서 접했다는 것을 알 수 있을 만큼 고래의 모습들이 탁월하고 입체적으로 표현되어 있다.

고래는 세계적으로 100여 종이 있지만, 약 10여 종 정도가 동해안으로 회유*하는 것으로 알려져 있다. 놀랍게도 반구대 바위 그림에서는 이들을 거의 다 확인할 수 있다. 암각화의 바다 동물은 68점 중 43점이 고래인데, 그 모양이 조금씩 다르다. 물을 뿜는 모습도 종류별로 다르게 표현되어 있고, 새김 방법을 달리해서 고래의 독특한 배 주름을 표현한 것도 있다. 고래의 특징을 정확히 알지 못하면 그릴 수 없는 그림들인 것이다. 고래의 종류뿐 아니라 생태도 정확히 나타나는데, 새끼 고래를 등에 업고 다니는 귀신고래의 모습, 바닷물을 삼킨 뒤 물을 뿜으며 먹이를 걸러 내는 모습, 물 위로 뛰어오르며 노는 모습 등 실제 모습을 옮겨 놓은 듯한 수준이 그림에 구현되어 있다.

그런데 동력선*도 없고 총도 없던 3천여 년 전에 고래를 잡는 일이 가능했을까? 암각화에는 그 단서가 되는 그림도 있다. 큰 고래의 왼쪽에 초승달 같은 것이 있는데 이것이 바로 배를 그린 것이다. 자세히 보면 배에 20여 명의 사람이 타고 있고, 배보다 더 큰 고래를 배에 연결해 끌고 가는 모습을 볼 수 있다. 이때 배와 고래 사이를 연결하고 있는 물건이 있는데, 이게 바로 부구라는 것이다. 크고 힘센 고래가 작살을 맞으면 저항이 격렬해지는데, 부구를 연결하면 배에 충격이 적게 오고 그만큼 고래는 빨리 지친다. 또한 고래가 죽어도 물에 가라앉지 않는다.

그런데 당시 배를 만들 도구라야 석기뿐일 텐데 어떻게 이런 배를 만들 수 있었을까? 그리스 암각화에 새겨진 배 만드는 모습을 토대로 그 과정을 추정해 볼 수 있다. 큰 나무를 골라 불을 지른 다음 돌자귀, 돌도끼로 깎아 낸다. 속을 긁어낸 통나무를 여러 개 연결하면 20명 정도는 물론 긴 통나무일 경우 그 이상도 탈 수 있다고 한다. 그렇다면 이런 무동력선으로 어떻게 고래를 잡을 수 있었을까? 고래는 미끼를 쫓는 동물이어서 작은 배로 살살 약을 올려 1~2m 정도까지 가까이 오면 그때 작살로 찔러 잡는다고 한다. 이런 고래잡이의 과정은 분배를 통해 마무리되는데, 고래를 잡는 데 기여한 정도나 마을의 원로* 등을 고려한 분배의 규칙이 그림에 드러난다. 이는 곧 3천여 년 전 암각화의 주인공들에게도 나름의 사회 질서가 존재했음을 의미하는 것이다.

청동기 시대는 본격적인 정착 생활이 시작된 때이고 농사가 중요한 생업 수단이었다. 그러나 암각화를 보면 3천여 년 전 반구대 근처의 사람들은 농사보다 고래잡이를 더 중요하게 여긴 것 같다. 어마어마한 고기와 실생활에 유용한 기름을 얻을 수 있기 때문이다. 지금도 에스키모나 동남아시아 원주민들은 고래 사냥철이 되면 다른 일을 제쳐 두고 고래를 잡으러 바다로 나간다. 울주 반구대 암각화에서 고래가 중요하게 그려진 것도 바로 이 때문이다.

＊암각화: 바위, 동굴의 벽면 따위에 칠하기, 새기기, 쪼기 등의 수법으로 그린 그림.

＊회유: 물고기가 알을 낳거나 먹이를 찾기 위하여 계절을 따라 일정한 시기에 한곳에서 다른 곳으로 떼 지어 헤엄쳐 다니는 일.

＊동력선: 내연 기관의 모터를 추진기로 사용하는 보트.

＊원로: 한 가지 일에 오래 종사하여 경험과 공로가 많은 사람.

STEP
I

어휘 의미

1 다음 뜻풀이에 해당하는 단어를 〈보기〉에서 찾아 쓰시오.

┌─ 보기 ──┐
│   격렬하다   구현되다   기여하다   탁월하다   회유하다   │
└───┘

(1) 도움이 되도록 이바지하다. (   )

(2) 남보다 두드러지게 뛰어나다. (   )

(3) 말이나 행동이 세차고 사납다. (   )

(4) 어떤 내용이 구체적인 사실로 나타나다. (   )

(5) 물고기가 알을 낳거나 먹이를 찾기 위하여 계절을 따라 일정한 시기에 한곳에서 다른 곳으로 떼 지어 헤엄쳐 다니다. (   )

어휘 의미

2 다음 뜻풀이에 해당하는 단어를 주어진 초성자를 참고하여 쓰시오.

(1) 돌로 만든 여러 가지 생활 도구. ㅅ ㄱ → (   )

(2) 어떤 현상이나 실체가 없어졌거나 지나간 뒤에 남은 자국이나 자취.

ㅎ ㅈ → (   )

(3) 바위, 동굴의 벽면 따위에 칠하기, 새기기, 쪼기 등의 수법으로 그린 그림.

ㅇ ㄱ ㅎ → (   )

어법 이해

3 다음 문장에 들어갈 알맞은 단어를 찾아 ○표를 하시오.

(1) 씨앗은 (대개 / 대게) 이른 봄에 뿌린다.

(2) 어머니는 아들을 (좇아 / 쫓아) 방에 들어갔다.

(3) (바다물 / 바닷물)이 빠지는 썰물 때에 갯벌이 드러난다.

STEP
II

서술형 중심 화제

1 윗글의 중심 내용을 다음과 같이 정리할 때, 빈칸에 들어갈 알맞은 내용을 쓰시오.

┌───┐
│ (   )을 통해 드러나는 당시 사람들의 삶의 방식 │
└───┘

2 윗글을 읽고 각 문단의 중심 내용을 다음과 같이 정리할 때, 빈칸에 들어갈 알맞은 말을 쓰시오.

1문단	반구대 암각화에는 ( )의 모습들이 탁월하고 입체적으로 표현되어 있다.
2문단	암각화에는 동해안으로 회유하는 고래의 종류뿐 아니라 생태까지 정확하게 구현되어 있다.
3문단	암각화에는 ( )를 이용해 고래를 잡아 끌고 가는 모습이 그려져 있다.
4문단	무동력선과 미끼를 이용해 고래를 잡은 후, ( )의 과정을 거치는데 이를 통해 3천여 년 전에도 나름의 사회 질서가 존재했음을 알 수 있다.
5문단	3천여 년 전 반구대 근처의 사람들은 농사보다 ( )를 더 중요하게 여겼다.

내용 구조

3 다음은 반구대 암각화의 고래 그림을 통해 알 수 있는 내용들이다. 빈칸에 들어갈 알맞은 말을 쓰시오.

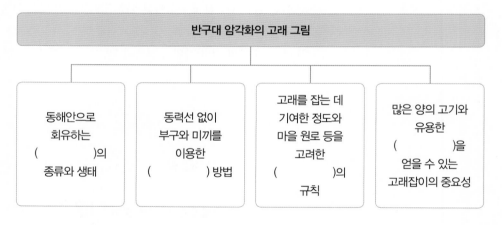

반구대 암각화의 고래 그림

- 동해안으로 회유하는 (   )의 종류와 생태
- 동력선 없이 부구와 미끼를 이용한 (   ) 방법
- 고래를 잡는 데 기여한 정도와 마을 원로 등을 고려한 (   )의 규칙
- 많은 양의 고기와 유용한 (   )을 얻을 수 있는 고래잡이의 중요성

STEP III

수능형 | 세부 정보의 파악

1 윗글에서 알 수 있는 '반구대 지역 사람들'에 대한 내용으로 가장 적절한 것은?

① 농업 중심 사회였지만 농사일이 한가하면 고래잡이를 나갔다.

② 고래를 잡으면 부구를 활용하여 타고 있는 배의 옆면에 매달았다.

③ 먹지는 않아도 실생활에 필요한 기름을 얻기 위해 고래를 잡았다.

④ 무동력선을 타고 미끼로 고래를 유인한 후 작살로 고래를 잡았다.

⑤ 사회적으로 지위가 높은 사람들부터 고래잡이에 참여할 수 있었다.

수능형 구체적 상황에 적용

2 윗글을 참고하여 〈보기〉를 이해한 내용으로 적절하지 <u>않은</u> 것은?

┌─ 보기 ───
  반구대 암각화를 새기는 방법에는 면 전체를 쪼아 만든 면 새김과 그림의 윤곽만을 쪼아 만든
선 새김이 있다. 이 그림들을 분석해 보면, 안정적인 면 새김이 먼저 자리 잡고 그 빈 공간에 선
새김이 들어선 것을 알 수 있다. 그런데 면 새김에는 바다 동물인 고래가 많고 나중에 새겨진 선
새김에는 집 울타리 안에 그려진 돼지나 소 등 육지 동물이 많이 보인다. 그리고 면 새김에는 사
람이 자주 등장하고 선 새김 그림에서는 덫, 그물 등 도구와 미끼를 사용하는 모습이 나타난다.
└───

① 반구대 근처의 사람들은 생활상이 변하면서 바위 그림에 새로운 그림을 덧그렸군.

② 고래잡이를 하던 반구대 지역 사람들은 점차 농사와 가축 사육에 종사하게 되었군.

③ 사냥을 할 때 사람이 직접 위험에 처하지 않고 짐승을 잡을 수 있는 방법이 생겨났군.

④ 암각화는 수천 년 전 사람들의 삶의 방식을 생생하고 구체적으로 그려 냈다는 점에서 역
   사 기록 못지않게 가치가 있군.

⑤ 반구대 암각화에서 사람이나 고래를 면 새김으로 표현한 것은 사람이나 고래가 좀 더 중
   요한 가치를 지닌 대상임을 강조하려는 것이군.

📖 지문으로 엮어 읽는 배경지식 **울주 대곡리 반구대 암각화**

　　울산 울주군에 있는 반구대 암각화는 태화강의 한 지류인 대
곡천의 암벽에 그려져 있으며, 그림이 집중된 곳의 크기는 너
비 10m, 높이 3m이다. 제작 시기는 대략 신석기 시대 후기에
서 청동기 초기로 추정되고 있다. '반구대'는 암각화가 새겨진
바위의 이름으로, 거북이가 엎드린 형상을 하고 있다고 하여
붙여진 이름이다.

　　바위에 새겨진 것들은 크게 바다 동물과 육지 동물, 사람, 도
구 등으로 나눌 수 있다. 바다 동물로는 고래, 물개, 거북 등이,
육지 동물로는 사슴, 호랑이, 멧돼지, 개 등이 많이 보인다. 또
도구로는 배, 울타리, 그물, 작살, 노(弩)와 비슷한 물건 등을

볼 수 있다.

　　반구대 암각화는 선과 점을 이용하여 동물과 사냥 장면을 생동감 있게 표현하고 사물의 특징을 실감 나게 묘사한 것
으로, 사냥 미술인 동시에 종교 미술로서 선사 시대 사람들의 생활과 풍습을 알 수 있는 최고 걸작품으로 평가된다.

동물 지배의 출발점으로서의 가축화

필독 TIP

어휘 ★★
문장 ★★★
배경지식 ★★★

이 글은 인류 역사에 있어서 '가축화'가 지닌 의미를 분석하고 있다. '가축이 된다'는 것과 '길들인다'의 차이를 이해하고, 글쓴이의 가축화에 대한 생각을 파악하며 읽도록 한다.

'가축이 된다'는 것과 '길들인다'는 것은 매우 다르다. 가축화는 수십 수백 세대의 인위적인 선택과 교배를 통해 한 종의 유전자 변화를 수반하는* 것임에 반해, 길들임은 현재 상태에서 그저 교감하고 특정한 행동을 끌어내는 것뿐이다. 가축은 어느 순간 갑자기 탄생한 것이 아니다. 인간이 자기 필요에 맞는 온순한 개체를 고르고, 다시 그 개체가 비슷한 특성을 보이는 온순한 개체와 교미해 번식하는 수많은 과정을 통해서 새로운 '종'으로 거듭나게 된 것이다.

재러드 다이아몬드는 『총, 균, 쇠』에서 동물이 가축이 되는 데는 '안나 카레니나의 법칙'이 통용*된다고 했다. 톨스토이는 소설 『안나 카레니나』의 첫 문장을 "행복한 가정은 모두 비슷한 이유로 행복하지만, 불행한 가정은 저마다의 이유로 불행하다."라고 썼다. 행복한 가정을 이루기 위해선 재산·교육 수준·친척·부부 관계 등 여러 가지 면을 다 충족해야 하며, 그중에서 어느 한 가지라도 어긋나면 가정이 불행해진다는 뜻이다. 가축화도 마찬가지로, 모든 조건을 충족해야지, 어느 조건 하나라도 어긋나면 실패하고 만다. 이것이 앞서 말한 '안나 카레니나의 법칙'이다.

얼룩말은 초원에서 포식자의 압력으로부터 살아남아야 하기 때문에 약간의 자극에도 민감하게 반응한다. 포식자의 압력 속에서 환경 변화를 민감하게 받아들이는 동물은 가두어 키우기에 효율적이지 않다. 식성이 너무 좋은 동물도 가축으로는 적합하지 않다. 가축 가운데 가장 큰 종인 소는 체중 450kg의 덩치를 키우기 위해 옥수수 4.5t이 필요하다. 따라서 소가 가축이 되려면 드넓은 초지가 있어야 하는데, 운 좋게도 이런 환경을 갖춘 덕분에 소는 가축이 되었다. 그렇다면 코끼리는 어떨까? 코끼리는 임신 기간이 무려 22개월인 데다가, 성체*가 되기까지 10년이 걸린다. 온순한 품종*을 얻고자 인위로 교배하기에는 불리한 조건이다. 육식성 포유류 역시 산 동물을 잡아다 줘야 하는 문제가 있다. 적게 먹으면서 성장 속도는 빠르고, 예민하지 않고 온순한 동물이 인류에게 환영받으며 인간들 세계로 들어와 오랜 기간을 거쳐 가축으로 진화했을 가능성이 크다.

'가축화 사건'은 신석기 시대 들어 수렵 채집인이 정착 생활을 하게 되면서 일어난 일이다. 개가 맨 처음 인간의 세계로 들어왔고 뒤이어 양, 염소, 돼지, 소, 말, 당나귀 등이 차례로 가축이 되었다. 동물의 노동력이 무생물 기계로 대체된 자본주의가 출현하기 전까지, 수천 년간 가축은 인류 산업의 역군*이자 경제 활동의 중추였다. 가축은 양치기를 돕기도 하고 쟁기질하거나 수레를 끌기도 하고 음식물 쓰레기를 치워 주기도 하며 젖과 털, 고기를 인간에게 제공했다. 지금과 달리 인간이 가축에게 가장 기대한 것은 고기가 아니라, 노동력과 부산물*이었다. 과거 사람들은 소나 말, 당나귀에게서 농경과 운송을 위한 노동력을 얻고 노동력의 가치가 없어지기 직전 적절한 시점에 도살함으로써 고기를 얻었다. 돼지의 경우도 고기가 되기 전, 음식물 쓰레기를 청소해 주는 역할이 더 중요하게 여겨졌다.

수렵 채집 사회였던 구석기 시대만 해도 인간은 다른 동물과 동등한 위치에서 생존해야 했다. 먹이를 두고서 사냥하며 다른 동물과 경쟁하고, 인간보다 힘센 포식자의 압력을 받으면서 움직여야 했다. 하지만 신석기 시대에 들어서면서 일부 동물 종을 자신들의 삶터 주변에 가두고 노동력과 부산물을 취하면서, 인류는 힘센 포식자와 경쟁하지 않고도 다른 종을 지배하게 되었다. 가축화 사건은 인간에 의한 '동물 지배'의 출발점이었던 것이다.

* **수반하는**: 어떤 일과 더불어 생기는. 또는 그렇게 되게 하는.
* **통용**: 일반적으로 두루 씀.
* **성체**: 다 자라서 생식 능력이 있는 동물.
* **품종**: 농작물, 가축 따위를 분류하는 최종 단계의 이름.
* **역군**: 일정한 부문에서 중요한 역할을 하는 일꾼.
* **부산물**: 주산물의 생산 과정에서 더불어 생기는 물건.

STEP
I

어휘 활용

1 다음 문장에 들어갈 알맞은 단어를 찾아 ○표를 하시오.

(1) 그들은 산업의 (역군 / 역관)으로 칭송받았다.

(2) 우리 부서는 회사 내 (중추 / 중초) 역할을 수행하였다.

(3) (온순해 / 순진해) 보이는 강아지가 갑자기 짖어서 깜짝 놀랐다.

(4) 요즘에는 백화점 같은 곳에서 상품권이 화폐와 (통영 / 통용)되기도 한다.

(5) 이 일은 고도의 기술이 필요하므로 기존의 인력이 전문 인력으로 (도태 / 대체)되었다.

서술형 **어휘 의미**

2 다음에 제시된 한자의 뜻을 참고하여 단어의 의미를 쓰시오.

(1) 포식자(捕食者) → 捕(포: 사로잡다), 食(식: 먹다), 者(자: 놈)

→ (　　　　　　　　　　　　　　)

(2) 인위(人爲) → 人(인: 사람), 爲(위: 하다, 만들다)

→ (　　　　　　　　　　　　　　)

어휘 의미

3 다음 뜻풀이에 해당하는 단어를 〈보기〉의 낱글자를 조합하여 쓰시오.

┌─ 보기 ───────────────────────────────┐
　　　교　　번　　배　　출　　성　　현　　식　　체
└──────────────────────────────────────┘

(1) 붇고 늘어서 많이 퍼짐. (　　　　)

(2) 나타나거나 또는 나타나서 보임. (　　　　)

(3) 다 자라서 생식 능력이 있는 동물. 또는 그런 몸. (　　　　)

(4) 생물의 암수를 인위적으로 수정 또는 수분시켜 다음 세대를 얻는 일. (　　　　)

STEP
II

서술형 **중심 화제**

1 윗글의 중심 화제를 쓰시오.

┌──────────────────────────────────────┐
(　　　　　　　　　　　　　　　　　　　　　　　)
└──────────────────────────────────────┘

문단 정리

2 윗글을 읽고 각 문단의 중심 내용을 다음과 같이 정리할 때, 빈칸에 들어갈 알맞은 말을 쓰시오.

1문단	(　　　　　　　)는 수십 수백 세대의 인위적인 선택과 교배를 통해 한 종의 유전자 변화를 수반하는 것으로, 길들임과 다르다.
2문단	가축화에는 (　　　　　　　) 법칙이 통용되어 모든 조건을 충족해야지 어느 조건 하나라도 어긋나면 실패하고 만다.
3문단	적게 먹으면서 성장 속도는 빠르고, 예민하지 않으며 (　　　　　　　) 동물이 오랜 기간을 거쳐 가축으로 진화했을 가능성이 크다.
4문단	동물의 노동력이 기계로 대체된 (　　　　　　　)가 출현하기 전까지 가축은 인류 산업의 역군이자 경제 활동의 중추였다.
5문단	가축화 사건은 인간에 의한 동물 지배의 출발점이라고 할 수 있다.

내용 구조

3 다음은 가축화에 대한 내용을 정리한 것이다. 빈칸에 들어갈 알맞은 말을 쓰시오.

가축화
- 조건 → • 적게 먹을 것
  • (　　　　　　)가 빠를 것
  • 예민하지 않고 온순할 것
- 가치 → • 자본주의가 출현하기 전까지 인류 산업의 역군이자 경제 활동의 중추였음.
  • 고기뿐 아니라 (　　　　　)과 부산물을 얻을 수 있음.
- 의미 → 인간에 의한 (　　　　　)의 출발점이 됨.

STEP III

수능형 | 세부 정보의 파악

1 윗글의 내용과 일치하지 <u>않는</u> 것은?

① 가축화는 유전자 변화를 수반하는 사건이다.

② 과거와 현대 사회에서 인간이 가축에게 기대하는 것은 다르다.

③ '안나 카레니나의 법칙'은 가축화의 조건이 매우 까다로움을 드러낸다.

④ 자본주의 출현 이후 인간에게 가축은 중요한 의미를 지니지 않게 되었다.

⑤ 성공적인 가축화를 위해서는 성장 속도, 성격, 먹이의 종류 및 양 등을 고려해야 한다.

수능형 자료 해석의 적절성 평가

2 윗글과 〈보기〉를 읽은 후, ㉠~㉢에 대해 평가한다고 할 때 ㉮에 들어갈 말로 가장 적절한 것은?

> 보기
>
> 동물을 잡아 가두고 최소한의 먹이를 주며 강제 노동을 시키는 ㉠가축화, 어찌 보면 ㉡노예제와 비슷하지 않은가? 인간은 동물을 먼저 노예로 삼았고, 신석기 문명을 발전시키면서 같은 인간 또한 노예로 만들어 착취했다. 찰스 패터슨이 쓴 『동물 홀로코스트』의 원래 제목은 '영원한 트레블링카'이다. 트레블링카는 폴란드 바르샤바 근처에 있는, 제2차 세계 대전 때 나치스가 운영하던 유대인 수용소의 이름이다. 소, 돼지, 닭을 비좁고 열악한 환경에 몰아넣고서 재빨리 몸집을 키워 도살하는 '㉢공장식 축산'이 바로 '영원한 나치 수용소' 아닐까?
>
> → ㉠~㉢ 모두 자신의 이익을 위해 _____㉮_____

① 다른 존재를 도살하고 있다.

② 주변 상황을 유리하게 조작하고 있다.

③ 다른 존재를 자신과 동일시하고 있다.

④ 다른 존재에게 고통을 주면서 지배하고 있다.

⑤ 주변 상황에 개의치 않고 목적을 달성하고 있다.

📖 지문으로 엮어 읽는 배경지식 **안나 카레니나 법칙(Anna Karenina principle)**

러시아의 대문호 톨스토이의 작품 『안나 카레니나』에서 주인공 안나 카레니나는 밝은 성격에 아름다운 외모를 갖춘 여성으로, 그녀에게는 러시아 최고의 정치가인 남편과 아들이 있었다. 모든 사람들의 부러움을 한 몸에 받는 그녀였지만, 마음 한구석에는 늘 공허함이 있었다. 그런 그녀는 위험한 사랑에 빠져 가족을 버리고 사랑을 택한다. 하지만 남편과의 이혼이 뜻대로 되지 않고 애인과도 다투는 횟수가 늘어나면서 그녀는 스스로 생을 마감하고 만다. 행복할 수 있는 모든 조건을 갖춘 듯 보였지만, 채워지지 않는 마음 한구석의 공허함이 그녀를 불행으로 이끌었던 것이다.

'안나 카레니나 법칙'은 『총, 균, 쇠』의 작가로 유명한 진화 생물학자인 재러드 다이아몬드(Jared Diamond, 1937~)가 톨스토이의 작품 『안나 카레니나』의 첫 구절인 "행복한 가정은 모두 비슷한 이유로 행복하지만, 불행한 가정은 저마다의 이유로 불행하다."에서 착안한 것이다. 이는 성공은 여러 가지 요소들이 모두 충족되어야 가능하며 어느 한 가지라도 어긋나면 실패할 수밖에 없다는 것을 뜻하는 말이다. 재러드 다이아몬드는 어떤 동물들은 가축화하였으나 어떤 동물들은 야생 동물로 남아 있는 것을 이 법칙의 예로 들었다. 이는 어떤 동물을 가축으로 키울 수 있으려면 여러 가지 조건을 갖추어야 하는데, 그중 단 한 가지의 요소만을 갖추지 못해도 가축화되지 못한다는 것을 의미한다.

역사 해석을 위한 올바른 태도

필독 TIP

어휘 ★★★
문장 ★★★
배경지식 ★★★

이 글은 우리나라의 성 불평등 문화의 유래를 토대로 역사적 사실을 해석하는 올바른 태도에 대해 설명하고 있다. '고려 사회가 남녀평등했다.'는 주장이 지닌 문제점이 무엇인지 파악하며 읽도록 한다.

우리나라는 지나칠 정도로 남성 중심적 문화가 강하다. 가부장제에서 비롯된 폐해*도 가히 셀 수 없을 정도이다. 이런 문제를 두고 역사학계에서도 오랫동안 고민이 이어졌다. 그리고 학자들은 '우리나라의 지독한 성 불평등 문화가 언제부터 시작된 것일까?'라는 주제에 매달렸다. 그런데 연구 결과 놀라운 사실을 발견하게 되었다. 조선 전기까지만 하더라도 남성 중심적 사회가 아니었다는 근거를 찾아냈던 것이다. 신사임당만 봐도 대부분의 생애를 친정에서 살 정도로 시집살이가 보편적이지 않았다. 남성과 장남 중심의 족보가 하나의 완결된 형식으로 자리 잡아 편찬된 시기도 17세기부터이다. 고려 때부터 조선 전기까지는 여성의 삶이 상당 부분 자유로웠다. 여성이 제사를 지낼 수 있었고, 상속 재산도 남녀 똑같이 나눠 줬고, 사위가 처갓집 제사를 지내기도 했으며, 심지어 여성의 재혼도 자유로웠다.

그런데 이런 이야기가 교과서에 나오고, 대중 사이에 널리 퍼지면서 '과장된 이야기'가 사실처럼 등장했다. 바로 '고려 사회가 남녀평등했다.'는 주장이다. 언뜻 보면 그럴 수 있겠다고 할 수도 있다. 조선과는 다르게 여성의 권리가 여러모로 보장되고, 보호되었으니 말이다. 하지만 상황이 조금 더 나았다고 해서 이걸 곧 '평등'이라 부를 수는 없다. 더구나 '고려 사회가 남녀평등했다.'라고 주장하는 데는 이중의 문제가 있다.

첫 번째 문제는, 해당 연구들이 '표면적'으로만 정보를 해석했다는 점이다. 예를 들어, '여성이 제사를 지내기도 했다.'는 말은, 당시 유교적 윤리가 생활 윤리로 정착되지 않았다는 것을 뜻하기도 하지만 '제사'라는 유교적 질서 아래 사회가 돌아가고 있었다는 것의 방증*이기도 하다. 또 '사위가 처갓집 제사를 대신 지냈다.'는 말은 고려 시대가 문벌 귀족의 시대였다는 증거이기도 하다. 고려 때는 소수의 특권 가문이 나라 전체를 좌지우지한* 경우가 많았으며 이런 상황에서 출세하려면 그런 집안과 혼사를 맺는 게 중요하니 '처갓집 제사'는 어려운 것이 아니었다. '균분 상속*'도 지배층의 이야기일 뿐이다. 고려는 왕실에서 근친혼이 성행할 정도로, 끼리끼리 권력을 독점하고 승계하려는 경향이 매우 강한 사회였다. 이런 사정 때문에 권력층 여성의 경제적 지위는 집안의 권력 유지 차원에서 중요한 문제였다. 그러니 균분 상속이 여러모로 유리했으며 권력을 유지하기 위해 재혼도 할 수 있었을 것으로 짐작된다.

두 번째 문제로는, 해당 연구들이 '평등'의 개념을 제대로 이해하지 못했다는 점을 들 수 있다. 문명의 초기 단계에 여성을 중심으로 혈통이 계승되는 '모계 사회'가 흔했다는 건 이미 널리 알려진 사실이다. 하지만 문제는 모계 사회가 곧 '모권 사회'는 아니라는 점에 있다. 혈통이 어머니 쪽으로 계승되더라도 '권력'은 아니었다는 말이다. 여자 천황(天皇)이 많았던 일본사를 자세히 살펴보면, 천황이 여성일 때도 권력은 친정아버지나 형제들이 쥐었다. 즉, 외가 쪽에서 권력을 유지하고자 '여성'을 내세운 셈이다. 마찬가지로 원시 부족 사회도 여성 쪽 집안의 '남자'들이 권력을 행사한 경우가 다반사*다. 온전히 여성이 권력을 쥐고 사회를 주도한 예는 거의 찾아보기 어렵다. '남녀평등'은 여성과 남성이 '동등한 권리'를 가져야 한다는 말이다. 그리고 이러한 권리에는 정치에 참여할 권리, 직업을 선택할 권리, 취향을 누릴 권리, 경제적·사회적으로 차별받지 않을 권리 등이 있을 것이다. 이런 기준으로 따진다면 단언컨대 조선이나 고려는커녕, 인류사를 통틀어 봐도 남녀가 평등했던 적은 단 한 번도 없다. '여성 주체성'이 본격

* **폐해**: 어떤 일이나 행동에서 나타나는 옳지 못한 경향이나 현상으로 생기는 해.
* **방증**: 사실을 직접 증명할 수 있는 증거가 되지는 않지만, 주변의 상황을 밝힘으로써 간접적으로 증명에 도움을 줌.
* **좌지우지한**: 이리저리 제 마음대로 휘두르거나 다룸.
* **균분 상속**: 재산을 상속할 때, 상속 대상자 모두가 같은 분량을 상속하는 일.
* **다반사**: 차를 마시고 밥을 먹는 일이라는 뜻으로, 보통 있는 예사로운 일을 이르는 말.

적으로 논의되기 시작한 때가 18세기 후반이고 '남녀평등'이라는 말 자체도 근대적 사고이니 말이다.

역사적 사실을 해석함에 있어 단순하게 생각하고, 쉽게 결론을 내리다 보면 결국 제대로 된 '해석'에 도달하지 못한다. ㉠사실에 근거하여 논리적 정합성*을 갖추고 여러 반론과 비판에 대응하면서 비교적 타당한 해석을 계속 시도해야 할 것이다.

* 정합성: 논리 체계에서 우선 필요로 하는 요건으로, 논리적 모순이 없는 것.

STEP
I

어휘 활용

1 다음 문장의 빈칸에 들어갈 알맞은 단어를 〈보기〉에서 찾아 쓰시오.

> 보기
>
> 다반사   방증   정착   좌지우지   편찬

(1) 내년에 새로운 교과서가 (   )될 예정이다.

(2) 사장은 직원들을 자기 마음대로 (   )하려고 했다.

(3) 그들은 떠돌이 생활을 청산하고 이곳에 (   )하기로 했다.

(4) 월말엔 일이 밀려 며칠씩 집에 안 들어오는 일이 (   )였다.

(5) 이 일은 그가 이 사건의 범인임을 알려 주는 (   )이기도 하다.

어휘 의미

2 다음 내용이 맞으면 ○, 틀리면 ×표를 하시오.

(1) 같은 길을 가는 것을 '동등'이라고 한다.   (   )

(2) 매우 성하게 유행하는 것을 '성행'이라고 한다.   (   )

(3) 다른 사람의 권리나 의무를 이어받는 일을 '승계'라고 한다.   (   )

(4) 한 사람의 일생 동안의 행적을 적은 기록을 '족보'라고 한다.   (   )

STEP
II

서술형 **중심 화제**

1 윗글의 중심 내용을 다음과 같이 정리할 때, 빈칸에 들어갈 알맞은 내용을 쓰시오.

> (   )하는 데 필요한 태도

문단 정리

2 윗글을 읽고 각 문단의 중심 내용을 다음과 같이 정리할 때, 빈칸에 들어갈 알맞은 말을 쓰시오.

1문단	역사학계의 연구 결과 우리나라는 (　　　　　)까지만 하더라도 남성 중심적 사회가 아니었음을 발견하게 되었다.
2문단	고려 사회가 남녀평등했다고 주장하는 데는 이중의 문제가 있다.
3문단	고려 사회가 남녀평등했다고 하는 연구들은 (　　　　　)으로만 정보를 해석한 문제가 있다.
4문단	고려 사회가 남녀평등했다고 하는 연구들은 (　　　　　)의 개념을 제대로 이해하지 못한 문제가 있다.
5문단	역사적 사실을 해석할 때는 논리적 정합성을 갖추고 타당한 해석을 시도해야 한다.

내용 구조

3 다음은 고려 사회가 남녀평등했다는 주장의 근거와 반론을 정리한 것이다. 빈칸에 들어갈 알맞은 말을 쓰시오.

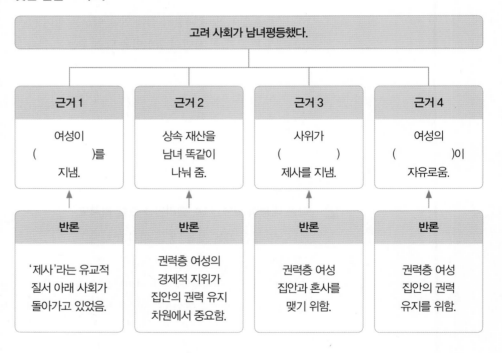

수능형 전개 방식 파악

1 윗글에 대한 설명으로 가장 적절한 것은?

① 주장에 대한 여러 관점들을 비교하고 있다.

② 주장의 발전 과정을 단계별로 서술하고 있다.

③ 주장이 지닌 논리적 모순점을 분석하고 있다.

④ 주장이 가진 현대적 의의를 재조명하고 있다.

⑤ 주장이 후속 연구에 의해 보완되는 과정을 고찰하고 있다.

STEP
Ⅲ

수능형 다른 상황에 적용

2 ㉠에 따라 〈보기〉를 이해한 내용으로 적절한 것만을 골라 묶은 것은?

보기

　광개토 대왕은 중국의 여러 나라와 수백 년간 지배권을 두고 다투던 요동 일대를 확보하고, 만주 대부분의 지역을 장악하였을 뿐 아니라 백제도 두 차례나 굴복시켰다. 또한 신라를 보호한다는 명분으로 왜와 가야를 무너뜨리면서 신라를 사실상 속국으로 만들었다. 당시 중국은 오호십육국이 난립하며 혼란스러웠고, 요동을 지배하던 후연이 북위에 패배한 상황이었다.

ㄱ. 광개토 대왕은 과감한 정벌전에 나서 고구려의 세력권을 넓혔다.
ㄴ. 광개토 대왕 당시 고구려는 동북아시아를 호령하는 패권국이 되었다.
ㄷ. 광개토 대왕이 당시의 중국 중심 세력과 전면전을 벌여 승리한 것은 아니다.
ㄹ. 광개토 대왕은 당시의 주변 상황을 잘 이용하여 유리한 상황을 만들 수 있었다.

① ㄱ, ㄴ　　　　　　② ㄷ, ㄹ　　　　　　③ ㄱ, ㄴ, ㄷ
④ ㄱ, ㄷ, ㄹ　　　　⑤ ㄱ, ㄴ, ㄷ, ㄹ

📖 지문으로 이해하는 독해 지식 **주장 – 근거 구조**

　한 문단이나 문장이 글쓴이가 말하고자 하는 바, 즉 주장이 되고 다른 문단이나 문장이 그 주장에 대한 근거가 되는 전개 방식을 주장 – 근거 구조의 전개 방식이라고 한다. 이 글에서는 조선 전기까지만 하더라도 남성 중심적 사회가 아니었다는 주장과 이에 대한 근거를 제시하고 있다.

　그런데 연구 결과 놀라운 사실을 발견하게 되었다. 조선 전기까지만 하더라도 남성 중심적 사회가 아니었다는 근거를 찾아냈던 것이다. <u>신사임당만 봐도 대부분의 생애를 친정에서 살 정도로 시집살이가 보편적이지 않았다.</u>
주장
근거①
<u>남성과 장남 중심의 족보가 하나의 완결된 형식으로 자리 잡아 편찬된 시기도 17세기부터이다.</u> 고려 때부터 조선
근거②
전기까지는 여성의 삶이 상당 부분 자유로웠다. <u>여성이 제사를 지낼 수 있었고,</u> <u>상속 재산도 남녀 똑같이 나눠 줬</u>
근거③　　　　　　　　　　　　　근거④
<u>고,</u> <u>사위가 처갓집 제사를 지내기도 했으며,</u> 심지어 <u>여성의 재혼도 자유로웠다.</u>
근거⑤　　　　　　　　　　　근거⑥

위험 사회에 대한 울리히 벡의 철학

필독 TIP

어휘 ★★★
문장 ★★★
배경지식 ★★★

이 글은 현대 사회를 산업
사회와 달리 '위험 사회'로
진단한 울리히 벡의 철학을
소개하고 있다. 울리히 벡이
말한 위험 사회로서의 특징
은 무엇인지 생각하며 읽도
록 한다.

독일의 보수적인 법학자이자 정치학자인 카를 슈미트는 사회 질서를 다스리는 일의 핵심은 '우리'와 '적'을 가리는 데 있다고 했다. 산업 사회에서 이 말은 설득력이 매우 높았다. 무엇보다 가난이 인류가 물리쳐야 할 '적'이었던 까닭이다. 모든 수단을 동원해서 무엇이든지 생산량을 높여 빈곤을 몰아내는 것이 문명사회의 목표였다. 유럽 산업 사회는 이런 방식으로 가난과 불평등을 몰아냈다. 반면에 현대 사회는 온갖 위험에 대처하는 것이 무엇보다 중요한 시대가 되었다. 독일의 사회학자 울리히 벡은 현대 사회를 '위험 사회'라고 부른다. 위험 사회에서 사람들을 하나로 만드는 힘은 '불안한 현실'에서 생긴다. "빈곤은 위계적*이지만 스모그는 민주적이다."는 울리히 벡이 남긴 유명한 말이다. 위험은 '누가 잘 사는지 못사는지'를 가리지 않는다. 오염된 공기와 기후 변화, 전 세계로 퍼진 바이러스 앞에서 우리는 똑같이 위험하다. 그 때문에 전 세계 모든 사람이 하나로 뭉칠 수 있다.

그런데 우리에게 닥친 '위험'은 누가 범인인지를 쉽게 가려낼 수 있을 만큼 단순하지 않다. 핵 발전의 위험을 논할 때마다 과학자들은 "원자력이 가장 깨끗하고 안전한 에너지"라며 권위를 실어 말한다. 석탄 발전에 견주면 원자력 발전은 공기를 거의 더럽히지 않는다. 게다가 우리는 원자력 덕택에 싼값으로 풍족하게 전기를 사용하지 않던가. 원자력 사고는 거의 생기지 않는다. 그러나 한번 발생하면 인류를 멸종시킬 재앙이 될 수도 있다. 벡은 우리가 이러한 원자력 사고를 '좀처럼 생기지 않는 자동차 사고' 정도로만 생각한다며 안타까워한다. 화학 물질도 마찬가지다. 해로움이 당장 눈앞에 드러나지 않기에 사람들은 문제를 깨닫지 못하는 것뿐이다.

그래서 벡은 '하위 정치'를 강조한다. 무엇이 얼마나, 어떻게 위험한지를 과학자의 판단에만 맡겨선 안 된다. 과학은 생각보다 객관적이지 않다. 과학도 이해 집단에 따라 연구 방향과 결과 등이 달라지곤 한다. 산업 사회에서 '과학적'이라는 표현은 예전 종교만큼이나 권위가 있었다. 그러나 위험 사회에서는 이를 곧이곧대로 받아들여서는 안 된다. 예전에는 과학은 과학, 정치는 정치, 경제는 경제라는 식으로 영역에 따라 문제를 다르게 접근했다. 그러나 이제는 이 모두를 각 학문 아래 놓인 현실의 맥락에서 함께 바라봐야 한다. 이것이 하위 정치가 의미하는 바다.

나아가 울리히 벡은 '개인'의 역할도 강조한다. 산업 사회에서는 집단이 중요했다. 빈부 격차를 없애기 위해 가난한 자들은 노동조합* 등을 통해 하나로 뭉쳤다. 그러나 위험 사회의 협력은 다른 방식으로 이루어진다. 기후 변화는 어느 집단을 적으로 삼아 무찌른다고 해서 해결되지 않는다. 사람들 한 명 한 명이 상황의 심각함을 깊이 깨닫고, 일회용품 사용을 줄이고, 대중교통을 이용하는 식으로 삶의 방식을 바꿔 나가야만 풀리는 문제다.

더불어 눈앞에 닥친 재앙은 되레 인류의 발전을 가져올 수 있다. 인류 모두가 공통된 위험 앞에서 하나가 되는 까닭이다. 이른바 '위험 공동체'가 만들어지며, 사람들은 당장의 편리함을 버리고 위험에서 벗어날 길을 함께 머리를 맞대어 찾게 된다. 따라서 인류에게 닥친 위기는 오히려 문명이 나아갈 바람직한 방향을 고민하게 한다는 의미에서 '해방적 파국'이 될 수도 있다. 인터넷 시대에는 특별한 '저항의 지도자'가 없다. 그러나 절박한* 위험과 부당한 처리 방식

＊위계적: 지위나 계층 따위의 등급이 있는 것.
＊노동조합: 노동 조건의 개선(改善) 및 노동자의 사회적·경제적인 지위 향상을 목적으로 노동자가 조직한 단체.
＊절박한: 어떤 일이나 때가 가까이 닥쳐서 몹시 급한.

이 알려지면 사람들은 자발적으로 나서서 분노를 표현하며 하나로 뭉친다. 이렇듯 위험 사회에서는 "개인적인 것이 정치적인 것"이다. 이렇게 움직이기 위해서는 무엇보다 한 사람 한 사람이 인류가 부딪힌 위험의 심각성을 끊임없이 떠올리며 되새겨야 한다. 벡이 산업 사회를 이끈 근대화에 맞서 현대 사회는 '성찰적 근대'가 되어야 한다고 주장한 이유가 여기에 있다.

산업 사회는 인류에게 풍요를 가져왔다. 반면에 그만큼의 재앙과 위기를 불러오기도 했다. 전염병, 환경 파괴, 테러리즘 등 인류를 나락*으로 빠뜨릴 만한 위협이 점점 커지고 있는 요즘이다. 그만큼 위험을 중심 과제로 삼고 문명의 미래를 바라보라는 벡의 외침은 더욱 의미심장하게 다가온다.

＊나락: 벗어나기 어려운 절망적인 상황을 비유적으로 이르는 말.

STEP Ⅰ

어휘 활용

1 다음 뜻풀이에 해당하는 단어를 〈보기〉에서 찾아 쓰시오.

> 보기
>
> 동원   권위   재앙   맥락   파국

(1) 일이나 사태가 잘못되어 결판이 남. (   )

(2) 남을 지휘하거나 통솔하여 따르게 하는 힘. (   )

(3) 사물 따위가 서로 이어져 있는 관계나 연관. (   )

(4) 뜻하지 아니하게 생긴 불행한 변고. 또는 천재지변으로 인한 불행한 사고. (   )

(5) 어떤 목적을 달성하고자 사람을 모으거나 물건, 수단, 방법 따위를 집중함. (   )

어법 활용

2 다음 밑줄 친 표기가 맞으면 ○, 틀리면 ×표를 하시오.

(1) 배가 파도에 쓸려 온 빙산에 <u>부딪쳐</u> 가라앉았다.   (   )

(2) 잘못은 네가 해 놓고 <u>되레</u> 나한테 화를 내면 어떡해!   (   )

(3) 그는 내 말이라면 팥으로 메주를 쑨다고 해도 <u>곧이곧대로</u> 믿는다.   (   )

STEP Ⅱ

서술형 중심 화제

1 윗글에서 울리히 벡이 주장하고 있는 것은 무엇인지 쓰시오.

(   )

문단 정리

2 윗글을 읽고 각 문단의 중심 내용을 다음과 같이 정리할 때, 빈칸에 들어갈 알맞은 말을 쓰시오.

1문단	현대는 산업 사회와 달리 온갖 ( )에 대처하는 것이 무엇보다 중요한 시대가 되었다.
2문단	우리에게 닥친 '위험'은 누가 범인인지를 쉽게 가려낼 수 있을 만큼 단순하지 않다.
3문단	벡은 위험 사회에서는 현실의 맥락에서 각 학문을 살피는 ( )가 중요함을 강조한다.
4문단	벡은 위험 사회에서의 협력은 산업 사회와는 다른 방식으로 이루어지므로, ( )이 중요하다고 보았다.
5문단	벡은 위험 사회에서는 한 사람 한 사람이 인류가 부딪힌 위험의 심각성을 끊임없이 떠올리며 되새기는 ( )적 근대가 되어야 한다고 주장하였다.
6문단	위험을 중심 과제로 삼고 문명의 미래를 바라보는 벡의 주장은 매우 중요한 의미를 갖는다.

내용 구조

3 다음은 울리히 벡이 말한 산업 사회와 현대 사회의 특징이다. 빈칸에 들어갈 알맞은 말을 쓰시오.

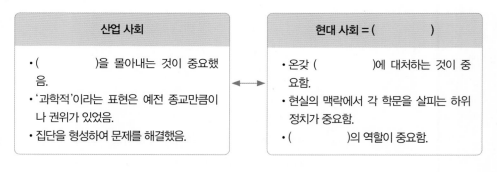

산업 사회	현대 사회 = ( )
• ( )을 몰아내는 것이 중요했음. • '과학적'이라는 표현은 예전 종교만큼이나 권위가 있었음. • 집단을 형성하여 문제를 해결했음.	• 온갖 ( )에 대처하는 것이 중요함. • 현실의 맥락에서 각 학문을 살피는 하위 정치가 중요함. • ( )의 역할이 중요함.

수능형 전개 방식 파악

1 윗글의 내용 전개에 대한 설명으로 가장 적절한 것은?

① 위험 사회를 산업 사회와 비교하면서 울리히 벡의 견해를 소개하고 있다.

② 위험 사회의 장단점을 분석하면서 문제 해결 방안을 다각도로 모색하고 있다.

③ 위험 사회의 징후를 알려 주는 다양한 사례를 열거하며 원인을 탐색하고 있다.

④ 위험 사회와 관련된 여러 학자들의 견해를 소개하면서 절충안을 모색하고 있다.

⑤ 위험 사회의 특징을 제시하면서 울리히 벡의 견해를 비판적으로 검토하고 있다.

2 윗글을 바탕으로 〈보기〉를 이해한 내용으로 적절하지 <u>않은</u> 것은?

> ┌ 보기 ┐
> • 최근 서울 및 수도권과 충청권 등에서는 고농도 미세 먼지가 발생하여, 일주일씩 미세 먼지 비
>   상 저감 조치가 시행됐다. 고농도 미세 먼지는 국내외 오염 물질이 쌓인 탓이고, 특히 중국에서
>   날아온 오염 물질도 주요한 원인으로 지목되고 있다.
> • 2011년 도호쿠 지방 태평양 해역 지진으로 인해 거대한 쓰나미가 발생되었으며, 이로 인해 후쿠
>   시마 제1 원전의 전력 공급이 중단돼 냉각 시스템이 마비되어 방사능 누출 사고가 발생했다.

① 카를 슈미트에 따르면 미세 먼지를 발생시키는 공장이나 중국의 오염 물질, 원전 사고를
   일으킨 일본의 원자력 발전소 등이 물리쳐야 할 '적'이라고 할 수 있겠군.

② 현대 사회는 미세 먼지나 원전 사고 등의 '불안한 현실'로부터 그 누구도 안전하다고 장
   담할 수 없겠군.

③ 울리히 벡은 인류 앞에 놓인 공통된 위험인 미세 먼지, 원전 사고 등의 문제를 해결하기
   위해 전문적인 과학 지식의 필요성을 강조하는 '하위 정치'를 내세웠겠군.

④ 인류를 위협하는 미세 먼지나 원전 사고 등에 대해 공동으로 고민하면서 대응한다면 역
   으로 '해방적 파국'이 가능할 수도 있겠군.

⑤ 미세 먼지나 원전 사고 등의 위험에 대처하기 위해서 울리히 벡은 위험의 심각성에 대한
   철저한 인식으로서의 '성찰적 근대'를 주장했겠군.

📖 지문으로 엮어 읽는 배경지식 **위험 사회론을 주장한 울리히 벡**

독일의 사회학자 울리히 벡(Ulrich Beck, 1944~2015)은 사회가 발전할수록 그
로 인한 위험과 불안이 증대된다는 '위험 사회론'을 제시하면서 '위험'을 현대 사
회를 이해하는 중요한 요소로 여겼다. "부(富)에는 차별이 있지만 스모그에는 차
별이 없다." 또는 "빈곤은 위계적이지만 스모그는 민주적이다."라는 그의 말에서
위험은 지역과 계층에 관계없이 평준화될 것이라는 의미를 읽을 수 있다.

벡은 21세기의 위험은 자연재해나 전쟁 같은 불가항력적 재난이 아니라, 사람
에 의해 만들어지는 '생산된 위험(manufactured risk)'이라고 보았다. 해킹, 개인

▲ 울리히 벡

정보 유출, 미세 먼지, 지구 온난화, 플라스틱 폐기물, 테러, 세계 금융 위기, 일본 후쿠시마 원전 사고, 서식지를 잃은
야생 동물, 알 수 없는 바이러스 등 우리가 이미 겪었거나 현재 겪고 있는 사회의 여러 가지 문제들이 모두 그가 말한
'위험'에 해당하는 것들이다. 현재의 코로나 사태를 살펴보면 그가 말한 위험이 무엇인지 명확히 이해된다.

그러나 벡은 이러한 위험 사회에서 과거로의 회귀가 아닌 사회 발전의 새로운 가능성을 본다. 그는 위험 사회를 성찰
적 근대로 규정하면서 미래에 대해 낙관적인 모습을 보인다. 그가 생각하는 성찰적 사회는 기술과 경제 발전에서 발생
하는 문제들에도 관심을 갖는 사회이고, 반성과 회의에 기초한 사회이기 때문이다.

집을 사는 절차

필독 TIP

어휘 ★★★★
문장 ★★★★
배경지식 ★★★★★

이 글은 법적으로 물건의 하나로 분류되는 부동산을 거래하는 방법을 설명하고 있다. 부동산 거래의 절차와 방법, 유의할 내용을 확인하며 읽도록 한다.

법에서는 형체가 있고 관리할 수 있는 모든 것을 물건이라 정의한다. 우리 법은 이러한 물건을 동산과 부동산으로 나누고 있다. 동산은 부동산을 제외한 모든 것이고, 부동산은 토지와 토지에 붙어 있는 정착물을 의미한다. 법적으로 물건 중 부동산은 거래 금액이 크므로 거래할 때 많은 주의가 필요하다.

어른이 되어 집을 한 채 사려 한다고 가정해 보자. 먼저 가격, 교통, 장래의 가치 상승 등을 고려해서 살 집을 정한다. 내부도 다 확인하고 나서 집주인과 가격, 인도 날짜, 대금 지급 날짜와 방법 등에 관해 교섭을 한다. 교섭이 끝나면 계약을 맺어야 하는데, 계약을 맺기 전 먼저 온라인을 통해 등기부 열람*을 해야 한다. 등기부는 개개의 부동산에 관한 등기 용지를 모아 둔 장부로, 등기부를 열람하고 확인하는 것은 부동산 거래에서 가장 중요한 부분이다.

등기부는 물건이 있는 장소와 면적, 용도, 구조 등이 명시된 '표제부'와 소유권* 변동 사항을 기록한 '갑구', 전세권이나 저당권 등 소유권 이외의 권리 사항이 기재된 '을구'의 세 부분으로 구성된다. 표제부에는 토지와 건물의 소재지, 면적, 용도, 구조 등이 순서대로 적혀 있다. 갑구에는 소유권에 관한 사항이 접수된 날짜순으로 적혀 있다. 맨 처음 기재되는 것이 소유권 보존 등기, 즉 최초의 소유자이고 소유권 이전 등기가 계속해서 표시되어 있다. 가장 마지막 순위에 기록된 소유권 이전 등기에 의한 권리자가 현재의 소유자이다. 을구에는 소유권 이외의 권리가 적혀 있다. 쉽게 말해 건물을 담보*로 은행 등에서 대출을 받는 경우 여기에 표시하게 되는 것이다. 특히 주의할 것은 근저당권* 설정 등기인데, 소유권자가 책임을 지는 채무*의 최고액이 등기부에 적혀 있다. 그 액수 한도 내에서 담보 책임을 지는데, 이 액수가 높으면 높을수록 그 부동산을 소유했을 때의 위험이 높은 것이다. 따라서 실제 채무액이 얼마인지를 ㉠면밀히 파악해야 한다.

등기부를 열람하고 확인한 후, 등기부와 다른 점이 있는지 확인하기 위해 토지 대장을 열람할 수 있다. 토지 대장은 관할 구청에서 열람하거나 인터넷을 통해 온라인으로 신청하여 교부받을 수 있다. 다음에는 매매 계약을 체결해야 한다. 파는 사람인 매도인이 실소유자가 맞는지 확인하는 것도 잊지 말아야 한다. 매매 계약이 성립하는 때는 계약서를 쓰거나 계약금을 지불할 때가 아니라 두 사람이 합의하여 약속하면 그 순간부터 계약이 성립하는 것이다.

계약서를 작성한 후에 계약금을 지급한다. 계약금은 계약 당시 지불하며, 통상 매매가의 10% 정도이다. 그리고 계약일과 잔금일의 중간쯤에 중도금을 지급한다. 중도금은 계약금을 포함하여 매매가의 50% 이상이며, 이행 보증금으로 볼 수 있다. 그리고 매매 목적물을 인도하는 날 매도자에게 잔금을 지급하고, 동시에 등기 서류 및 부동산을 인수한다. 그다음에는 새로 산 집을 등기해야 한다. 등기란 움직일 수 없는 물건인 부동산이 자신의 소유임을 알리는 특별한 형식을 의미한다. 일반적으로 법무사에 의뢰하지만 각 지방 법원 관할 등기소에 직접 신청할 수도 있다.

* **열람**: 책이나 문서 따위를 죽 훑어보거나 조사하면서 봄.
* **소유권**: 물건을 전면적 · 일반적으로 지배하는 권리. 물건이 가지는 사용 가치나 교환 가치의 전부를 지배할 수 있는 완전 물권이다.
* **담보**: 민법에서, 채무 불이행 때 채무의 변제를 확보하는 수단으로 채권자에게 제공하는 것.
* **근저당권**: 장래에 생길 채권의 담보로서 미리 설정한 저당권을 말한다. 이때 저당권은 채무가 이행되지 않을 경우에 채권자가 저당물에 대하여 일반 채권자에 우선하여 변제를 받을 수 있는 권리이다.
* **채무**: 재산권의 하나. 특정인이 다른 특정인에게 어떤 행위를 하여야 할 의무를 이른다.

STEP
ⓘ

어휘 의미

1 다음에 제시된 단어의 사전적 의미를 참고하여 빈칸에 들어갈 완성된 형태의 단어를 쓰시오.

(1) 대□ : 물건의 값으로 치르는 돈.

예 이번 달은 자동 이체가 되지 않아서 신문 (   )을 현금으로 지불했다.

(2) 대□ : 돈이나 물건 따위를 빌려주거나 빌림.

예 우리는 일단 집을 사고 모자라는 돈은 (   )을 통해 해결할 예정이다.

(3) 매□ : 물건을 팔고 사는 일.

예 요즘은 경기가 좋지 않아서 부동산 (   )가 거의 이루어지지 않고 있다.

(4) 잔□ : 집이나 토지 따위를 매각한 값을 여러 번 나누어 치르는 일에서 마지막으로 치르는 돈.

예 처음으로 산 아파트 (   )을 치르고 나니 새삼 감회가 새로웠다.

어휘 활용

2 윗글의 ㉠과 바꿔 쓰기에 적절한 것을 고르시오.

① 빈틈없이
② 정성스럽게
③ 실수가 없게
④ 기쁘고 즐겁게
⑤ 힘이 들지 않게

STEP
Ⅱ

서술형 중심 화제

1 윗글의 중심 내용을 쓰시오.

(   )

문단 정리

2 윗글을 읽고 각 문단의 중심 내용을 다음과 같이 정리할 때, 빈칸에 들어갈 알맞은 말을 쓰시오.

1문단	법적으로 물건에는 동산과 ( )이 있다.
2문단	부동산을 살 때는 '탐색 – 교섭 – 계약'의 단계를 거치는데, 계약을 맺기 전 등기부 열람을 한다.
3문단	등기부를 열람할 때는 표제부, 갑구, 을구의 내용을 확인한다.
4문단	( )을 열람하고 매매 계약을 체결한다.
5문단	'계약금 – 중도금 – 잔금'의 순으로 대금을 지급하고, 집을 ( )한다.

3 다음은 부동산 거래 절차와 방법에 대한 내용을 정리한 것이다. 빈칸에 들어갈 알맞은 말을 쓰시오.

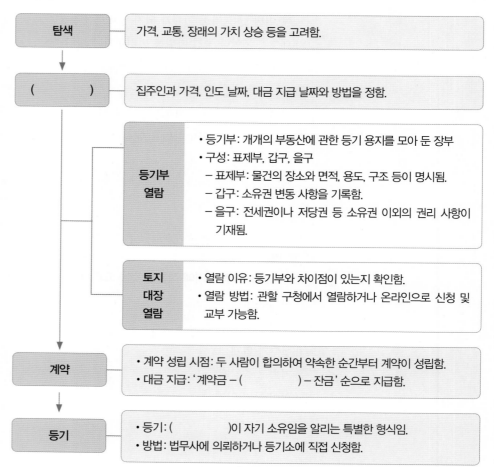

탐색	가격, 교통, 장래의 가치 상승 등을 고려함.
( )	집주인과 가격, 인도 날짜, 대금 지급 날짜와 방법을 정함.
등기부 열람	• 등기부: 개개의 부동산에 관한 등기 용지를 모아 둔 장부 • 구성: 표제부, 갑구, 을구 – 표제부: 물건의 장소와 면적, 용도, 구조 등이 명시됨. – 갑구: 소유권 변동 사항을 기록함. – 을구: 전세권이나 저당권 등 소유권 이외의 권리 사항이 기재됨.
토지 대장 열람	• 열람 이유: 등기부와 차이점이 있는지 확인함. • 열람 방법: 관할 구청에서 열람하거나 온라인으로 신청 및 교부 가능함.
계약	• 계약 성립 시점: 두 사람이 합의하여 약속한 순간부터 계약이 성립함. • 대금 지급: '계약금 – ( ) – 잔금' 순으로 지급함.
등기	• 등기: ( )이 자기 소유임을 알리는 특별한 형식임. • 방법: 법무사에 의뢰하거나 등기소에 직접 신청함.

STEP Ⅲ

수능형 세부 정보의 확인

1 윗글의 내용과 일치하는 것은?

① 부동산에 관련된 법적 정보는 등기부와 토지 대장을 통해 확인할 수 있다.

② 부동산은 법적으로 동산과 달리 형체가 있고 관리할 수 있는 물건의 하나이다.

③ 부동산 매매 계약은 집을 살 사람이 집주인에게 계약금을 지불한 시점에 성립된다.

④ 부동산 거래 시 중도금은 법무사에게 지급하거나 각 지방 법원 관할 등기소에 지급한다.

⑤ 등기부는 지방 법원 관할 등기소에, 토지 대장은 관할 구청에 직접 방문해야 열람할 수 있다.

수능형 자료 해석의 적절성 평가

2 A가 매수하려는 집의 등기부를 열람하여 〈보기〉와 같은 정보를 얻었다. 윗글을 참고할 때, 〈보기〉에 대한 A의 이해로 가장 적절한 것은?

보기

【 갑 구 】 (소유권에 관한 사항)

순위 번호	등기 목적	접수	등기 원인	권리자 및 기타 사항
2	소유권 이전	2021년 2월 1일 제4182호	2021년 1월 25일 매매	소유자 홍길동 820101–******* 서울특별시 행복구 행복동로 46

【 을 구 】 (소유권 이외의 권리에 관한 사항)

순위 번호	등기 목적	접수	등기 원인	권리자 및 기타 사항
1	근저당권 설정	2021년 2월 1일 제4182호	2021년 1월 31일 설정 계약	채권 최고액 금 20,000,000원 채무자 홍길동 서울특별시 행복구 행복동로 46 근저당권자 주식회사 행복은행 서울 행복구 행복동로 123 (개인 여신 팀)

① '홍길동'은 A가 매수하려는 집의 최초 소유자로군.

② A가 매수하려는 집의 주소는 '서울특별시 행복구 행복동로 46'이군.

③ A가 지불할 계약금은 통상 채권 최고액의 10%인 2백만 원이 적절하겠군.

④ '홍길동'은 행복은행에서 A가 매수하려는 집을 담보로 2천만 원을 빌렸군.

⑤ 갑구와 을구의 기재 사항을 통해 A가 매수하려는 집의 면적을 확인할 수 있겠군.

◎ 지문으로 분석하는 시각 자료 **등기부**

【 갑 구 】 (소유권에 관한 사항)

순위 번호	등기 목적	접수	등기 원인	권리자 및 기타 사항
2	소유권 이전	2021년 2월 1일 제4182호	2021년 1월 25일 매매	소유자 홍길동 820101–******* 서울특별시 행복구 행복동로 46

【 을 구 】 (소유권 이외의 권리에 관한 사항)

순위 번호	등기 목적	접수	등기 원인	권리자 및 기타 사항
1	근저당권 설정	2021년 2월 1일 제4182호	2021년 1월 31일 설정 계약	채권 최고액 금 20,000,000원 채무자 홍길동 서울특별시 행복구 행복동로 46 근저당권자 주식회사 행복은행 서울 행복구 행복동로 123 (개인 여신 팀)

제시된 내용은 개개의 부동산에 관한 등기 용지를 모아 둔 등기부이다. 이 내용에는 물건이 있는 장소와 면적, 용도, 구조 등이 명시된 표제부는 없다.

갑구에는 소유권 변동 사항이 기록되어 있다. 을구에는 전세권이나 저당권 등 소유권 이외의 권리 사항, 즉 건물을 담보로 은행에서 대출을 받은 내용이 나타나 있다.

이를 바탕으로 등기부 각 부분의 특징을 이해하고, 제시된 자료를 해석하여 선지 정보의 적절성을 판단한다.

세금의 여러 가지 종류

각 나라의 정부는 나라 살림을 유지하고 국가 경제를 발전시키기 위해 국민의 소득 가운데 일부분을 국가에 납부하도록 하고 있다. 세금 납부는 우리 국민의 4대 의무(국방, 근로, 교육, 납세) 가운데 하나로 꼽힌다. 그렇다면 과세*는 어떻게 이루어질까? 세금은 공평성을 유지하기 위해 법으로 세금 부과율을 정하고 있다. 소득이 높으면 세금 부과율이 높고, 소득이 적으면 그만큼 세금 부담도 적다.

'소득이 있는 곳에 세금이 있다.'는 말이 있을 정도로, 세금은 광범위하게 걷힌다. 우선 사람들이 회사에서 열심히 일한 대가로 받는 월급에 대한 세금이 있는데, 일해서 얻은 소득에 대해 세금을 걷는다는 의미로 '근로 소득세'라고 한다. 꼭 일을 해서만 돈을 버는 것은 아니다. 예를 들어 2억 원에 아파트를 샀다가 4억 원에 되팔았을 경우 2억 원의 소득이 발생하는데, 이처럼 부동산을 사고파는 과정에서 발생하는 소득에 대해 부과되는 세금을 '양도 소득세'라고 한다. 생산과 판매와 같은 기업 활동을 통해 소득을 올리는 기업들 역시 1년 동안 벌어들인 소득에 대해 '법인세'를 납부한다.

이러한 근로 소득세, 양도 소득세, 법인세처럼 소득을 올린 사람이 직접 세금을 내는 것을 '직접세'라고 한다. 반면, 세금을 낼 의무가 있는 사람과 세금을 실제로 부담하는 사람이 다른 '간접세'도 있다. 가장 대표적인 간접세가 바로 부가 가치세이다. 부가 가치세는 물건이나 서비스를 만들어 내는 과정에서 새로 생겨나는 가치(부가 가치)에 대해 내는 세금을 뜻한다.

예를 들어, 산림의 나무를 벌목*해 대형 목재(원재료)를 만들고, 이를 재료로 가구를 만들어 (제조), 소비자에게 판매(유통)하는 과정에서 목재의 가치는 계속 높아진다. 이 과정에서 높아진 가치에 대해 세금을 매기는데, 세금을 실제로 부담해야 하는 사람은 마지막에 가구를 구입해 사용하는 소비자가 된다. 소득은 제조업자, 유통업자에게 돌아가지만, 세금 부담은 소비자가 하기 때문에 간접적으로 세금을 내는 셈이다. 부가 가치세는 물건이나 서비스를 이용하는 사람의 재산 정도를 따지지 않고 똑같이 부담하기 때문에 '고정세'로 분류된다.

관세 역시 빼놓을 수 없는 세금의 하나이다. 관세는 외국에서 만들어져 우리나라에 수입되는 상품에 부과되는 세금으로, 외국과의 무역에서 정부는 특정 품목에 어느 정도 관세를 부과하여 우리나라의 산업을 보호하기도 하고 세금으로 얻는 수입을 늘리기도 한다. 1980년대 외국으로부터 고급 사치재를 많이 수입했던 시절에는 매우 높은 관세를 매겨 소비를 억제하기도 했으나 최근에는 자유 무역*이 경제 발전에 기여하는 효과가 크다고 보고, 주요 국가 간에 자유 무역 협정(FTA)을 체결하여* 관세를 지속적으로 낮춰 가고 있다.

* **과세**: 세금을 정하여 그것을 내도록 의무를 지움.
* **벌목**: 숲의 나무를 벰.
* **자유 무역**: 국가가 외국 무역에 아무런 간섭이나 보호를 하지 아니하고 관세도 매기지 아니하며 각 개인의 자유에 맡겨 하는 무역.
* **체결하여**: 계약이나 조약 따위를 공식적으로 맺어.

STEP I

어법 이해

1 다음 문장에 들어갈 알맞은 단어를 찾아 ○표를 하시오.

(1) 꿈을 이루기 위해서는 그만큼의 (댓가 / 대가)를 치러야 하는 법이다.

(2) 정부는 내년부터 고소득자들의 세금 (부과율 / 부과률)을 높일 예정이라고 발표했다.

어휘 활용

2 다음 문장의 빈칸에 들어갈 알맞은 단어를 〈보기〉에서 찾아 문장에 맞게 활용하여 쓰시오.

┌─ 보기 ─────────────────────────────┐
거치다   걷히다
└────────────────────────────────┘

(1) 안개가 (   ) 파란 하늘이 드러나기 시작했다.

(2) 여러 단체에서 (   ) 찬조금의 액수가 생각보다 커서 놀랐다.

(3) 학생들은 고등 교육을 받기 위한 준비 과정을 (   ) 대학에 입학하게 된다.

(4) 그는 이제 어떤 사람을 만나더라도 (   ) 것이 없는 유능한 영업 사원이 되었다.

어휘 의미

3 다음 뜻풀이에 해당하는 단어를 주어진 초성자를 참고하여 쓰시오.

(1) 도움이 되도록 이바지함. ㄱ ㅇ → (   )

(2) 어떠한 의무나 책임을 짐. ㅂ ㄷ → (   )

(3) 세금이나 공과금 따위를 관계 기관에 냄. ㄴ ㅂ → (   )

(4) 세금을 정하여 그것을 내도록 의무를 지움. ㄱ ㅅ → (   )

(5) 나라와 나라 사이에 서로 물품을 매매하는 일. ㅁ ㅇ → (   )

STEP II

서술형 중심 화제

1 윗글에서 주로 설명하고 있는 것은 무엇인지 쓰시오.

(   )

2 윗글을 읽고 각 문단의 중심 내용을 다음과 같이 정리할 때, 빈칸에 들어갈 알맞은 말을 쓰시오.

1문단	정부는 나라 살림을 유지하고 국가 경제를 발전시키기 위해 ( )을 걷고 있으며, 공평성을 유지하기 위해 법으로 세금 부과율을 정하고 있다.
2문단	세금에는 일한 대가로 받는 월급에 대해 부과되는 ( ), 부동산 매매로 발생하는 소득에 대한 양도 소득세, 기업 활동을 통한 소득에 대해 부과되는 법인세 등이 있다.
3문단	세금에는 소득을 올린 사람이 직접 세금을 내는 직접세, 세금을 낼 의무가 있는 사람과 세금을 실제로 부담하는 사람이 다른 ( )가 있다.
4문단	부가 가치세는 소비자가 내는 세금이기 때문에 간접세이면서, 납세자의 재산 정도를 따지지 않고 똑같이 부담하기 때문에 ( )로 분류된다.
5문단	외국에서 만들어져 우리나라에 수입되는 상품에 부과되는 세금을 관세라고 하며, 최근에는 자유 무역 협정을 체결하여 관세를 지속적으로 낮춰 가고 있다.

3 다음은 세금의 종류를 분류한 것이다. 빈칸에 들어갈 알맞은 말을 쓰시오.

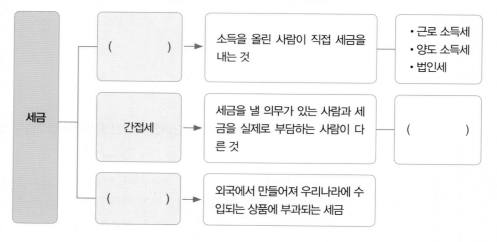

1 윗글을 통해 알 수 있는 내용이 <u>아닌</u> 것은?

① 관세의 효과

② 세금 부과율의 기준

③ 직접세와 간접세의 차이

④ 소득이 세금에 미치는 영향

⑤ 부가 가치세에 대한 논란의 배경

수능형 구체적 상황에 적용

2 윗글을 읽고 〈보기〉의 '누나'가 '동생'에게 해 줄 수 있는 대답으로 가장 적절한 것은?

보기

동생: 누나, 오늘 학교에서 세금에 대해 배웠는데, 나처럼 소득이 없는 사람은 세금을 내지 않는 거지?

누나: 네가 색연필을 사고 받은 이 영수증을 볼래?

[영수증]			
꾸러기 문구 / 000-00-00000			
서울 종로구 ○○○길 1-23			
상품명	단가	수량	금액
색연필	1,100	1	1,100
합계 금액			1,100
소 계			1,000
부가 가치세			100

① 네가 지불한 색연필 값 1,000원은 부가 가치세가 제외된 금액인 걸 알 수 있지? 그 세금은 색연필을 만든 사람이 내는 것이기 때문이야.

② 색연필의 원재료 가격은 1,000원이지만 그 색연필을 네가 구입하기까지 시장에 유통되면서 유통업자에게 세금이 매겨지기 때문에 너는 세금을 내지 않은 거야.

③ 색연필 한 개에 대해 네가 지불한 돈 중에는 부가 가치세가 포함되어 있지만 그 세금은 이미 제조업자가 납부한 것이기 때문에 너는 세금을 내지 않고 산 거나 마찬가지야.

④ 색연필의 단가와 소계가 다른 이유는 소비자에게 색연필에 대한 세금을 부과하지 않았기 때문이야. 그 세금은 색연필을 판매하여 소득을 올린 사람이 내게 되겠지?

⑤ 네가 지불한 색연필 값 1,100원 중에는 부가 가치세라고 하는 세금 100원이 포함되어 있어. 이건 소득이나 재산과 관계없이 물건을 산 사람이라면 누구나 내는 세금이야. 그러니 너도 세금을 낸 거란다.

📖 지문으로 엮어 읽는 배경지식 **자유 무역 협정(FTA)**

▲ 우리나라의 FTA 발효 국가(산업 통상 자원부, 2021. 8.)

흔히 FTA로 표기하는 자유 무역 협정은 'Free Trade Agreement'의 약자로 둘 이상의 나라가 서로 수출입 관세와 시장 점유율 제한 등의 무역 장벽을 제거하여 무역을 자유롭게 하는 협정을 의미한다. 2002년 당시 세계 무역 기구(WTO) 회원국 가운데 거의 모든 국가가 1개 이상의 FTA를 체결하고 있었으며, 효력을 유지하고 있는 협정만도 148개에 달했다. 우리나라는 1998년 11월 FTA 체결을 추진하기 시작하여 한국 최초의 한-칠레 FTA가 2004년 4월 1일부터 발효되었다. 그 뒤로 2021년 8월까지 59개국과 17건의 FTA가 발효되었으며, 다른 신흥 국가와의 FTA도 지속적으로 추진해 오고 있다.

사회

03

합리적 선택을 위한 기회비용

필독 TIP

어휘 ★★
문장 ★★
배경지식 ★★★

이 글은 합리적인 선택을 하기 위한 기회비용의 개념을 설명하고 있다. 합리적 선택이란 무엇인지 파악하고, 기회비용을 이해하기 위해서 유의해야 할 점은 무엇인지 생각하며 읽도록 한다.

합리적 선택은 어떤 일과 관련된 비용을 정확하게 평가하는 데 그 핵심이 있다. 비용이라고 하면 우리는 흔히 주머니에서 직접 나가는 돈만을 생각한다. 어떤 기업의 회계 장부*를 보면 인건비, 원자재 구입비, 임대료 등 실제로 지출된 갖가지 명목의 비용들이 기록되어 있다. 이것이 바로 상식적인 차원에서 생각하는 비용인데, 이를 ㉠회계 비용이라고 부른다. 이 회계 비용은 주머니에서 직접 나가는 돈이라 눈에 보이는 비용이라는 성격을 갖고 있다. 그런데 기업이 이처럼 눈에 보이는 비용만을 고려하면 합리적 선택에 이를 수 있을까? 그렇지 못하다는 것이 경제학자의 답변이다. 기업이든 개인이든 비용을 정확하게 평가하지 못하면 결코 합리적 선택에 이를 수 없다.

대학 다니는 데 드는 비용을 계산할 때에도 마찬가지이다. 쉽게는 등록금이나 책값, 교통비 같은 것을 떠올리겠지만, 대학을 다니기 위해 지불하는 비용에는 이런 비용 외에도 눈에 보이지 않는 비용이 상당히 큰 부분을 차지하고 있다. 대학을 다니지 않는다면 직장을 얻어 돈을 벌었을 텐데, 대학을 다님으로써 그 소득을 포기한 셈이 된다. 합리적 선택을 위해서는 눈에 보이지 않는 비용까지 비용의 일부로 포함시켜 생각해야 한다. 즉 실제로 지출하지 않았다고 해도 비용의 성격을 갖고 있으면 모두 비용에 포함시켜야 한다는 것이다. 이렇게 정의된 비용을 ㉡기회비용이라고 부르는데, 이것이 바로 엄밀한 의미에서의 비용이다.

일반적으로 어떤 행위와 관련된 기회비용은 그것을 함으로 인해 포기해야 하는 행위의 가치로 측정할 수 있다. 즉 책을 읽기 위해 어떤 일들을 하지 못했다면 그 일들에서 얻을 수 있는 가치를 포기한 것이다. 책을 3시간 동안 읽기 위해 포기해야 하는 여러 가지 일들이 나에게 갖는 가치를 화폐 단위로 표시하면 왼쪽의 표와 같다고 하자. 이 표를 보면 나는 여러 가지 일 중에서 특히 친구와 만나지 못한 것을 가장 아쉬워하는 것으로 나타나 있다. 친구와 만나면서 느끼는 즐거움의 가치가

행위	가치
밀린 일 처리	3만 5천 원
TV 시청	5만 원
소설 읽기	6만 원
친구 만나기	8만 원

8만 원인 것을 볼 수 있는데, 그렇다면 책을 읽는 데 드는 기회비용은 8만 원이 된다. 즉 책을 읽기 위해 포기해야 하는 행위 중 가장 가치 있는 행위인 친구와의 만남이 갖는 가치 8만 원이 책을 읽는 데 드는 기회비용이 되는 것이다. 즉 어떤 행위의 기회비용은 이를 선택함으로써 포기해야 하는 여러 행위 중, 가장 큰 가치를 갖는 행위의 가치로 측정할 수 있다.

어떤 행위와 관련된 비용을 기회비용의 관점에서 평가한다는 것은 눈에 보이지 않는 비용까지 포함시킨다는 것을 뜻한다. 그런데 어떤 사람은 이 점을 오해하여 눈에 보이지 않는 비용만이 기회비용에 포함되는 것으로 착각하기도 한다. 우리가 보통 생각하는 비용, 즉 눈에 보이는 비용은 당연히 기회비용의 일부가 된다는 점을 잊어서는 안 된다. 기회비용의 개념이 가진 특징은 눈에 보이는 비용만이 아니라 눈에 보이지 않는 비용까지 포함시킨다는 데 있다.

* **회계 장부**: 회계 관련 자료를 기록하고 계산하는 장부.

STEP
Ⅰ

어휘 의미

1 다음 뜻풀이에 해당하는 단어를 〈보기〉에서 찾아 쓰시오.

보기

비용   회계   원자재   상식   인건비

(1) 나가고 들어오는 돈을 따져서 셈을 함.

　　예 우리 모임의 (　　　　　)를 따져 보면 한숨만 나온다.

(2) 어떤 일을 하는 데 드는 돈.

　　예 해외여행을 가고 싶은데 (　　　　　)이 너무 많이 든다.

(3) 사람을 부리는 데에 드는 비용.

　　예 공장을 기계화하면서 (　　　　　)를 대폭 줄일 수 있었다.

(4) 공업 생산의 원료가 되는 자재.

　　예 에너지 부족과 (　　　　　) 확보의 어려움으로 공장 가동이 중단되었다.

(5) 사람들이 보통 알고 있거나 알아야 하는 지식.

　　예 그는 (　　　　　) 밖의 행동으로 가족들을 놀라게 하곤 했다.

어휘 활용

2 다음 문장에 들어갈 알맞은 단어를 찾아 ○표를 하시오.

(1) 그는 피해자에게 거액의 배상금을 (지불했다 / 지출했다).

(2) 용돈의 대부분을 책을 사는 데에 (지불하고 / 지출하고) 있다.

(3) 수입과 (지급 / 지출)을 가감해서 저축 액수를 정하였다.

STEP
Ⅱ

서술형 중심 화제

1 윗글에서 주로 설명하고 있는 것은 무엇인지 쓰시오.

(　　　　　　　　　　　　　　　　　　　　　　　　　　　)

문단 정리

2 윗글을 읽고 각 문단의 중심 내용을 다음과 같이 정리할 때, 빈칸에 들어갈 알맞은 말을 쓰시오.

1문단	합리적 선택은 어떤 일과 관련된 ( )을 정확하게 평가하는 데 핵심이 있다.
2문단	( )을 위해서는 눈에 보이지 않는 비용까지 비용의 일부로 포함시켜 생각해야 한다.
3문단	어떤 행위의 ( )은 이를 선택함으로써 포기해야 하는 여러 행위 중, 가장 큰 가치를 갖는 행위의 가치로 측정할 수 있다.
4문단	기회비용은 눈에 보이는 비용만이 아니라 눈에 보이지 않는 비용까지 포함시켜야 한다.

내용 구조

3 다음은 어떤 행위와 관련된 기회비용에 대해 정리한 것이다. 빈칸에 들어갈 알맞은 말을 쓰시오.

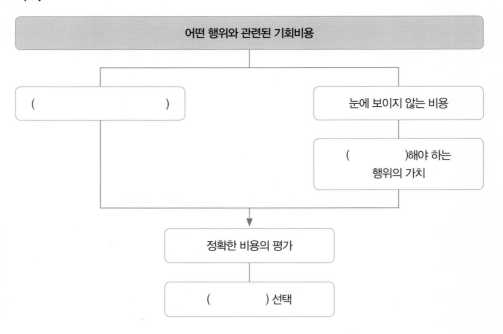

수능형 정보 간의 의미 파악

1 ㉠, ㉡에 대한 설명으로 가장 적절한 것은?

① ㉠은 ㉡보다 큰 경우가 많다.

② ㉠은 ㉡에 포함되는 비용이다.

③ ㉠을 포기함으로써 얻은 비용이 ㉡이다.

④ ㉠은 기업에서, ㉡은 개인이 사용한 비용이다.

⑤ ㉠은 현재 드는 비용이고, ㉡은 미래에 드는 비용이다.

수능형 구체적 상황에 적용

2 윗글을 바탕으로 〈보기〉를 이해한 내용으로 가장 적절한 것은?

보기

수입		비용	
음식 판매 수입	3억 원	재룟값	7천만 원
		인건비	8천만 원
		임대료, 이자	7천만 원
		각종 요금	3천만 원
수입 합계	3억 원	비용 합계	2억 5천만 원

▲ 연간 수입과 지출 비용

A호텔 요리부 주방장으로 일하는 ㄱ 씨는 현재 월급 5백만 원을 받고 있다. 그는 이 직장을 그만두고 자신만의 식당을 열고 싶어서 수입과 비용을 다음과 같이 예측해 보았다. 그의 예측에 따르면 식당을 개업할 경우 연간 5천만 원의 이윤을 얻을 수 있다.

① 수입이 비용보다 많기 때문에 주방장을 그만두고 식당을 개업하는 것은 합리적 선택이다.

② 수입 합계인 3억 원은 주방장 연간 월급의 다섯 배이므로 주방장을 그만두고 식당을 개업하는 것은 합리적 선택이다.

③ 식당 연간 소득 5천만 원은 고정된 것이 아니므로 주방장을 그만두고 식당 개업을 하는 것은 합리적 선택이 아니다.

④ 눈에 보이는 회계 비용이 눈에 보이지 않는 비용보다 많기 때문에 주방장을 그만두고 식당 개업을 하는 것은 합리적 선택이다.

⑤ 주방장 월급 연간 6천만 원을 비용에 포함하면 식당 운영은 1천만 원 손해를 보게 되어 주방장을 그만두고 식당을 개업하는 것은 합리적 선택이 아니다.

📖 지문으로 엮어 읽는 배경지식 **기회비용**

얻는 것 잃는 것

기회비용이란 어떤 선택으로 포기한 기회들 가운데 가장 큰 가치를 갖는 기회 또는 그러한 기회가 갖는 가치를 말한다. 시간, 돈, 능력 등 주어진 자원이 제한적인 상황에서 인간은 주어진 기회를 모두 선택할 수 없다. 어떤 기회를 선택한다는 것은 곧 나머지 기회들을 포기함을 의미한다. 예를 들어 공부와 게임을 놓고 갈등하다 공부하는 것을 선택했다면, 게임을 했을 때의 즐거움을 포기하게 되는 것이고, 곧 그것이 공부하는 것에 대한 기회비용이 되는 것이다. 이렇듯 기회비용은 경제학을 이해하는 기본적인 개념인 동시에 현실에서 항상 접하는 문제이다. 따라서 자신이 한 가지를 선택함으로써 포기하는 것의 기회비용을 따져 보고, 합리적인 선택을 할 수 있도록 해야 한다.

이상적인 민주주의를 위한 조건

필독 TIP

어휘 ★★★
문장 ★★★
배경지식 ★★★

이 글은 민주주의를 엘리트주의 및 독재주의와 비교함으로써 민주주의의 개념을 더욱 명확히 밝히고 있다. 민주주의의 일반적인 특징은 무엇인지, 이상적인 민주주의 실현을 위해 필요한 것은 무엇인지 등을 생각하며 읽도록 한다.

민주주의는 민중이 주인인 정치 체제이다. 그렇다면 민주주의의 반대말은 무엇인가? 답은 공산주의가 아니라 독재주의와 엘리트주의*이다. 그러면 공산주의의 반대말은 무엇인가? 그것은 자본주의이다. 즉 민주주의와 엘리트주의는 정치 체제에서 대립되는 개념이고, 자본주의와 공산주의는 경제 체제에서 대립되는 개념이다. 민주주의는 다수에 의해 의사가 결정되는 정치 방식이고, 엘리트주의 혹은 독재주의는 소수에 의해 의사가 결정되는 정치 방식으로, 두 체제의 차이는 의사 결정에 참여하는 주체의 수에 있다.

현대 민주주의는 대의제*의 형태를 띠고 있다. 즉 모든 시민이 정치에 직접 참여하는 것이 아니라 정치 전문가 집단이 시민의 의견을 대리해서 결정한다. 그러면 대의제는 민주주의인가, 변형된 엘리트주의인가? 이에 대해서는 지금까지도 논쟁 중이지만, 일반적으로 대의제는 민주주의에 포함하여 생각한다. 엘리트주의 혹은 독재주의는 권력의 근거를 자기 스스로에게서 찾지만, 대의제는 권력의 근거가 시민, 대중에게 있기 때문이다.

이런 민주주의의 대표적인 장점은 시민들이 자신의 이익에 따라 직접 의사 결정을 하기 때문에 사회 구성원들의 의견을 종합할 수 있다는 매력에 있다. 물론 대의제이기 때문에 실제로는 개인의 의사가 반영되지 못하는 게 아니냐는 반론이 있을 수 있다. 하지만 개인의 선택은 대의제의 큰 틀 안에서 다양하게 반영되고 있다. 예를 들어 우리가 보수 정당을 선택한다면 그것은 보수 정치인 한 명을 뽑아 준 것이 아니라 경제 체제로서의 신자유주의*, 시장 자유 확대, 세금 인하, 복지 축소, 자본가와 기업의 이익, 국가 전체의 성장을 선택한 것이다. 반대로 진보 정당에 투표한다면 그것은 진보 정치인 한 명을 선출한 것이 아니라 수정 자본주의, 정부 개입 확대, 세금 인상, 복지 확대, 노동자와 서민의 이익, 최소 수혜자*의 삶의 질 향상을 택한 것이기 때문이다.

그런데 개인의 의사를 반영한다는 장점에도 불구하고 민주주의는 필연적으로 '선거를 통해 선출된 독재자'와 '다수에 의한 독재'를 만들어 낸다는 문제점이 있다. 전자는 대중의 판단에 자신의 판단을 맞춰서 안정감을 얻는 편을 택하려는 어리석은 다수가 선거를 통해 독재자를 선출하는 경우를 이르는 것이고, 후자는 경쟁을 통해 기득권*을 얻은 다수가 사회 전체의 이익보다 자신의 이익을 지켜 줄 대리인을 지지하는 경우이다. 이때 소외된 소수의 반대 의견은 받아들여지지 않고 기득권자들에게 불이익을 줄 것 같은 대리인은 거부되므로 기득권자들의 이익을 대변해 줄 대리인만이 다수의 지지를 받아 선출된다.

이렇게 독재가 발생할 수 있다는 문제점은 민주주의의 형식적 측면만을 고려할 때 거의 필연적으로 보인다. 다수결에 의한 의사 결정이라는 형식적 측면이 독재를 필연적으로 발생시키게 되는 것이다. 따라서 민주주의의 문제점이 발생하지 않게 하기 위해서는 형식적 측면과 동시에 내용적 측면이 보강되어야 한다. 민주주의는 단순히 형식적 다수결을 의미하는 것이 아니라, 민주주의 정신이라는 내용적 측면까지 함께 고려되어야 한다. 다양한 의견의 수렴* 과정과 절차가 보장되고, 각 구성원이 소수의 의견에 귀 기울이는 관용적 태도가 전제되어야만 이상적인 형태의 민주주의가 비로소 가능하게 될 것이다.

* **엘리트주의**: 소수의 엘리트가 사회나 국가를 지배하고 이끌어야 한다고 믿는 태도나 입장.
* **대의제**: 국민이 스스로 선출한 대표자를 통하여 국가 권력을 행사하는 정치 제도.
* **신자유주의**: 사회주의에 대항하여 이상주의적 개인주의를 기조로 자본주의의 자유 기업의 전통을 고수하려는 사상.
* **수혜자**: 혜택을 받는 사람.
* **기득권**: 특정한 자연인, 법인, 국가가 정당한 절차를 밟아 이미 차지한 권리.
* **수렴**: 의견이나 사상 따위가 여럿으로 나뉘어 있는 것을 하나로 모아 정리함.

STEP
Ⅰ

어휘 의미

1 다음 밑줄 친 단어의 뜻풀이를 〈보기〉에서 찾아 기호를 쓰시오.

보기
㉠ 여럿 가운데서 골라냄.
㉡ 어떤 단체나 물건의 주가 되는 부분.
㉢ 보태거나 채워서 본디보다 더 튼튼하게 함.
㉣ 남을 대신하여 일을 처리함. 또는 그런 사람.

(1) 국가의 주체는 국민이라고 배웠다.   (   )
(2) 경기를 앞두고 그는 체력 보강에 힘썼다.   (   )
(3) 누나는 친구에게 동아리 모임의 대리 참석을 부탁했다.   (   )
(4) 학생회장 선출 방식을 두고 각자의 주장을 굽히지 않았다.   (   )

어휘 활용

2 다음은 윗글에 제시된 주요 개념어의 사전적 의미를 정리한 것이다. 빈칸에 공통으로 들어갈 알맞은 단어를 쓰시오.

(1) (   ): 국민이 권력을 가지고 그 권력을 스스로 행사하는 제도. 또는 그런 정치를 지향하는 사상.
   예 (   ) 국가에서는 국민의 자유와 권리가 보장된다.

(2) (   ): 마르크스와 레닌에 의하여 체계화된 프롤레타리아 혁명 이론에 입각한 사상. 재산의 공동 소유가 옳다고 주장하며 생산 수단의 사회화와 무계급 사회를 지향함.
   예 마르크스는 인류 역사의 마지막은 (   ) 사회가 될 것이라고 생각했다.

(3) (   ): 생산 수단을 자본으로서 소유한 자본가가 이윤 획득을 위하여 생산 활동을 하도록 보장하는 사회 경제 체제.
   예 경제 불황은 (   ) 성립의 초기부터 발생하기 시작하였다.

STEP
Ⅱ

서술형 중심 화제

1 윗글의 중심 화제를 쓰시오.

(   )

문단 정리

2 윗글을 읽고 각 문단의 중심 내용을 다음과 같이 정리할 때, 빈칸에 들어갈 알맞은 말을 쓰시오.

1문단	민주주의는 다수에 의해 의사가 결정되는 정치 방식이고, 엘리트주의 혹은 ( )는 소수에 의해 의사가 결정되는 정치 방식이다.
2문단	현대 민주주의는 권력의 근거가 시민과 대중에게 있는 ( )의 형태를 띠고 있다.
3문단	민주주의의 장점은 사회 구성원들의 의견을 종합할 수 있다는 데 있다.
4문단	민주주의는 필연적으로 '선거를 통해 선출된 ( )'와 '다수에 의한 독재'를 만들어 낸다는 단점이 있다.
5문단	다양한 의견의 수렴 과정과 절차가 보장되고, 각 구성원이 소수의 의견에 귀 기울이는 관용적 태도가 전제되어야만 이상적인 형태의 ( )가 가능하다.

내용 구조

3 다음은 민주주의의 개념 및 특징을 정리한 것이다. 빈칸에 들어갈 알맞은 말을 쓰시오.

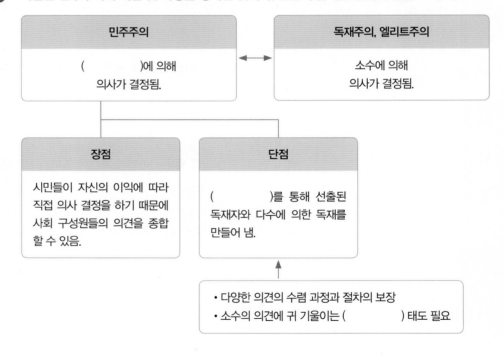

민주주의

(   )에 의해 의사가 결정됨.

독재주의, 엘리트주의

소수에 의해 의사가 결정됨.

장점

시민들이 자신의 이익에 따라 직접 의사 결정을 하기 때문에 사회 구성원들의 의견을 종합할 수 있음.

단점

(   )를 통해 선출된 독재자와 다수에 의한 독재를 만들어 냄.

• 다양한 의견의 수렴 과정과 절차의 보장
• 소수의 의견에 귀 기울이는 (   ) 태도 필요

STEP Ⅲ

수능형 │ 세부 정부의 확인

1 윗글에서 다루고 있는 내용이 <u>아닌</u> 것은?

① 민주주의의 장점과 단점

② 대의제를 민주주의로 보는 이유

③ 민주주의와 엘리트주의의 차이점

④ 민주주의에서 의사 결정의 주체와 방법

⑤ 민주주의의 내용적 측면이 지닌 문제점

수능형 구체적 상황에 적용

2 윗글을 바탕으로 〈보기〉의 [A 사회]와 [B 사회]를 이해한 내용으로 적절하지 <u>않은</u> 것은?

> 보기
>
> **[A 사회]** A 사회의 사람들은 자신의 판단이 틀려서 누군가에게 놀림을 받는 것보다는 대중의 판단에 자신의 판단을 맞춰서 안정감을 얻는 편을 택하며 자신이 주체적으로 판단하기를 주저한다. 이때 달변가가 나타나 확신에 찬 모습으로 대중을 설득하면, 대중은 어차피 책임은 달변가에게 있고 자신은 동조한다는 생각으로 달변가를 지지하며 대표로 선출한다. 그런데 이 달변가는 정의롭고 덕이 있는 사람이 아니라 자신의 이익을 추구하는 보통 사람이라서 권력을 남용하기 시작한다.
>
> **[B 사회]** 교육을 많이 받았고 교육열도 높은 B 사회의 사람들 다수는 부를 축적하는 방법을 알고 있고 자신의 이익을 최대화하려고 많은 노력을 기울인다. 하지만 사회의 재화가 한정되어 있어서 이들은 치열한 경쟁을 하며 자신이 언제 도태될지 몰라 불안해한다. 따라서 소외 계층의 상황은 경쟁에서 도태된 결과이므로 정당하다고 믿는다. 이들 다수는 사회 전체의 이익에 상관없이 자신의 재산과 부를 지켜 주는 데 도움을 주는 대리인을 선출한다.

① A 사회에서는 판단 능력이 결여된 어리석은 대중이 독재자를 선출한 것이군.

② A 사회를 보니 정치적 책임을 회피하면 암묵적으로 독재자의 탄생에 동조하게 될 수 있군.

③ A 사회의 사람들이 스스로의 의사 결정에 따라 지도자를 선출할 수 있다면 상황은 좋아지겠군.

④ B 사회에서는 인권 침해를 받는 소수나 소외된 계층의 의견에 대해 별다르게 고려하지 않겠군.

⑤ B 사회의 정치가는 경제 성장과 부를 추종하는 것에 대한 소수의 반대 의견을 수용하지 않겠군.

📖 지문으로 엮어 읽는 배경지식 **자본주의(capitalism)**

자본주의는 생산 수단을 자본으로서 소유한 자본가가 이윤 획득을 위하여 생산 활동을 하도록 보장하는 사회 경제 체제를 말하는 것으로, 현재 서유럽의 많은 나라들과 미국, 우리나라 등이 이 자본주의 경제 체제를 따르고 있다. 흔히 사회주의 체제의 반대 개념을 민주주의로 알고 있지만, 사실은 사유 재산 제도를 폐지하며 생산 수단을 사회에 귀속시키고 중앙에 하부를 종속시키는 조직 구조 형태를 취하는 사회주의의 반대 개념은 자본주의이다. 실제로 '자본주의'라는 말을 처음 쓰기 시작한 것도 사회주의자로 알려져 있다.

자본주의 체제에서는 수요와 공급에 따라 가격이 결정된다. 수요가 있는 곳에 시장이 형성되고, 시장이 생기면 상품이 공급된다. 그 시장 안에서 사람들은 소비자와 생산자가 되어 누구의 간섭도 받지 않고 자유롭게 경쟁하며 가격을 결정한다. 하지만 오늘날에는 소득 분배의 불평등, 경기 변동, 독과점 문제 등으로 인해 정부가 시장 경제에 개입하기도 한다.

도시 문화와 편의점

구멍가게와 슈퍼마켓이 대형 할인 마트에 위협당하는 가운데 동네마다 속속 들어선 소형 매장이 있으니 바로 24시간 편의점이다. 편의점은 1989년 한국에 첫선을 보인 이래 지금껏 놀라운 성장을 이어 나가고 있다. 이러한 편의점의 경쟁력은 우선 '24시간'이라는 영업시간에서 비롯된다. 매출이 가장 높은 시간대가 밤 8시에서 자정까지라는 통계에서 알 수 있듯이 편의점의 성장은 도시인들의 생활 양식의 변화와 밀접하게 맞물려 있다. 귀가 시간이 점점 늦어질 뿐 아니라, 집에 와서도 밤늦게까지 이런저런 일을 하거나 텔레비전을 본다. 특히 최근에는 인터넷 때문에 잠자는 시간이 더 줄어들었다. 또한 매장의 넓이가 보통 25평 정도밖에 되지 않지만, 그 안에 진열된 물건은 무려 1천 2백~2천여 종에 이른다. 물건뿐만 아니라 공공요금 수납, 택배, 휴대 전화 충전, 팩스, 디지털 사진 인화 등 다양한 서비스도 제공한다.

그럼, 큰 창고가 없는 편의점에 그렇게 많은 물건을 구비할 수 있는 비결은 무엇일까. 판매와 재고를 실시간으로 파악할 수 있는 판매 정보 통합 관리(POS) 시스템, 그리고 그 자료에 근거해 하루에 1~2번씩 순회하면서 각 가맹점마다 '볼펜 몇 자루, 라면 몇 개' 하는 식으로 완전히 맞춤형으로 공급해 주는 배송 시스템이 존재하기 때문이다. 편의점의 또 한 가지 차별성은 매장의 디자인에서도 찾을 수 있다. 우선 조명이 환하다. 형광등이 빼곡하게 걸려 있는 천장은 대낮에도 환하게 켜져 있어 그 어느 공간보다도 밝다. 이렇듯 밝은 실내 분위기는 진열된 상품들을 빛나게 할 뿐 아니라, 드나드는 이들을 안심시키는 효과도 갖는다. 여성들도 심야에 아무런 망설임 없이 편의점에 들어갈 수 있고, 낯선 손님들이 옆에 있어도 신경을 쓰지 않는 것은 구석구석을 환하게 비추는 불빛 덕분이다.

편의점은 도시 문화의 산물*이다. 도시인, 특히 젊은이들의 인간관계 감각과 잘 맞아떨어진다. 점원은 출입할 때 간단한 인사만 건넬 뿐 손님이 말을 걸기 전에는 입을 열지도 않을뿐더러 시선도 건네지 않는다. 그 '무관심'의 배려가 손님의 기분을 홀가분하게 만들어 준다. 그래서 특별히 살 물건이 없어도 부담 없이 들어가 둘러볼 수 있다. 그런 점에서 인간관계의 번거로움을 꺼려 하는 도시인들에게 잘 어울리는 상업 공간이다. 또한 편의점은 24시간 열어 놓고 있어야 하기에 주인들은 아르바이트 점원을 고용하는 경우가 훨씬 많다. 그런데 흥미로운 점은 그 점원들이 고객을 대하는 태도나 방식이 어느 편의점이든 똑같고 유니폼처럼 표준화되어 있다는 것이다. 이는 편의점뿐 아니라 패스트푸드점의 경우도 마찬가지로서, 사회학자 조지 리처는 그의 저서 『맥도날드 그리고 맥도날드화』에서 '각본*에 의한 고객과의 상호 작용', '예측 가능한 종업원의 행동' 등의 개념으로 분석하고 있다. 저자는 햄버거 가게에서 종업원들이 고객을 대하는 규칙이 매우 세밀하게 짜여 있고, 그 편안한 의례와 각본 때문에 손님들이 매료된다고 보고 있다.

그런데 주인과 고객 사이에 인간관계가 형성되지 않는 편의점은 역설적으로 고객에 대한 정보를 매우 상세하게 입수한다. 소비자들은 잘 모르지만, 일부 편의점에서 점원들은 물건값을 계산할 때마다 구매자의 성별과 연령대를 계산기에 붙어 있는 버튼으로 입력하고, 그 정보는 곧바로 본사로 송출*된다. 또 편의점 천장에는 CCTV가 있는데, 그 용도는 도난 방지만이 아니다. 연령대와 성별에 따라서 어떤 제품의 코너에 오래 머물러 있는지를 모니터링하는 목적도

* **산물**: 어떤 것에 의하여 생겨나는 사물이나 현상을 비유적으로 이르는 말.

* **각본**: 연극이나 영화를 만들기 위하여 쓴 글. 또는 '계획'을 비유적으로 이르는 말.

* **송출**: 물품, 전기, 전파, 정보 따위를 기계적으로 전달함.

있다. 어떤 편의점에서는 손님들의 구매 패턴을 기록하기도 한다. 이렇게 정교하게 파악된 자료는 본사의 영업 전략에 활용된다. 편의점이 급성장해 온 이면에는 이렇듯 치밀한 정보 시스템이 가동되고 있는 것이다.

　편의점은 이제 일상의 자연스러운 일부분으로 자리 잡았다. 사람들은 그 깔끔하고 환한 공간을 자기의 방만큼이나 친밀하게 느낀다. 고독하고 힘겹게 살아가는 사람들에게 편의점은 '도시의 성좌*'처럼 안위*를 준다. 늦은 밤 온라인을 배회하다가 출출한 배를 채우고 싶을 때 언제나 찾아갈 수 있는 곳이 편의점이다. 수많은 물품을 진열하고 24시간 연중무휴로 열려 있는 것이 너무 고맙다. 그러나 그곳을 드나드는 소비자들의 욕망은 체계적으로 검색되고 관리된다. 그리고 그 주인과 점원의 업무도 주어진 매뉴얼 속에서 기계적으로 영위*된다. 일상의 편리함은 그냥 얻어지는 것이 아니다. 고객의 편의를 위해 엄청난 불편을 감내*해야 하는 이들이 있다. 구멍가게와 슈퍼마켓을 밀어내고 촘촘히 들어서는 편의점은 문명의 외롭고 고달픈 속살을 드러내고 있다. 우리의 습관을 알뜰하게 빚어내는 그 거대한 시스템은 도시인의 미래를 어떻게 구상하고 있을까.

* **성좌**: 신성한 자리. 주로 성인(聖人)이나 임금이 앉는 자리를 이른다.
* **안위**: 몸을 편안하게 하고 마음을 위로함.
* **영위**: 일을 꾸려 나감.
* **감내**: 어려움을 참고 버티어 이겨 냄.

STEP I

어휘 의미

1 다음 밑줄 친 단어와 바꾸어 쓸 수 있는 말을 〈보기〉에서 찾아 문장에 맞게 활용하여 쓰시오.

> **보기**
>
> 가동되다　　감내하다　　밀접하다　　배회하다　　홀가분하다

(1) 두 사람의 사이가 아주 <u>가깝다</u>. (　　　　　)
(2) 에어컨이 <u>작동되자</u> 시원해지기 시작했다. (　　　　　)
(3) 그녀는 이별의 고통을 <u>참고 이겨 내야</u> 했다. (　　　　　)
(4) 욕심을 버리니 마음이 한결 <u>가볍고 편안하다</u>. (　　　　　)
(5) 갈 곳이 없는 그는 하루 종일 공원을 <u>돌아다녔다</u>. (　　　　　)

어휘 활용

2 다음 문장에 들어갈 알맞은 단어를 찾아 ○표를 하시오.

(1) 극단은 전국 (순회 / 순행) 공연에 나섰다.
(2) 예술은 개인의 창조적 활동의 (성물 / 산물)이다.
(3) 이 내용은 그가 (입수 / 입선)한 정보와 많은 부분이 다르다.

STEP II

서술형　중심 화제

1 윗글은 무엇에 관해 서술하고 있는지 쓰시오.

> (　　　　　　　　　　　　　　　　　　　　　　　　　　　　)

문단 정리

2 윗글을 읽고 각 문단의 중심 내용을 다음과 같이 정리할 때, 빈칸에 들어갈 알맞은 말을 쓰시오.

1문단	편의점의 급속한 성장은 (　　　　　　)이라는 영업시간과 다양한 물건 및 서비스 제공 때문이다.
2문단	편의점의 차별성은 관리 및 배송 시스템과 (　　　　　)으로 인한 밝은 실내 분위기에도 있다.
3문단	편의점은 (　　　　　)이라는 도시 젊은이들의 인간관계 감각과 잘 맞아떨어진다.
4문단	편의점은 고객에 대한 정보를 상세하게 입수하여 본사의 (　　　　　)에 활용한다.
5문단	편의점은 고독하고 힘겹게 살아가는 (　　　　　)들의 일상에 자연스러운 일부분으로 자리 잡았다.

내용 구조

3 다음은 편의점의 급속한 성장 원인을 정리한 것이다. 빈칸에 들어갈 알맞은 말을 쓰시오.

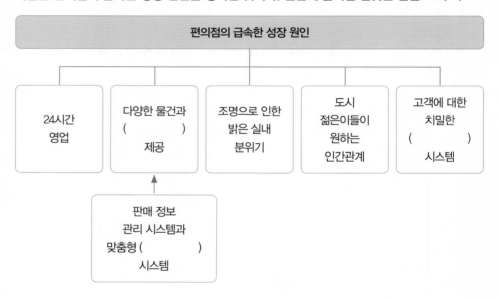

STEP Ⅲ

수능형 **핵심 정보의 파악**

1 윗글에서 언급한 '편의점'의 특징으로 적절하지 <u>않은</u> 것은?

① 다양한 상품과 서비스의 제공

② 환한 조명의 차별화된 디자인

③ 고객 정보를 활용한 맞춤형 개별 판매

④ 도시인의 생활 양식을 반영한 24시간 영업

⑤ 인간관계의 번거로움을 피할 수 있는 전략

수능형 세부 정부의 추론

2 윗글의 제목을 다음 〈조건〉에 맞게 서술할 때, 가장 적절한 것은?

조건
- 의인법을 사용할 것.
- 편의점의 성장 전략을 두 개 이상 제시할 것.

① 편의점의 성공 비결을 파헤치다
② 편안함을 주는 가까운 이웃, 편의점
③ 편의점에서 모든 필요를 충족시키다
④ 24시간 불빛 환한 도시의 쉼터, 편의점
⑤ 욕망을 검색하는 도시의 야경꾼, 편의점

📖 지문으로 엮어 읽는 배경지식 **편의점의 역사**

일반적으로 연중무휴, 24시간 영업 체제로 생필품을 주로 판매하는 소형 소매 점포를 편의점이라고 부르며, 아파트 밀집 지역이나 사람과 차량 등의 통행이 많은 곳에 주로 입지해 있다. 편의점은 1920년대 미국 교외의 농산물 유통업자가 신선 식품 매장을 낸 데서 비롯되었는데, 이후 도시로 진입하고 1960년대 이후에 24시간 영업 체제로 바뀌었다.

우리나라의 경우 1980년대에 편의점이 처음 등장하였으나, 당시에는 사람들의 큰 호응을 얻지 못하고 얼마 못 가 모두 폐점하였다. 이후 1988년 서울 올림픽을 치르고 1990년대 초부터 젊은 층을 중심으로 큰 인기를 끌기 시작했다.

초기 편의점은 간단한 생필품을 파는 곳이었으나, 현대 편의점은 '편의점 음식'이라는 말이 있을 정도로 다양한 먹거리가 존재하고, 택배를 부치거나 대신 받아 주기도 하며, 상비약까지 구비되어 있어 현대인에게 없어서는 안 되는 중요한 역할을 하고 있는 셈이다.

게이트 키핑과 의제 설정

필독 TIP

어휘 ★★★

문장 ★★★

배경지식 ★★★

이 글은 언론이 뉴스를 생산하는 과정과 여론 형성에 영향을 끼치는 언론의 역할에 대해 설명하고 있다. 게이트 키핑의 개념과 과정, 의의 등을 생각하며 읽도록 한다.

현대 사회에서는 날마다 방대한* 양의 정보와 뉴스가 끊임없이 생겨난다. 하지만 종일 쉬지 않고 뉴스만 보거나, 그걸 다 기억할 수 있는 사람은 없다. 우리가 뉴스에 주의력과 관심을 기울일 수 있는 시간과 에너지는 제한되어 있다. 언론은 이러한 인간의 인지 능력이 지닌 한계를 고려해, 적절한 분량과 흥미로운 형태로 뉴스를 만들어 우리에게 제공하는 역할을 한다. 20세기 미국의 유명한 언론인 월터 리프먼은 『여론』이라는 책에서 "뉴스의 기능은 사건을 두드러지게 하는 것이다. 진실의 기능은 감춰진 사실들을 밝혀내고 그 사실들 사이의 올바른 관계를 정립시키며 사람들이 행동의 근거로 삼을 현실의 그림을 만드는 것이다."라고 말했다. 리프먼은 언론은 서치라이트(탐조등)와 같다고 말한다. 우리는 어둠 속에 있는 모든 것을 알 수 없고 오로지 끊임없이 움직이는 서치라이트가 비추는 것만을 볼 수 있다는 것으로, 언론은 세상의 일부를 비출 뿐이고, 우리는 언론이 다루는 세상만을 바라볼 수 있다는 것이다.

언론은 '게이트 키핑'이라는 과정을 통해서 뉴스를 다룬다. 게이트 키핑은 '문을 지키다'라는 뜻이다. 수많은 뉴스 중에서 각 언론사가 신문과 방송에서 다루기로 결정한 뉴스만이 실제로 우리에게 전달되는 것이다. 그렇다면 언론사는 어떤 과정을 거쳐 수많은 뉴스 중에서 직접 보도할 뉴스를 골라낼까? 취재된 기사들은 여러 단계를 거치면서 선택되고 걸러지고 다듬어지는데, 이 과정을 바로 게이트 키핑이라고 한다. 각 단계를 거치면서 보도할 기사들이 점점 추려지고 기사 내용의 사실 여부도 확인된다. 또한 각 언론사의 편집 방침과 보도 스타일에 맞는 형태로 기사가 작성된다. 구체적으로는 취재 기자–취재 팀장–부장–편집국장–편집인 등에 이르는 계단식 단계를 거친다. 우리가 만나는 뉴스는 가장 중요한 뉴스가 자연스럽게 전달되는 것처럼 보이겠지만, 실제로는 언론사에서 여러 단계를 거치면서 선택되고 다듬어진 결과이다.

언론은 우리 사회에 무엇이 중요한지를 결정해 공동체의 논의 주제를 만들고 제시한다. 이를 '의제* 설정' 또는 '어젠다 세팅'이라고 한다. 대통령이나 국회의원 선거를 앞두고, 언론사가 "경제가 어려운 만큼, 이번 선거에서는 무엇보다 경제 성장을 이끌어 낼 수 있는 후보를 선택해야 한다"라고 주장하면 선거에서 후보의 경제 정책 공약이 중요한 의제가 된다. 또는 "현재 사회 전반에 부정부패로 인한 폐해가 심각한 만큼, 대통령 후보는 청렴해야 한다"라고 의제를 설정하고 집중 보도하면, 후보들의 청렴함이 주요한 기준이 된다. 이렇듯 언론사가 보도를 통해 사회적 의제를 만들어 내고 여론을 형성하는 것을 언론의 '의제 설정' 기능이라고 한다.

이처럼 언론은 정보 전달이나 오락 제공을 넘어서 수많은 사람에게 다양하고 커다란 영향을 끼친다. 권력형 비리를 파헤치는 탐사 보도는 사람들의 생각과 사회의 해묵은* 비리 혹은 잘못된 관행*을 바로잡는 데 중요한 역할을 한다. 즉, 언론은 사람들의 마음을 움직이고 세상을 바꾸는 일을 할 수 있는 것이다.

* **방대한**: 규모나 양이 매우 크거나 많은.

* **의제**: 회의에서 의논할 문제.

* **해묵은**: 어떤 일이나 감정이 해결되지 못한 상태에서 여러 해를 넘기거나 많은 시간이 지난.

* **관행**: 오래전부터 해 오는 대로 함. 또는 관례에 따라서 함.

STEP
Ⅰ

어휘 의미

1 다음 뜻풀이에 해당하는 단어를 〈보기〉에서 찾아 쓰시오.

보기

| 두드러지다 | 보도하다 | 정립하다 | 추리다 |

(1) 정하여 세우다. (   )

(2) 겉으로 뚜렷하게 드러나다. (   )

(3) 섞여 있는 것에서 여럿을 뽑아내거나 골라내다. (   )

(4) 대중 전달 매체를 통하여 일반 사람들에게 새로운 소식을 알리다. (   )

어휘 의미

2 다음 뜻풀이에 해당하는 단어를 주어진 초성자를 참고하여 쓰시오.

(1) 성품과 행실이 높고 맑으며, 탐욕이 없음. ㅊ ㄹ → (   )

(2) 오래전부터 해 오는 대로 함. 또는 관례에 따라서 함. ㄱ ㅎ → (   )

(3) 알려지지 않은 사물이나 사실 따위를 샅샅이 더듬어 조사함. ㅌ ㅅ → (   )

(4) 정부, 정당, 입후보자 등이 어떤 일에 대하여 국민에게 실행할 것을 약속함. 또는 그런 약속. ㄱ ㅇ → (   )

어휘 활용

3 다음 문장에 들어갈 알맞은 단어를 찾아 ○표를 하시오.

(1) 무슨 (근거 / 근원)(으)로 그렇게 주장하는 겁니까?

(2) 유라시아 대륙은 끝이 없을 만큼 (방만하다 / 방대하다).

(3) 대통령 선거에 관한 기자들의 (취재 / 취조) 경쟁이 뜨거웠다.

(4) 정부는 사회의 소외 계층을 위한 복지 (정착 / 정책)을 펴고 있다.

STEP
Ⅱ

서술형 중심 화제

1 윗글의 중심 내용을 다음과 같이 정리할 때, 빈칸에 들어갈 알맞은 내용을 쓰시오.

(   )을 통해 살펴본 (   )

문단 정리

2 윗글을 읽고 각 문단의 중심 내용을 다음과 같이 정리할 때, 빈칸에 들어갈 알맞은 말을 쓰시오.

1문단	언론은 인간의 ( ) 능력이 지닌 한계를 고려해, 적절한 분량과 흥미로운 형태로 뉴스를 만들어 우리에게 제공하는 역할을 한다.
2문단	언론은 ( )이라는 과정을 통해서 뉴스를 선정한다.
3문단	언론은 우리 사회에 무엇이 중요한지를 결정해 사회적 ( )를 만들고 여론을 형성한다.
4문단	언론은 사람들의 마음을 움직이고 세상을 바꾸는 일을 한다.

내용 구조

3 다음은 이 글에서 제시한 언론의 기능을 정리한 것이다. 빈칸에 들어갈 알맞은 말을 쓰시오.

언론의 기능

적절한 분량과 흥미로운 형태로 (   )를 만들어 우리에게 제공함.

사회적 의제를 만들어 내고 (   )을 형성함.

사람들의 (   )을 움직이고 세상을 바꾸는 일을 함.

STEP III

수능형 세부 정보의 파악

1 윗글에서 주로 다루고 있는 내용이 <u>아닌</u> 것은?

① 언론의 영향력
② 언론의 의제 설정 기능
③ 세상을 보는 창으로서의 언론
④ 언론이 뉴스를 생산하는 과정
⑤ 인간의 한계 극복에 도움을 주는 언론

수능형 반응의 적절성 판단

2 윗글을 바탕으로 할 때 〈보기〉에 대한 반응으로 적절하지 <u>않은</u> 것은?

┌─ 보기 ───
• 게이트 키핑을 하는 사람, 즉 뉴스 결정권자를 게이트 키퍼라고 하는데, 게이트 키퍼는 자신의 계급적 배경, 성장 배경, 교육 배경, 가치관, 세계관, 그리고 해당 미디어조직의 가치, 규범, 전통 등의 영향을 받는다.
• 미디어 조직 밖에서도 게이트 키핑이 이루어진다. 기자에게 어떤 사실을 제보할 때 이미 정보가 꽤 가공되어 있는 상태로 제보된다는 것이다. 그 대표적인 것이 바로 '보도 자료'이다. 이럴 경우 미디어 종사자뿐만 아니라 광고 종사자나 해당 뉴스에 이해관계를 갖는 이해 집단도 게이트 키퍼에 포함된다.
└───

① 객관적인 사실과 주관적인 의견을 판단하면서 뉴스를 접해야겠군.

② 언론사의 편집 방침과 보도 스타일을 생각하면서 뉴스를 들어야겠군.

③ '보도 자료'를 접할 경우, 그 정보를 생산한 주체에 대해서도 살펴야겠군.

④ 게이트 키핑은 언론사뿐 아니라 언론사 외부에서도 이루어질 수 있음을 생각해야겠군.

⑤ 진실을 보도하기 위해 감춰진 사실을 밝히려고 노력하는 언론의 사명을 이해해야겠군.

📖 지문으로 이해하는 독해 지식 **인용**

  권위 있는 사람의 견해나 책의 내용, 속담, 격언 등을 가져다 쓰는 설명 방법을 인용이라고 한다. 인용에는 직접 인용과 간접 인용이 있는데, 직접 인용은 다른 사람의 말이나 글을 있는 그대로 옮겨 놓는 것으로, 큰따옴표를 사용한다. 간접 인용은 다른 사람의 말이나 글을 그대로 가져오지 않고 글쓴이의 말로 바꾸어 쓰는 방법으로, 문장 부호는 사용하지 않는다. 이 글에서는 월터 리프먼의 견해를 인용하여 뉴스의 기능을 설명하고 있다.

┌───
  20세기 미국의 유명한 언론인 월터 리프먼은 『여론』이라는 책에서 "뉴스의 기능은 사건을 두드러지게 하는 것이다. 진실의 기능은 감춰진 사실들을 밝혀내고 그 사실들 사이의 올바른 관계를 정립시키며 사람들이 행동의 근거
                              리프먼의 말을 직접 인용함.
로 삼을 현실의 그림을 만드는 것이다."라고 말했다. 리프먼은 언론은 서치라이트(탐조등)와 같다고 말한다.
                                            리프먼의 말을 간접 인용함.
└───

소멸 시효와 실효의 원칙

필독 TIP

어휘 ★★★
문장 ★★★
배경지식 ★★★

이 글은 '소멸 시효'와 '실효의 원칙'에 대해 설명하고 있다. 권리 행사와 권리 소멸에 대한 원칙을 이해하고, 이를 통해 법의 진정한 의미를 되새기며 읽도록 한다.

어떤 권리를 가지고 있는 사람은 그 권리를 행사할 수 있을 때 행사하여야 한다. 그렇지 않고 오랫동안 권리를 방치*해 두면 자칫 그 권리를 잃을 수도 있기 때문이다. 이러한 것을 법에서는 '㉠소멸 시효'라고 부른다. 권리에는 그것을 행사할 수 있는 시간, 즉 시효가 있어서 그 시효가 지나면 더 이상 권리를 행사할 수 없고, 권리가 소멸한다는 뜻이다.

이러한 사례는 생활 곳곳에서 발견할 수 있다. 예를 들어, 갑과 을이 재판을 하여 을이 졌다고 가정해 보자. 을은 그 재판에 대하여 항소*를 할 수 있는 권리를 가지고 있지만, 이때 항소할 수 있는 기간은 법으로 정해져 있다. 그 기간이 지나면 아무리 억울하고 또 판결이 정말 잘못되었다 하더라도 항소를 할 수 없다. 왜냐하면, 갑의 입장에서 본다면 재판이 끝나고 어느 정도 시간이 흘러서 이제는 을이 그 재판에 승복한 것이라고 믿고 생활을 하고 있는데, 갑자기 을이 항소하여 다시 재판을 해야 한다면 큰 혼란에 빠지게 되기 때문이다. 그리고 갑은 재판에 이겨 놓고도 언제 을이 항소를 할지 몰라서 항상 불안한 생활을 하여야 한다. 그렇기 때문에 법에서 일정한 기간을 정해 놓고 그 기간이 지나면 더 이상 항소를 할 수 없도록 함으로써 갑을 보호하고 있다.

또 '㉡실효*의 원칙'이라는 것이 있는데, 이것은 '소멸 시효'와 아주 비슷하다. 두 가지 모두 다음과 같은 점에서는 같다. 즉, 어떤 권리를 가지고 있는 사람이 한동안 그 권리를 행사하지 않아서, 다른 사람들에게 앞으로도 그 사람이 그 권리를 행사하지 않을 것이라는 믿음을 주었다. 그래서 상대방이 그 믿음에 따라서 생활을 하고 있는데, 뒤늦게 권리를 가진 사람이 그러한 믿음을 배신하고 새삼스럽게 권리를 행사하는 것은 모순된 행동이다. 그리고 이러한 모순된 행동은 금지되어야 한다는 것이다.

다만 '소멸 시효'와 '실효의 원칙'에는 차이점이 있다. '소멸 시효'는 일정한 기간 권리를 행사하지 않는 경우에 권리를 잃게 되는 것으로 그 기간이 구체적으로 법에 정해져 있는데, '실효'는 그러한 기간이 법에 정해져 있지 않다.

우리는 흔히 "이제 와서 무슨 소리냐" 하는 말을 자주 한다. 백화점에서 옷을 한 벌 샀는데 집에 와서 보니 바느질이 잘못되어 있었다. 이런 물건은 백화점에서 다른 옷으로 바꾸어 주거나 돈으로 되돌려 주어야 한다. 그런데 옷을 사 온 지 몇 달이나 지난 후에야 백화점에 찾아가서, 지난번에 산 옷에 문제가 있으니 교환이나 환불을 해 달라고 하면 어떻게 될까? 백화점에서는 당연히 "이제 와서 무슨 소리냐?"라고 할 것이다. 이와 같은 백화점 측의 주장을 법률적으로 설명할 수 있다. 물건을 산 사람은 그 물건이 잘못된 것일 경우에, 교환이나 환불을 요구할 수 있는 권리가 있다. 그런데 물건을 산 사람이 한참 동안 그 권리를 주장하지 않았고, 그러한 주장이 없었기 때문에 백화점에서는 아무런 문제가 없을 것이라고 믿게 되었을 때 이러한 믿음은 법이 보호해 주어야 한다.

지금까지의 이야기에서 우리는 한 가지 교훈을 얻을 수 있다. 바로 '권리는 그것을 행사할 수 있을 때 행사하여야 한다'는 것이다. "권리 위에서 잠자는 자는 보호받지 못한다"라는 격언*이 있다. 이를 풀이해 보면, 권리를 가지고 있는 사람은 그 권리를 행사할 수 있을 때 행사하여야 한다는 것이다. 즉, 권리를 가지고 있고 또 그 권리를 행사할 수 있는데도, 권리를 행사하지 않

* **방치**: 내버려 둠.
* **항소**: 제일심 판결에 대하여 불복하여 제이심 법원에 상소함.
* **실효**: 효력을 잃음.
* **격언**: 오랜 역사적 생활 체험을 통하여 이루어진 인생에 대한 교훈이나 경계 따위를 간결하게 표현한 짧은 글.

은 채 오랫동안 방치해 두면 그 권리를 잃게 된다는 것을 의미한다.

　법은 사람들의 권리를 보호해 주기도 하지만, 다른 한편으로는 다른 사람들의 믿음과 생활의 안정을 보호해 주어야 한다. 따라서 오랜 세월이 흘러 사람들의 믿음이 완전히 굳어지면, 권리를 가지고 있는 사람이 희생하더라도 안정된 생활을 보호해 주어야 하는 것이다.

STEP I

어휘 의미

1 다음에 제시된 단어의 사전적 의미를 찾아 바르게 연결하시오.

(1) 환불	・	・	ⓐ 효력을 잃음.
(2) 실효	・	・	ⓑ 이미 지불한 돈을 되돌려줌.
(3) 항소	・	・	ⓒ 시비나 선악을 판단하여 결정함.
(4) 판결	・	・	ⓓ 제일심 판결에 대하여 불복하여 제이심 법원에 상소함.

어휘 활용

2 다음 문장의 빈칸에 들어갈 알맞은 단어를 주어진 초성자를 참고하여 쓰시오.

(1) 그 독립운동가는 동지의 ㅂㅅ 으로 체포되었다. (　　　　)

(2) 골목에 쓰레기를 ㅂㅊ 하여 온 동네가 지저분해졌다. (　　　　)

(3) 우리는 ㅅㅁ 되어 가는 우리 문화유산을 보존·계승하려고 애쓰고 있다. (　　　　)

(4) 너무 큰 점수 차로 졌기 때문에, 우리는 이 경기 결과에 ㅅㅂ 할 수밖에 없었다.

(　　　　)

STEP II

서술형 **중심 화제**

1 윗글의 중심 내용을 다음과 같이 정리할 때, 빈칸에 들어갈 알맞은 내용을 쓰시오.

(　　　　　　　　　　　　　　　)을 통해 살펴본 법 제도의 의의

2 윗글을 읽고 각 문단의 중심 내용을 다음과 같이 정리할 때, 빈칸에 들어갈 알맞은 말을 쓰시오.

1문단	( )는 권리에는 시효가 있어서 그 시효가 지나면 더 이상 권리를 행사할 수 없다는 뜻이다.
2문단	재판에서 ( )할 수 있는 기간을 법으로 정해 놓은 것은 소멸 시효의 사례에 해당한다.
3문단	( )의 원칙은 뒤늦게 권리를 행사하는 것을 금지한다는 점에서 소멸 시효와 유사하다.
4문단	소멸 시효는 권리를 잃게 되는 기간이 구체적으로 ( )에 정해져 있는 반면, 실효는 그러한 기간이 법에 정해져 있지 않다.
5문단	백화점에서 물건을 산 사람이 한참 동안 교환이나 환불을 하지 않을 경우, 백화점은 물건에 문제가 없을 것이라는 믿음을 갖게 되고, 그 믿음은 법이 보호해 주어야 한다.
6문단	소멸 시효와 실효는 둘 다 '( )는 그것을 행사할 수 있을 때 행사하여야 한다.'는 교훈을 준다.
7문단	법은 사람들의 권리를 보호해 주지만, 다른 사람들의 ( )과 생활의 안정을 보호해 주기도 한다.

3 다음은 소멸 시효와 실효의 원칙에 대해 정리한 것이다. 빈칸에 들어갈 알맞은 말을 쓰시오.

	소멸 시효	실효의 원칙
개념	일정한 기간 권리를 행사하지 않는 경우에 권리를 잃게 됨.	한참 동안 권리를 주장하지 않는 경우 효력을 상실함.
공통점	뒤늦게 ( )를 행사하는 것을 금지함.	
차이점	권리를 행사할 수 있는 기간이 구체적으로 ( )에 정해져 있음.	권리를 행사할 수 있는 ( )이 법에 정해져 있지 않음.

STEP
III

1 ㉠, ㉡에 대한 이해로 가장 적절한 것은?

① ㉡은 ㉠과 달리 쌍방의 합의에 의해 해결이 가능하다.

② ㉠은 상대방의 권리 행사와, ㉡은 상대방의 의무 이행과 관련된 것이다.

③ ㉠과 ㉡ 모두 법으로 규정되어 있다.

④ ㉠과 ㉡ 모두 구체적인 기간을 명시하고 있다.

⑤ ㉠과 ㉡ 모두 믿음을 전제로, 그 믿음에 반하는 행위를 금지하는 것이다.

수능형 반응의 적절성 판단

2 윗글과 비교할 때, 〈보기〉에 대한 반응으로 적절하지 <u>않은</u> 것은?

보기
> 공소 시효는 범죄 행위가 종료된 후에 검찰이 범죄를 저지른 자를 재판에 넘기지 않고 일정한 기간이 지나면, 해당 범죄 행위에 대해 국가의 형벌권이 소멸되는 제도이다. 이 제도의 취지는 범죄가 일어난 후 장기간의 시간이 경과함에 따른 사실관계를 존중해 사회와 개인 생활 등의 법적 안정성을 도모하고, 시간의 경과에 의해 가벌성이 감소하고, 증거 판단이 곤란하게 되며, 장기간의 도주 생활로 처벌받은 것과 같은 상태가 되어 국가의 태만으로 발생한 책임을 범인에게만 돌리는 것은 부당하다는 점 등을 들 수 있다. 우리나라에서는 2015년 7월 24일, 형사 소송법 개정을 통해 살인죄에 대한 공소 시효가 폐지됐다.

① '공소 시효'는 살인죄와 같은 심각한 범죄의 경우에는 적용되지 않는군.

② '소멸 시효'와 마찬가지로 '공소 시효'도 시간의 경과에 따른 사실관계를 존중한 것이군.

③ '소멸 시효'와 마찬가지로 '공소 시효'도 행사되지 않은 권리의 소멸과 관련이 있는 것이군.

④ '소멸 시효'는 생활의 안정을 도모하기 위해, '공소 시효'는 법적 제재를 강제하기 위해 필요한 것이군.

⑤ '소멸 시효'의 취지가 권리 행사를 촉구하는 것에 있는 반면, '공소 시효'의 취지는 국가의 책임을 묻는 것이군.

📖 지문으로 엮어 읽는 배경지식 **살인죄를 저질렀어도 공소 시효가 적용될까?**

공소 시효(公訴時效)란 범죄를 저지른 후 일정한 기간이 지나면 검사의 공소권이 없어져 그 범죄에 대해서는 더 이상 공소를 제기할 수 없는 제도로, 공소 시효가 완성되면 설령 범죄를 저질렀어도 수사 및 기소 대상이 되지 않는다. 이러한 공소 시효는 시간이 흐르면 증거 보존이 어려워지고 처벌 효과도 떨어진다는 현실적인 문제로 인해 마련되었다.

그러나 모든 죄에 공소 시효가 적용되는 것은 아니다. 2013년 6월부터 13세 미만의 청소년 및 신체적 또는 정신적 장애가 있는 사람을 대상으로 한 강간죄, 강제 추행죄, 준강간 및 준강제 추행죄, 강간 등 상해·치상죄, 강간 등 살인·치사죄 등의 범죄를 저지른 경우에는 공소 시효가 적용되지 않게 되었다. 그리고 2015년 7월에는 살인죄의 공소 시효를 폐지하는 내용이 담긴 형사 소송법 개정안이 통과되었다. 하지만 개정된 법은 당시 공소 시효가 완성되지 않은 살인죄에만 적용이 가능했고, 법률이 시행되기 전에 일어난 일에까지 거슬러서 미치도록 적용하지 못하는 한계가 있었다.

환경 호르몬의 위협

필독 TIP

어휘 ★★★

문장 ★★★

배경지식 ★★★

이 글은 환경 호르몬의 개념과 생체 내에서 일으키는 이상 작용에 대해 설명하고 있다. 호르몬 모방, 호르몬 차단, 호르몬 촉발 등의 개념을 정확히 이해하며 글을 읽도록 한다.

호르몬은 내분비샘*에서 생산·방출된 화학적 신호로, 혈액과 함께 체내를 돌아다니면서 신체 기능 조절에 필수적인 정보와 신호를 표적 세포·조직에 전달한다. 이러한 호르몬은 정상적인 신체 기능을 유지하기 위한 다양한 역할을 수행하고 있다. 따라서 수많은 호르몬 중 어느 하나라도 이상이 생기면 신체 기능에 장애를 가져오며, 심할 경우 사망에까지 이르게 된다.

환경 호르몬이라는 말은 1997년 일본의 한 방송에서 학자들이 환경에 배출된 화학 물질이 생물체에 유입되어 마치 호르몬처럼 작용한다고 말한 데서 처음 사용되기 시작하였다. 환경 호르몬은 인체의 정상적인 호르몬 기능을 방해하는 물질로, 정식 명칭은 외인성* 내분비계 장애 물질이다. 사람에겐 약 50가지 호르몬이 존재하는 것으로 알려져 있는데, 진짜 호르몬의 작용 단계 중 어느 단계에서라도 환경 호르몬이 영향을 미친다면 진짜 호르몬의 작용은 전반적으로 영향을 받을 수밖에 없게 된다.

환경 호르몬은 생체 내 진짜 호르몬과는 달리 쉽게 분해되지 않고 체내에 쌓여 호르몬 모방, 호르몬 차단, 호르몬 촉발* 등의 작용을 통해 이상을 일으킨다. 호르몬 모방이란 내분비 교란* 물질이 실제 호르몬을 흉내 내어 실제 호르몬과 같은 세포 반응을 유도하는 것이다. 이 세포 반응의 강도는 실제 호르몬의 반응 강도보다 훨씬 약한 경우가 대부분이지만 더 강한 경우도 있다. 쉽게 말하면 원래의 열쇠(진짜 호르몬)가 아닌 가짜 열쇠(환경 호르몬)를 열쇠 구멍(수용체)에 꽂아도 자물쇠가 열릴 수 있는데(세포 반응), 대개의 경우 진짜 열쇠보다는 잘 안 열리지만 때로는 더 잘 열리는 경우도 있다는 것이다.

내분비 교란 물질 그 자체로는 호르몬으로서의 작용을 하지 못하지만 진짜 호르몬과 결합할 수용체를 막아 버림으로써 실제 호르몬의 기능을 마비시킬 수 있다. 이것이 호르몬 차단이다. 그 결과 신체의 기능 유지에 필요한 자연 호르몬의 작용이 차단됨으로써 그 작용이 저하되어 피해를 주게 된다.

호르몬 촉발은 환경 호르몬이 내분비계와 무관한 단백질 수용체와 결합해 비정상적인 일련의 연쇄적 세포 반응에 방아쇠를 당긴다는 뜻이다. 비정상적인 세포 반응으로 인해 예정되지 않은 세포 분열을 유발하고 이는 암 발생, 세포 변화 등을 일으킬 수 있다. 이런 물질로는 다이옥신이나 그 유사 물질이 있다. 다이옥신은 그 자신이 마치 신종 호르몬처럼 작용해 아릴 하이드로카본 수용체와 결합함으로써 암이나 기형 등 완전히 새로운 일련의 세포 반응을 일으킨다.

* **내분비샘**: 분비물을 관을 거치지 아니하고 직접 몸속이나 핏속으로 보내는 샘.

* **외인성**: 몸 외부로부터의 원인에 의하여 병이 생기는 성질.

* **촉발**: 닿거나 부딪쳐 폭발함. 또는 그렇게 폭발시킴.

* **교란**: 마음이나 상황 따위를 뒤흔들어서 어지럽고 혼란하게 함.

STEP
I

어휘 의미

1 다음 뜻풀이에 해당하는 단어를 〈보기〉에서 찾아 쓰시오.

보기

교란   기형   배출   유발   저하

(1) 안에서 밖으로 밀어 내보냄. (   )

(2) 어떤 것이 다른 일을 일어나게 함. (   )

(3) 동식물에서, 정상의 형태와는 다른 것. (   )

(4) 정도, 수준, 능률 따위가 떨어져 낮아짐. (   )

(5) 마음이나 상황 따위를 뒤흔들어서 어지럽고 혼란하게 함. (   )

어휘 의미

2 다음은 윗글에 제시된 주요 개념어의 사전적 의미를 정리한 것이다. 빈칸에 공통으로 들어갈 알맞은 단어를 쓰시오.

(1) (   ): 동물의 내분비샘에서 분비되는 체액과 함께 체내를 순환하여, 다른 기관이나 조직의 작용을 촉진, 억제하는 물질을 통틀어 이르는 말.

　　예 성장기 여드름은 (   )의 작용으로 생긴다.

(2) (   ): 세포막이나 세포 내에 존재하며 호르몬이나 항원, 빛 따위의 외부 인자와 반응하여 세포 기능에 변화를 일으키는 물질.

　　예 (   )는 생체 외부의 신호를 생체 내부로 전달하는 역할을 하는 물질이다.

(3) 세포 (   ): 한 개의 모세포가 핵분열과 세포질 분열을 거쳐 두 개의 세포로 나누어지는 현상.

　　예 태아는 엄마 뱃속에서 세포 (   )을 계속한다.

STEP
II

서술형 중심 화제

1 윗글의 중심 화제는 무엇인지 쓰시오.

(   )

문단 정리

2 윗글을 읽고 각 문단의 중심 내용을 다음과 같이 정리할 때, 빈칸에 들어갈 알맞은 말을 쓰시오.

1문단	(　　　　　)은 내분비샘에서 생산·방출된 화학적 신호로, 혈액과 함께 체내를 돌아다니면서 신체 기능 조절에 필수적인 정보와 신호를 표적 세포·조직에 전달한다.
2문단	(　　　　　)은 인체의 정상적인 호르몬 기능을 방해하는 물질이다.
3문단	환경 호르몬의 작용 중 호르몬 (　　　　)은 내분비 교란 물질이 실제 호르몬을 흉내 내어 실제 호르몬과 같은 세포 반응을 유도하는 것이다.
4문단	호르몬 차단은 진짜 호르몬과 결합할 (　　　　)를 막아 버림으로써 실제 호르몬의 기능을 마비시키는 것이다.
5문단	호르몬 촉발은 환경 호르몬이 내분비계와 무관한 단백질 수용체와 결합해 비정상적인 일련의 연쇄적 세포 반응을 일으키는 것이다.

내용 구조

3 다음은 환경 호르몬이 생체 내에서 이상 작용하는 것들이다. 빈칸에 들어갈 알맞은 말을 쓰시오.

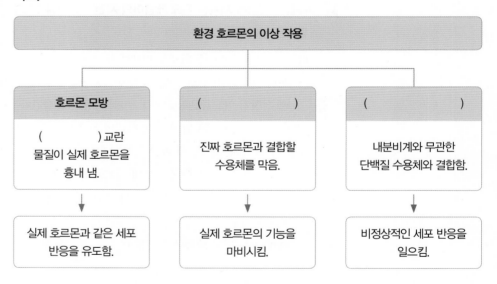

수능형 세부 정보의 파악

1 윗글에 대한 이해로 적절하지 <u>않은</u> 것은?

① 환경 호르몬은 생물체에 유입되어 세포 반응을 유도한다.

② 진짜 호르몬의 자리를 환경 호르몬이 차지하는 경우가 있다.

③ 호르몬이 정상적으로 기능한다면 우리의 몸은 건강을 유지할 수 있다.

④ 환경 호르몬은 우리 몸에서 만들어진 것은 아니지만 우리 몸에 영향을 준다.

⑤ 우리 몸에서 환경 호르몬이 가장 위험한 영향을 끼치는 것은 세포 분열 단계이다.

수능형 반응의 적절성 판단

2 윗글을 읽은 학생이 〈보기〉를 보고 보인 반응으로 가장 적절한 것은?

> 보기
>
> (가) 일반적인 유해 화학 물질은 양이 늘수록 독성이 함께 커진다. 가습기 살균제 사고가 이러한 독성 영역에서 발생한 비극이었다. 하지만 환경 호르몬은 용량이 클수록 반드시 더 해로워지는 것은 아니다. 우리가 매일 접하는 낮은 농도의 환경 호르몬이 높은 농도의 환경 호르몬보다 오히려 더 해로울 수 있다.
>
> (나) 진짜 호르몬이 효율적인 것은 적은 양의 호르몬 변화로도 신체의 전반적인 대사에 영향을 미칠 수 있기 때문이다. 진짜 호르몬은 자신의 역할을 마치면 곧장 분해된다. 다음 변화에 빠르게 반응하기 위해서다. 그러나 환경 호르몬은 신체 전반에 영향을 미치는 것은 진짜 호르몬과 다를 바 없지만 체내에 오래 머문다.

① 환경 호르몬은 농도가 높아질수록 체내에서 반응하는 강도가 세지는군.

② 환경 호르몬의 용량이 커질수록 비정상적인 세포 반응을 일으킬 확률이 높아지겠군.

③ 일상생활 속에서 접하는 환경 호르몬은 우리 몸의 대사에 관여하면서 독성이 커지겠군.

④ 환경 호르몬은 인체에 영향을 미친 후에는 빠르게 분해되면서 다음 단계를 준비하겠군.

⑤ 낮은 농도의 환경 호르몬이라도 오랜 기간에 걸쳐 쌓이면 인체에 악영향을 줄 수 있겠군.

📖 지문으로 이해하는 독해 지식 **정의**

대체로 '무엇은 무엇이다'라는 형식으로 대상의 본질이나 개념, 뜻을 풀이하여 설명하는 방법을 정의라고 한다. 이 글에서는 호르몬과 환경 호르몬의 개념을 정의의 방법을 사용하여 설명하고 있다.

> **호르몬**은 내분비샘에서 생산·방출된 화학적 신호로, 혈액과 함께 체내를 돌아다니면서 신체 기능 조절에 필수
> ▓▓ : 정의로 설명하려는 대상   호르몬의 개념
> 적인 정보와 신호를 표적 세포·조직에 전달한다. 이러한 호르몬은 정상적인 신체 기능을 유지하기 위한 다양한 역
> 할을 수행하고 있다. 따라서 수많은 호르몬 중 어느 하나라도 이상이 생기면 신체 기능에 장애를 가져오며, 심할
> 경우 사망에까지 이르게 된다.
>
> **환경 호르몬**이라는 말은 1997년 일본의 한 방송에서 학자들이 환경에 배출된 화학 물질이 생물체에 유입되어 마
> 치 호르몬처럼 작용한다고 말한 데서 처음 사용되기 시작하였다. 환경 호르몬은 인체의 정상적인 호르몬 기능을
>   환경 호르몬의 개념
> 방해하는 물질로, 정식 명칭은 외인성 내분비계 장애 물질이다.

화석과 과거로의 시간 여행

화석이란 지각이 형성된 이후부터 현재까지 지구상에 생존한 생물의 유해*나 흔적이 퇴적물에 매몰된 채 그대로 남아 있는 것을 말한다. 어떤 지역의 퇴적암에서 어패류의 화석이 발견되었다면 과거 이 지역이 바다 혹은 강이었던 것을 알 수 있고, 고사리 화석이 발견되었다면 과거에 이곳이 습하고 그늘진 곳이었음을 짐작할 수 있다.

화석은 크게 표준 화석과 시상화석의 두 종류로 분류할 수 있다. 먼저 표준 화석은 비교적 짧은 시간 동안 넓은 범위에 걸쳐 살아온 생물의 화석을 이르는데, 삼엽충 화석과 공룡 화석이 대표적이다. 삼엽충은 고생대에 번창했던 생물이고 공룡은 중생대를 대표하는 생물이므로, 이 화석들이 발견된 지층은 각각 고생대, 중생대에 생성되었다고 볼 수 있다. 이와 달리 시상화석은 산호 화석이나 고사리 화석 등 특정 지역에서 장시간 살아온 생물의 화석을 가리킨다. 지금도 산호는 얕고 따뜻한 바다에서 살고 있기 때문에, 산호 화석이 발견된 곳은 예전에 얕고 따뜻한 바다였음을 짐작할 수 있다. 이처럼 화석은 과거의 환경뿐만 아니라 고생대, 중생대, 신생대와 같은 지질 시대를 구분할 수 있는 단서를 제공해 준다.

그렇다면 땅속에 묻혔던 화석이 어떻게 외부로 노출되는 것일까? 지층은 자갈, 모래, 진흙, 화산재 등이 해저, 강바닥 또는 지표면에 퇴적하여 층을 이루고 있는 것인데, 화석은 지층의 형성과 더불어 그 안에서 생물의 유해나 흔적이 다져지며 생성된다. 지층이 긴 시간 동안 지각 변동이나 침식* 작용을 거치게 되면서 그 안에 있던 화석이 지표면으로 드러나 눈에 띄게 된다. 이때 해저에 퇴적하여 생겼던 지층이 지표면에 존재하는 것은 지반의 융기* 등 지각 변동이 있었다는 증거가 된다. 그러므로 지층을 조사하면 과거에 어떤 지각 변동이 있었는지도 알 수 있게 된다.

하지만 모든 생물의 흔적이나 유해가 화석이 되는 것은 아니다. 화석이 되려면 급속히 매몰되어 산소와 접촉이 없어야 한다. 질소를 품고 있는 단백질이나 지방 등 유기물이 산소와 오래 접촉하면, 유기물에 달라붙어 있던 미생물이 유기 호흡*을 통해 유기물을 부패하게 만들어 결국 이 물질은 사라져 버리게 된다. 생물의 경우는 뼈나 껍질 등 단단한 부분이 있어야 화석이 될 가능성이 높다. 그리고 단단한 암석으로 변하는 화석화 작용을 거쳐야 한다. 대부분의 화석은 이런 조건을 만족하여 생겨나게 된다.

앞서 언급했듯이 지층을 이루는 암석은 퇴적암으로, 구성 입자에 따라 역암, 사암, 이암 등으로 나뉜다. 역암은 자갈이 주성분이고 그 사이에 모래나 진흙이 채워진 것으로, 화석이 발견되는 빈도는 매우 낮다. 사암은 모래, 이암은 진흙으로 구성되는데, 공기가 들어가기 어렵다는 특성상 생물체의 사체나 발자국 등 화석 발견 빈도가 매우 높다. 이암 중 지름이 1/16mm 이하의 작은 입자로 이루어진 것은 셰일이라고 한다. 간혹 퇴적암에서 무늬가 발견되기도 하는데, 줄무늬 모양의 평행 구조를 층리라고 한다. 층리는 시간에 따라 쌓이는 퇴적물 입자의 크기, 종류, 색 등이 달라지면서 생성된다.

* **유해**: 주검을 태우고 남은 뼈. 또는 무덤 속에서 나온 뼈.

* **침식**: 비, 하천, 빙하, 바람 따위의 자연 현상이 지표를 깎는 일.

* **융기**: 땅이 기준면에 대하여 상대적으로 높아짐. 또는 그런 지반.

* **유기 호흡**: 산소를 이용하는 세포의 호흡.

STEP I

어휘 활용

1 다음 문장의 빈칸에 들어갈 알맞은 단어를 〈보기〉에서 찾아 쓰시오.

보기
| 노출 | 단서 | 매몰 | 번창 | 빈도 |

(1) 그는 감정 (   )이 거의 없는 편이다.

(2) 어제 탄광에서 광부들이 (   )되는 사고가 일어났다.

(3) 사건 해결의 (   )가 될 만한 물건을 하나도 찾지 못했다.

(4) 이곳은 사고 (   )가 높은 곳이니 조심해서 운전해야 한다.

(5) 그녀의 사업이 급속도로 (   )하자 주위의 부러움을 한 몸에 받았다.

어휘 의미

2 다음은 윗글에 제시된 주요 개념어의 사전적 의미를 정리한 것이다. 빈칸에 공통으로 들어갈 단어를 쓰시오.

(1) (   ): 비, 하천, 빙하, 바람 따위의 자연 현상이 지표를 깎는 일.

  예 파도는 암반을 (   )하고 운반하여 한곳에 쌓이게 한다.

(2) (   ): 알갱이의 크기·색·성분 따위가 서로 달라서 위아래의 퇴적암과 구분되는 퇴적암체.

  예 (   )은 일반적으로 오랜 기간 지각이 변동하여 형성된다.

(3) (   ): 암석의 파편이나 생물의 유해 따위가 물, 빙하, 바람, 중력 따위의 작용으로 운반되어 땅 표면에 쌓인 물질.

  예 유속이 늦어 하천의 밑바닥에 쌓인 (   )이 증가하고 있다.

 STEP II

서술형 중심 화제

1 윗글의 중심 내용을 다음과 같이 정리할 때, 빈칸에 들어갈 알맞은 내용을 쓰시오.

(   )과 (   )

2 윗글을 읽고 각 문단의 중심 내용을 다음과 같이 정리할 때, 빈칸에 들어갈 알맞은 말을 쓰시오.

1문단	(　　　　　)이란 지각이 형성된 이후부터 현재까지 지구상에 생존한 생물의 유해나 흔적이 퇴적물에 매몰된 채 그대로 남아 있는 것을 의미하는 것으로, 이를 통해 그 지역의 과거 정보를 알 수 있다.
2문단	화석은 과거의 환경뿐만 아니라 고생대, 중생대, 신생대와 같은 지질 시대를 구분할 수 있는 단서도 제공한다.
3문단	화석은 (　　　　)의 형성과 더불어 그 안에서 생물의 유해나 흔적이 다져지며 생성되는 것이므로, (　　　　)을 조사하면 과거에 어떤 지각 변동이 있었는지도 알 수 있다.
4문단	화석이 되려면 급속히 (　　　)되어 산소와 접촉이 없어야 하며, 뼈와 같이 단단한 부분이 있어야 하고, 단단한 암석으로 변하는 화석화 작용을 거쳐야 한다.
5문단	지층을 이루는 암석은 (　　　　)으로, 구성 입자에 따라 역암, 사암, 이암 등으로 나뉜다.

3 다음은 화석의 종류와 화석이 될 수 있는 조건을 정리한 것이다. 빈칸에 들어갈 알맞은 말을 쓰시오.

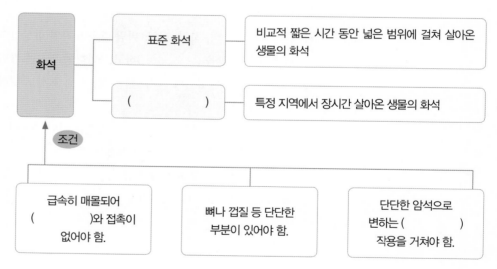

1 윗글에서 답을 찾을 수 있는 질문으로 적절하지 않은 것은?

① 화석이 만들어지기 위해서는 어떤 조건이 필요한가?

② 표준 화석과 시상화석을 규정하는 기준은 무엇인가?

③ 화석을 통해 지각 변동을 추측할 수 있는 이유는 무엇인가?

④ 화석이 발견되는 빈도가 높은 퇴적암의 종류에는 어떤 것이 있는가?

⑤ 뼈나 단단한 껍질을 지닌 생물이 주로 화석으로 발견되는 이유는 무엇인가?

2 윗글을 바탕으로 〈보기〉를 이해한 내용으로 적절하지 <u>않은</u> 것은?

┌─ 보기 ────────────────────────────────────
　A 지역의 해안가 지층에서 세계적으로 유명한 공룡 화석이 발견되었다. 아래의 표는 학생이 A 지역의 지층을 분석한 결과이다.

지층의 특징	층리가 발달된 퇴적암
지형의 특징	해안 절벽
형성 시기	(　　　ⓐ　　　)
분포 화석	공룡 뼈와 발자국, 민물 어류 및 민물조개 화석
지층의 퇴적 환경	(　　　ⓑ　　　)
└──

① 발자국 화석이 발견된 것으로 보아 지층을 이루고 있는 퇴적암은 사암이나 이암일 확률이 높겠군.

② 층리가 발달된 것으로 보아 지층에 산소의 공급이 불규칙적으로 이루어졌음을 알 수 있군.

③ 어류나 조개의 화석을 관찰할 수 있는 것으로 보아 해당 지형은 지반이 융기한 것으로 볼 수 있군.

④ 공룡 뼈가 화석으로 발견된 것으로 보아 ⓐ에 들어갈 시기는 '중생대'가 적절하겠군.

⑤ 민물 어류 및 민물조개 화석이 발견된 것으로 보아 ⓑ에는 '과거에 호수나 강이었음.'이라고 쓰면 되겠군.

📖 지문으로 엮어 읽는 배경지식 **삼엽충과 암모나이트 화석**

▲ 삼엽충

▲ 암모나이트

삼엽충은 마치 커다란 벌레처럼 생긴 절지동물로, 약 5억 2,000만 년 전 출현한 바다 생물 중 하나이다. 화석을 전시해 놓은 곳에 가면 가장 흔히 볼 수 있는 것으로, 전 세계의 바다에서 번성했었으며, 현재 알려진 종류만도 1만 5,000종이 넘는다. 크기도 다양해서 작은 것은 몇 mm에서 큰 것은 70cm가 넘는 것도 있다. 삼엽충은 몇 번의 멸종 위기를 넘겨 약 2억 7,000만 년 동안 살아남았었다.

　암모나이트는 삼엽충과 마찬가지로 바다에서 서식하던 화석 동물로, 암몬조개라고 부르기도 한다. 중생대 쥐라기에 가장 번성했던 연체동물로 중생대 백악기의 대멸종 시기에 공룡과 함께 멸종하였다. 암모나이트 화석은 중생대의 표준 화석으로 이용되며, 시대마다 패각이나 봉합선 등의 형태에 차이가 있어서 생물의 진화를 연구하는 유용한 자료로 이용되고 있다.

쌍둥이는 완전히 동일할까?

필독 TIP

어휘 ★★★
문장 ★★★★
배경지식 ★★★

이 글은 '쌍둥이는 완전히 동일할까?'라는 문제의식을 바탕으로 진행한 실험 결과를 제시하고 있다. 실험 결과로 알 수 있는 내용은 무엇인지 파악하며 읽도록 한다.

2012년 존스 홉킨스 대학교의 빅터 벨컬스쿠 교수 연구 팀은 일란성 쌍둥이* 수만 쌍의 데이터를 분석하여 쌍둥이 중 한 명에게 나타난 유전 질환이, 다른 한 명에게도 똑같이 나타나는지 조사한 결과를 발표했다. 이 연구 팀이 조사한 24개의 질병 중 BRCA1(유방암을 유발시키는 데에 영향을 주는 유전자) 문제로 발생한 유방암을 포함해 23개의 유전 질환이 쌍둥이 중 한 명에게서만 발병하는 불일치 현상을 보였다.

주변에 일란성 쌍둥이 친구가 있다면 이 결과가 그리 이상하지 않을 것이다. 처음 일란성 쌍둥이를 만나면 그들의 차이점이 잘 보이지 않지만, 조금 더 알고 지내다 보면 그들 각각의 개성(외모부터 성격까지)을 쉽게 찾을 수 있다. 이런 개성은 쌍둥이 각각이 경험하는 환경의 차이에서 비롯된다고 설명되곤 한다. 그렇다면 환경까지 완전히 통제된 조건이라면 개체 간에 차이가 전혀 나타나지 않을까? 사람을 대상으로 환경을 통제하는 실험을 할 수는 없으니 이런 실험은 모델 생명체를 이용해 이뤄진다.

록펠러 대학교의 피터 스웨인 교수 연구 팀은 대장균을 이용해 흥미로운 실험을 설계했다. 단세포 생물인 대장균은 세포 분열로 자신과 '유전 정보가 완전히 동일한' 수많은 개체를 만들어 낼 수 있고, 그 개체들은 '완전히 동일하게 통제된 환경'에서 배양*된다. 스웨인 교수 연구 팀은 적색과 녹색 빛의 형광 염색 단백질이 동일하게 발현되도록 두 단백질의 유전자를 대장균 유전체에 끼워 넣었다. 만약 유전자와 환경이 모두 동일해 차이가 전혀 없다면 모든 대장균은 동일한 빛, 즉 적색과 녹색 빛이 섞인 노란색 형광의 대장균으로 관찰될 것이다.

그러나 결과는 예상과 달리 적색 형광과 녹색 형광이 갖가지 비율로 섞인 다양한 대장균이 나타났다. 왜 모든 조건이 동일한데 두 형광 유전자는 개체마다 다른 비율로 발현되었을까? 이 연구 팀은 이런 현상을 표현하기 위해 전기 공학에서 사용되는 '잡음'이라는 용어를 도입했다. 본래 전기 공학에서 잡음은 기대하거나 의도한 것과 다른 결과물로 나타나는 전기 신호를 의미하는데, 이를 참고해 동일한 유전 정보와 환경 조건에서 (의도한) 동일한 결과가 나오지 않는 현상을 '⊙잡음'이라고 부르게 된 것이다.

본래 생물 내부 시스템은 화학 물질의 연쇄 작용으로 이루어지는데, 이런 화학 반응에는 '무작위성'이 내재되어* 있다. 특히 적은 양의 물질로 이루어지는 반응일수록 무작위성이 강화되는 경향을 보인다. 적은 양으로도 세포 안에서 충분히 제 기능을 수행하는 분자들인 DNA, RNA, 단백질은 무작위성이 일어나는 주요 표적이 된다. 따라서 같은 유전자일지라도 무작위적인 화학 반응의 영향을 받아 다양한 반응을 도출하게 되는 것이다.

이런 무작위성이 있더라도 쌍둥이는 분명 쌍둥이로 불릴 만한 많은 공통점을 가지고 있다. 따라서 생명체는 내재된 무작위성에 의해 예외가 발생하더라도 일관된 결과물을 만들어 낼 수 있는 견고한 시스템을 갖추고 있다. 견고한 시스템은 유전자의 네트워크로 구성되며 다양한 피드백 회로를 통해 조절된다.

* **일란성 쌍둥이**: 하나의 난자와 하나의 정자가 결합하여 생긴 쌍둥이.
* **배양**: 인공적인 환경을 만들어 동식물 세포와 조직의 일부나 미생물 따위를 가꾸어 기름.
* **내재되어**: 어떤 사물이나 범위의 안에 들어 있어.

STEP I

어휘 의미

1 다음 뜻풀이에 해당하는 단어를 〈보기〉의 낱글자를 조합하여 쓰시오.

보기

도   발   적   제   출   통   표   현

(1) 목표로 삼는 물건. (   )

(2) 판단이나 결론 따위를 이끌어 냄. (   )

(3) 일정한 방침이나 목적에 따라 행위를 제한하거나 제약함. (   )

(4) 속에 있거나 숨은 것이 밖으로 나타나거나 그렇게 나타나게 함. 또는 그런 결과.

(   )

어휘 활용

2 다음 문장에 들어갈 알맞은 단어를 찾아 ○표를 하시오.

(1) 곱슬머리는 (유전 / 유적)인가요?

(2) 내 인생은 내 스스로 (설계 / 훈계)하고 싶다.

(3) 그는 어떠한 유혹에도 굴복하지 않고 (경고하게 / 견고하게) 자기의 신념을 지켰다.

STEP II

서술형 중심 화제

1 윗글에서 글쓴이는 '잡음' 현상의 발생 원인을 무엇이라고 하였는지 쓰시오.

(   )

문단 정리

2 윗글을 읽고 각 문단의 중심 내용을 다음과 같이 정리할 때, 빈칸에 들어갈 알맞은 말을 쓰시오.

1문단	빅터 벨컬스쿠 교수 연구 팀은 많은 수의 ( )이 쌍둥이 중 한 명에게서만 발병하는 불일치 현상을 발견했다.
2문단	'( )까지 완전히 통제된 조건이라면 개체 간에 차이가 전혀 나타나지 않을까?'라는 가설을 설정했다.
3문단	피터 스웨인 교수 연구 팀은 유전자와 환경이 모두 동일하다면 모든 대장균은 동일한 빛이 섞인 노란색 형광의 대장균이 관찰될 것인지를 실험하였다.
4문단	실험 결과 예상과 달리 동일한 유전 정보와 환경 조건에서도 동일한 결과가 나오지 않는 ( ) 현상이 나타났다.
5문단	같은 유전자일지라도 ( )인 화학 반응의 영향을 받아 다양한 반응을 도출하게 된다.
6문단	생명체는 내재된 무작위성에 의해 예외가 발생하더라도 일관된 결과물을 만들어 낼 수 있는 견고한 시스템을 갖추고 있다.

내용 구조

3 다음은 대장균을 이용한 실험 과정을 정리한 것이다. 빈칸에 들어갈 알맞은 말을 쓰시오.

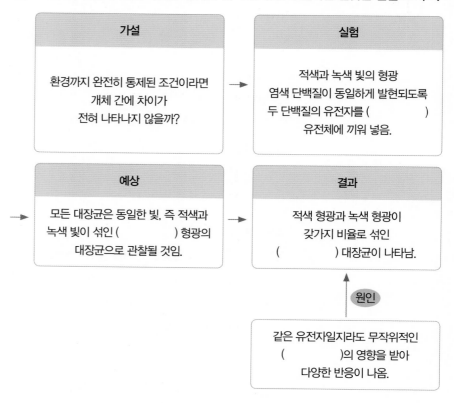

가설	실험
환경까지 완전히 통제된 조건이라면 개체 간에 차이가 전혀 나타나지 않을까?	적색과 녹색 빛의 형광 염색 단백질이 동일하게 발현되도록 두 단백질의 유전자를 ( ) 유전체에 끼워 넣음.

예상	결과
모든 대장균은 동일한 빛, 즉 적색과 녹색 빛이 섞인 ( ) 형광의 대장균으로 관찰될 것임.	적색 형광과 녹색 형광이 갖가지 비율로 섞인 ( ) 대장균이 나타남.

원인

같은 유전자일지라도 무작위적인 (   )의 영향을 받아 다양한 반응이 나옴.

STEP III

수능형 **전개 방식 파악**

1 윗글의 내용 전개 양상을 정리한 것으로 적절하지 <u>않은</u> 것은?

문제의식	일란성 쌍둥이의 유전 질환은 두 명 모두에게 똑같이 나타날까?	
↓		
조사 결과	유전 질환이 쌍둥이 중 한 명에게서만 발병하는 불일치 현상을 보임.	①
↓		
원인 추리 및 가설 설정	쌍둥이의 개체 간 차이는 환경의 차이에서 비롯되었을 것임. → 동일한 환경에서는 개체 간 차이가 전혀 나타나지 않을까?	②
↓		
실험	동일한 유전 정보, 동일하게 통제된 환경에서의 대장균 실험	③
↓		
결과	다양한 형질로 발현: 잡음 발생	④
↑		
원인	연쇄 작용으로 이루어지는 화학 반응 때문임.	⑤

정답과 해설_지문 분석편 18쪽 / 문제 분석편 50쪽

수능형 미루어 알기

2 윗글과 〈보기〉를 바탕으로 ㉠의 의미를 진술한다고 할 때, 빈칸에 들어갈 말로 가장 적절한 것은?

> 보기
>
> 진화는 유전자가 더 잘 전달될 수 있는 방향으로 진행되는데, 동일한 유전체와 동일한 환경 조건에서도 나타나는 '잡음'은 어떤 유전자에나 나타나는 본질적인 현상이다. 환경이 자주 변하는 조건에서는 일관적인 군집보다는 다양한 능력을 가진 군집이 살아남을 가능성이 크다. 결국 잡음은 _____.

① 개체가 환경에서 받은 영향을 드러내는 하나의 지표이다.

② 어떤 환경에도 유연하게 대응하겠다는 생명체의 전략이다.

③ 특정 유전자의 변이를 통해 질병에 저항하고자 하는 선택이다.

④ 다양한 개체의 유전적 정보를 좀 더 간명하게 표현하는 형식이다.

⑤ 변화된 환경에서 개체가 오래 살기 위해 선택한 진화의 방향이다.

📖 **지문으로 엮어 읽는 배경지식** 쌍둥이

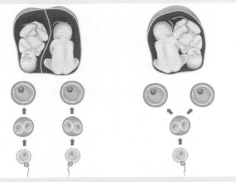

▲ 이란성 쌍둥이(좌)와 일란성 쌍둥이(우)

쌍둥이는 크게 일란성 쌍둥이와 이란성 쌍둥이로 나눌 수 있다. 이 중 이란성 쌍둥이는 두 개의 수정란이 동시에 자궁벽에 착상된 것이고, 일란성 쌍둥이는 한 개의 난자에 한 개의 정자가 수정을 하고 이 배아가 둘(또는 그 이상으)로 나누어지는 경우이다. 일란성 쌍둥이는 원래 하나의 배아였던 관계로 반드시 성별이 같고 신체적인 크기나 정신적인 지능의 발달 정도가 아주 흡사하다. 또한 외모도 서로 많이 닮고 성격도 대개 비슷하다고 알려져 있다. 그러나 일란성이라고 해도 경우에 따라서는 태아의 발육에는 조금 차이가 있다.

현재까지는 쌍둥이가 태어나는 원인이 명확하게 알려져 있지 않다. 다만 유전적 요인과 엄마의 나이가 만 35세 이상이거나 출산 횟수가 7회 이상일 경우 쌍둥이 발생률이 2배 정도 증가하는 것으로 알려져 있다. 최근에는 시험관 시술의 증가로 쌍둥이 출산율이 높아지는 경향을 보이기도 한다.

물 분자의 공유 결합

필독 TIP

어휘 ★★
───────────
문장 ★★★
───────────
배경지식 ★★★

이 글은 물 분자의 공유 결합과 수소 결합에 대해 설명하고 있다. 공유 결합의 개념이 무엇인지 알아보고, 수소 결합이 물 분자의 특징에 어떠한 영향을 미치는지 파악하며 읽도록 한다.

물 분자는 산소 원자 1개와 수소 원자 2개가 공유 결합으로 이루어져 있다. 공유 결합이란 원자들이 결합하는 방식의 하나로, 원자들이 가지고 있는 전자들을 서로 공유하며 결합하는 것을 말한다.

공유 결합에서 전자를 공유할 때는 분자를 이루는 원자들 고유의 인력*에 따라 전자를 공유하는 양에 차이가 생기게 된다. 물 분자에서 산소와 수소의 관계를 살펴보면, 산소가 더 강한 인력을 가지고 있다. 따라서 산소가 전자들을 더 많이 공유하게 된다. 이처럼 전자를 더 많이 공유한다는 것은 전자들이 수소보다 산소 쪽으로 더 많이 가 있다는 말이다.

한 개의 분자 안에 부분적으로 양전하, 음전하를 가진 물 분자는 극성*을 띤 분자라고 말한다. 전자들은 전기적으로 (−)전하를 띠고 있다. 원래 물 분자는 전기적으로 중성이어야 하는데, 이 (−)전하를 띤 전자들의 위치 이동으로 말미암아 중성인 물 분자에 전기적인 성질이 생기게 된다. 즉, 전자를 공유하는 양에 차이가 발생함으로써 산소 쪽은 음(−)의 전하를 띠고, 수소 쪽은 반대로 양(+)의 전하를 띠게 되는 것이다. 물 분자가 가진 음과 양의 전기적 성질 때문에 여러 물질 중 전기적 성질을 띠는 물질들과 잘 어울린다. 설탕이나 소금이 물에 잘 녹는 것도 이런 이유 때문이다.

이 전기적 성질은 서로 끌어당기는 힘을 강하게 함으로써 물 분자끼리의 결합을 더 강하게 해 준다. 즉, 수소와의 공유 결합으로 음의 전기적 성질이 강해진 산소는 다른 물 분자에 결합된 수소까지 끌어당기는 힘을 갖게 됨으로써 물 분자끼리의 결합을 강화시킨다. 이처럼 음의 전기적 성질이 강한 원자 사이에 수소 원자가 들어가 약한 결합 상태를 만드는 것을 '수소 결합'이라고 한다.

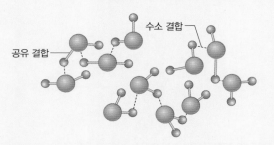

공유 결합 ──

수소 결합 ──

이 결합으로 인해 물은 다른 액체들처럼 쉽게 온도가 내려가거나 올라가지 않는다. 이것이 왜 중요할까? 만약 물의 온도가 쉽게 변하면 무슨 문제가 생길까? 여름에 온도가 높을 때 우리 몸속의 물도 금방 온도가 올라갈 것이다. 갑자기 체온이 높아지면 우리의 생명은 곧 위독해질* 것이다. 반대로 겨울에는 잘못하면 얼어 죽을지도 모른다. 이처럼 물 분자의 결합적 특징은 우리의 생명과 직결되어* 있다.

한편 이 세상 대부분의 액체 물질은 고체로 될 때 부피가 줄어든다. 그런데 물의 경우는 특이하게도 얼음이 되면 오히려 부피가 늘어난다. 물 분자의 경우 산소와 수소가 V자형으로 결합하고 수소 결합을 이룬다는 특징 때문에 얼음이 될 때 육각형 구조를 이루게 된다. 이 육각형 구조는 물의 정형화되지 않은 구조에 비해 더 많은 빈 공간을 만들게 되므로 물보다 얼음의 부피가 커지는 특이 현상을 일으키는 것이다. 그런데 만약 얼음이 물보다 부피가 작아지면 어떤 일이 일어날까? 부피가 작아진다는 것은 그만큼 무거워진다는 것이다. 즉, 얼음이 물에 가라앉게 된다는 것을 뜻한다. 이렇게 되면 추운 겨울에 강은 밑바닥부터 얼고 이 얼음이 차곡차곡 위로 올라와 강 전체가 얼어 버릴 것이다.

* **인력**: 공간적으로 떨어져 있는 물체끼리 서로 끌어당기는 힘.

* **극성**: 화학 결합에서 전자 분포가 어느 한쪽 원자에 기울어지는 현상.

* **위독해질**: 병이 매우 중하여 생명이 위태롭게 될.

* **직결되어**: 사이에 다른 것이 개입되지 아니하고 직접 연결되어.

STEP
I

1 다음 문장에 공통으로 들어갈 알맞은 단어를 쓰시오.

(1) • 음주 운전 단속이 크게 (   )되었다.

　　• 이번 동계 훈련은 선수들의 체력 (   )에 중점을 두고 있다.

(2) • 환경 문제는 인간의 생존과 (   )된다.

　　• 농산물은 소비자의 건강에 (   )되므로 그 검사는 엄격해야 한다.

(3) • 뉴턴에게는 떨어지는 사과가 만유(   )의 법칙의 초안을 작성하는 기초가 되

　　었다.

　　• 다른 종류의 전기 사이에는 (   )이 작용하고 같은 종류의 전기 사이에는 척력

　　이 작용한다.

어휘 의미

2 다음은 윗글에 제시된 주요 개념어의 사전적 의미를 정리한 것이다. 빈칸에 들어갈 알맞은

단어를 쓰시오.

(1) 분자: 물질에서 화학적 형태와 성질을 잃지 않고 분리될 수 있는 (   )의 입자.

(2) (   ): 물질의 기본적 구성 단위. 하나의 핵과 이를 둘러싼 여러 개의 전자로 구

　　성되어 있고, 한 개 또는 여러 개가 모여 분자를 이룬다.

(3) 전자: 음전하를 가지고 (   )의 주위를 도는 소립자의 하나.

STEP
II

서술형 중심 화제

1 윗글의 중심 화제는 무엇인지 쓰시오.

(   )

문단 정리

2 윗글을 읽고 각 문단의 중심 내용을 다음과 같이 정리할 때, 빈칸에 들어갈 알맞은 말을 쓰시오.

1문단	물 ( )는 산소 원자 1개와 수소 원자 2개가 공유 결합으로 이루어져 있다.
2문단	물 분자는 ( )가 더 강한 인력을 가지고 있어 산소가 전자들을 더 많이 공유하게 된다.
3문단	( )를 공유하는 양에 차이가 발생함으로써 산소 쪽은 음의 전하를 띠고, 수소 쪽은 양의 전하를 띠게 된다.
4문단	수소와의 ( )으로 음의 전기적 성질이 강해진 산소는 다른 물 분자에 결합된 수소까지 끌어당기는 힘을 갖게 됨으로써 물 분자끼리의 결합을 강화시킨다.
5문단	수소 결합으로 인해 물은 다른 액체들처럼 쉽게 온도가 내려가거나 올라가지 않는데, 이는 우리의 생명과 직결되어 있다.
6문단	수소 결합으로 인해 물은 다른 액체 물질과 다르게 얼음이 되면 육각형 구조를 갖게 되어 ( )가 늘어나는 특징이 있다.

내용 구조

3 다음은 물 분자의 공유 결합과 수소 결합을 정리한 것이다. 빈칸에 들어갈 알맞은 말을 쓰시오.

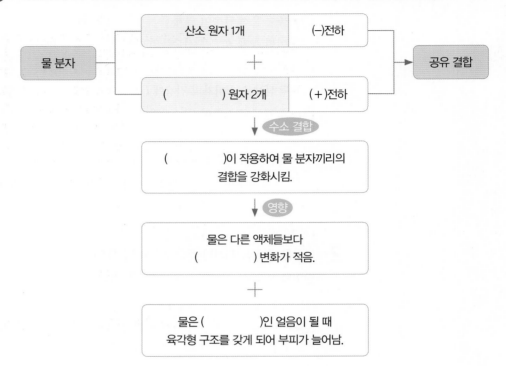

STEP
Ⅲ

수능형 세부 정보의 확인

1 윗글의 내용과 일치하지 <u>않는</u> 것은?

① 물 분자는 전하를 띤 원자들로 구성되어 있다.

② 물 분자의 육각형 구조는 얼었을 때 부피가 커진다.

③ 물의 온도 변화가 크지 않은 것은 수소 결합 때문이다.

④ 산소의 인력이 수소의 인력보다 크기 때문에 산소가 더 많은 전자를 공유한다.

⑤ 물 분자에서 양(+)의 전하를 띠는 쪽은 다른 물 분자에 결합된 수소를 끌어당긴다.

수능형 구체적 사례 파악

2 윗글을 바탕으로 ㉠의 사례를 추론한 내용으로 가장 적절한 것은?

보기

　다른 물질을 잘 녹이는 물의 성질은 우리의 삶에서 매우 유용한 역할을 한다. 빨래를 할 때 물을 사용하는 것도 오염 물질들 중에 물에 잘 녹는 것들이 많기 때문이다. 비가 온 후 공기가 맑고 투명하게 느껴지는 것도 이런 이유 때문이다. 또한 물은 우리 몸이 영양분을 흡수하는 데 매우 중요한 역할을 한다. 음식을 통해 흡수한 영양분들은 우리 몸속에 있는 물과 섞여 몸 구석구석으로 이동하여 필요한 곳에서 흡수된다. 하지만 다른 물질을 잘 녹이는 이 성질은 ㉠양면성을 가지고 있다.

① 암석에 스며든 물이 얼면 암석이 쪼개진다.

② 나무에 물을 주면 나무 꼭대기까지 물이 이동한다.

③ 얼음에 열을 가하면 수소 결합이 끊어지고 얼음이 녹는다.

④ 기름 분자들은 극성이 없어서 극성 용매인 물에는 잘 녹지 않는다.

⑤ 농약이나 합성 세제, 공장 폐수 등 온갖 오염 물질들과 물이 쉽게 섞인다.

◎ 지문으로 분석하는 시각 자료 **공유 결합과 수소 결합**

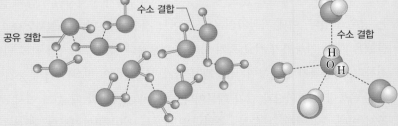

　수소 결합은 2개의 원자 사이에 수소 원자가 결합되어 일어나는 결합 형식이다. 물 분자는 산소 원자 1개와 수소 원자 2개가 공유 결합을 이루고 있는데, 산소 원자와 수소 원자는 전자를 1개씩 내어서 전자쌍을 만들고 이를 공유한다. 하지만 전자쌍은 전기 음성도가 더 큰 산소 원자 쪽에 가깝게 위치하여, 산소 원자는 약한 음(−)전하를 띠고 수소 원자는 부분적으로 양(+)전하를 띠며, 이때 물은 극성을 띠게 된다. 따라서 극성을 띤 물 분자끼리는 전기적 인력에 의한 수소 결합을 하게 되며 강한 응집력을 갖는다.

운동량과 충격량

필독 TIP

어휘 ★★★

문장 ★★★★

배경지식 ★★★★

이 글은 물체의 운동량과 충격량에 대한 이해를 바탕으로, 운동량이 증가하는 경우와 감소하는 경우를 살펴보고 있다. 운동량의 개념을 파악한 후, 운동량과 충격량의 관계를 생각하며 읽도록 한다.

운동하는 물체가 일으키는 운동의 세기는 물체의 질량 m과 속도 v로 나타낼 수 있다. 이때 물체의 질량과 속도를 곱한 값을 '물체의 운동량'이라고 하는데, 이는 물체의 운동이 얼마나 강하게 일어나고 있는가를 말해 주는 물리량이라고 할 수 있다. 따라서 질량이 m인 물체가 속도 v로 운동할 때 물체의 운동량 p는 p=mv로 나타낸다. 운동량은 속도와 같은 방향을 가지는 물리량이며 단위는 kg·m/s를 사용한다. 그렇다면 이런 운동량이 변하는 경우를 일상생활에서 볼 수 있는 충돌과 연관 지어 생각해 보자.

물체의 운동량을 가능한 크게 증가시키려고 할 때에는 물체에 최대의 힘을 가해야 할 뿐만 아니라 힘을 가하는 시간을 늘려야 한다. 따라서 정지한 자동차를 잠깐 동안 민 결과는 정지한 자동차를 지속적으로 민 결과와 전혀 다르다. 탄환*을 장거리로 쏠 수 있는 포(砲)는 긴 포신*을 갖고 있으며, 포신이 길수록 발사되는 포탄의 속도가 증가한다. 긴 포신 내에서 폭발하는 화약의 힘은 오랫동안 포탄에 작용하므로 결국 충격량이 증가하여 운동량이 커진다. 충격량의 크기는 물체에 작용한 힘과 그 힘이 작용한 시간의 곱으로 나타낼 수 있기 때문이다. 물론 포탄에 작용하는 힘은 일정하지 않다. 처음에는 강하지만 기체가 팽창하면서 약해진다. 결국 어떤 경우라 할지라도 충격력*, 즉 물체가 충돌에 의해 받은 힘은 시간에 따라 변한다. 충격력은 시간이 짧을수록 크기 때문이다.

이와 반대로, 운동량을 갖고 움직이던 물체가 멈추려면 충격이 필요하다. 예를 들어 자동차를 운전하다가 브레이크가 고장 나서 정지할 수 없는 상황이 닥쳤다고 가정해 보자. 이때 콘크리트 벽이나 건초 더미*에 부딪치게 되면 자동차의 운동량은 동일한 충격량에 의해 감소할 것이다. '동일한 충격량'이란 힘과 시간의 곱이 동일하다는 것을 의미하는 것이지, 같은 힘과 같은 시간 간격을 의미하는 것은 아니다. 즉, 달리던 자동차의 운동량 변화가 바로 충격량이 되는데, 충격량은 물체에 작용한 힘과 그 힘이 작용한 시간의 곱으로 나타나므로 충격량이 동일하다고 할 때 물체에 작용한 힘은 힘이 작용하는 시간이 짧을수록 커진다. 따라서 건초 더미에 충돌하면 벽에 충돌하는 것보다 충격을 줄이기 위한 충돌 시간이 더 길어진다. 이처럼 충돌하는 시간이 길면 물체에 작용한 힘, 즉 충격력은 작아지고, 자동차가 멈추면 운동량은 0이 된다.

또 다른 자동차 충돌 상황을 살펴보자. 교통사고의 유형을 보면 2대의 자동차가 충돌한 후 서로 튕겨 나가는 경우도 있고, 충돌 후에 두 자동차가 구겨지면서 함께 같은 방향으로 밀려가는 경우도 있다. 이때 자동차의 승객은 어느 경우에 더 많이 다칠까? 승객에게는 자동차가 충돌했을 때 두 자동차가 서로 튕겨 나가는 경우보다 서로 구겨져서 함께 밀려가는 경우가 더 안전하다. 자동차가 충돌하여 서로 튕겨 나가면 운동량의 변화가 커서 충격량도 커지는데, 충격량은 운동량의 변화량과 같기 때문이다. 자동차가 충돌할 때 승객 역시 큰 충격을 받는다. 따라서 이때 승객에게 가해지는 충격력을 낮추는 것이 바람직하다. 실제로 자동차 디자이너와 안전 기술자들은 자동차를 설계할 때 자동차 충돌 시 본체에 가해지는 충격력을 줄일 수 있도록 구겨지는 영역을 만들어 놓았다. 이 영역은 자동차가 충돌하면 구겨져 서로 튕겨 나가지 않도록 하여 운동량의 변화를 최소로 하거나 자동차가 구겨지게 하여 자동차의 운동량이 변하는 데 걸리는 시간을 늘리고 충격력을 충분히 감소시킨다.

* **탄환**: 총이나 포에 재어서 목표물을 향하여 쏘아 보내는 물건.
* **포신**: 포의 몸통 전체.
* **충격력**: 타격을 받거나 충돌을 하였을 때, 물체와 물체 사이에 생기는 접촉력의 세기.
* **더미**: 많은 물건이 한데 모여 쌓인 큰 덩어리.

STEP
I

어휘 의미

1 다음에 제시된 단어의 사전적 의미를 찾아 바르게 연결하시오.

(1) 충돌 •	• ㉠ 부풀어서 부피가 커짐.
(2) 발사 •	• ㉡ 시간적으로 벌어진 사이.
(3) 팽창 •	• ㉢ 서로 맞부딪치거나 맞섬.
(4) 더미 •	• ㉣ 많은 물건이 한데 모여 쌓인 큰 덩어리.
(5) 간격 •	• ㉤ 차, 배, 비행기 따위의 탈것을 타는 손님.
(6) 승객 •	• ㉥ 활·총포·로켓이나 광선·음파 따위를 쏘는 일.

어휘 활용

2 다음 문장의 빈칸에 들어갈 알맞은 단어를 제시된 초성자를 참고하여 쓰시오.

(1) 우리나라는 ㅈㅅㅈ인 경제 성장을 이루었다. (   )

(2) 마당에서 ㄱㅊ 두 다발을 가져와 말에게 먹였다. (   )

(3) 모든 인간은 생명 ㅇㅈ의 꿈을 갖고 있는 듯하다. (   )

(4) 이 건물의 ㅅㄱ는 우리나라에서 제일가는 건축가가 맡았다. (   )

(5) 이 음식점은 위생 상태가 불량하여 한 달 동안 영업 ㅈㅈ 처분을 받았다. (   )

STEP
II

서술형 중심 화제

1 윗글의 글쓴이가 주로 설명하고 있는 것은 무엇인지 쓰시오.

( ) 경우와 (	) 경우

문단 정리

2 윗글을 읽고 각 문단의 중심 내용을 다음과 같이 정리할 때, 빈칸에 들어갈 알맞은 말을 쓰시오.

1문단	물체의 질량과 속도를 곱한 값을 물체의 (　　　　)이라고 한다.
2문단	물체의 운동량을 크게 (　　　　)시키려면 물체에 최대의 힘을 가해야 할 뿐만 아니라 힘을 가하는 시간을 늘려야 한다.
3문단	자동차가 충돌하는 시간이 길면 (　　　　)은 작아지고, 자동차가 멈추면 운동량은 0이 된다.
4문단	두 대의 자동차가 충돌할 때 서로 구겨져서 함께 밀려가는 경우에는 운동량이 변하는 데 걸리는 시간이 늘어나 충격력을 (　　　　)시킨다.

내용 구조

3 다음은 물체의 운동량이 변하는 경우를 정리한 것이다. 빈칸에 들어갈 알맞은 말을 쓰시오.

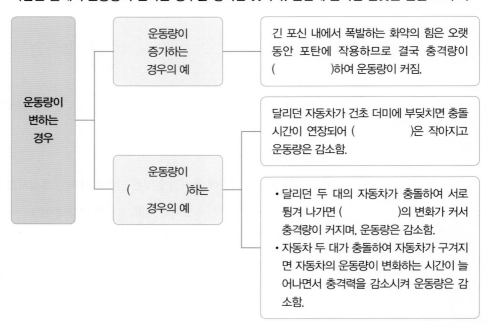

STEP Ⅲ

수능형 **세부 정보의 추론**

1 윗글의 내용을 바탕으로 할 때, 다음 중 적절하지 <u>않은</u> 것은?

① 트럭의 질량과 관계없이 정지해 있는 트럭의 운동량은 0이다.

② 달리는 승용차의 운동량은 승용차의 질량 및 속도와 비례한다.

③ 트럭이 승용차보다 질량이 크더라도 승용차의 운동량이 더 클 수 있다.

④ 트럭과 승용차가 충돌할 경우 두 차의 충격력과 시간이 같으므로 충격량도 동일하다.

⑤ 발사되는 포탄이나 벽에 부딪치는 승용차 모두 충격량의 증가로 운동량이 증가했다고 볼 수 있다.

수능형 미루어 알기

2 윗글을 바탕으로 〈보기〉의 ㉮~㉱에 들어갈 말을 바르게 짝지은 것은?

보기

태권도 선수가 벽돌 격파 시범을 보인다고 상상해 보자. 선수는 큰 운동량을 가지고 벽돌을 친다. 벽돌에 충격력을 가할 때 운동량은 급격히 (㉮). 이때 충격량은 벽돌에 가한 힘과 손이 벽돌과 접촉하는 시간을 곱한 것이다. 태권도 선수가 손으로 벽돌을 신속하게 내려칠 때 접촉 시간이 (㉯), 이에 대응해서 충격력은 (㉰). 이때 손이 벽돌과 충돌한 후에 바로 튕겨 나오게 가격하면 벽돌에 가해지는 힘을 (㉱) 수 있다.

	㉮	㉯	㉰	㉱
①	증가한다	짧아지고	작아진다	감소시킬
②	증가한다	길어지고	커진다	증가시킬
③	감소한다	길어지고	작아진다	감소시킬
④	감소한다	짧아지고	작아진다	증가시킬
⑤	감소한다	짧아지고	커진다	증가시킬

📖 지문으로 엮어 읽는 배경지식 **에어백(air bag)**

에어백은 자동차가 충돌할 때 외부 충격으로부터 탑승자를 보호하는 장치이다. 자동차가 무언가와 충돌해 갑자기 멈추면 차 안에 있는 사람의 몸은 관성으로 인해 자동차가 움직이던 방향으로 계속 움직이려는 경향을 보인다. 이때 에어백이 사람의 몸이 멈출 때까지의 시간을 늘려 사람 몸에 작용하는 충격력을 줄여 주는 역할을 한다.

에어백은 자동차 센서가 충돌을 감지하면 작동 기체 팽창 장치가 폭발하면서 점화되어 주머니가 고압 기체로 순간적으로 부풀도록 설계되어 있다. 충돌부터 에어백이 완전히 작동되기까지의 시간은 보통 0.05초 정도의 짧은 시간이다. 에어백이 처음 개발된 1950년대에는 주머니에 공기를 넣어 작동시키기도 했지만 최근에는 질소를 소규모로 폭발시켜 작동시킨다. 그리고 에어백은 주로 나일론 섬유로 제작한다. 또 폭발이 일어나 에어백이 부푼 다음에는 탑승자가 차에서 탈출할 수 있도록 다시 수축된다. 에어백이 부푼 상태로 유지되면 탑승자가 질식하거나 차에서 탈출하지 못해 2차 사고로 이어질 수 있기 때문이다.

케플러의 법칙

필독 TIP

어휘 ★★
문장 ★★★★
배경지식 ★★★

이 글은 케플러의 행성 법칙 중 첫 번째인 '타원 궤도의 법칙'에 대해 설명하고 있다. 타원 궤도의 법칙이 무엇인지 확인하고, 타원 궤도의 일반적인 특징을 파악하며 읽도록 한다.

요하네스 케플러는 20대에 『우주의 신비』를 쓸 때부터 스승인 튀코 브라헤와 달리 태양 중심설을 신봉*했다. 케플러가 수년에 걸쳐 브라헤의 관측 데이터를 분석해서 얻은 결과는 케플러의 행성* 법칙으로 알려져 있다. 케플러는 제1법칙인 타원 궤도*의 법칙보다 태양을 초점으로 타원 궤도상을 운동하는 행성의 면적 속도가 행성의 위치와 관계없이 항상 일정하다는 제2법칙인 면적 속도 일정의 법칙을 먼저 발견했다.

케플러의 제1법칙은 타원 궤도의 법칙이다. 태양 주위를 도는 행성의 궤도가 원이 아니라 타원이라는 말이다. 원 궤도와 타원 궤도는 비슷하면서도 많이 다르다. 원은 평면 위 하나의 고정된 점에서 똑같은 거리에 있는 2차원 점들의 집합이다. 이 정의에 따라 원을 그리려면 고정된 점에 실을 묶고 실의 다른 끝에 펜을 매달아 실을 팽팽하게 당기면서 한 바퀴 돌리면 된다. 타원은 평면 위의 고정된 두 점에 이르는 거리의 합이 일정한 2차원 점들의 집합이다. 이때 고정된 두 점을 초점이라 한다. 만약 두 초점에서의 거리의 합이 두 초점 사이의 거리와 똑같다면 이 점들의 집합은 두 초점을 잇는 선분이 될 것이다. 따라서 보통 타원을 말할 때는 두 초점에 이르는 거리의 합이 두 초점 거리보다 더 큰 경우만 생각한다. 타원을 그리려면 초점 거리보다 더 긴 실의 양 끝을 각각 두 초점에 묶고 펜으로 실을 팽팽하게 당긴 채로 평면 위를 움직이면 된다. 원은 타원의 특수한 경우로서 타원의 두 초점이 일치하면 원이 된다.

케플러의 제1법칙에서는 행성이 태양 주변을 타원 궤도로 공전하고, 태양은 그 타원의 두 초점 중 하나의 초점에 자리 잡고 있다. 엄밀하게는 태양과 행성의 질량 중심을 중심으로 해서 태양과 행성이 모두 회전하고 있지만 행성에 비해 태양의 질량이 워낙 크기 때문에 태양의 움직임은 무시할 수 있다. 원 궤도와 타원 궤도의 가장 큰 차이는 이렇다. 행성이 태양 주변을 원 궤도로 돌고 태양이 그 원의 중심에 있다면 행성과 태양의 거리는 언제나 똑같다. 반면 행성이 타원 궤도를 돌면 행성과 태양의 거리는 계속 달라진다. 물론 원 궤도에서도 태양이 원의 중심에서 벗어나 있으면 행성과 태양의 거리는 계속 달라진다. 타원 궤도에서 행성이 태양에 가장 가까워지는 지점을 근일점, 가장 먼 지점을 원일점이라고 한다.

태양 주위를 도는 행성만 타원 궤도인 것은 아니다. 지구 주위를 도는 달과 인공위성도 모두 타원 궤도를 돈다. 태양과 행성, 행성과 위성 사이에 보편적으로 타원 궤도가 나오는 이유는 훗날 뉴턴이 발견한 만유인력의 법칙*으로 설명할 수 있다. 달도 지구 주위를 타원 궤도로 돌기 때문에 지구에 가까워지기도 하고 멀어지기도 한다. 달이 지구에 가장 가까워질 때의 달, 특히 보름달일 때를 '슈퍼문'이라고 부른다. 슈퍼문은 보통 때의 보름달보다 약 7% 더 크고 15% 더 밝다.

＊ 신봉: 사상이나 학설, 교리 따위를 옳다고 믿고 받듦.

＊ 행성: 중심 별의 강한 인력의 영향으로 타원 궤도를 그리며 중심 별의 주위를 도는 천체.

＊ 궤도: 행성, 혜성, 인공위성 따위가 중력의 영향을 받아 다른 천체의 둘레를 돌면서 그리는 곡선의 길.

＊ 만유인력의 법칙: 우주상의 모든 물체 사이에는 서로 끌어당기는 힘이 작용하고, 그 크기는 두 물체의 질량의 곱에 비례하며 두 물체 사이의 거리의 제곱에 반비례한다는 법칙.

어휘 활용

1 다음 문장의 빈칸에 들어갈 알맞은 단어를 〈보기〉에서 찾아 쓰시오.

> ┌ 보기 ┐
> • 보편적: 모든 것에 두루 미치거나 통하는 것.
> • 신봉: 사상이나 학설, 교리 따위를 옳다고 믿고 받듦.
> • 회전: 한 점이나 축 또는 어떤 물체를 중심으로 하여 그 둘레를 빙빙 돎.
> • 관측: 육안이나 기계로 자연 현상 특히 천체나 기상의 상태, 추이, 변화 따위를 관찰하여 측정하는 일.
> • 신비: 일이나 현상 따위가 사람의 힘이나 지혜 또는 보통의 이론이나 상식으로는 도저히 이해할 수 없을 만큼 신기하고 묘함.

(1) 그녀의 눈동자는 (   )한 초록색이다.

(2) 오늘 밤에 별의 움직임을 (   )해 보자.

(3) 이것은 모두에게 (   )이고 예외 없는 규칙이다.

(4) 그녀의 그 이론에 대한 (   )은 마치 신앙과도 같았다.

(5) 원자핵을 축으로 하는 전자들의 (   )은 일정한 궤도를 그린다.

어휘 의미

2 다음은 윗글에 제시된 주요 개념어의 사전적 의미를 정리한 것이다. 빈칸에 들어갈 알맞은 단어를 쓰시오.

(1) 궤도: 행성, 혜성, 인공위성 따위가 (   )의 영향을 받아 다른 천체의 둘레를 돌면서 그리는 곡선의 길.

　　㉔ 인공위성을 지구의 궤도 위로 쏘아 올렸다.

(2) (   ): 한 천체(天體)가 다른 천체의 둘레를 주기적으로 도는 일.

　　㉔ 지구는 태양의 주위를 (   )한다.

(3) 행성: 중심 별의 강한 (   )의 영향으로 타원 궤도를 그리며 중심 별의 주위를 도는 천체.

　　㉔ 태양계에는 수성, 금성, 지구, 화성 등의 행성이 있다.

서술형 **중심 화제**

1 윗글의 중심 화제는 무엇인지 쓰시오.

```
(                                                            )
```

문단 정리

2 윗글을 읽고 각 문단의 중심 내용을 다음과 같이 정리할 때, 빈칸에 들어갈 알맞은 말을 쓰시오.

1문단	케플러는 수년에 걸쳐 브라헤의 관측 데이터를 분석해서 얻은 결과를 토대로 케플러의 ( ) 법칙을 발견하였다.
2문단	케플러의 제1법칙은 타원 궤도의 법칙으로, 이는 태양 주위를 도는 행성의 궤도가 원이 아니라 ( )이라는 것이다.
3문단	행성이 타원 궤도를 돌면 행성과 태양의 ( )는 계속 달라진다.
4문단	태양 주위를 도는 행성뿐만이 아니라, 지구 주위를 도는 달과 인공위성도 모두 ( )를 돈다.

내용 구조

3 다음은 케플러의 제1법칙에 대해 정리한 것이다. 빈칸에 들어갈 알맞은 말을 쓰시오.

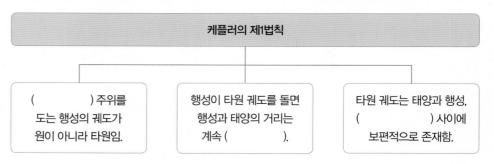

케플러의 제1법칙

( ) 주위를 도는 행성의 궤도가 원이 아니라 타원임.

행성이 타원 궤도를 돌면 행성과 태양의 거리는 계속 ( ).

타원 궤도는 태양과 행성, ( ) 사이에 보편적으로 존재함.

STEP
Ⅲ

수능형 세부 정보의 파악

1 윗글의 내용과 일치하지 <u>않는</u> 것은?

① 원은 타원의 두 초점 사이의 거리가 0인 경우이다.

② 만유인력의 법칙에 의해 케플러 제1법칙의 정당성이 입증되었다.

③ 슈퍼문은 달이 지구 주위를 타원 궤도로 공전하기 때문에 나타난다.

④ 행성이 타원 궤도를 도는 경우, 행성과 태양과의 거리는 계속 달라진다.

⑤ 지구의 공전 궤도는 태양과 다른 초점과의 거리의 합이 두 초점 거리보다 큰 타원 궤도이다.

수능형 다른 상황에 적용

2 윗글을 참고하여 〈보기〉를 이해한 내용으로 적절하지 <u>않은</u> 것은?

보기

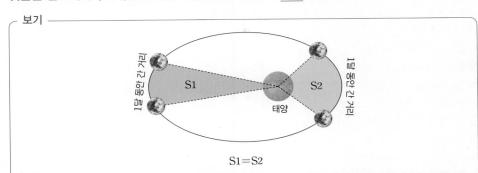

S1 = S2

　　케플러는 관측 자료를 면밀히 검토한 끝에 '면적 속도 일정의 법칙'을 발견하게 됐다. 즉, 케플러의 제2법칙인 '태양과 태양 둘레를 도는 행성을 연결하는 가상선은 동일한 시간에 동일한 면적을 휩쓸고 지나간다.'가 탄생한 것이다.

① S1에서의 행성의 운동 거리는 S2보다 짧겠군.

② S1에서의 행성의 운동 속도보다 S2에서의 운동 속도가 더 빠르겠군.

③ 행성과 태양 간의 거리가 행성의 운동 속도와 관련이 있는 것이겠군.

④ '면적 속도 일정의 법칙'이 성립하려면 행성의 공전 궤도는 타원 궤도여야 하겠군.

⑤ 동일 시간에 행성과 태양을 연결한 가상선이 움직인 면적은 행성과 태양 간의 거리에 반비례하겠군.

👁 지문으로 분석하는 시각 자료　**면적 속도 일정의 법칙**

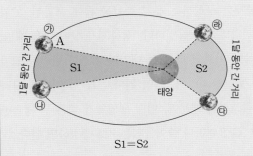

S1 = S2

　　케플러의 '면적 속도 일정의 법칙'은 태양 둘레를 도는 행성과 태양을 연결한 가상선이 일정한 시간에 휩쓸고 지나가는 면적은 일정하다는 법칙이다. 태양과 태양 둘레를 도는 행성을 연결하는 가상선이 일정 시간 동안 타원 궤도면을 휩쓸고 지나가는 면적을 면적 속도라고 하는데, 태양을 초점으로 타원 궤도상을 운동하는 행성의 면적 속도가 행성의 위치와 관계없이 항상 일정하다는 의미이다.

　　제시된 그림에서 보면 태양을 중심으로 움직이는 행성 A는 같은 시간 동안 ㉮에서 ㉯로 이동하고 ㉰에서 ㉱로 이동했을 때, 각각의 면적을 S1과 S2라고 한다면 S1 = S2이며 그 값은 일정하다. 또한, 행성이 ㉮에서 ㉯로 이동할 때의 속도를 v1이라 하고 ㉰에서 ㉱로 이동할 때의 속도를 v2라고 한다면, v1 〈 v2로 태양에 가까울 때 행성이 더 빠르게 움직인다는 것을 알 수 있다.

탄소의 순환

지구상에 존재하는 모든 생물은 탄소를 기본으로 하는 유기물*이므로 반드시 탄소를 가지고 있게 마련이다. 원자의 특성은 원자핵 속의 양성자 수에 의해 결정되므로 양성자가 6개인 탄소의 원자 번호는 6번이다. 한편 양성자 수와 중성자 수를 합한 수를 질량수라고 하는데, 탄소는 그림처럼 6개의 양성자와 같은 개수의 중성자, 그리고 역시 같은 수의 전자로 이루어지므로, 탄소의 질량수는 12다. 질량수 12인 탄소는 ^{12}C라고 표기한다. 그런데 간혹 6개의 양성자와 8개의 중성자를 가진 ^{14}C가 존재한다. ^{14}C는 탄소라는 성질은 같지만 ^{12}C보다 좀 무겁고 질량수가 다르다. 이처럼 원자핵 속의 양성자 수는 같으나 중성자 수가 서로 다른 탄소 원자들을 동위 원소라고 한다.

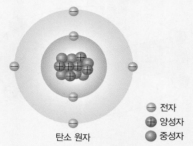

전자
양성자
중성자

탄소 원자

^{14}C는 주로 양성자로 이루어진 우주의 입자*들이 지구로 쏟아지는 과정에서 지구 대기의 70%나 되는 질소(N)와 부딪치며 만들어진다. 질소는 원자 번호 7번으로, 양성자 7개와 중성자 7개로 이루어진 질량수 14의 원소다. 이러한 질소가 빠르게 움직이는 양성자 입자와 부딪치면 질소 원자핵 속의 양성자 하나가 떨어져 나가고, 우주에서 온 양성자 입자는 질소의 전자와 짝을 이루어 중성자가 된다. 즉 질소 원자의 양성자는 하나 줄고, 중성자는 하나 늘어나게 된다. 그러면 원자 번호 7번에 질량수 14였던 질소는 원자 번호는 6번이 되지만, 중성자가 8개라서 질량수는 여전히 14를 유지한다. 이제 원자 번호가 6번이 된 이 원소는 더 이상 질소가 아니라 '탄소'로 변한 것이다. 그런데 ^{14}C는 불안정한 원소다. 안정적인 원소는 양성자의 수와 중성자의 수가 동일하게 구성되어 있기 때문이다. 따라서 ^{14}C의 중성자는 다시 양성자와 전자로 쪼개지며 ^{14}N으로 변하려는 성질을 띠게 된다.

[A]

동위 원소들 중에는 핵분열을 통해 다른 종류의 원자핵으로 변하는 것들이 있는데, 이런 성질을 가진 동위 원소를 가리켜 '방사성* 동위 원소'라고 한다. 실제로 탄소의 동위 원소인 ^{14}C도 핵분열을 통해 ^{14}N으로 변모한다. 또 동위 원소의 양이 반으로 붕괴되는 데 필요한 시간인 '반감기'는 방사성 동위 원소의 종류에 따라 일정하여 연대*를 추정할* 때 활용된다. ^{14}C의 반감기는 약 5,730년이다.

식물은 대기 중의 이산화 탄소(CO_2)에서 탄소를 뽑아내 체내에 축적하고, 동물은 식물을 섭취하여 몸을 구성한다. 그래서 생물체를 구성하는 유기 화합물 속에 포함된 ^{14}C와 ^{12}C의 비율은 대기 중의 ^{14}C와 ^{12}C의 비율인 '1:1조'와 동일하다. 생물체가 살아 있을 때 일정하게 유지되던 이 비율은 동식물이 죽음에 이르면 더 이상 대기와 이산화 탄소를 교환할 수 없으므로 유해에 남아 있는 ^{14}C는 계속 붕괴하여 ^{14}N이 된다. 시간이 지남에 따라 ^{12}C에 대한 ^{14}C의 비율은 대기 중에 비해 감소하기 때문에, 어떤 생명체가 죽은 뒤 경과한 시간을 알아보기 위해서는 체내에 포함된 ^{14}C가 얼마나 줄어들었는지를 측정하면 된다.

* 유기물: 탄소의 산화물이나 금속의 탄산염 따위를 제외한 모든 탄소 화합물을 통틀어 이르는 말.
* 입자: 물질을 구성하는 미세한 크기의 물체.
* 방사성: 물질이 방사능을 가진 성질.
* 연대: 지나간 시간을 일정한 햇수로 나눈 것.
* 추정할: 미루어 생각하여 판정할.

STEP
Ⅰ

어휘 의미

1 다음 내용이 맞으면 ○, 틀리면 ×표를 하시오.

(1) '몸의 내부'를 '체내'라고 한다.   (   )

(2) '같은 지위나 등급'을 '동의'라고 한다.   (   )

(3) '미루어 생각하여 판정함.'을 '추정'이라고 한다.   (   )

(4) '주검을 태우고 남은 뼈. 또는 무덤 속에서 나온 뼈'를 '잔해'라고 한다.   (   )

(5) '지식, 경험, 자금 따위를 모아서 쌓음. 또는 모아서 쌓은 것'을 '축적'이라고 한다.

(   )

어휘 의미

2 다음은 윗글에 제시된 주요 개념어의 사전적 의미를 정리한 것이다. 빈칸에 들어갈 알맞은 단어를 쓰시오.

(1) (   ): 원자의 중심부를 이루는 입자. 양자와 중성자가 강한 핵력으로 결합한 것으로 원자의 대부분을 차지하며 양(陽)의 전하를 갖는다.

   예 (   ) 속에는 막대한 에너지가 축적되어 있다.

(2) 양성자: 중성자와 함께 원자핵의 구성 요소가 되는 소립자의 하나. 원자핵 내의 양성자의 수는 그 원자의 (   )를 나타낸다.

   예 원자의 구성 성분인 핵은 양성자와 중성자로 쪼개진다.

(3) (   ): 수소를 제외한 모든 원자핵을 이루는 구성 입자. 전기적으로 중성이며, 양성자와 함께 원자핵을 구성하여 핵자(核子)라고 불린다.

   예 (   )의 질량은 양성자의 질량보다 조금 무겁다.

STEP
Ⅱ

서술형 중심 화제

1 윗글의 중심 내용을 쓰시오.

(   )

문단 정리

2 윗글을 읽고 각 문단의 중심 내용을 다음과 같이 정리할 때, 빈칸에 들어갈 알맞은 말을 쓰시오.

1문단	탄소는 6개의 양성자와 6개의 중성자, 6개의 전자로 이루어져 있으며, 탄소와 동위 원소인 ^{14}C는 (　　　　　)개의 양성자와 8개의 중성자를 가지고 있다.
2문단	^{14}C는 주로 양성자로 이루어진 우주의 입자들이 지구로 쏟아지는 과정에서 지구 대기의 70%나 되는 (　　　　　)와 부딪치며 만들어진다.
3문단	동위 원소의 양이 반으로 붕괴되는 데 필요한 시간인 반감기는 방사성 동위 원소의 종류에 따라 일정하여, (　　　　　)를 추정할 때 활용된다.
4문단	어떤 생명체가 죽은 뒤 시간이 얼마나 경과했는지를 알아보기 위해서는 체내에 포함된 (　　　　　)가 얼마나 줄어들었는지를 측정하면 된다.

내용 구조

3 다음은 대기 중의 질소가 ^{14}C로 변하는 과정을 정리한 것이다. 빈칸에 들어갈 알맞은 말을 쓰시오.

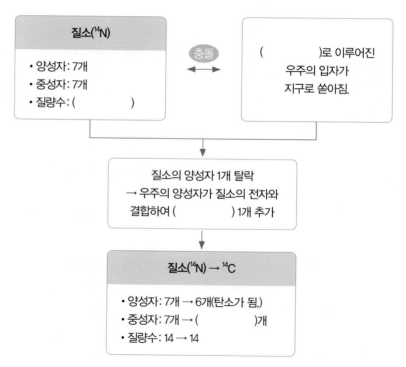

STEP III

수능형 | 세부 정보의 파악

1 윗글의 내용과 일치하지 <u>않는</u> 것은?

① 대기 중에는 ^{12}C가 ^{14}C보다 훨씬 많이 포함되어 있다.

② ^{12}C에 비해 ^{14}C는 양성자 1개, 중성자 1개가 더 많다.

③ ^{14}N이 양성자 1개를 잃고, 중성자 1개를 얻으면 ^{14}C가 된다.

④ 양성자와 중성자의 수가 다른 ^{14}C에 비해 ^{14}N이 더 안정적인 원소이다.

⑤ ^{14}C가 핵분열을 일으켜 중성자 하나가 양성자와 전자로 쪼개지면 ^{14}N이 된다.

2 [A]를 참고하여 〈보기〉에 대해 이해한 반응으로 가장 적절한 것은?

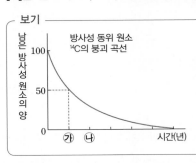

보기

남은 방사성 원소의 양

방사성 동위 원소 ^{14}C의 붕괴 곡선

왼쪽의 그래프는 방사성 연대 측정법을 활용하여 A라는 생명체의 화석에서 측정한 방사성 동위 원소의 붕괴를 나타낸 곡선이다. 이를 이용하면 생명체들이 어느 시대에 살았는지를 예측할 수 있다.

① ㉮에서 화석 내부의 ^{14}C의 양은 자연 상태와 동일하겠군.

② ㉮에 이르기까지 A는 대기와 꾸준히 이산화 탄소를 교환했겠군.

③ ㉯에서 화석 속에 들어 있는 ^{14}C의 양은 ㉮의 4분의 1 수준이겠군.

④ ㉯가 나타내는 시간은 ^{14}C의 반감기의 두 배인 11,460년이겠군.

⑤ ㉮와 ㉯에서 모두 화석의 ^{14}C와 ^{12}C의 비율은 1:1조로 동일하겠군.

◎ 지문으로 분석하는 시각 자료 **탄소 원자**

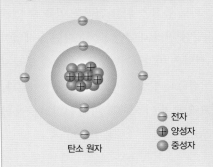

전자
양성자
중성자

탄소 원자

탄소(C)는 모든 생명체의 구성 원소로, 인체 무게의 약 18.5%를 차지하는데, 이는 산소 다음으로 많은 것이다. 미토콘드리아나 리보솜 같은 세포 기관은 물론, 필수 에너지인 단백질, 탄수화물 또한 탄소 화합물로 이루어져 있다.

양성자가 6개인 탄소의 원자 번호는 6번이다. 그리고 양성자 수와 중성자 수를 합한 수를 질량수라고 하는데, 탄소는 그림처럼 6개의 양성자와 6개의 중성자, 6개의 전자로 이루어져 있으므로, 탄소의 질량수는 12다. 질량수 12인 탄소는 ^{12}C라고 표기한다. 그런데 간혹 6개의 양성자와 8개의 중성자를 가진 ^{14}C가 존재한다. ^{14}C는 탄소라는 성질은 같지만 ^{12}C보다 좀 무겁고 질량수가 다르다. 이처럼 원자핵 속의 양성자 수는 같으나 중성자 수가 서로 다른 탄소 원자들을 동위 원소라고 한다. 대기 중에 존재하는 탄소의 99%가 ^{12}C, 1%가 ^{13}C로 존재하는데, 전체 탄소 중 1/1조만이 ^{14}C의 형태로 존재한다.

버스 카드는 어떤 원리로 작동할까?

* **자화**: 자기장 안의 물체가 자기를 띠는 현상.
* **단말기**: 중앙에 있는 컴퓨터와 통신망으로 연결되어 데이터를 입력하거나 처리 결과를 출력하는 장치.
* **반도체**: 상온에서 전기 전도율이 도체와 절연체의 중간 정도인 물질.
* **자력선**: 자기장의 크기와 방향을 나타내는 선.
* **전자**: 전기와 자기를 아울러 이르는 말.
* **도선**: 전기의 양극을 이어 전류를 통하게 하는 쇠붙이 줄.
* **자기장**: 자석의 주위, 전류의 주위, 지구의 표면 따위와 같이 자기의 작용이 미치는 공간.
* **전압**: 전기장이나 도체 안에 있는 두 점 사이의 전기적인 위치 에너지 차.

일반적인 마그네틱 카드와 달리 버스 카드에는 검은색 띠가 없다. 마그네틱 카드에 있는 검은 띠는 일종의 자석으로, 자화*가 어떤 방향으로 이루어졌는가를 읽어 들여 정보를 확인할 수 있다. 반면 버스 카드는 ⓐ일정 금액을 미리 내고 카드에 충전한 후 버스를 이용할 때마다 버스 내에 설치된 단말기*에서 선불된 버스 이용 금액을 차감시켜 나가는 방식으로 작동한다. 여기에는 전파를 이용해 카드 내부의 IC칩과 단말기 간에 교신이 이뤄지도록 하는 RFID 기술이 적용되어 있다.

버스 카드 내에는 작고 얇은 반도체* 칩이 들어 있다. 이 칩은 첫째로 금액 관리 역할을 한다. 충전을 통해 일정 금액에 대한 정보를 저장하고 버스를 이용할 때마다 저장된 정보의 내용을 계속해서 변화시키는 것이다. 둘째로 정보 전송 역할을 한다. 버스에 설치된 단말기 근처에 카드를 가져다 대면 단말기는 버스 카드 안의 반도체 칩이 보내오는 정보를 읽어 버스 요금을 차감한 후 그 결괏값을 다시 카드 칩에 보낸다. 그러면 카드 내부의 칩은 기존 요금 정보를 버리고 새로 차감된 요금 정보로 바꾸어 저장하게 된다.

반도체 칩을 동작시키고 전파를 통해 정보를 주고받기 위해 버스 카드와 카드 단말기는 전자기 유도 현상을 활용한다. 철심에 코일을 감고 코일의 양쪽 끝을 전류계에 연결한 뒤, 자석을 코일 쪽으로 움직이면 자석에서 나오는 자력선*은 코일과 교차하게 되고, 자력선의 움직임은 전자*를 이동시켜 코일에 전자를 흐르게 한다. 이렇게 코일이나 도선 주위의 자기장이 변화할 때 코일이나 도선*에 전류가 발생하는 현상을 전자기 유도 현상이라 한다.

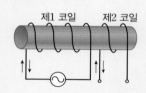

하나의 코일에 교류 전압 등을 연결하여 자기장*의 크기를 계속해서 변화시켜 준다면 마찬가지로 근접한 다른 코일에 전기를 발생시킬 수 있다. 전기적으로 각각 분리된 제1 코일과 제2 코일을 근접시킨 후 제1 코일에만 교류 전압*이 흐르게 할 경우, 교류는 시간에 따라 전압이 계속해서 변하므로 제1 코일 주위에는 시간에 따라 변화하는 자기장이 생기게 된다. 이렇게 되면 제2 코일에도 이 자기장의 영향이 미쳐 유도 전류가 발생하게 된다.

버스 카드는 바로 이와 같은 원리를 이용하여 작동하게 된다. ㉠버스 내부에 설치된 단말기에서는 변화 자기장을 계속해서 발생시키고, ㉡버스 카드에는 미세한 코일이 내장되어 있어 단말기 가까이 가져가면 코일에 유도 전류가 발생하고 회로 동작을 위한 전력을 얻을 수 있게 된다. 즉, 버스 카드와 단말기는 서로 떨어져 있지만 적당한 거리 내에만 들어온다면 문제없이 서로 정보 통신이 가능하다는 것이다. 이때 발생하는 전력은 미약하지만 반도체 칩을 동작시키기에는 충분한 양이다. 이와 같은 RFID를 이용한 비접촉식 방식은 버스 카드뿐만 아니라, 신분증 등에도 이용되어 출퇴근의 관리 용도로 사용되고 있으며 이 외에도 여러 분야로 응용되어 유용하게 사용되고 있다.

STEP I

어휘 의미

1 다음 뜻풀이에 해당하는 단어를 〈보기〉에서 찾아 쓰시오.

┌─ 보기 ───┐
│   충전하다   차감하다   저장하다   교차하다   충분하다   │
└───┘

(1) 비교하여 덜어 내다. (   )

(2) 모자람이 없이 넉넉하다. (   )

(3) 서로 엇갈리거나 마주치다. (   )

(4) 물건이나 재화 따위를 모아서 간수하다. (   )

(5) 교통 카드 따위의 결제 수단을 사용할 수 있게 돈이나 그것에 해당하는 것을 채우다.

(   )

어휘 활용

2 윗글의 ⓐ와 의미가 통하는 것을 고르시오.

① 미납   ② 미수   ③ 선불   ④ 지불   ⑤ 후불

STEP II

서술형 중심 화제

1 윗글의 중심 내용을 쓰시오.

┌───┐
│ (   ) │
└───┘

문단 정리

2 윗글을 읽고 각 문단의 중심 내용을 다음과 같이 정리할 때, 빈칸에 들어갈 알맞은 말을 쓰시오.

1문단	버스 카드와 버스 카드 단말기에는 RFID 기술이 적용되어 있다.
2문단	버스 카드 내의 반도체 칩은 ( ) 관리 역할, 정보 전송 역할을 하며 버스 카드 단말기와 정보를 교환한다.
3문단	버스 카드와 버스 카드 단말기가 정보를 주고받게 하기 위해서 ( ) 현상을 활용한다.
4문단	제1 코일에만 교류 전압을 흐르게 하여 자기장이 생기면, 제2 코일에 ( )가 발생한다.
5문단	버스 카드와 버스 카드 단말기는 전자기 유도 현상에 따른 유도 전류 발생의 원리를 활용한 RFID 기술이 적용되며, RFID 기술은 여러 분야에서 유용하게 사용되고 있다.

내용 구조

3 다음 구조도의 빈칸에 알맞은 말을 써넣어, 윗글의 내용을 정리하시오.

전자기 유도 현상

• 개념: 코일이나 도선 주위의 자기장이 변화할 때, 코일이나 도선에 전류가 발생하는 현상
• 과정: 철심에 코일을 감고 코일의 양쪽 끝을 전류계에 연결함. → 자석을 코일 쪽으로 움직임. → 자석에서 나오는 자력선이 코일과 교차함. → 자력선의 움직임이 전자를 이동시킴. → 코일에 전자를 흐르게 함.

+

유도 전류 발생 원리

• 제1 코일에 교류 전압이 흐르게 하면 자기장이 생김.
• 자기장의 영향이 미쳐 제2 코일에 유도 전류가 발생함.

→ (원리 이용) →

버스 카드 단말기와 버스 카드

• 버스 카드 단말기: 변화 (   )을 계속 발생시킴.
• 버스 카드: 단말기 가까이 가져가면 내장된 미세한 코일에 유도 전류가 발생하고 (   )을 얻음.

↓

RFID 기술

버스 카드를 버스 카드 단말기 근처에 댐. → 버스 카드 단말기는 버스 카드의 요금을 차감한 후 결괏값을 버스 카드 칩으로 보냄. → 버스 카드 칩은 차감된 요금 정보로 바꾸어 저장함.

↓

RFID 기술의 활용

(   )에 사용되어 출퇴근 관리용으로 활용됨.

STEP **Ⅲ**

수능형 세부 정보의 파악

1 윗글을 통해 알 수 있는 내용으로 가장 적절한 것은?

① 버스 카드에는 자석 역할을 하는 검은 띠가 부착되어 있다.

② 일반적인 마그네틱 카드에는 버스 카드와 달리 반도체 칩이 내장되어 있다.

③ 출퇴근 관리 용도의 신분증에도 RFID를 이용한 접촉식 방식이 적용되어 있다.

④ RFID는 자석을 이용하여 코일이나 도선 주위의 자기장 변화를 차단하는 기술이다.

⑤ 버스에 설치된 단말기에는 선불된 금액에서 이용 금액을 차감하는 계산 장치가 있다.

96 필독 중학 국어 비문학 독해 2

2 윗글의 내용을 참고할 때, ㉠과 ㉡에 대한 설명으로 적절하지 <u>않은</u> 것은?

① ㉠의 주위에는 시간에 따라 변화하는 자기장이 생기게 되겠군.

② ㉡의 내부에는 미세한 코일이 내장되어 유도 전류가 발생되겠군.

③ ㉠과 ㉡이 멀리 떨어지면 서로 정보를 주고받을 수 없겠군.

④ ㉠과 ㉡의 정상 작동을 위해서 ㉡에 교류 전압이 흐르게 해야겠군.

⑤ ㉡은 ㉠에서 수정된 정보를 받아 기존 정보와 바꾸어 저장하겠군.

📖 지문으로 엮어 읽는 배경지식 **버스 카드에 건전지가 없는 이유**

버스 카드 내에 있는 반도체 칩을 작동시키고 전파를 통해 정보를 주고받기 위해서는 전기를 사용해야 한다. 하지만, 버스 카드 내부에는 건전지가 없다. 버스 카드 충전이란 반도체 칩 내부의 금액과 관련된 정보를 변경시키는 것이지 전기를 충전시키는 것은 아니기 때문이다. 그렇다면, 버스 카드가 건전지 없이 전기적으로 작동할 수 있는 원리는 무엇일까?

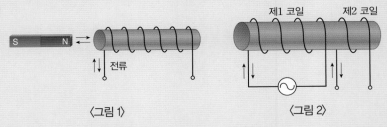

〈그림 1〉   〈그림 2〉

〈그림 1〉은 버스 카드 내에 있는 반도체 칩을 동작시키고 전파를 통해 정보를 주고받기 위해 버스 카드와 버스 카드 단말기가 활용하는 전자기 유도 현상을 만드는 원리를 표현한 것이다. 〈그림 2〉는 버스 카드와 버스 카드 단말기 사이에서 유도 전류가 발생하여, 회로 동작을 위한 전력을 얻을 수 있는 원리를 표현한 것이다.

이러한 원리를 활용해 버스 카드 내부에는 버스 카드 단말기에서 나오는 전기적 신호를 받아들여 필요한 전류를 만들어 낼 수 있는 시스템을 갖추고 있다. 이를 통해 버스 카드가 버스 카드 단말기와 가까워지게 되면 버스 카드 내부에 설치된 코일에서 전력이 발생하여 건전지가 있는 것과 같은 효과를 얻게 되는 것이다.

인조 오팔에 적용된 나노 기술

필독 TIP

어휘 ★★
문장 ★★★
배경지식 ★★★

이 글은 나노 구조를 지닌 광물인 오팔의 특징과 오팔의 구조를 모방한 기술에 관해 설명하고 있다. 오팔의 나노 구조로 인해 오팔이 어떠한 빛깔을 띠게 되는지 파악하며 읽도록 한다.

오팔은 자연석으로 채광*되는 광물로서 여러 가지 색이 은은하게 섞여 있는 보석이다. 오팔은 보는 방향에 따라 영롱한 색깔이 다르게 보이며, 또한 물에 젖지 않는 특징을 가지고 있다. 오팔에 무지개색이 섞여 있고 방향에 따라 색이 다르게 변하는 이유는 오팔의 내부가 나노* 소재의 특징적인 구조여서 구조색*을 띠기 때문이다.

자연산 오팔의 표면을 전자 현미경으로 관찰하면 특이한 나노 구조가 관찰된다. 즉 표면에 작은 공 모양들이 규칙적으로 잘 배열된 구역이 섞여 있는 것이다. 마치 벼 수확이 끝난 들판에 인접한 논들의 밭고랑이 다르게 배열된 것과 같은 모습이다. 흥미로운 사실은 겉으로 보이는 색에 따라서 나노 구조의 규칙적으로 배열된 크기와 방향이 다르다는 점이다.

오팔의 표면을 더욱 확대시키면, 지름이 수십 나노미터인 작은 공이 밀집된 판이 여러 층으로 중첩*되어 있다. 둥근 나노 공은 이산화 규소인데, 이것 자체는 유리처럼 투명한 물질이다. 그러나 노란색과 연두색 부분을 비교해 보면, 이산화 규소 공의 직경*이 각각 약 300나노미터와 약 250나노미터로 차이가 있다. 오팔이 여러 색을 띠는 이유는, 나노미터 크기의 이산화 규소 공의 크기와 배열에 따라 다른 색은 흩어지고 일정한 색만을 반사시키기 때문이다.

나노 소재를 연구하는 과학자들은 오팔의 나노 구조를 모방해서 인조 오팔을 만드는 방법을 알아냈다. 그것은 무색인 라텍스 볼을 오팔처럼 배열시키는 것이다. 미국의 한 연구소에서 지름이 270나노미터인 라텍스 볼을 사용해 사각형으로 밀집시킨 층을 여러 개 쌓아서 초록색과 주홍빛을 내는 인조 오팔을 만들었다.

인위적으로 구조색을 모방하기 위해 오팔처럼 무색인 물질을 나노 입자로 만들어서 치밀하게 코팅하는 기술도 있다. 나노미터 크기의 이산화 규소 입자를 오팔과 반대로 배열하는 것이다. 즉 직경이 40나노미터인 이산화 규소 나노 분말을 유리판에 코팅하되, 육각형으로 배열된 빈 공간을 275나노미터, 320나노미터, 400나노미터로 만들어서 각각 파랑, 초록 및 주황색을 띠도록 하는 데 성공했다. 이렇게 만든 역오팔 구조를 갖는 표면은 나노 돌기로 덮인 셈이다. 즉 물에 젖지 않으며 영롱한 색을 띠는 천연 오팔을 인위적으로 모방한 것이다. 이런 기술은 자동차 페인트뿐만 아니라 자동차 바퀴 휠, 케첩 등을 담는 플라스틱 병의 코팅에도 쓰인다.

＊ **채광**: 광석을 캐냄.

＊ **나노**: 국제단위계에서 10억분의 1을 나타내는 분수.

＊ **구조색**: 투명한 물질들의 주기적인 구조에 의해 반사와 간섭을 거치면서 만들어지는 색. 외부에서 들어오는 빛과 보는 각도에 따라 색이 달라진다.

＊ **중첩**: 거듭 겹치거나 포개어짐.

＊ **직경**: 원이나 구 따위에서, 중심을 지나는 직선으로 그 둘레 위의 두 점을 이은 선분. 또는 그 선분의 길이.

STEP
I

어휘 의미

1 다음에 제시된 단어의 사전적 의미를 찾아 바르게 연결하시오.

(1) 수확   •

(2) 인조   •

(3) 밀집   •

(4) 채광   •

(5) 분말   •

(6) 인접   •

• ㉠ 광석을 캐냄.

• ㉡ 빈틈없이 빽빽하게 모임.

• ㉢ 익은 농작물을 거두어들임.

• ㉣ 사람이 만듦. 또는 그런 물건.

• ㉤ 이웃하여 있음. 또는 옆에 닿아 있음.

• ㉥ 딱딱한 물건을 보드라울 정도로 잘게 부수거나 갈아서 만든 것.

어휘 활용

2 다음 문장의 빈칸에 들어갈 알맞은 단어를 제시된 초성자를 참고하여 쓰시오.

(1) 남의 작품을 ㅁㅂ해서는 안 된다. (   )

(2) 거울에 빛이 ㅂㅅ되어 눈을 뜰 수가 없다. (   )

(3) 벽 아래에 ㅈㄱ 20cm 크기의 개구멍이 있었다. (   )

(4) 소의 등 위에 무거운 짐을 ㅈㅊ하여 실으면 안 된다. (   )

(5) 어디선가 무지개처럼 ㅇㄹ한 빛이 들어오기 시작했다. (   )

STEP
II

서술형 중심 화제

1 윗글의 중심 내용을 쓰시오.

(   )

문단 정리

2 윗글을 읽고 각 문단의 중심 내용을 다음과 같이 정리할 때, 빈칸에 들어갈 알맞은 말을 쓰시오.

1문단	오팔의 내부는 ( ) 소재의 특징적인 구조여서 구조색을 띤다.
2문단	자연산 오팔의 표면은 특이한 나노 구조가 관찰되는데, 겉으로 보이는 ( )에 따라서 규칙적으로 배열된 크기와 방향이 다르다.
3문단	오팔이 여러 색을 띠는 이유는 나노미터 크기의 이산화 규소 공의 크기와 배열에 따라 다른 색은 흩어지고 일정한 색만을 ( )시키기 때문이다.
4문단	나노 소재를 연구하는 과학자들은 오팔의 나노 구조를 모방해서 ( )을 만드는 방법을 알아냈다.
5문단	인위적으로 ( )을 만드는 기술은 자동차 페인트뿐만 아니라 자동차 바퀴 휠, 케첩 등을 담는 플라스틱 병의 코팅에도 쓰인다.

내용 구조

3 다음은 오팔의 구조를 모방한 기술과 그 활용 분야를 정리한 것이다. 빈칸에 들어갈 알맞은 말을 쓰시오.

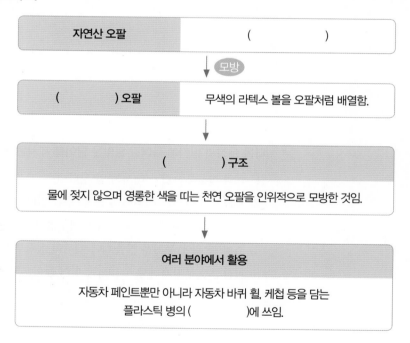

수능형 **세부 정보의 파악**

1 윗글을 읽고 대답할 수 있는 질문이 <u>아닌</u> 것은?

① 인조 오팔을 만드는 방법은 무엇인가?

② 오팔의 표면은 어떤 구조로 이루어져 있는가?

③ 천연 오팔을 인위적으로 모방하는 것의 한계는 무엇인가?

④ 오팔이 보는 방향에 따라 여러 가지 색깔로 보이는 이유는 무엇인가?

⑤ 오팔의 구조를 응용한 기술이 사용되는 영역에는 어떤 것들이 있는가?

수능형 다른 상황에 적용

2 윗글을 참고할 때, 〈보기〉의 밑줄 친 부분에 대한 답으로 가장 적절한 것은?

보기

　　남미에 서식하는 모르포 나비 수컷은 신비로운 푸른색의 날개를 지녔다. 학자들은 나비의 영롱한 푸른색 날개에 매료됐고, 이 날개에서 색을 뽑아 염료로 쓰려고 색 추출을 시도했다. 그런데 이들의 실험은 모두 실패하고 말았다. 모르포 나비의 날개 색이 사실은 푸른색이 아니었기 때문이다. 모르포 나비 날개가 아름다운 푸른색으로 보인 이유는 무엇일까? 그것은 모르포 나비 날개의 나노 구조 때문이다. 모르포 나비의 날개 표면을 확대해 보면, 나노미터 크기의 아주 작은 비늘들이 기와를 층층이 얹어놓은 듯 규칙적으로 배열되어 있다.

① 모르포 나비의 날개는 물에 젖지 않아 푸른색은 흩어지기 때문이다.

② 모르포 나비의 날개에 있는 나노 구조가 푸른색만을 반사시키기 때문이다.

③ 모르포 나비의 날개에서 보이는 색깔이 역오팔 구조와 동일하기 때문이다.

④ 모르포 나비의 날개가 푸른빛으로 보이지만 사실은 무색의 물질로 이루어졌기 때문이다.

⑤ 모르포 나비의 날개는 입자가 수십 나노미터인 작은 공이 불규칙적으로 배열되어 있기 때문이다.

📖 지문으로 엮어 읽는 배경지식　**모르포 나비의 푸른색 날개**

▲ 모르포 나비(좌)와 구조색을 가져 날개 면의 굴곡에 따라 다른 빛을 반사하는 모르포 나비 날개의 비늘 조각들(우)

　　대부분 중남미에서 발견되는 모르포 나비는 나비의 날개 색이 각도에 따라 현란하게 바뀌는 현상으로 유명한데, 'Morpho'라는 이름이 그리스어로 '반사된다'는 뜻이기도 하다. 그러나 모르포 나비의 날개는 실제로는 푸른색 색소를 가지고 있지 않다. 모르포 나비 날개를 전자 현미경으로 관찰하면, 큐티클과 비슷한 비늘 조각들이 층층이 겹쳐져 있는 것을 발견할 수 있는데, 이러한 표면 구조가 푸른색 빛만 반사하기 때문이다. 이처럼 물체의 구조로 인해 색이 나타나는 것을 '구조색'이라고 하며, 공작새의 화려한 꽁지깃도 이러한 구조색을 띠는 것 중의 하나라고 할 수 있다.

포석정에 숨은 과학 원리

필독 TIP

어휘 ★★
────────────
문장 ★★★
────────────
배경지식 ★★★

이 글은 포석정에 숨은 과학적 원리를 설명하고 있는 글이다. '와류'의 의미를 이해하고, 포석정의 물의 흐름에 영향을 끼치는 것에는 무엇이 있는지 파악하며 글을 읽도록 한다.

무거운 비행기는 어떤 원리에 의해 떠오를까? 왜 골프공의 표면은 울퉁불퉁하게 만들었을까? 왜 선박의 단면은 유선형*이어야 하는가? 이러한 물음에 대한 답은 의외로 간단하다. 앞에서 말한 모든 현상에는 유체 역학이라는 과학적 원리가 응용된다. 한마디로 유체 역학은 흐르는 액체나 기체의 움직임을 연구하는 학문으로 조선, 우주 항공 산업 등에 있어 아주 중요한 핵심 기술이다.

유체 역학의 원리를 가장 잘 활용한 고대의 유물 가운데 하나가 흔히 포석정으로 부르는 경주에 소재한 우리나라 사적 제1호인 포석정(포석정지)이다. 포석정은 측벽*이 다양한 크기의 석재 63개로 구성된 평균 높이 22cm 정도의 매우 안정적인 수로* 구조물이다. 돌로 만든 수로에 물을 흐르게 하고 잔을 띄워 유상곡수*를 하던 신라 시대의 정원 유적이다. 이 수로에 물이 흐르면 소용돌이 현상이 같은 장소에서 계속 일어난다. 물의 흐름에 반하는 소용돌이 현상을 와류라고 한다. 이러한 소용돌이 현상이 생기는 곳에서는 술잔이 회전하거나 머무르거나 갇히는 현상이 나타난다.

보통 수로를 설계할 때는 공학적으로 소용돌이 현상이 일어나지 않도록 설계하는 경우가 대부분이다. 이것은 소용돌이 현상이 일어나면, 물이 돌아 흘러가는 부분에서 벽에 충돌하여 에너지가 분산되어 효율이 떨어지기 때문이다. 배를 유선형으로 설계하는 것도 같은 이유이다. 그러나 포석정의 수로는 이와 반대로 소용돌이 현상이 발생하도록 만들었다. 한국 과학 기술원 장근식 교수의 모형실험과 컴퓨터 시뮬레이션 연구 결과에 따르면 포석정 수로는 특이한 설계 때문에 갖가지 물의 흐름이 만들어지고, 술잔을 띄웠을 때 잔이 회전하거나 머무르거나 갇히는 현상이 나타난다는 사실이 확인되었다.

포석정의 물이 흘러가는 경로는 매우 다양하기 때문에 서로 다른 위치에서 출발시킬 경우 술잔은 결코 같은 경로로 흘러가지 않는다. 술잔은 회돌이(굴곡) 구역에서 돌기도 하고 막혀서 갇힐 수도 있다. 게다가 신라인들은 수로 경사가 급격히 변하는 지점이나 굴곡이 있는 지점에 수로 폭을 확장하거나 내측 바닥면의 함몰을 조성하여 술잔의 전복을 방지하였다. 즉 포석정은 다양한 수로를 만들어 그 위에 술잔을 띄웠을 때 다양한 흐름과 위치의 변화를 만들어 내도록 설계되었다는 뜻이다.

중국과 일본에도 술잔을 물에 띄워 보내는 수로는 여러 개가 있다. 그러나 포석정의 것처럼 여러 사람이 둘러앉아 술을 마신 다음 잔을 채워 띄워 보내면 다음 사람의 자리 앞에 가서 빙빙 돌며 머무는 현상이 일어나지는 않는다고 한다. 이것으로 우리는 신라 사람들의 슬기와 지혜, 유체 역학 지식과 기술 능력을 가늠할* 수 있다. 오늘날 우리나라가 세계에 자랑할 만한 조선 강국으로 발전할 수 있었던 뿌리는 바로 포석정에 깃든 공학 기술의 지혜가 아닐까?

＊ **유선형**: 물이나 공기의 저항을 최소한으로 하기 위하여 앞부분을 곡선으로 만들고, 뒤쪽으로 갈수록 뾰족하게 한 형태.
＊ **측벽**: 구조물의 옆에 있는 벽.
＊ **수로**: 물이 흐르거나 물을 보내는 통로.
＊ **유상곡수**: 삼월 삼짇날, 굽이도는 물에 잔을 띄워 그 잔이 자기 앞에 오기 전에 시를 짓던 놀이.
＊ **가늠할**: 사물을 어림잡아 헤아릴.

STEP
Ⅰ

어휘 의미

1 다음 뜻풀이에 해당하는 단어를 〈보기〉에서 찾아 쓰시오.

보기

경사   전복   유적   선박   수로   함몰

(1) 물속이나 땅속에 빠짐. (   )

(2) 차나 배 따위가 뒤집힘. (   )

(3) 물이 흐르거나 물을 보내는 통로. (   )

(4) 비스듬히 기울어짐. 또는 그런 상태나 정도. (   )

(5) 사람이나 짐 따위를 싣고 물 위로 떠다니도록 나무나 쇠 따위로 만든 물건. (   )

(6) 남아 있는 자취. 건축물이나 싸움터 또는 역사적인 사건이 벌어졌던 곳이나 패총, 고분 따위를 이른다. (   )

어휘 활용

2 다음 문장에 공통으로 들어갈 알맞은 단어를 쓰시오.

(1) • 우리는 과학 지식을 실생활에 (   )한다.

  • 이번 전시회에서는 첨단 멀티미디어 기술을 출판에 (   )한 각종 제품들이 선보였다.

(2) • 정부는 위성 도시로 인구를 (   )시켰다.

  • 이번 전쟁에서 병력 (   )은 생각보다 신속하게 이루어졌다.

(3) • 그는 나이를 (   )하기가 어렵다.

  • 이 경기는 승패를 (   )하기 어려울 만큼 팽팽하게 진행되고 있다.

(4) • 이 자료가 어떤 (   )로 그에게 흘러갔는지 꼭 밝혀야 한다.

  • 블랙박스에 들어 있는 내용을 해독하면 비행기가 비행한 (   )를 알 수 있다.

STEP
Ⅱ

서술형 중심 화제

1 윗글의 중심 화제는 무엇인지 쓰시오.

(   )

문단 정리

2 윗글을 읽고 각 문단의 중심 내용을 다음과 같이 정리할 때, 빈칸에 들어갈 알맞은 말을 쓰시오.

1문단	유체 역학은 흐르는 ( )나 기체의 움직임을 연구하는 학문으로 조선, 우주 항공 산업 등에 있어 아주 중요한 핵심 기술이다
2문단	( )의 원리를 가장 잘 활용한 고대의 유물 가운데 하나가 경주에 소재한 우리나라 사적 제1호인 포석정이다.
3문단	포석정의 ( )는 특이한 설계 때문에 갖가지 물의 흐름이 만들어지고, 술잔을 띄웠을 때 잔이 회전하거나 머무르거나 갇히는 현상이 나타난다.
4문단	( )은 다양한 수로를 만들어 그 위에 술잔을 띄웠을 때 다양한 흐름과 위치의 변화를 만들어 내도록 설계되었다.
5문단	포석정으로 우리는 신라 사람들의 슬기와 지혜, 유체 역학 지식과 기술 능력을 가늠할 수 있다.

내용 구조

3 다음은 보통의 수로와 다른 포석정만의 특징을 정리한 것이다. 빈칸에 들어갈 알맞은 말을 쓰시오.

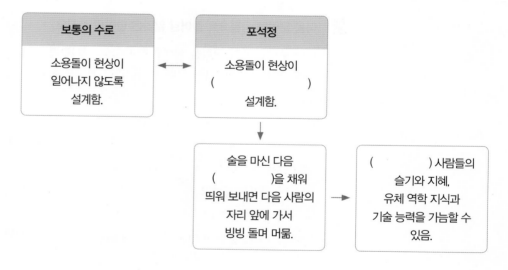

수능형 **세부 정보의 파악**

1 윗글의 내용과 일치하지 <u>않는</u> 것은?

① 비행기와 선박, 골프공 등에는 유체 역학의 원리가 숨어 있다.

② 와류 현상은 물의 정상적인 흐름에 반하는 흐름을 만들어 낸다.

③ 배의 유선형 설계는 에너지를 분산시키기 위해 와류 현상을 이용한 것이다.

④ 포석정은 수로를 다양하게 변화시켜 술잔이 다음 사람 앞에서 맴돌도록 설계되었다.

⑤ 수로의 굴곡이나 경사도, 수로 폭, 바닥면의 함몰 정도 등이 물의 흐름을 변화시킨다.

수능형 구체적 상황에 적용

2 윗글과 〈보기〉를 통해 ㉮, ㉯를 이해한 내용으로 적절하지 <u>않은</u> 것은?

보기

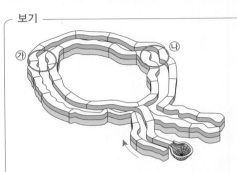

아주대학교 유동훈 교수의 실험 결과에 의하면 포석정에서 초반 회돌이(와류)가 형성되는 단면은 내측 함몰이 19mm에 이를 정도로 심하다. 이는 흐름이 굴곡부에서 원심력을 받아 바깥쪽으로 상승하는 것을 막을 뿐만 아니라 원심력을 감소시켜 회돌이 형성을 뚜렷하게 촉진하는 역할을 한다. 게다가 내측의 수로 벽면이 약간의 역경사로 처리되어 있는데 이것도 회돌이 형성을 촉진하기 위해 만들어진 것으로 추정된다. 반면 후반부 회돌이는 급한 횡굴곡이 있는 곳에서 생기는데, 후반 회돌이 구간 거의 모든 단면은 내측의 함몰 없이 수평한 바닥을 형성하고 있다. 이는 재부여된 관성력이 초반 인입 구간에서 형성된 관성력에 비하여 약하기 때문에 내측 함몰 없이 횡굴곡만으로도 회돌이를 만들 수 있다는 사실을 알았기 때문으로 생각된다.

① ㉮의 내측 함몰은 굴곡부에서 발생하는 원심력을 고려한 것이겠군.

② ㉮의 내측 수로 벽면은 회돌이 현상을 촉진하기 위해 역경사로 처리되었겠군.

③ ㉮와 달리 ㉯에서 내측 함몰을 관찰할 수 없는 이유는 관성력의 차이 때문이겠군.

④ ㉮와 ㉯ 모두 회돌이 현상을 발생시키기 위해 굴곡을 준 것이겠군.

⑤ ㉮와 ㉯ 모두 물의 흐름을 강하게 할수록 회돌이 현상은 약하게 나타나겠군.

📖 지문으로 엮어 읽는 배경지식 **포석정**

포석정은 경주 남산 서쪽 계곡에 있으며 공식 명칭은 '경주 포석정지'이다. 통일 신라의 의례 및 연회 장소로 이용되었던 정자(亭子) '포석정'이 위치했던 터로, 1963년에 대한민국 사적 제1호로 지정되었다. 포석정은 유상곡수연(流觴曲水宴)을 즐기기 위한 용도라

고 볼 수 있다. 중국의 명필 왕희지는 지인들과 함께 물 위에 술잔을 띄워 술잔이 자기 앞에 오는 동안 시를 읊어야 하며 시를 짓지 못하면 벌로 술 3잔을 마시는 잔치를 벌였는데, 이를 유상곡수연이라고 하였다. 유상곡수연을 위한 장소로 현재 우리나라에 남아 있는 것은 창덕궁 후원의 소요암과 경주의 포석정이다. 하지만 세부적인 설계 면에서 창덕궁 후원의 소요암은 포석정보다 못하다는 평가이다.

파마의 과학적 원리

필독 TIP

어휘 ★★
문장 ★★
배경지식 ★★★

이 글은 파마 속에 숨은 과학적 원리를 설명하고 있다. 산화 환원 반응의 개념을 파악하고, 파마의 원리와 어떠한 관계가 있는지 이해하며 읽도록 한다.

파마는 펌으로도 불리며 열 또는 화학 약품의 작용으로 모발 조직에 변화를 주어 오래 유지할 수 있는 웨이브를 만드는 과정이다. 먼저 머리카락에 파마 약을 바른 뒤에 원하는 형태의 로드*를 이용하여 모양을 변형시킨 뒤 열 처리를 하고 시간을 보낸다. 그 후 중화제라는 약품을 바르고 한참 기다린 뒤에 로드를 풀고서 머리를 헹구면 완성이다. 이처럼 파마는 두세 시간의 지루함과 이상한 약품 냄새, 뭔가 복잡한 것처럼 느껴지는 힘든 과정이지만, 그 기본 원리는 과학의 산화 환원 반응에서 찾을 수 있다.

일반적으로 어떤 물질이 산소와 결합하거나 전자를 잃는 과정을 산화, 산소를 잃거나 전자를 얻는 과정을 환원이라고 한다. 반드시 산소가 관여하지 않더라도 산화수의 변화가 일어나는 모든 반응을 산화 환원 반응이라고 하며, 항상 동시에 일어난다. 산화가 되는 물질은 반응하는 짝꿍 물질에게 전자를 주어 환원시키므로 환원제, 환원이 되는 물질은 짝꿍이 되는 물질이 전자를 잃게 만들어 산화시키므로 산화제라고 한다.

머리카락의 주성분은 케라틴이라고 불리는 섬유 같은 단백질로, 이 단백질에는 시스틴이라는 아미노산 성분이 함유되어 있다. 머리카락은 이 시스틴 안에 황* 원자(S) 2개가 단단하게 연결되어 있기 때문에 가늘어도 잘 끊어지지 않으며 탄력을 가지고 있어 구부렸다가 펴도 다시 제 모양으로 돌아오므로 젖은 머리를 드라이기나 고데기 등의 열을 이용하여 원하는 형태의 웨이브를 만들 수 있다. 또한 잠들기 전에 머리카락을 땋아 변형된 상태로 잠을 자고 일어나면 아침에 구불구불한 웨이브를 만들 수 있는 것도 이런 원리이다. 하지만 이 경우에는 머리를 감으면 다시 원래의 상태로 돌아오는데, 그 이유는 머리카락에 일시적인 물리적 변화가 일어난 것이기 때문이다.

웨이브가 몇 달씩 유지되기 위해서는 머리카락에 화학적 변화를 주어야 하는데, 이 과정이 파마이다. 먼저, 알칼리성 환원제를 머리카락에 발라 케라틴 단백질에 수소를 공급하여 아미노산의 시스틴 결합을 깨뜨린다. 결합이 깨져 단백질 구조가 느슨해지면 머리카락이 유연해지는데, 이때 로드나 기계를 이용하여 원하는 형태로 머리카락을 구부리고 고정시킨다. 그 후 산화제인 중화제를 사용하여 공급했던 수소를 빼앗아 처음의 시스틴 결합을 다시 연결해 주면 파마가 완성되는 것이다.

파마 말고도 우리의 일상에는 화학의 산화 환원 반응을 활용한 예들이 많다. 산화되는 정도가 다른 2개의 금속판과 전해질* 용액을 이용한 건전지, 리튬* 충전지 등 각종 화학 전지가 대표적이며, 혈중 알코올의 농도를 측정하는 음주 측정기 등도 산화 환원 반응을 활용한 것이다. 이와 같이 인간의 삶을 윤택하고 편리하게 해 주는 방법, 아름다움과 젊음을 유지하는 비법 등은 결국 과학의 세계에서 그 해답을 찾아야 할 것이다.

＊ 로드(rod): 파마를 할 때 머리를 말아 올리는 막대 모양의 도구.

＊ 황: 주기율표의 제16족 원소. 비금속 원소의 하나로, 천연으로는 홑원소 물질로 존재하며, 공기 중에 가열하면 연한 청색 불꽃을 내며 탄다. 의약품, 화약, 성냥 따위를 만드는 데에 쓴다.

＊ 전해질: 물 따위의 용매에 녹아서, 이온화하여 음양의 이온이 생기는 물질.

＊ 리튬: 은백색의 광택이 있는 알칼리 금속 원소의 하나. 건조한 공기 속에서는 안정하지만, 가열하면 강한 빛을 내며 타고, 물과 작용하면 수산화물이 되면서 수소를 발생한다.

STEP
Ⅰ

어휘 의미

1 다음 내용이 맞으면 ○, 틀리면 ×표를 하시오.

(1) '공개하지 않고 비밀리에 하는 방법.'을 '비법'이라고 한다.   (   )

(2) '용수철처럼 튀거나 팽팽하게 버티는 힘.'을 '탄력'이라고 한다.   (   )

(3) '사람의 몸에 난 털을 통틀어 이르는 말.'을 '가발'이라고 한다.   (   )

(4) '둘 이상의 사물이나 사람이 서로 관계를 맺어 하나가 됨.'을 '결합'이라고 한다.

(   )

(5) '어떤 상태나 상황을 그대로 보존하거나 변함없이 계속하여 지탱함.'을 '보호'라고 한

다.   (   )

어휘 의미

2 다음 밑줄 친 단어와 바꾸어 쓸 수 있는 말을 〈보기〉에서 찾아 문장에 맞게 활용하여 쓰시오.

보기

관여하다   변형하다   유연하다   측정하다   함유하다

(1) 부드럽고 연한 새싹이 돋아나고 있다. (   )

(2) 이 작업에 참여한 사람만 해도 백 명이 넘는다. (   )

(3) 해조류로 만든 비료는 칼륨을 많이 포함하고 있다. (   )

(4) 이 목재는 건조해도 모양이나 형태가 달라지지 않는다. (   )

(5) 간호사는 체온계로 응급실에 있는 환자의 체온을 쟀다. (   )

STEP
Ⅱ

서술형 중심 화제

1 윗글의 중심 화제를 쓰시오.

(   )

2 윗글을 읽고 각 문단의 중심 내용을 다음과 같이 정리할 때, 빈칸에 들어갈 알맞은 말을 쓰시오.

1문단	(　　　　　　)의 기본 원리는 과학의 산화 환원 반응에서 찾을 수 있다.
2문단	어떤 물질이 산소와 결합하거나 전자를 잃는 과정을 (　　　　　), 산소를 잃거나 전자를 얻는 과정을 환원이라고 한다.
3문단	머리카락의 주성분은 케라틴이라고 불리는 단백질로, 이 단백질에는 황 원자(S) 2개가 나란히 결합한 (　　　　)이라는 아미노산 성분이 함유되어 있다.
4문단	알칼리성 환원제와 산화제인 중화제를 사용한 산화 환원 반응의 과정을 거쳐 머리카락에 (　　　　　) 변화를 준 것이 파마이다.
5문단	파마 말고도 우리의 일상에는 화학의 산화 환원 반응을 활용한 예들이 많다.

내용 구조

3 다음은 파마의 과정을 정리한 것이다. 빈칸에 들어갈 알맞은 말을 쓰시오.

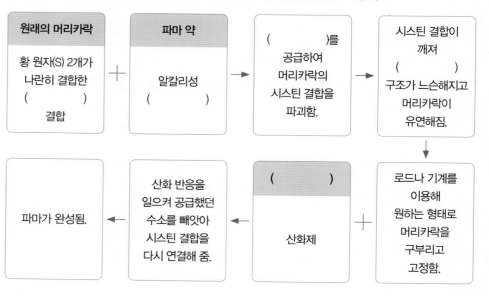

STEP Ⅲ

1 윗글에 대한 설명으로 가장 적절한 것은?

① 파마를 할 때 일어나는 화학 반응을 중심으로 파마의 과정을 설명하고 있다.

② 머리카락의 단백질 변화를 유발하는 물리적 변화와 화학적 변화를 제시하고 있다.

③ 머리카락의 주성분을 구체적으로 분석하여 체내에서의 단백질의 역할을 고찰하고 있다.

④ 파마에 대한 개념 정의를 내린 후 유사한 화학 변화를 일으키는 자연 현상과 비교하고 있다.

⑤ 산화 환원 반응의 다양한 사례들을 구체적으로 제시하여 일상에서 발견되는 과학적 원리들을 자세히 설명하고 있다.

2 윗글을 바탕으로 〈보기〉의 ⓐ∼ⓔ에 대해 이해한 내용으로 적절하지 <u>않은</u> 것은?

보기

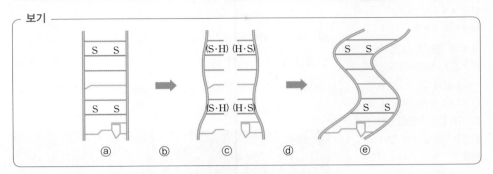

① ⓐ: 황 원자 2개가 나란히 결합한 시스틴 결합을 보여 주는군.

② ⓑ: 파마 약을 사용하여 시스틴 결합을 끊는 과정이군.

③ ⓒ: 환원제로 인해 황 원자들이 수소 원자와 결합된 상태이군.

④ ⓓ: 중화제를 사용하여 환원 반응을 일으키는 단계로군.

⑤ ⓔ: 수소를 다시 빼앗기고 원래의 시스틴 결합이 연결된 상태이군.

◎ 지문으로 분석하는 시각 자료 **파마의 과정**

S S

알칼리성
환원제 →

(S·H) (H·S)

(S·H) (H·S)

산화제 →

S S

S S

시스틴 결합

S S

  머리카락은 황 원자(S) 2개가 결합된 시스틴을 포함한 단백질로 구성되어 있는데, 이 시스틴 결합을 끊어 주는 것이 알칼리성 환원제인 파마 약이다. 파마 약은 머리카락의 시스틴 결합을 파괴하고 황 원자에 수소를 붙이는 역할을 한다. 시스틴 결합이 깨진 머리카락은 유연해지는데, 이때 로드나 기계를 이용하여 원하는 형태로 머리카락을 구부리고 고정한다. 그 후 산화제인 중화제를 바르는데, 중화제는 산화 반응을 일으켜 공급했던 수소를 빼앗아 처음의 시스틴 결합을 다시 연결해 준다. 그러면 머리카락의 탄력이 되살아나면서 원하는 형태의 머리카락 모양이 고정되고, 파마가 완성된다. 이러한 파마의 과정을 이해한 후, 제시된 자료의 정보와 일치 여부를 확인하여 선지의 적절성을 판단한다.

팔만대장경 판전의 비밀

필독 TIP

어휘 ★★★

문장 ★★★

배경지식 ★★★

이 글은 팔만대장경을 보관하고 있는 해인사의 판전인 수다라장과 법보전의 과학성에 대해 설명하고 있다. 오랜 세월 동안 목판인 팔만대장경이 아무런 피해 없이 보관될 수 있었던 원리는 무엇인지 생각하며 읽도록 한다.

팔만대장경*은 경판*을 가로로 눕혀 쌓으면 백두산 높이가 되고, 무게는 280톤에 이르는 엄청난 규모이다. 그 안에 5,200만 글자를 담고 있는데, 이는 한자에 능숙한 사람이 하루 8시간씩 30년을 읽어야 하는 분량이다. 팔만대장경이 완성된 해는 1251년으로 780년 전인데, 이런 방대한 양의 목판이 썩고 벌레 먹는 일 없이 글자 한 자 떨어져 나가지 않고 옛 모습을 간직할 수 있었던 비결은 무엇일까? 이 질문에 대해서는 해인사에서 경판을 보관하고 있는 곳, 즉 판전*의 구조에서 답을 찾을 수 있다.

▲ 앞면　　　　　　　　　　　　　　　　▲ 뒷면

해인사의 판전인 수다라장과 법보전은 둘 다 대장경판 보관을 목적으로 지었으므로 장식이 없는 소박한 건물이다. 두 건물은 동일하게 정면 15칸, 측면 2칸의 일 (一)자형 건물인데, 건물 전체가 남향으로 배치되어 있어서 해가 떠 있는 동안 모든 경판에 한 번씩 햇빛이 고루 비치는 구조로 되어 있다. 건물 바깥벽에 설치한 붙박이 살창*은 제시된 사진처럼 아래와 위 및 건물의 앞면과 뒷면의 크기를 각기 달리 하여 대류 현상을 원활히 하는 절묘한 기술을 발휘한다.

[A]
　판전은 남향 건물이므로 앞쪽보다 뒤쪽의 온도가 낮고 공중 습도가 높다. 그러므로 공기의 이동은 판전 건물 뒷면의 살창으로 들어와 판전 속에 머물다가 앞으로 나가기 마련이다. 판전으로 공기가 들어갈 때 습한 공기는 아래에 처져 있으므로 위 창보다 아래 창을 약간 작게 하여 습한 공기가 적게 들어가게 설계했다. 그러나 바깥 공기는 건물 높이 4m 정도에서는 아래위 습도 차이가 그렇게 크지 않으므로 살창은 1.5배 정도로 큰 차이를 두지는 않았다. 판전 속에 들어간 공기는 경판이 가지고 있는 수분을 빼앗아 들어올 때보다 무거워지고 아래로 처진다. 이런 습한 공기는 앞면 살창을 통해 빨리 빠져나가 버릴 수 있도록 앞면 아래 창은 위 창보다 4배 이상 크게 만들었다. 반면에 건조하여 위로 올라간 공기는 오랫동안 판전 안에 머무를 수 있게 판전 앞면 위 창은 아주 작게 만든 것이다. 이 같은 구조 덕분에 밖에서 들어온 공기가 건물 내부를 한 바퀴 돌아 나가는 대류 현상이 일어나, 자연적인 통풍과 환기가 완벽하게 이루어질 수 있는 것이다.

지난 수십 년간 몇 차례 건물 보수 공사가 진행되었으나 모두 유지 관리 차원의 부분적 수리였을 뿐이다. 이는 팔만대장경 판전이 창건 당시의 건물 원형과 기능을 그대로 유지하고 있다는 것을 말한다. 오랜 세월 동안 온전히 보관된 대장경판의 모습을 통해 판전이 창건될 당시의 원형이 가장 효율적인 보관 방법이라는 점이 과학적으로 명확히 밝혀졌기 때문이다.

＊ **팔만대장경**: 고려 고종 23년(1236)부터 38년(1251)에 걸쳐 완성한 대장경. 부처의 힘으로 외적을 물리치기 위하여 만들었는데, 경판(經板)의 수가 8만 1,258판에 이르며 현재 합천 해인사에 보관하고 있다.

＊ **경판**: 간행하기 위하여 나무나 금속에 불경(佛經)을 새긴 판.

＊ **판전**: 경판(經板)을 쌓아 두는 전각.

＊ **살창**: 가는 나무로 만든 나무 창살 여러 개를 대어 만든 창.

STEP **I**

어휘 의미

1 다음 뜻풀이에 해당하는 단어를 〈보기〉에서 찾아 쓰시오.

┌─ 보기 ───┐
│   대류   배치   보수   창건   통풍   │
└───┘

(1) 바람이 통함. 또는 그렇게 함. (   )

(2) 사람이나 물자 따위를 일정한 자리에 나누어 둠. (   )

(3) 건물이나 조직체 따위를 처음으로 세우거나 만듦. (   )

(4) 건물이나 시설 따위의 낡거나 부서진 것을 손보아 고침. (   )

(5) 기체나 액체에서, 물질이 이동함으로써 열이 전달되는 현상. (   )

어휘 활용

2 다음 문장에 들어갈 알맞은 단어를 찾아 ○표를 하시오.

(1) 이곳은 경치가 (절묘 / 절명)하기로 유명하다.

(2) 나는 그렇게 (소박 / 절박)하고 꾸밈없는 사람을 처음 보았다.

(3) 그녀는 오랫동안 갈고닦은 실력을 유감없이 (발현 / 발휘)하였다.

어휘 활용

3 다음 단어의 사전적 의미와 초성자를 참고하여, 예문에 들어갈 알맞은 단어를 쓰시오.

(1) ㅇ ㅎ : 명 본디의 꼴.
     예 역사적 유물의 (   )이 잘 보존되도록 노력해야 한다.

(2) ㅂ ㄱ : 명 세상에 알려져 있지 않은 자기만의 뛰어난 방법.
     예 음식 맛을 내는 (   )을 알아 두면 편리하다.

(3) ㅎ ㄱ : 명 탁한 공기를 맑은 공기로 바꿈.
     예 그는 매일 아침 일어나자마자 (   )를 위해 창문을 활짝 연다.

STEP **II**

서술형 **중심 화제**

1 윗글의 중심 화제는 무엇인지 쓰시오.

(   )

2 윗글을 읽고 각 문단의 중심 내용을 다음과 같이 정리할 때, 빈칸에 들어갈 알맞은 말을 쓰시오.

1문단	( )의 경판이 옛 모습을 그대로 간직할 수 있는 것은 해인사에서 경판을 보관하고 있는 판전의 구조 때문이다.
2문단	해인사의 ( )인 수다라장과 법보전은 건물 전체가 남향으로 배치되어 있으며 대류 현상이 원활하도록 지어졌다.
3문단	판전의 구조와 살창 덕에 밖에서 들어온 공기가 건물 내부를 한 바퀴 돌아 나가는 ( ) 현상이 일어나, 자연적인 통풍과 환기가 완벽하게 이루어질 수 있다.
4문단	오랜 세월 동안 온전히 보관된 ( )의 모습을 통해 판전이 창건될 당시의 원형이 가장 효율적인 보관 방법이라는 점이 과학적으로 밝혀졌다.

3 다음은 해인사 판전의 구조와 대류 현상을 정리한 것이다. 빈칸에 들어갈 알맞은 말을 쓰시오.

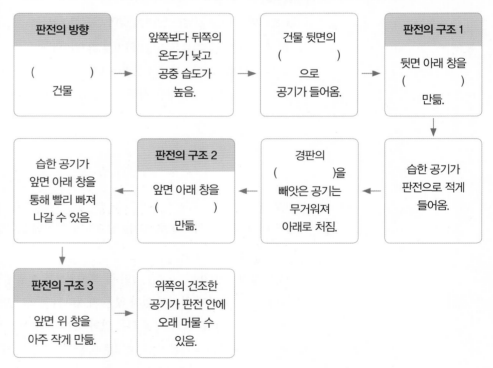

1 윗글의 내용과 일치하는 것은?

① 팔만대장경 경판은 수십 년에 걸쳐서 여러 번 보수하였다.

② 팔만대장경 경판은 해인사의 수다라장과 법보전에 보관되어 있다.

③ 팔만대장경 판전의 창문은 통풍보다는 채광을 위해 마련된 것이다.

④ 팔만대장경 판전은 현대에 이르러 경판을 보관하는 곳으로 용도가 바뀌었다.

⑤ 팔만대장경 판전의 앞면을 뒷면보다 크게 설계한 것은 대류 현상 유도를 위한 것이다.

2 [A]를 참고하여 〈보기〉를 이해한 내용으로 적절하지 <u>않은</u> 것은?

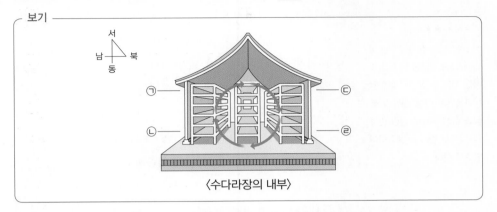

〈수다라장의 내부〉

① ㉠이 가장 작은 것은 건조한 공기를 내부에 오래 머물게 하려는 의도로군.
② ㉡으로 습한 공기가 잘 빠져나갈 수 있게 살창을 ㉠보다 4배나 크게 만들었군.
③ ㉠~㉣을 통과하는 공기의 흐름으로 인해 경판의 습기가 제거되는 효과가 있군.
④ ㉢과 ㉣은 반대편에 비해 공기의 온도가 높고 습도가 낮은 편이겠군.
⑤ 습한 공기의 내부 유입을 줄이기 위해 ㉢보다 ㉣을 작게 설계한 것이군.

지문으로 분석하는 시각 자료 팔만대장경 판전의 비밀

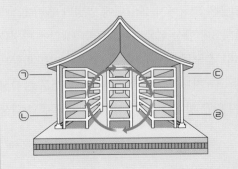

판전은 남향 건물이므로 앞쪽보다 뒤쪽의 온도가 낮고 공중 습도가 높다. 그러므로 공기의 이동은 판전 건물 뒷면의 살창으로 들어와 판전 속에 머물다가 앞으로 나가기 마련이다. 판전으로 공기가 들어갈 때 습한 공기는 아래에 처져 있으므로 뒷면에서는 위 창(㉢)보다 아래 창(㉣)을 약간 작게 하여 습한 공기가 적게 들어가게 설계했다. 판전 속에 들어간 공기는 경판이 가지고 있는 수분을 빼앗아 들어올 때보다 무거워지고 아래로 처진다. 이런 습한 공기는 앞면 살창을 통해 빨리 빠져나가 버릴 수 있도록 앞면 아래 창(㉡)은 위 창(㉠)보다 크게 만들었다. 반면에 건조하여 위로 올라간 공기는 오랫동안 판전 안에 머물 수 있게 판전 앞면 위 창(㉠)은 아주 작게 만든 것이다. 이 같은 구조 덕분에 팔만대장경 판전에 자연적인 통풍과 환기가 완벽하게 이루어질 수 있는 것이다.

합성 섬유 기술

중국에서는 지금부터 4천6백여 년 전에 이미 황제용 의복에 누에고치에서 실을 얻어 비단을 만들었다고 알려져 있다. 하지만 중국이 비밀로 감추는 바람에 비단 제조 기술은 6세기 중반에야 비로소 중동 및 유럽에 전파되었고, 16세기에 프랑스 리옹이 비단 산업의 중심지가 되면서 19세기 말까지 프랑스가 세계 비단 시장을 장악하였다. 그런데 19세기 말 누에가 병들어 죽는 재앙으로 프랑스 비단 산업이 타격을 입게 되자, 천연 비단을 대신할 수 있는 인조 섬유에 대한 요구가 거세졌다.

프랑스의 샤르도네는 질산 셀룰로오스 용액을 방사하여* 천연 비단 섬유와 비슷한 촉감을 갖는 인조 비단실을 만드는 데 성공하였다. 그는 이 인조 비단을 1889년 파리 만국 박람회*에 출품하여 선풍적인* 인기를 끌었고, 샤르도네 비단이라는 이름까지 얻게 되었다. 그런데 샤르도네의 인조 비단은 인화성*이 너무 강하여 난로에 가까이 가면 금세 화재가 나곤 했기 때문에 판매가 저조할 수밖에 없었다. 이렇게 합성 섬유가 실용화되지 못한 상황에서 20세기 세계 비단 시장은 일본의 독차지가 되고 있었다.

1928년에 합성 섬유 연구를 위해 미국 듀퐁사는 유기 합성 화학자 캐러더스를 초빙하여 폴리머의 세계, 즉 고무와 비단에 특수한 성질을 주는 길이가 길면서 섬유질인 분자의 세계를 연구하고자 하였다. 캐러더스는 당시 천연 섬유에서 분자들을 결합시키는 힘이 무엇인지 발견하고자 하였다. 하지만 1930년에 캐러더스 연구 팀은 폴리머가 다른 분자들과 단지 좀 더 길다는 차이만 있을 뿐 다른 점에서는 동일하며 같은 방식으로 결합되어 있다는 결론에 도달하게 되었고, 결국 인조 섬유를 만들어 내지는 못했다.

이후 캐러더스는 비단과 구조가 유사한 폴리아미드라는 새로운 물질을 만들어 냈다. 하지만 그것은 용융점*이 너무 높아서 실 모양으로 가공될 수 없었다. 이 물건이 쓸모가 없다고 생각한 캐러더스 연구 팀은 제쳐 놓았던 재료인 폴리에스터 쪽으로 관심을 돌리고 있었는데, 같은 팀의 줄리안 힐이 우연히 폴리에스터의 폴리머가 거미줄처럼 가는 끈으로 늘어난다는 것을 발견하게 되었다. 이 신기한 현상을 폴리아미드에 적용하면서 연구가 급진전되었고, 결국 거미줄보다 더 가늘고 강철보다 더 강한 섬유인 나일론이 탄생하게 되었다.

이로부터 2~3년 후 듀퐁사는 이 신기한 합성 섬유인 나일론을 생산하기 시작했다. 이는 당시 미국 시장을 점령하고 있던 일본 비단에 큰 타격을 주었고, 나일론 스타킹의 제조 판매로 세계 여성들을 흥분의 도가니로 몰고 갔다. 나일론은 영국에서 1941년에 발명된 폴리에스테르, 독일에서 1938년에 발명된 아크릴 섬유와 함께 3대 합성 섬유로, 인류의 의생활에 혁명을 일으킨 주인공으로 꼽는다. 합성 섬유의 원료는 대부분 석유, 석탄, 물, 공기인데, 이를 바탕으로 방탄조끼나 우주복 제작 등 우수한 기계적 강도를 지니는 케블라, 노멕스 등 새로운 합성 섬유들이 꾸준히 탄생되고 있다. 1백 년도 채 되지 않은 합성 섬유 기술의 역사가 인류의 의생활을 완전히 바꾸어 놓고 있는 것이다.

* **방사하여**: 섬유를 만들 수 있는 고분자 물질을 녹여서 가는 구멍을 통하여 실을 뽑아내어.

* **만국 박람회**: 세계 여러 나라가 참가하여 각국의 생산품을 합동으로 전시하는 국제 박람회.

* **선풍적인**: 돌발적으로 일어나 사회에 큰 영향을 미치거나 관심의 대상이 될 만한.

* **인화성**: 불이 잘 붙는 성질.

* **용융점**: 고체가 액체 상태로 바뀌는 온도. 같은 물질이라도 압력에 따라 변한다.

STEP
Ⅰ

어휘 활용

1 다음 문장의 빈칸에 들어갈 알맞은 단어를 〈보기〉에서 찾아 쓰시오.

> ┌ 보기 ─────────────────────────────
> • 저조: 능률이나 성적이 낮음.
> • 도달: 목적한 곳이나 수준에 다다름.
> • 점령: 어떤 장소를 차지하여 자리를 잡음.
> • 타격: 어떤 일에서 크게 기를 꺾음. 또는 그로 인한 손해·손실.
> • 도가니: 흥분이나 감격 따위로 들끓는 상태를 비유적으로 이르는 말.
> └────────────────────────────────

(1) 탐험대가 드디어 북극점에 (   )했다.

(2) 시위대는 도청을 (   )한 채 농성을 계속하였다.

(3) 오늘 회의는 아침에 내린 비 때문에 출석률이 (   )했다.

(4) 소고기의 가격이 갑자기 낮아져 돼지고기 판매업자가 큰 (   )을 입었다.

(5) 우리 선수가 세계를 제패했다는 소식은 온 국민을 감격의 (   )로 몰아넣었다.

어휘 의미

2 다음 뜻풀이에 해당하는 단어를 주어진 초성자를 참고하여 쓰시오.

(1) 혼자서 모두 차지함. ㄷ ㅊ ㅈ → (   )

(2) 예를 갖추어 불러 맞아들임. ㅊ ㅂ → (   )

(3) 사람의 힘을 가하지 아니한 상태. ㅊ ㅇ → (   )

(4) 전람회, 전시회, 품평회 따위에 작품이나 물품을 내어놓음. ㅊ ㅍ → (   )

(5) 손안에 잡아 쥔다는 뜻으로, 무엇을 마음대로 할 수 있게 됨을 이르는 말.

ㅈ ㅇ → (   )

STEP
Ⅱ

서술형 중심 화제

1 윗글의 중심 화제는 무엇인지 쓰시오.

(   )

2 윗글을 읽고 각 문단의 중심 내용을 다음과 같이 정리할 때, 빈칸에 들어갈 알맞은 말을 쓰시오.

1문단	19세기 말 누에가 병들어 죽는 일이 일어나 프랑스 비단 산업이 큰 타격을 입게 되자, ( )을 대신할 수 있는 인조 섬유에 대한 요구가 거세졌다.
2문단	프랑스 샤르도네는 ( )을 만드는 데 성공했으나 인화성이 너무 강해 판매가 저조했다.
3문단	1930년 캐러더스 연구 팀은 ( )를 만드는 데 실패했다.
4문단	줄리안 힐은 폴리에스터의 폴리머가 거미줄처럼 가는 끈으로 늘어난다는 것을 발견하게 되었고, 이를 토대로 ( )이 탄생하게 되었다.
5문단	1백 년도 채 되지 않은 합성 섬유 기술의 역사가 인류의 ( )을 완전히 바꾸어 놓았다.

내용 구조

3 다음은 합성 섬유의 발달 과정을 정리한 것이다. 빈칸에 들어갈 알맞은 말을 쓰시오.

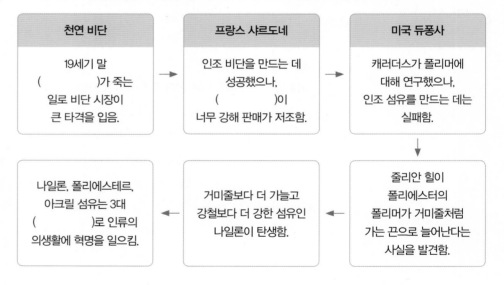

STEP

III

수능형 전개 방식 파악

1 윗글의 내용 전개 방식으로 가장 적절한 것은?

① 대상에게 영향을 미친 원초적 기술이 무엇인지 밝히고 있다.

② 대상과 관련된 다양한 학설을 유형별로 나누어 제시하고 있다.

③ 대상의 발달 과정을 일반적인 기술의 발달 과정과 비교하고 있다.

④ 대상의 용도와 필요성을 나열하며 독자의 관심과 흥미를 유발하고 있다.

⑤ 대상의 필요성이 대두된 배경과 대상의 발전 과정을 순차적으로 설명하고 있다.

수능형 다른 상황에 적용

2 윗글을 참고할 때, 〈보기〉의 선생님의 질문에 대한 답으로 가장 적절한 것은?

> 보기
>
> 선생님: 합성 섬유는 플라스틱, 고무와 함께 현대 산업 재료의 중심축을 이루고 있습니다. 그런
> 데 현대 인류는 석유의 대부분을 연료로 사용해야 하는 실정이고, 3% 정도를 화학 제품 원료
> 로 사용하고 있습니다. 합성 섬유의 기술이 앞으로 더욱 발전하려면 어떻게 해야 할까요?

① 합성 섬유의 종류를 늘리고 개발 과정을 단축하는 방법으로 실용성을 높여야 합니다.

② 합성 섬유가 플라스틱이나 고무보다 뛰어난 산업 재료라는 것을 지속적으로 증명해 나
가야 합니다.

③ 합성 섬유 기술 연구 시 석유 자원의 보호와 새로운 에너지원의 개발에 대한 노력이 병
행되어야 합니다.

④ 플라스틱이나 고무와는 다른, 합성 섬유만의 고유한 성질을 필요로 하는 산업 분야를 발
굴해야 합니다.

⑤ 3대 합성 섬유 중 원료의 구성비를 조절하여 석유가 적게 소모되는 합성 섬유 위주로 개
발해야 합니다.

📖 지문으로 엮어 읽는 배경지식 **누에고치와 비단**

▲ 누에(좌)와 누에고치와 명주실(우)

누에는 나비목에 속하는 곤충으로, 누에가 번데기가
될 때 자기의 몸을 보호하기 위하여 스스로 실을 토해
제 몸을 둘러싸 만든 집을 누에고치라 한다. 그리고 이
고치에서 나온 실이 명주실이 되고, 명주실로 짠 천이
천연 비단이 된다.

알에서 깨어난 누에는 약 20여 일 동안 자라면 고치를
짓기 시작하는데, 약 60시간 동안 무게 2.5g 정도 되는
고치를 완성한다. 그리고 약 70시간 후 번데기가 되고,
나방이 될 때에는 이 고치를 뚫고 밖으로 나온다. 1개의 고치에서 나오는 명주실의 길이는 약 1,200~1,500m에 이른다.

이러한 명주실을 활용하여 비단을 만드는 비단 직조가 언제부터 시작되었는지는 확실하지 않으나, 중국 주나라 무왕
이 왕실에서 짠 비단 어의(御衣)를 입었다고 전해진다. 우리나라는 비단 직조 기술이 발전하지 못하여 중국산 비단에 의
존하였는데, 1945년 광복 이후 최근에 이르러서야 겨우 자급자족할 수 있게 되었다.

냉장고의 원리

열기관이란 열에너지를 기계적 에너지로 바꾸는 기계를 말한다. 보통의 열기관은 고온부에서 열(Q_H)을 받아 일(W)을 하고 저온부에 열(Q_C)을 방출한다. 즉 '$Q_H = Q_C + W$'가 된다. 〈그림 1〉은 우리가 흔히 볼 수 있는 보통 열기관의 작동 원리를 보여 주는 것으로, 가솔린* 엔진이나 증기 기관* 같은 것들이 보통 열기관에 속한다.

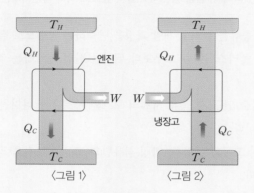

〈그림 1〉　　　〈그림 2〉

〈그림 1〉에서 말하고 있는 '$Q_H = Q_C + W$'를 '열역학 제1법칙'이라고 하는데, 이는 역학적 에너지 계(界)에만 국한해서 생각해 오던 '에너지 보존 법칙'을 열 현상에까지 확장한 법칙이라고 할 수 있다. 에너지 보존 법칙이란, 에너지는 그 형태를 바꾸거나 물체에서 물체로 옮겨도 창조되거나 소멸되지 않으며 그 총량은 보존된다는 것을 말한다. 그리고 위의 식에서 '$Q_C = 0$'이 될 수 없는데, 이것은 ㉮'열역학 제2법칙'에 해당한다. 이것을 통해 우리는 열을 모두 일로 전환할 수는 없다는 것을 알 수 있다.

그렇다면 냉장고의 작동 원리를 〈그림 1〉과 비슷한 그림으로 표현하면 어떻게 될까? 〈그림 2〉를 자세히 보면 저온부의 열을 빼앗아 고온부에 열을 전달하는 것을 알 수 있다. 이때도 '$Q_H = Q_C + W$'가 되는데, 이 공식이 열역학 제1법칙인 것은 〈그림 1〉에서 본 보통의 열기관에서와 같다. 그러나 이번에는 '$Q_H = Q_C + W$'에서 '$W = 0$'이 될 수 없다는 것이 ㉯'열역학 제2법칙'이 된다. 열을 가하지 않았는데 저온의 물체가 저절로 고온이 되는 일은 일어나지 않기 때문이다. 그러므로 저온에서 고온으로 이동하기 위해서는 반드시 일이 필요할 수밖에 없는 것이다.

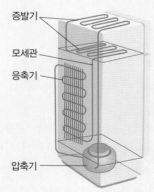

증발기
모세관
응축기
압축기

이런 원리를 바탕으로 냉장고에 적용된 기술을 살펴보자. 냉장고는 외부로부터 일을 받아 저온부에서 열을 흡수하여 고온부로 열을 방출함으로써 냉동 효과를 얻는다. 냉장고는 일반적으로 압축기·응축기·팽창 밸브·증발기로 이루어져 있다. 냉장고에 전원을 넣어 전기 에너지가 공급되면 압축기*에서는 기체 냉매*를 고온, 고압으로 압축하게 된다. 이 냉매는 응축기*를 지나는 동안에 열을 방출하며 액체로 변하게 된다. 액체 상태가 된 냉매는 팽창 밸브를 지나는 동안 압력이 낮아지게 되고, 증발기로 들어가 기체 상태의 냉매로 변하게 된다. 이때 냉장고 내부 공기의 열을 빼앗기 때문에 냉장고 안의 온도가 급격히 내려가게 된다. 이후 이 기체 냉매는 다시 압축기로 보내져서 고온, 고압으로 압축되게 되는데, 이 순환이 반복되면서 냉장고 내부의 열이 외부로 빠져나오는 것이다. 따라서 냉장고 외부에서 들어오는 열량과 방출되는 열량이 같아지므로 냉장고의 온도는 일정하게 유지된다.

STEP
Ⅰ

어휘 의미

1 다음 뜻풀이에 해당하는 단어를 〈보기〉의 낱글자를 조합하여 쓰시오.

보기
| 공 | 순 | 국 | 방 | 출 | 한 | 식 | 환 |

(1) 비축하여 놓은 것을 내놓음. (   )

(2) 범위를 일정한 부분에 한정함. (   )

(3) 계산의 법칙 따위를 문자와 기호로 나타낸 식. (   )

(4) 주기적으로 자꾸 되풀이하여 돎. 또는 그런 과정. (   )

어휘 활용

2 다음 문장에 들어갈 알맞은 단어를 찾아 ○표를 하시오.

(1) (압출 / 압축)된 빈 캔을 따로 모아 분리수거하였다.

(2) 그 사건은 역사의 방향을 (전환 / 진화)하는 계기가 되었다.

(3) 그의 소설은 새로운 표현 방법을 (창조 / 제조)하는 것으로 유명하다.

(4) 이 방은 사람이 들어오면 자동으로 감시 카메라가 (작용 / 작동)된다.

(5) 아이들이 수면 위로 올라왔다가는 또 잠수하기를 (반복 / 번복)하였다.

서술형 어휘 의미

3 다음에 제시된 한자의 뜻을 참고하여 단어의 의미를 쓰시오.

(1) 소멸(消滅): 消(소: 꺼지다), 滅(멸: 멸망하다) → (   )

(2) 팽창(膨脹): 膨(팽: 부풀다), 脹(창: 배부르다) → (   )

STEP
Ⅱ

서술형 중심 화제

1 윗글에서 주로 설명하고 있는 것은 무엇인지 쓰시오.

(   )

기술 07 **119**

문단 정리

2 윗글을 읽고 각 문단의 중심 내용을 다음과 같이 정리할 때, 빈칸에 들어갈 알맞은 말을 쓰시오.

1문단	( )이란 열에너지를 기계적 에너지로 바꾸는 기계를 말하는 것으로, 고온부에서 열(Q_H)을 받아 일(W)을 하고 저온부에 열(Q_C)을 방출한다.
2문단	'$Q_H = Q_C + W$'를 ( )이라고 하고, 이때 '$Q_C = 0$'이 될 수 없다는 것은 열역학 제2법칙에 해당한다.
3문단	열을 가하지 않았는데 저온의 물체가 저절로 고온이 되는 일은 일어나지 않으므로, 저온에서 고온으로 이동하기 위해서는 반드시 ( )이 필요할 수밖에 없다.
4문단	냉장고는 고온, 고압으로 압축된 ( )가 액체로 변하고 다시 기체로 변하는 과정을 통해 냉장고 내부 공기의 열을 빼앗아 냉장고 안의 온도가 내려간다.

내용 구조

3 다음은 냉장고의 작동 원리를 정리한 것이다. 빈칸에 들어갈 알맞은 말을 쓰시오.

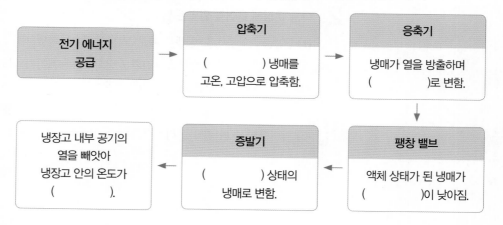

STEP Ⅲ

수능형 정보 간의 의미 파악

1 ㉮, ㉯에 대한 이해로 가장 적절한 것은?

	㉮	㉯
①	열을 일로 전환할 때 에너지의 총량에는 변함이 없다.	열은 지면에 가까운 곳에서부터 지면에서 먼 곳으로 이동한다.
②	열을 일로 전환할 때 에너지의 총량에는 변함이 없다.	열은 스스로 저온에서 고온으로 이동하지 않는다.
③	열을 100퍼센트 일로 전환할 수 있는 열기관은 존재하지 않는다.	열의 이동은 반드시 저온에서 고온으로 이루어진다.
④	열을 100퍼센트 일로 전환할 수 있는 열기관은 존재하지 않는다.	열은 스스로 저온에서 고온으로 이동하지 않는다.
⑤	열을 100퍼센트 일로 전환할 수 있는 열기관은 존재하지 않는다.	열은 지면에 가까운 곳에서부터 지면에서 먼 곳으로 이동한다.

2 윗글의 내용을 바탕으로 할 때, 〈보기〉에 대한 이해로 적절하지 <u>않은</u> 것은?

보기

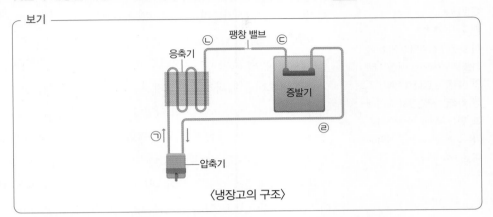

〈냉장고의 구조〉

① ㉠에 흐르는 냉매는 응축기를 거치면서 열을 방출하여 액체로 변한다.

② ㉡에 흐르는 냉매는 고압의 상태이다.

③ ㉡에서 ㉢으로 이동하는 동안 냉매에 가해지는 압력이 변한다.

④ ㉢에 흐르는 기체 상태의 냉매는 고압의 상태이다.

⑤ ㉣에 흐르는 냉매는 ㉠에 흐르는 냉매에 비해 압력이 낮다.

👁 지문으로 분석하는 시각 자료   **냉장고에 적용된 열 전환 기술**

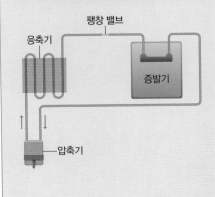

　냉장고에 전기 에너지가 공급되면 압축기에서 기체 상태의 냉매를 압축하여 응축기로 보낸다. 이때 압축된 냉매는 고온, 고압의 상태가 된다. 응축기에서는 고온, 고압 상태로 들어온 냉매를 외부의 물이나 공기를 이용하여 냉각하여 액체로 만든 후 팽창 밸브로 보내게 된다. 액체 상태로 팽창 밸브에 들어온 냉매는 팽창 밸브를 지나면서 압력이 낮아져 급격히 팽창하게 되고 증발기로 보내지면서 기체 상태의 냉매가 된다. 증발기를 지나 다시 압축기로 들어온 냉매는 이러한 과정을 반복하며 냉장의 기능을 유지하는 것이다. 제시된 자료에서 압축기, 응축기, 팽창 밸브, 증발기 등의 명칭을 확인하고, 작동 원리에 따른 냉매의 상태를 확인하여 선지의 적절성을 판단한다.

알라 프리마

필독 TIP

어휘 ★★
문장 ★★
배경지식 ★★★

이 글은 인상주의의 외광 회화를 가능하게 한 배경이 무엇인가를 설명하고 있다. 외광 회화란 무엇인지 이해하고, 인상주의의 외광 회화를 가능하게 한 요인을 파악하며 읽도록 한다.

　　인상주의 화가를 대표하는 마네는 알라 프리마가 틀에 박힌 고전 미술의 한계를 넘어서기 위해 반드시 필요한 기술이라고 확신했다. 마네를 비롯하여 모네, 르누아르 등 당대 풍경화에 몰두했던* 화가들은 당시 큰 인기를 얻고 있었던 바르비종파* 화가들의 '외광* 회화'에 영향을 받았다. 이는 작업실에서 그려진 그림이 아니라 직접 햇살을 받으며 그리는 그림을 의미했다. 그런데 바르비종파 화가들은 실제로는 밖에서 스케치를 한 뒤 대부분은 실내에서 그렸다. 그러다 보니 시간 제약이 있을 리 없었다.

　　하지만 인상주의 그룹의 젊은 풍경화가들은 실제로 밖에서 그림을 그렸고 가능하면 현장에서 완성하는 것을 원칙으로 삼았다. 그러니 시간이 문제가 되었다. 해가 지기 전까지 길어야 반나절이면 마무리 작업을 해야 했으니 그만큼 빨리 그려야 했는데, 이들에게 딱 맞는 해결책이 되어 준 것이 바로 알라 프리마 기법이었다. 알라 프리마란 '단번에 그리다'라는 뜻을 가진 그림 기법으로, 먼저 칠한 물감이 마르기 전에 그 위에 물감을 칠해 가며 완성하므로 빠른 속도로 그리는 것이 특징이다.

　　모네의 작품 「수련」에서 그의 붓이 지나간 움직임을 느껴 보자. 수면 위를 휘젓는 그의 붓질은 그야말로 현란함 그 자체다. 모네에게는 형태보다는 빛을 그리는 것이 더 중요했다. 시간이 조금만 흘러가도 빛이 달라졌기 때문이다. 그래서 그의 그림엔 알라 프리마만으로 끝낼 수 없는 부분도 보인다. 특히 수련의 잎과 꽃을 그릴 때 모네는 과감한 임파스토 기법을 구사했다. 임파스토란 물감을 매우 두껍게 발라 실제 사물처럼 도드라진 효과를 내는 것이다.

　　알라 프리마가 인상주의의 외광 회화를 가능하게 한 이면에는 기술과 산업의 발전이 큰 영향을 미쳤다. 당시 서양에는 화학 분야가 급속도로 발전하면서 인공 안료*가 경쟁적으로 개발되었다. 불과 한두 세대도 지나지 않아 모든 색상의 안료가 만들어졌고, 오일과 혼합된 튜브형 물감이 만들어져 이내 대량 생산이 이루어졌다. 인상주의 시대가 시작되기 바로 직전의 일이었다. 그 이전까지 매우 비싼 안료를 사다가 자신이 직접 물감을 제조해야 했던 화가들로서는 너무나 편리한 발명품이 만들어진 셈이었다. 그런데 이처럼 튜브형 물감이 나오자 달라진 것이 또 하나 있었다. 그것은 제대로 된 외광 회화가 가능해진 것이다. 스케치만 하고 돌아와 작업실에서 그림을 그리는 것이 아니라 밖에서 시작해 마무리까지 할 수 있게 되었다. 게다가 이 무렵 철도가 대중화되면서 공간의 제약을 없애 버렸다. 화가들로서는 풍경을 그리기 위해 가고 싶었던 장소를 마음껏 갈 수 있게 되었다. 튜브형 물감과 기차, 그리고 기법적으로 알라 프리마가 없었다면 인상주의 혁명이 있었을까? 아마 어려웠을 것이다.

＊ **몰두했던**: 어떤 일에 온 정신을 다 기울여 열중했던.

＊ **바르비종파**: 1830년 무렵 프랑스 파리 교외의 바르비종이란 경치 좋은 마을을 중심으로 농촌 풍경과 농민 생활 따위를 낭만적이고 서정적으로 그렸던 유파. 밀레, 코로 등이 대표적이다.

＊ **외광**: 집 바깥의 빛.

＊ **안료**: 색채가 있고 물이나 그 밖의 용제에 녹지 않는 미세한 분말.

STEP
Ⅰ

어휘 의미

1 다음 밑줄 친 단어와 바꾸어 쓸 수 있는 말을 〈보기〉에서 찾아 문장에 맞게 활용하여 쓰시오.

> 보기
>
> 몰두하다　　　　현란하다　　　　확신하다　　　　휘젓다

(1) 그는 그 사람이 범인임을 굳게 믿었다. (　　　　)

(2) 그녀는 집에 있으며 서가에 쌓인 책에만 열중했다. (　　　　)

(3) 밀가루로 풀을 쑬 때에는 마구 저어 주어야 눙지 않는다. (　　　　)

(4) 네온사인 불빛이 찬란하고 화려하여 눈을 똑바로 뜰 수가 없었다. (　　　　)

어휘 의미

2 다음 밑줄 친 단어의 뜻풀이를 〈보기〉에서 찾아 기호를 쓰시오.

> 보기
>
> ⓐ 기교를 나타내는 방법.
> ⓑ 공장에서 큰 규모로 물건을 만듦.
> ⓒ 조건을 붙여 내용을 제한함. 또는 그 조건.
> ⓓ 대중 사이에 널리 퍼져 친숙해짐. 또는 그렇게 되게 함.
> ⓔ 말이나 수사법, 기교, 수단 따위를 능숙하게 마음대로 부려 씀.

(1) 그는 영어를 유창하게 구사한다. (　　　　)

(2) 우리나라는 선박 제조에서 세계 수위를 다툰다. (　　　　)

(3) 이것은 새로운 공예 기법을 보여 주는 작품이다. (　　　　)

(4) 단체 생활에는 여러 가지 제약이 있기 마련이다. (　　　　)

(5) 그는 대중 가수로서는 드물게 국악의 대중화에 노력을 기울였다. (　　　　)

STEP
Ⅱ

서술형　중심 화제

1 윗글의 중심 화제를 쓰시오.

(　　　　　　　　　　　　　　　　　　　　　　　)

문단 정리

2 윗글을 읽고 각 문단의 중심 내용을 다음과 같이 정리할 때, 빈칸에 들어갈 알맞은 말을 쓰시오.

1문단	마네를 비롯해 당대 풍경화에 몰두했던 화가들은 당시 큰 인기를 얻고 있었던 바르비 종파 화가들의 ( )에 영향을 받았다.
2문단	인상주의 그룹의 젊은 풍경화가들은 실제로 ( )에서 그림을 그릴 때의 시간 제약을 해결하기 위해 알라 프리마 기법을 활용하였다.
3문단	형태보다는 빛을 그리는 것이 더 중요했던 모네는 알라 프리마뿐 아니라 과감한 ( ) 기법을 함께 구사했다.
4문단	인상주의의 외광 회화가 가능했던 요인은 ( )과 기차, 그리고 알라 프리마 기법이라고 할 수 있다.

내용 구조

3 다음은 인상주의의 외광 회화를 가능하게 했던 요인들을 정리한 것이다. 빈칸에 들어갈 알맞은 말을 쓰시오.

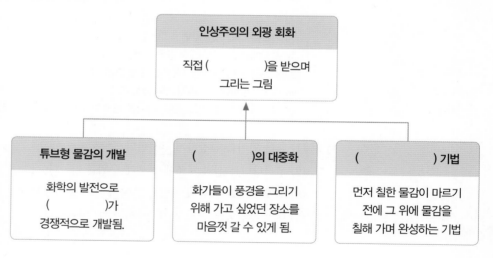

STEP
Ⅲ

수능형 세부 정보의 파악

1 윗글에서 설명하고 있는 내용이 <u>아닌</u> 것은?

① 모네가 임파스토 기법을 구사한 이유

② 기술의 발전이 인상주의 회화에 미친 영향

③ 바르비종파 화가들이 외광 회화를 그린 방법

④ 고전 미술에서 풍경화를 그리는 데 사용한 기술

⑤ 인상주의 화가들이 시간의 한계를 극복하기 위해 사용한 회화 기법

수능형 미루어 알기

2 윗글을 참고하여 〈보기〉의 밑줄 친 부분의 이유를 추리한 내용으로 가장 적절한 것은?

보기

　모네는 그림의 제목을 「인상, 해돋이」로 선정하게 된 사연을 다음과 같이 설명하였다.
　"풍경화는 단지 인상일 뿐이고, 순간적인 것일 뿐이다. 나는 르아브르에서 창밖으로 보이는 안개 속의 태양을, 배의 돛대들을 그려 넣은 그림을 보냈다. 그 후 그림의 제목을 알려 달라는 요청을 받았는데, 이 그림을 르아브르의 풍경이라고 정직하게 말할 수 없어서 그냥 인상이라고 했다."

① 풍경을 있는 그대로 재현했기 때문에

② 시간에 따라 매 순간 빛이 달라지기 때문에

③ 사물의 본질은 회화로 구체화될 수 없는 것이기 때문에

④ 자신의 눈에 비친 자연의 색을 모방하기 어려웠기 때문에

⑤ 실외에서 그리는 그림은 시간의 한계로 인해 대상의 형태는 포기해야 했기 때문에

📖 지문으로 엮어 읽는 배경지식　**모네의 「수련」 연작**

▲ 모네, 「수련」

　프랑스의 대표적인 인상주의 화가 모네(Claude Monet, 1840~1926)는 1890년에 정원을 가꾸기 시작하면서 새로 만든 연못에 수련과 수생 식물 등을 심고 일본식 다리를 세우고, 연못 주위에 각종 꽃과 나무를 심어 가꾸었다. 모네의 정원에 대한 정성은 그가 「수련」 연작을 제작하는 하나의 계기가 되었다고 알려져 있다.
　「수련」 연작은 그 수가 무려 250여 점에 달하는데, 시간에 따라 시시각각으로 변하는 빛과 대기로 인해 달라지는 다양한 인상을 표현한 것으로 유명하다.

사진이 보여 주는 것

필독 TIP

어휘 ★★★

문장 ★★★

배경지식 ★★★

이 글은 사진을 통해 사진가가 찍는 것이 무엇인지에 대해 설명하고 있다. 글쓴이가 말한 '사진을 찍는다'는 것과 '사진을 본다'는 것의 진정한 의미는 무엇인지 생각하며 읽도록 한다.

사진가는 카메라를 통해서 사물의 관계나 존재의 의미를 파악해 영상화한다. 그 존재 의미가 파악되었을 때 사진가는 셔터를 누른다. '사진을 찍는다'고 할 때 흔히 셔터를 누르는 행위를 연상하지만, 셔터를 누르는 행위 자체가 사진을 찍는 일은 아니다. 언제 셔터를 누르는가만 생각해 보면 된다. 사물의 존재 의미나 그 관계가 사진가에 의해 파악되었을 때 셔터가 눌러진다. 이렇게 셔터를 누를 때 비로소 '사진을 찍는다'고 하는 것이다.

셔터를 누름과 동시에 사물의 움직임은 고정된다. 흐르던 사진가의 의식이 하나의 의미로 형태화된다. 셔터를 누름으로써 고정된 사물은 사물 그 자체의 존재가 아니라 사진가의 의미로 의식화되었음을 뜻한다. 사진을 본다는 것은 곧 작가에 의해 통제된 사물을 통해 작가의 의식을 만나는 것이다. 거기에 드러난 사진가의 생각에 대해 우리는 공감하기도 하고 감동하기도 하며 때로는 실망하거나 지루함을 느끼기도 한다.

그렇게 본다면 사진이란 복사·재현의 단순노동이 아니라 자기표현이자 자기 발언이다. 사물에 대한 주관적 해석이요, 세상에 대한 자기 반응이다. 우리가 사진을 본다고 하는 것은 결국 자연이나 인생에 대한 사진가의 해석을 듣는 일인 것이다. 사진이 이렇게 사물에 대한 주관적 발언이라고 한다면 사물의 복사·재현에 별로 신경을 쓸 필요가 없다는 말이 된다. 그렇다면 노출*이나 핀트*에 여유가 생긴다.

적정 노출이란 피사체*를 알맞게 재현시킬 수 있는 적정 광량*을 말한다. 적정 노출은 복사나 재현을 위한 과학적 접근 방법의 경우에만 옳은 기준이 된다. 핀트가 맞아야 한다는 말은 또 무슨 뜻일까? 핀트는 어디에 맞아야 하고, 얼마만큼이나 맞아야 하는 것일까? 내가 찍고자 하는 것이 사람의 마음인데, 그 마음을 찍으려면 사람의 어디에 핀트를 맞춰야 할까?

사진에 핀트가 맞아야 한다면 그것은 복사·재현을 목적으로 할 때이다. 그러나 우리가 표현하고자 하는 것은 우리의 생각이나 느낌이기 때문에 핀트를 맞춰야 할 곳이 따로 없다. 핀트가 맞음으로써 오히려 방해가 되는 경우도 생각할 수 있다. 우리가 표현하고자 하는 추상적 개념이나 관념이 구체적 사물을 거칠 경우, 그 사물의 존재감으로 인해 추상적 개념의 세계로 넘어 들어가기 어렵다. 구체적 사물에 핀트가 선명하게 맞음으로써 개념에 앞서 사물 자체가 선명한 상태로 앞을 가로막는 것이다.

19세기 후반 '자연주의 사진술'을 주장한 에머슨의 초점 흐림 이론도 이와 같은 맥락에서 이해할 수 있다. 초점을 약간 흐림으로써 사물의 외형에서 벗어나, 사물의 진실에 접근할 수 있다고 한 그의 이론은 결국 작가의 내면으로 접근하기 위한 그 나름의 방법론이었을 것이다.

* **노출**: 사진기에서, 렌즈로 들어오는 빛을 셔터가 열려 있는 시간만큼 필름이나 건판에 비추는 일.

* **핀트**: 사진기나 안경 따위의 렌즈의 초점.

* **피사체**: 사진을 찍는 대상이 되는 물체.

* **광량**: 발광체가 빛을 내는 양.

STEP
I

어휘 의미

1 다음 뜻풀이에 해당하는 단어를 주어진 초성자를 참고하여 쓰시오.

(1) ㅇ ㅎ : 사물의 겉모양. → ( )

(2) ㅈ ㅎ : 다시 나타남. 또는 다시 나타냄. → ( )

(3) ㅂ ㅇ : 말을 꺼내어 의견을 나타냄. 또는 그 말. → ( )

(4) ㅂ ㅇ : 자극에 대응하여 어떤 현상이 일어남. 또는 그 현상. → ( )

(5) ㄱ ㄱ : 남의 감정, 의견, 주장 따위에 대하여 자기도 그렇다고 느낌. 또는 그렇게 느끼
는 기분. → ( )

어휘 활용

2 다음 문장의 빈칸에 들어갈 알맞은 단어를 〈보기〉에서 찾아 문장에 맞게 활용하여 쓰시오.

보기

| 가로막다 | 연상하다 | 선명하다 | 지루하다 | 방해하다 |

(1) 강물을 ( ) 댐을 만들었다.

(2) 어린 시절의 기억이 너무도 ( ).

(3) 모처럼 갖는 휴식을 ( ) 죄송합니다.

(4) 나는 기다리는 것이 ( ) 옆에 있는 잡지를 뒤적거리기 시작했다.

(5) 심한 홍수로 집채들이 물에 잠겨 버리는 장면을 보면서 나는 노아의 홍수를 ( ).

STEP
II

서술형 중심 화제

1 윗글의 중심 내용을 다음과 같이 정리할 때, 빈칸에 들어갈 알맞은 말을 쓰시오.

( )와 사진가가 자신의 의도를 전달하기 위해 사용
하는 사진 기술

2 윗글을 읽고 각 문단의 중심 내용을 다음과 같이 정리할 때, 빈칸에 들어갈 알맞은 말을 쓰시오.

1문단	( )는 것은 사물의 존재 의미나 그 관계가 사진가에 의해 파악된다는 의미이다.
2문단	( )는 것은 곧 작가에 의해 통제된 사물을 통해 작가의 의식을 만나는 것이다.
3문단	( )이란 복사·재현의 단순노동이 아니라 자기표현이자 자기 발언이다.
4문단	사진에서 적정 ( )은 복사나 재현일 때만 의미가 있다.
5문단	사진에 ( )가 맞아야 한다면 그것은 복사·재현을 목적으로 할 때이다.
6문단	자연주의 사진술을 주장한 에머슨의 초점 흐림 이론도 ( )의 내면으로 접근하기 위한 그 나름의 방법론일 것이다.

3 다음은 글쓴이가 말한 '사진을 본다'는 것의 의미를 정리한 것이다. 빈칸에 들어갈 알맞은 말을 쓰시오.

'사진을 본다'

작가에 의해 통제된 사물을 통해 작가의 ( )을 만나는 것

자연이나 인생에 대한 ( )의 해석을 듣는 일

STEP
Ⅲ

1 윗글에 대한 설명으로 적절한 것은?

① 사진가의 역할을 소개한 후, 사진을 통해 사진가의 의도를 읽어 내기 어려운 이유를 분석하고 있다.

② 사진 기술의 종류를 개괄한 후, 사물의 존재감을 극대화하기 위한 여러 가지 방법을 제시하고 있다.

③ 사진과 회화의 차이를 설명한 후, 감상하는 사람에 따라 사진의 의미가 달라지는 사례를 보여 주고 있다.

④ 사진의 의미를 제시한 후, 사진이 대상의 복사·재현과 다르게 무엇을 전달하고 있는지를 설명하고 있다.

⑤ 사진의 원리를 보여 준 후, 실재하는 사물을 있는 그대로 찍기 위해 고려해야 할 것들을 소개하고 있다.

2 윗글을 읽은 후 〈보기〉에 대해 보인 반응으로 적절하지 <u>않은</u> 것은?

> **보기**
>
> 줄리아 마거릿 캐머런은 초상 사진으로 역사에 이름을 남긴 작가였는데, 그녀의 초상 사진은 떨리고 초점이 잘 안 맞은 사진이 많았다. 기술적으로 보아 실수라고 할 수 있는 초점이 흐려진 그녀의 사진은 사실상 어떤 수단을 써서라도 자신이 기대하는 효과를 끌어내려고 의도적으로 저질러진 결과물이었다.

① 줄리아 마거릿 캐머런은 사진의 대상이 되는 사람들에 대한 자신의 주관적인 느낌을 드러내려 했군.

② 줄리아 마거릿 캐머런은 초점이 잘 맞는 사진이 오히려 의미를 전달하는 데 방해가 될 수 있다고 보았겠군.

③ 줄리아 마거릿 캐머런은 기술적인 실수로 인해 사진의 대상이 지니는 구체적 실재감을 표현하지 못했겠군.

④ 줄리아 마거릿 캐머런의 사진을 감상하려면 사진의 기술적 측면보다 대상에 대한 사진가의 해석에 집중해야겠군.

⑤ 줄리아 마거릿 캐머런의 초점이 흐린 사진은 사진가의 의식을 표현하기 위해 사진가에 의해 통제된 순간을 찍은 것이라 할 수 있겠군.

📖 **지문으로 엮어 읽는 배경지식** **피터 헨리 에머슨의 작품 세계**

▲ 피터 헨리 에머슨,
「수련화 채집(Gathering Water Lillies, 1886)」

19세기 영국의 자연주의 사진작가 피터 헨리 에머슨(Peter Henry Emerson, 1856~1936)은 의학을 공부했으나 모든 것을 그만두고, 1884년 잉글랜드 동부 지방의 늪지인 '브로즈(Broads)'에 정착하면서 산업화 이후 사라져 가는 삶의 모습들을 촬영하기 시작했다.

그는 '사진에 사용되는 모든 기술은 진정한 '인상'을 주기 위한 수단으로 사용되어야 한다.'라는 '자연주의 사진'을 주장한다. 이에 따라 그의 사진들이 가리키는 것은 현실 그 자체가 아니라 그것을 바라보는 사람에게 하나의 '인상'으로 포착되어 그 눈 속에서 영상화된 현실이다. 그리하여 그가 찍은 사진들은 역사상 처음으로 현실 재현의 역할이 부차적인 사진이 될 수 있었다.

고딕 건축과 르네상스 건축

필독 TIP

어휘 ★★★

문장 ★★★

배경지식 ★★★

이 글은 고딕 건축과 르네상스 건축의 차이점에 대해 설명하고 있다. 두 건축 양식에 담긴 세계관과 건축물의 특징이 어떻게 다른지 비교하며 읽도록 한다.

로마네스크 건축과 르네상스 건축 사이에 등장한 고딕 건축 양식은 중세 유럽 전역에서 유행했던 건축 양식이다. '고딕'이란 말은 '고트적'이란 뜻으로, 르네상스 시대의 미술가들이 그들 이전의 미술을 야만적이라고 멸시하여 부른 데에서 유래한 이름이다. 하지만 이 양식이야말로 중세 문화를 대표하는 것이라 할 수 있다. 이 양식의 핵심을 이루는 것은 교회 건축으로, 신의 존재와 섭리*를 구체화하려고 했던 중세 사람들의 노력을 보여 준다.

고딕 건축은 높은 아치형* 천장을 갈비뼈처럼 떠받치는 골조*와 좁고 높게 솟은 기둥, 높은 천장, 뾰족한 수직 첨탑, 넓은 벽을 가득 메우는 스테인드글라스 등이 특징이다. 고딕 양식의 건축물은 수직적인 느낌이 강조되며 신비롭고 경건한 분위기를 자아낸다. 너무 높이 벽을 쌓았기 때문에 건물이 옆으로 넘어지는 것을 막기 위해 건축물 밖에 플라잉 버트레스라는 또 다른 기둥을 세웠으며, 천장의 무게를 감소시키기 위해 리브 볼트라는 가벼운 천장을 활용하였다. 이를 통해 벽에 큰 창을 내서 크고 아름다운 스테인드글라스로 꾸밈으로써 직접 교회 내부에 빛을 도입하여 빛과 색이 어울리는 신비한 시각적인 공간을 만들어 냈다. 이 빛은 사람들에게 천상의 빛으로 인식되었다.

이와 달리 르네상스 건축 양식은 15~16세기에 걸쳐 이탈리아를 중심으로 발전한 건축 양식이다. 15세기 초 이탈리아는 상공업의 발달과 시민 사회의 성립으로 봉건 제도가 붕괴되며 기독교 정신을 중심으로 이루어진 중세적 세계관이 인본주의*로 변화되어 고딕 양식과는 그 구조와 조형성에서 큰 차별점을 보인다. 고딕 양식이 수직선 디자인으로 신앙심의 표현을 강조했다면, 르네상스 양식은 수평선 디자인으로 횡적인 사회성과 유대감, 그리고 휴머니즘을 강조하고자 했다.

르네상스 건축 양식에서는 인간을 중심으로 하는 합리적이고 과학적인 사고방식을 엿볼 수 있다. 수학적 관계에 바탕을 둔 조화와 질서, 균형과 통일에 의한 형태미를 추구하며 건축의 각 구성 요소가 완벽한 비례와 조화를 이루는 것을 이상적으로 보았다. 좌우 대칭의 건물 외관, 장식이 없는 소박한 스타일, 끝이 둥근 스타일, 벽면을 거칠게 마감하여 재질감을 강조하는 러스티케이션* 등이 르네상스 건축 양식의 특징이다.

고딕 건축과 르네상스 건축의 이러한 차이는 관람객들에게 전혀 다른 느낌을 준다. 하늘 높이 치솟은 수많은 첨탑으로 인해 한눈에 포착되지 않고 이해하기 어려운 고딕 건축과 달리 르네상스 건축의 질서와 인간적인 규모는 아주 단순하고 편안한 느낌으로 다가오는 것이다.

이처럼 고딕 양식은 종교적 열정으로 가득 찼던 시기에 도시의 상징적 존재로서 교회의 의미를 구체화하여 신과 신의 나라에 대한 중세인들의 열망을 표현하였다면, 르네상스 양식은 종교적인 속박에서 벗어나 인간성의 해방을 추구하려 했던 당대 사람들의 세계관이 반영되어 있다고 할 수 있다. 즉 건축 양식은 시대의 가치관을 반영하고 있는 것이다.

＊섭리: 세상과 우주 만물을 다스리는 하나님의 뜻.

＊아치형: 활과 같은 곡선으로 된 형태나 형식.

＊골조: 건물 따위의 뼈대.

＊인본주의: 서양의 문예 부흥기에 이탈리아에서 발생하여 유럽에 널리 퍼진 정신 운동. 가톨릭교회의 권위와 신 중심의 세계관으로부터 인간을 해방시키고, 그리스·로마의 고전 문화에 대한 연구를 통하여 인간의 존엄성 회복과 문화적 교양의 발전에 노력하였다.

＊러스티케이션: 르네상스 건물에 적용되었던 석재 표면 가공 및 쌓는 방법.

STEP
Ⅰ

어휘 활용

1 다음 문장에 들어갈 알맞은 단어를 찾아 ○표를 하시오.

(1) 그들의 마음은 통일에 대한 (열망 / 열등)으로 가득 찼다.

(2) 과중한 업무에서 (해방 / 해소)이/가 된 홀가분한 마음이다.

(3) 봉건적 신분 구조가 붕괴되면서 노비도 양반의 (속박 / 속국)에서 벗어났다.

(4) 그 영화는 흑인들을 (야생적 / 야만적)으로 묘사해 인종적 편견을 드러내었다.

어휘 의미

2 다음 밑줄 친 단어와 바꾸어 쓸 수 있는 말을 〈보기〉에서 찾아 문장에 맞게 활용하여 쓰시오.

보기

| 멸시하다 | 반영하다 | 붕괴되다 | 인식되다 | 성립하다 |

(1) 유행어는 시대상을 <u>나타낸다</u>. (   )

(2) 약속은 당사자들끼리 지킬 것을 전제로 <u>이루어진다</u>. (   )

(3) 근거도 없이 남을 깔보는 것은 결국 자신을 <u>업신여기는</u> 행위다. (   )

(4) 조선 후기 사회에서는 양반 중심의 신분 질서가 급속히 <u>무너졌다</u>. (   )

(5) 문맹 퇴치는 근대화를 촉진하는 데 가장 중요한 수단으로 <u>이해되어</u> 왔다. (   )

서술형 어휘 의미

3 다음에 제시된 한자의 뜻을 참고하여 단어의 의미를 쓰시오.

(1) 첨탑(尖塔): 첨(尖: 뾰족하다), 탑(塔: 탑) → (   )

(2) 신앙심(信仰心): 信(신: 믿다), 仰(앙: 우러르다), 心(심: 마음) → (   )

STEP
Ⅱ

서술형 중심 화제

1 윗글의 중심 화제를 쓰시오.

(   )

2 윗글을 읽고 각 문단의 중심 내용을 다음과 같이 정리할 때, 빈칸에 들어갈 알맞은 말을 쓰시오.

1문단	(　　　　　) 건축 양식은 중세 유럽 전역에서 유행했던 건축 양식으로, 이 양식의 핵심을 이루는 것은 교회 건축이다.
2문단	고딕 건축은 높은 (　　　　　)형 천장을 갈비뼈처럼 떠받치는 골조와 좁고 높게 솟은 기둥, 높은 천장, 뾰족한 수직 첨탑, 넓은 벽을 가득 메우는 스테인드글라스 등이 특징이다.
3문단	르네상스 건축 양식은 15~16세기에 걸쳐 (　　　　　)를 중심으로 발전한 건축 양식으로, 수평선 디자인으로 횡적인 사회성과 유대감, 휴머니즘을 강조하고자 했다.
4문단	르네상스 건축 양식은 좌우 대칭의 건물 외관, (　　　　　)이 없는 소박한 스타일, 끝이 둥근 스타일, 벽면을 거칠게 마감하여 재질감을 강조하는 러스티케이션 등이 특징이다.
5문단	고딕 건축과 르네상스 건축의 차이는 관람객들에게 전혀 다른 느낌을 준다.
6문단	고딕 양식은 신과 신의 나라에 대한 중세인들의 열망을 표현하였다면, 르네상스 양식은 (　　　　　)의 해방을 추구하려 했던 당대 사람들의 세계관이 반영되어 있다.

3 다음은 고딕 건축 양식과 르네상스 건축 양식의 차이점을 정리한 것이다. 빈칸에 들어갈 알맞은 말을 쓰시오.

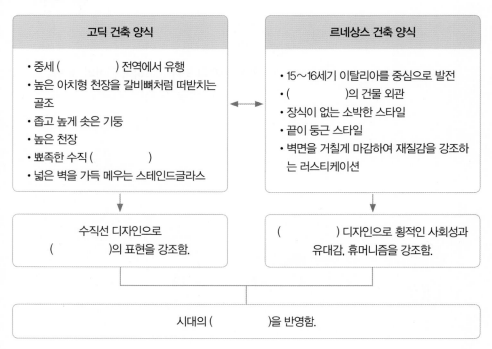

고딕 건축 양식
- 중세 (　　　　　) 전역에서 유행
- 높은 아치형 천장을 갈비뼈처럼 떠받치는 골조
- 좁고 높게 솟은 기둥
- 높은 천장
- 뾰족한 수직 (　　　　　)
- 넓은 벽을 가득 메우는 스테인드글라스

→ 수직선 디자인으로 (　　　　　)의 표현을 강조함.

르네상스 건축 양식
- 15~16세기 이탈리아를 중심으로 발전
- (　　　　　)의 건물 외관
- 장식이 없는 소박한 스타일
- 끝이 둥근 스타일
- 벽면을 거칠게 마감하여 재질감을 강조하는 러스티케이션

→ (　　　　　) 디자인으로 횡적인 사회성과 유대감, 휴머니즘을 강조함.

시대의 (　　　　　)을 반영함.

STEP III

수능형 세부 정보의 파악

1 윗글의 내용을 정리한 것으로 적절하지 <u>않은</u> 것은?

	고딕 건축	르네상스 건축
①	높은 기둥과 첨탑	좌우 대칭의 건물
②	스테인드글라스	빛과 색의 신비한 조화
③	경건한 분위기	편안한 분위기
④	수직선 디자인	수평선 디자인
⑤	신 중심적 가치관 반영	인간 중심적 가치관 반영

수능형 세부 정보의 추론

2 윗글을 읽고 심화 학습을 하기 위한 활동 계획으로 적절하지 <u>않은</u> 것은?

① 중세 사람들이 신과 교회에 대한 마음을 건축에 어떻게 담아냈는지 확인해야겠군.

② 르네상스 건축에서 주로 사용된 수학적 요소가 무엇인지 구체적인 사례를 찾아봐야겠군.

③ 고딕 양식과 르네상스 양식을 전형적으로 보여 주는 실제 건축물의 사진을 검색해 보아야겠군.

④ 고딕 양식이 건축 이외에 회화나 조각 등 다른 예술에는 어떠한 형태로 나타났는지 알아보아야겠군.

⑤ 르네상스 양식이 현대까지 계속 이어지지 않고 새로운 양식이 나타나게 된 시대적 배경을 조사해 보아야겠군.

지문으로 엮어 읽는 배경지식 사진으로 보는 고딕 건축 양식과 르네상스 건축 양식

▲ 고딕 건축 양식의 대표작인 프랑스의 노트르담 대성당

▲ 르네상스 건축 양식의 대표작인 이탈리아의 피렌체 대성당

우연성 음악

필독 TIP

어휘 ★★★
문장 ★★
배경지식 ★★★

이 글은 현대 음악에 새로운 장을 연 존 케이지의 음악관에 대해 설명하고 있다. 케이지가 추구한 음악 세계는 무엇인지 생각해 보고, 그에 대한 평가와 의의는 무엇인지 파악하며 읽도록 한다.

"모든 소리는 음악이며 모든 행위는 음악이다."라는 말을 외치며 등장한 캘리포니아주 밀드 대학 음악 교수 존 케이지는 1938년 '프리페어드 피아노(prepared piano)'를 발명했다. 나사못, 볼트, 너트, 종잇조각, 고무지우개 따위를 피아노 현 사이에 끼워 넣거나 해머에 부착시켜 놓은 탓에, 피아노 소리가 잘 들리지 않는 경우도 빈번하게 발생했고, 소리를 크게 내려고 키를 세게 누르면 현에 끼웠던 나사못 등이 튀어나와 다른 현에 부딪치는 소리가 나기도 했다. 이런 소리 또한 그런대로 멋있다는 것이 케이지의 생각이었는데, 이런 시도는 발명이냐 장난이냐 하는 논란을 일으키기도 했지만 음향*의 모든 의미를 대담하게 노출시켰다는 점으로 인해 많은 이들의 관심을 끌었다.

1950년경부터 케이지는 본격적으로 이제까지의 음악 상식으로는 이해할 수 없는 기보법*을 시도했다. 예컨대 그가 1958년 발표한 「피아노와 오케스트라를 위한 콘서트」는 84종의 서로 다른 기보법으로 씌어 있었다. 오케스트라 연주자는 단음의 음표가 널려 있고 나사못, 볼트, 지우개 등의 이름이 마치 만물상 재고품 목록처럼 적힌 괴상한 악보 가운데 마음에 드는 것을 임의로 골라 연주했고, 지휘자는 앙상블*을 통솔하는 리더가 아니라 시곗바늘처럼 팔을 돌려 시간을 지시하는 역할만 할 뿐이었다. 이처럼 우연에 의존하는 방법으로 하는 연주가 매 연주 때마다 똑같이 되풀이되는 일은 절대 있을 수 없다. 그것이 바로 이른바 '우연성 음악'으로, 불확정성의 음악이라고도 한다.

케이지는 현대 음악이 너무나 추상화되고 정밀하게 구성된 음만을 추구하는 것에 반발하여, 전통적인 통념에서 벗어나 작곡이나 연주 과정에 우연성을 도입하고자 하였다. 이런 케이지의 생각은 1952년 케임브리지에서 열린 '하버드 스퀘어' 연주회를 통해 잘 드러나게 된다. 그는 야외 광장에 설치한 피아노에 앉아 스톱워치를 누르고 시간을 잴 뿐 피아노 키에는 손가락 하나 대지 않았다. 어느 정도 시간이 지나자 그는 피아노 뚜껑을 닫고 일어나 언제 연주가 시작되나 기다리는 관중에게 꾸벅 인사를 하며 연주가 끝났음을 알린다. 그 순간 군중들 속에서 야유와 박수가 뒤범벅이 되어 터져 나왔다. 케이지의 해설에 의하면 피아노 뚜껑이 열리고 스톱워치가 시간을 재는 동안 하버드 스퀘어에 우연히 들려온 자동차 소리, 떠들썩한 행인들의 소리, 발자국 소리 등 모든 소리가 곧 '연주'였다는 것이다. 케이지의 '침묵의 연주'에 소요된 시간이 정확히 4분 33초였기 때문에 당시의 연주곡 타이틀에는 「4분 33초」라는 제목이 붙었다.

존 케이지의 혁신적인 작품과 생각들은 당시 음악계의 주류에서 외면*당했지만, 「4분 33초」를 비롯한 케이지의 작품들은 하나의 작품이 작곡되고 연주되는 과정이 고정된 것이 아니라, 작곡가의 창작 과정과 이를 실현하는 연주자에 의해 다양하게 나타날 수 있다는 것을 보여 주었다. 그렇기 때문에 음악을 바라보는 고정 관념에서 벗어나 음악의 지평을 넓혔다는 평가를 받고 있다.

* 음향: 물체에서 나는 소리와 그 울림.
* 기보법: 음악의 연주나 발표, 보존, 학습 따위를 목적으로 일정한 약속이나 규칙에 따라 기호를 써서 악곡을 기록하는 방법.
* 앙상블: ① 2인 이상이 하는 노래나 연주. ② 주로 실내악을 연주하는 적은 인원의 합주단.
* 외면: 어떤 사상이나 이론, 현실, 사실, 진리 따위를 인정하지 않고 도외시함.

STEP
Ⅰ

어휘 활용

1 다음 문장의 빈칸에 들어갈 알맞은 단어를 〈보기〉에서 찾아 쓰시오.

보기
- 시도: 어떤 것을 이루어 보려고 계획하거나 행동함.
- 야유: 남을 빈정거려 놀림. 또는 그런 말이나 몸짓.
- 임의: 일정한 기준이나 원칙 없이 하고 싶은 대로 함.
- 주류: 사상이나 학술 따위의 주된 경향이나 갈래.
- 지평: 사물의 전망이나 가능성 따위를 비유적으로 이르는 말.

(1) 그는 몇 번의 (   ) 끝에 학생회장에 당선되었다.

(2) 그녀의 작품은 미술계의 (   )와는 거리가 멀었다.

(3) 관중들은 반칙을 한 선수를 향해 (   )를 퍼부었다.

(4) 이렇게 중요한 일을 나 혼자 (   )로 처리할 수는 없다.

(5) 그의 소설은 한국 문학의 (   )을 넓혔다는 평가를 받는다.

어휘 의미

2 다음 뜻풀이에 해당하는 단어를 〈보기〉에서 찾아 쓰시오.

보기

| 괴상하다 | 도입하다 | 외면하다 | 정밀하다 | 통솔하다 |

(1) 무리를 거느려 다스리다. (   )

(2) 보통과 달리 괴이하고 이상하다. (   )

(3) 기술, 방법, 물자 따위를 끌어 들이다. (   )

(4) 아주 정교하고 치밀하여 빈틈이 없고 자세하다. (   )

(5) 어떤 사상이나 이론, 현실, 사실, 진리 따위를 인정하지 않고 도외시하다. (   )

STEP
Ⅱ

서술형 중심 화제

1 윗글은 무엇에 대하여 설명하고 있는지 쓰시오.

(   )

2 윗글을 읽고 각 문단의 중심 내용을 다음과 같이 정리할 때, 빈칸에 들어갈 알맞은 말을 쓰시오.

1문단	"모든 소리는 음악이며 모든 행위는 음악이다."라고 말한 존 케이지는 ( )의 모든 의미를 대담하게 노출시킨 점에서 많은 이들의 관심을 끌었다.
2문단	케이지는 이제까지의 음악 상식으로는 이해할 수 없는 기보법을 시도했으며, 이는 이른바 '우연성 음악'으로 ( )의 음악이라고도 한다.
3문단	케이지의 피아노 연주곡 「4분 33초」는 전통적인 통념에서 벗어나 작곡이나 연주 과정에 ( )을 도입한 작품이다.
4문단	케이지의 혁신적인 작품과 생각들은 음악을 바라보는 ( )에서 벗어나 음악의 지평을 넓혔다는 평가를 받고 있다.

내용 구조

3 다음은 존 케이지의 음악적 특징과 평가를 정리한 것이다. 빈칸에 들어갈 알맞은 말을 쓰시오.

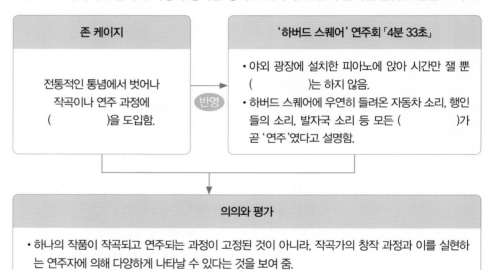

존 케이지

전통적인 통념에서 벗어나 작곡이나 연주 과정에 (   )을 도입함.

반영

'하버드 스퀘어' 연주회 「4분 33초」

• 야외 광장에 설치한 피아노에 앉아 시간만 잴 뿐 (   )는 하지 않음.
• 하버드 스퀘어에 우연히 들려온 자동차 소리, 행인들의 소리, 발자국 소리 등 모든 (   )가 곧 '연주'였다고 설명함.

의의와 평가

• 하나의 작품이 작곡되고 연주되는 과정이 고정된 것이 아니라, 작곡가의 창작 과정과 이를 실현하는 연주자에 의해 다양하게 나타날 수 있다는 것을 보여 줌.
• 음악을 바라보는 고정 관념에서 벗어나 (   )을 넓혔다는 평가를 받음.

STEP III

수능형 핵심 정보의 파악

1 윗글의 '우연성 음악'에 대한 설명으로 적절하지 <u>않은</u> 것은?

① 앙상블을 이끄는 지휘자의 역할이 드러나지 않는다.

② 작곡가의 의도에 맞추어 추상화된 음으로만 구성된다.

③ 같은 곡이라도 연주할 때마다 구성이 달라질 수 있다.

④ 연주자의 즉흥적인 결정이 연주의 내용에 영향을 미친다.

⑤ 기존에 다루지 않던 음향들까지 음악의 범주로 끌어들였다.

수능형 반응의 적절성 판단

2 윗글을 바탕으로 〈보기〉에 대해 반응한 내용으로 가장 적절한 것은?

보기

1951년에 존 케이지는 하버드 대학 무향실*을 방문했던 느낌을 이렇게 썼다. "높은 소리와 낮은 소리, 두 개의 소리를 들었다. 공학자한테 이 이야기를 하자 그는 나에게 높은 소리는 내 신경계가 돌아가는 소리이고, 낮은 소리는 혈액이 순환하는 소리라고 말했다."

무엇이 진실인지를 떠나서, 그는 완벽히 소리가 나지 않을 것이라고 생각한 곳에서 소리를 들은 경험을 한 것이다. 그는 "내가 죽을 때까지도 소리는 남아 있을 것이다. 내가 죽은 후에도 그것은 계속 있을 것이다. 음악의 미래에 대해서 두려워할 필요는 없다."라며 이 경험을 바탕으로 「4분 33초」를 쓰게 되었다고 한다.

* 무향실: 벽 · 바닥 · 천장에 음파 흡수 장치를 하여 소리가 울리지 않도록 한 방.

---

① 「4분 33초」는 예상했던 소리와 실제 소리가 달라질 수 있다는 것을 보여 주는군.

② 존 케이지는 자신이 들었던 두 개의 소리를 활용하여 「4분 33초」를 쓴 것이로군.

③ 가장 훌륭한 음악은 자신의 소리를 듣는 것임을 「4분 33초」를 통해 강조하고 있군.

④ 절대적인 무음은 없다는 발견이 존 케이지로 하여금 「4분 33초」를 쓰게 한 것이군.

⑤ 「4분 33초」는 무음을 통해 가장 아름다운 음악적 선율을 추구한 것이라 할 수 있군.

📖 지문으로 엮어 읽는 배경지식 **침묵의 연주, 「4분 33초」**

▲ 존 케이지

미국의 현대 음악가 존 케이지(John Cage, 1912~1992)는 1951년경부터 당시 주류 음악과는 다른 독자적인 음악 사상을 바탕으로 한 문제작들을 발표했다. 그의 대표적인 작품 「4분 33초」는 음악에 우연적 요소를 도입하여 유럽 음악계에 큰 영향을 끼친다. 즉 연주자가 피아노 앞에서 4분 33초 동안 아무 연주도 하지 않고 앉아 있다가 퇴장하는데, 이 사이 야외무대에 앉아 있던 청중들에게 들린 모든 소리, 즉 자동차 소리, 행인들의 소리, 발자국 소리 등이 모두 음악이라고 하였다. 존 케이지는 이와 같은 우연성 음악의 개척자로 평가되며, 오늘날 우연성은 작곡 기법의 하나로 널리 쓰이고 있다.

불상의 수인(手印)에서 영향받은 한국의 춤

필독 TIP

어휘 ★★
문장 ★★
배경지식 ★★★

이 글은 한국 춤에 나타나는 손가락 모양이 불상의 수인을 모방한 것이라는 점을 구체적인 근거를 활용하여 설명하고 있다. 한국 춤만의 특징은 무엇인지 파악해 보고, 이러한 특징이 의미하는 바가 무엇인지 생각하며 읽도록 한다.

　서양 춤에서는 발동작을 중시하지만 한국 춤에서는 발동작보다 손동작에 더 공을 들인다. 특히 ㉠한국 춤에서 손가락 모양은 춤의 아름다움을 완성하는 데 대단히 중요한 역할을 한다. 이런 손가락 춤의 근원은 불교의 상징인 불상의 손 모양, 즉 수인(手印)*에서 비롯된 것으로 보는 견해가 강한데, 그 이유는 불교의 영향을 많이 받은 인도, 한국 등에서 수인을 모방한 손가락 춤이 두드러지게 나타나기 때문이다.

　수인은 부처가 얻은 깨달음을 상징하는 동시에 중생들에게 내리는 설법*을 상징적으로 표현하는 손 모양이다. 이런 점으로 볼 때, 불상은 수인을 통해 사람들에게 구원의 손길을 내밀고 있다고 볼 수 있다. 그러기에 신라 시대부터 무척*들은 불상의 수인을 모방한 손가락 동작으로 춤을 아름답게 완성해 나갔고, 그 춤을 관람한 관객들은 손가락이 만들어 내는 부드러운 곡선과 분위기를 통해 구원과 같은 감동을 받았던 것이다.

　게다가 ㉡한국의 춤복이라고 할 수 있는 한복은 온몸을 감싼 채 손, 발, 얼굴만 드러내기 때문에 노출된 신체 부위를 부각시켜 주는 효과를 가져온다. 특히 한복 저고리의 깃이나 끝동*, 옷고름과 소매 등의 아름다운 선들은 손가락 동작이 만들어 내는 선으로 이어지면서 ㉢한국 춤의 특징이라 할 수 있는 아름다운 곡선들을 만들어 내게 된다.

〈그림 1〉　　　　　　　〈그림 2〉

* **수인**: 모든 불보살과 제천선신의 깨달음의 내용이나 활동을 상징적으로 나타내는 표시 가운데, 양쪽 손가락으로 나타내는 모양.
* **설법**: 불교의 교의를 풀어 밝힘.
* **무척**: 신라 때에, 춤을 추던 악공.
* **끝동**: 여자의 저고리 소맷부리에 댄 다른 색의 천

　한국 춤의 손가락 모양이 수인을 모방했다는 것은 한국 춤 중에서 가장 잘 다듬어진 춤으로 꼽히는 살풀이춤에서 확인할 수 있다. 〈그림 1〉은 세계적으로 아름다움을 인정받는 '금동 미륵보살 반가 사유상'인데, 이 불상의 수인은 둘째, 셋째 손가락을 펴고 다른 손가락은 굽힌 모양이다. 살풀이춤에서는 이를 모방하여 손가락 모양을 만들고, ㉣거기에 방향성을 가미하여 〈그림 2〉와 같이 부드러운 곡선의 춤 동작들을 다양하게 만들어 냈다. 또 〈그림 1〉의 불상은 두 팔의 동작이 다른데, 이는 한국 춤에서 팔을 번갈아 상하로 올리고 내리는 동작으로 나타난다. 그래서 관객들은 한국 춤을 감상할 때 마치 부처가 춤을 추는 듯한 인상을 받기도 한다.

　한편 '살'은 사람을 해치거나 물건을 상하게 하는 나쁜 기운을 말하는데, 살풀이춤은 이런 살을 풀어내어 사람들을 고통에서 벗어나도록 해 주는 기능을 지니고 있다. 이는 부처가 베풀고자 했던 자비가 살풀이춤의 팔과 손동작을 통해 관객에게 전해지는 과정이 아닐까? ㉤살풀이춤을 감상하는 관객들이 종종 슬픔이 환희로 전환되는 느낌을 받는다는 것도 이런 맥락에서 이해해 볼 수 있다.

STEP
I

어휘 의미

1 다음 단어의 사전적 의미가 맞으면 ○, 틀리면 ×표를 하시오.

(1) 근원: 사물이 비롯되는 근본이나 원인. (   )

(2) 구원: 어려움이나 위험에 빠진 사람을 구하여 줌. (   )

(3) 모방: 남의 말이나 글을 자신의 말이나 글 속에 끌어 씀. (   )

(4) 자비: 남을 깊이 사랑하고 가엾게 여김. 또는 그렇게 여겨서 베푸는 혜택. (   )

어휘 활용

2 다음 문장의 빈칸에 들어갈 알맞은 단어를 〈보기〉에서 찾아 문장에 맞게 활용하여 쓰시오.

┌─ 보기 ───┐
│   가미하다   부각하다   인정받다   전환하다   │
└──┘

(1) 그녀는 뒤늦게 자신의 능력을 (   ).

(2) 그 작품에서는 방황하는 현대 젊은이들의 모습을 (   ) 드러냈다.

(3) 스리랑카는 불교에 힌두교와 이슬람 색채를 (   ) 독특한 문화를 창조해 왔다.

(4) 우리는 우울한 기분을 즐거운 마음으로 (   ) 위해 잠시 오락 시간을 갖기로 했다.

어휘 활용

3 다음 문장의 빈칸에 들어갈 알맞은 단어를 제시된 초성자를 참고하여 쓰시오.

(1) 그는 사람들에게 좋은 ㅇ ㅅ 을 남기고 떠났다. (   )

(2) 양측의 ㄱ ㅎ 가 첨예하게 대립되어 타협점을 찾기 어려웠다. (   )

(3) 박물관이 일찍 폐관되어 늦게 온 손님들은 ㄱ ㄹ 할 수가 없었다. (   )

STEP
II

서술형 **중심 화제**

1 윗글에서 글쓴이가 설명하고 있는 것은 무엇인지 쓰시오.

(   )

문단 정리

2 윗글을 읽고 각 문단의 중심 내용을 다음과 같이 정리할 때, 빈칸에 들어갈 알맞은 말을 쓰시오.

1문단	한국 춤에서 손가락 모양은 춤의 아름다움을 완성하는 데 대단히 중요한 역할을 하는데, 이런 손가락 춤의 근원은 ( )에서 비롯된 것으로 본다.
2문단	신라 시대부터 무척들은 수인을 모방한 ( ) 동작으로 춤을 완성해 나갔고, 관객들은 구원과 같은 감동을 받았다.
3문단	( )의 아름다운 선들은 손가락 동작이 만들어 내는 선으로 이어지면서 한국 춤의 특징인 아름다운 곡선들을 만들어 낸다.
4문단	한국 춤의 손가락 모양이 수인을 모방했다는 것은 한국 춤 중에서 가장 잘 다듬어진 춤으로 꼽히는 ( )에서 확인할 수 있다.
5문단	살풀이춤은 살을 풀어내어 사람들을 고통에서 벗어나도록 해 주는 기능을 지니고 있는데, 이는 부처의 ( )가 살풀이춤의 팔과 손동작을 통해 관객에게 전해지는 과정이라고 생각할 수 있다.

내용 구조

3 다음은 한국 춤의 특징을 정리한 것이다. 빈칸에 들어갈 알맞은 말을 쓰시오.

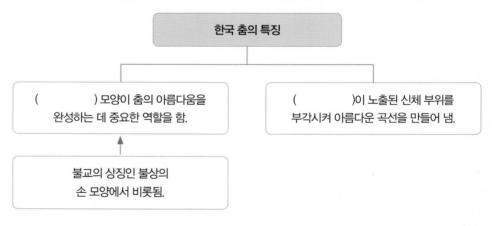

수능형 전개 방식 파악

1 윗글에 대한 설명으로 가장 적절한 것은?

① 한국 춤에 대한 다양한 견해를 열거한 후 이를 통합하고 있다.

② 손가락 모양에 초점을 맞추어 한국 춤의 특징을 설명하고 있다.

③ 한국 춤과 서양 춤의 특징을 대조하고 각각의 장단점을 비교하고 있다.

④ 한국 춤에서 손과 팔이 상호 작용하는 양상을 구체적으로 소개하고 있다.

⑤ 불상의 수인이 한국 춤의 손가락 모양으로 전환된 과정을 순차적으로 제시하고 있다.

2 윗글의 ㉠∼㉤과 〈보기〉의 내용을 연관 지어 이해한 내용으로 적절하지 <u>않은</u> 것은?

> 보기
>
>   한국 춤은 손이 중심축이 되고 얼굴과 목, 발 등이 손을 보조하며 비로소 완성에 이르게 된다. 관객들은 무용수의 손과 발, 목의 움직임에 주목하면서 한국 춤 고유의 아름다운 곡선을 느끼게 된다. 한국 춤의 선은 직선이 거의 없고 시종일관 곡선을 유지하는데, 한국 춤의 선은 보이는 것 이상을 보여 준다는 특징이 있다. 이는 무용수의 동작이 만들어 내는 곡선의 흐름에 몰입하다 보면 관객 스스로가 그 이후로 이어지는 상상의 선을 그려 보게 된다는 뜻이다. 이처럼 예술성이 높은 춤일수록 관객이 느끼는 상상의 선의 수가 많다고 한다.

① ㉠이라 해도 '얼굴, 목, 발' 등의 보조 없이 한국 춤을 완성할 수는 없겠군.

② ㉡이기 때문에 관객들은 한복 밖으로 노출된 신체 부위에 주목하게 되는 것이군.

③ ㉢이라고 하는 이유 중 하나는 한국 춤이 거의 곡선으로만 유지된다는 것이겠군.

④ ㉣을 고려하면 손동작과 방향에 따라 관객은 그 후로 이어지는 다양한 선을 상상하겠군.

⑤ ㉤은 관객이 자신의 상상보다 무용수가 보여 주는 동작에 몰입했기 때문에 생긴 결과로군.

◎ 지문으로 분석하는 시각 자료   **금동 미륵보살 반가 사유상**

    우리나라 국보 제78호인 '금동 미륵보살 반가 사유상'은 높이 83.2cm로, 청동에 도금을 하여 만든 6세기 중후반 삼국 시대의 불상이다. 대좌에 오른쪽 다리를 왼쪽 허벅다리 위에 수평으로 얹고 걸터앉아, 오른손을 받쳐 뺨에 대고 생각에 잠겨 있는 부처의 상으로, 이를 '반가 사유상'이라고 한다. 머리에는 왕관 형식의 화려한 보관(寶冠)을 쓰고 있으며, 관 띠를 이마 위의 관에 묶어 귀 좌우로 내려뜨렸다. 몸과 옷의 주름을 곡선으로 유연하게 표현하고 있으며, 손이나 발도 전체적인 형태와 조화를 이루고 있다. 우리나라 최초의 반가 사유상이라는 점에서 더욱 주목받는 작품이다.

영화에서의 조명

필독 TIP

어휘 ★★★★

문장 ★★★

배경지식 ★★★

이 글은 영화에서 사용하는 조명에 대해 설명하고 있다. 영화에서 조명은 어떻게 사용되고 있으며, 어떤 역할을 하는지 생각하며 읽도록 한다.

일반적으로 말해서 촬영 기사는 감독의 세부적·전반적 지시에 의하여 영화의 조명을 구성하고 조정하는 책임을 진다. 대상물을 강조하거나 초점을 맞추는 데 대단히 변별력이 뛰어난 스포트라이트를 사용하여 감독은 촬영된 영상의 어떠한 영역으로도 관객의 눈을 끌고 갈 수 있다. 영화의 조명은 카메라나 피사체*가 아주 조금만 움직여도 변화를 초래하기 때문에 정태적*일 수가 없다. 영화를 완성하는 데 그렇게도 오랜 시간이 걸리는 이유 중의 하나는 각각의 새로운 숏*마다 필요한 조명이 엄청나게 복잡하기 때문이다. 촬영 기사는 하나의 연속적인 장면 안의 모든 움직임을 계산해야만 한다. 대상물의 색조, 형상, 질감의 차이에 따라 빛의 반사나 흡수 정도가 달라지기 때문이다.

조명에는 많은 방식이 있다. 조명 방식은 보통 영화의 주제, 분위기와 연관성이 있다. 가령 코미디와 뮤지컬은 밝고 균등한 조명으로 고양된 주조*를 가지며 분명한 명암의 대비를 회피한다. 비극과 멜로 드라마는 종종 강렬한 광선과 극적 어둠으로 뚜렷한 대조를 가진 조명을 쓴다. 미스터리물과 스릴러물은 확산된 어둠과 그를 둘러싸는 분위기 있는 빛으로 인하여 일반적으로 음울한 주조를 지닌다.

조명은 또한 선택된 소재를 전복시키는 데 사용될 수도 있다. 폴 브릭만의 「위험한 사업」은 성장 코미디 영화인데, 이 장르의 다른 대부분의 영화처럼, 청소년 주인공은 체제와 그 위선적인 도덕성에 대항하여 승리를 거둔다. 그러나 이 영화에서는, 순진한 주인공이 게임하는 법을 배우고 체제의 옹호자들보다도 훨씬 더 위선적이 되어 승자가 된다. 이 영화의 대부분은 코미디로서는 흔치 않은 로키(low-key)* 조명 숏으로써, 우스운 장면들의 톤을 어둡게 한다. 이 영화의 결말을 보고서도 우리는 주인공의 '성공'이 아이러니한 것인지 확실한 것인지 정말 확신할 수 없게 된다. 아마도 보통의 하이키(high-key)*로 촬영되었다면 훨씬 더 우스웠겠지만 로키(low-key) 촬영은 이 영화를 아이러니하고 역설적인 심각한 코미디로 만든다.

조명은 사실주의적으로 쓰일 수도 있고 형식주의적으로 쓰일 수도 있다. 사실주의 감독은 적어도 야외 촬영에서는 자연 광선을 선호하는 경향이 있다. 자연광은 필름의 영상미가 기록 영화의 느낌, 즉 있는 그대로의 단단한 느낌과 거친 특성을 보여 주며 또한 부드러운 인공적 조형미는 거의 없다. 실내 촬영의 경우, 사실주의 감독은 창문이나 램프 등의 분명한 광원으로 비춘 영상을 좋아한다. 혹은 인위적이며 강한 대조가 없는, 흩어지는 빛을 종종 사용하기도 한다. 간단히 말해 사실주의 감독은 영화의 흐름에 자연스럽지 못한 특이한 조명은 쓰지 않는다.

형식주의 감독은 사실주의 감독보다 더 교묘하게 빛을 이용한다. 빛의 상징적 의미에 이끌리며 자연 광선을 애써 뒤틀리게 함으로써 이런 상징적 특징을 강조하려고 한다. 밑에서부터 조명을 받은 얼굴은 배우가 별다른 표정을 짓지 않는다고 해도 무시무시하게 나타날 것이다. 이와 흡사하게 광원 앞에 놓인 방해물은 우리의 안도감을 해치려는 경향이 있는 까닭에 공포를 암시한다. 얼굴이 뚜렷하게 위에서부터 조명을 받을 때는 천사의 후광 같은 결과가 나타난다. 일종의 실루엣이라 할 수 있는 배면 조명은 부드럽고도 신비스럽다. 스포트라이트의 사용을 통해 영상은 빛과 어둠의 격렬한 대조로 구성될 수 있다. 그러한 영상의 표면은 손상되고 찢어진 것처럼 보인다. 형식주의 감독은 그 같은 뚜렷한 대조를 심리적·주제적 목적을 위해 사용한다.

* **피사체**: 사진을 찍는 대상이 되는 물체.

* **정태적**: 움직이지 아니하고 가만히 있는 상태인.

* **숏**: 한 번의 연속 촬영으로 찍은 장면을 이르는 말.

* **주조**: 주된 조류나 경향.

* **로키(low-key)**: 노출을 줄이거나 인화지에 적정치보다 많은 빛을 쪼여 어두운 색조로 만든 사진.

* **하이키(high-key)**: 노출을 계산하거나 인화지를 선택하거나 하여 고의로 흰 부분을 밝게 마무리한 사진.

STEP
I

어휘 의미

1 다음 뜻풀이에 해당하는 단어를 〈보기〉의 낱글자를 조합하여 쓰시오.

> 보기
> 광   대   반   복   사   선   전   항   호   후

(1) 차나 배 따위가 뒤집힘. (   )

(2) 여럿 가운데서 특별히 가려서 좋아함. (   )

(3) 굽히거나 지지 않으려고 맞서서 버티거나 항거함. (   )

(4) 어떤 사물을 더욱 빛나게 하거나 두드러지게 하는 배경을 비유적으로 이르는 말.

(   )

(5) 일정한 방향으로 나아가던 파동이 다른 물체의 표면에 부딪쳐서 나아가던 방향을 반대
로 바꾸는 현상. (   )

어휘 활용

2 다음 문장에 들어갈 알맞은 단어를 찾아 ○표를 하시오.

(1) 그는 어려운 일은 늘 (회포 / 회피)하려고 한다.

(2) 누구에게나 (균등한 / 균일한) 기회를 주어야 한다.

(3) 가뭄 피해가 전국적으로 급속히 (확보되고 / 확산되고) 있다.

(4) 우리나라 팀이 승리하자 모든 국민들의 감정이 (고양 / 고안)되었다.

(5) 한순간의 부주의가 돌이킬 수 없는 재앙을 (초래 / 초라)할 수도 있다.

(6) 정부의 보조금을 빼돌린 (우선적 / 위선적)인 보육원 원장의 행태가 경찰에 발각되었다.

STEP
II

서술형 중심 화제

1 윗글의 중심 화제는 무엇인지 쓰시오.

(   )

문단 정리

2 윗글을 읽고 각 문단의 중심 내용을 다음과 같이 정리할 때, 빈칸에 들어갈 알맞은 말을 쓰시오.

1문단	( )는 감독의 지시에 따라 영화의 조명을 구성하고 조정하는 책임을 진다.
2문단	조명 방식은 보통 영화의 ( )나 분위기와 연관성이 있다.
3문단	조명은 선택된 소재를 ( )시키는 데 사용될 수도 있다.
4문단	( ) 감독은 자연 광선을 선호하며 영화의 흐름에 자연스럽지 못한 특이한 조명은 쓰지 않는다.
5문단	형식주의 감독은 빛의 ( ) 의미에 이끌리어 자연 광선을 애써 뒤틀리게 함으로써 이런 상징적 특징을 강조하고, 빛과 어둠의 대조를 심리적·주제적 목적을 위해 사용한다.

내용 구조

3 다음은 영화의 조명 사용에 대한 대조적인 두 경향을 정리한 것이다. 빈칸에 들어갈 알맞은 말을 쓰시오.

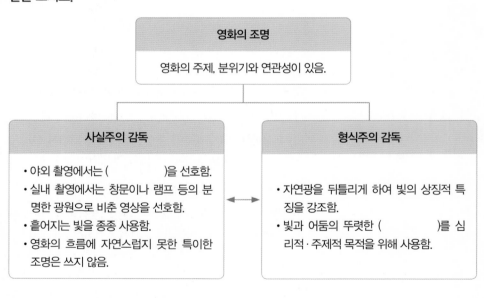

영화의 조명

영화의 주제, 분위기와 연관성이 있음.

사실주의 감독
- 야외 촬영에서는 (   )을 선호함.
- 실내 촬영에서는 창문이나 램프 등의 분명한 광원으로 비춘 영상을 선호함.
- 흩어지는 빛을 종종 사용함.
- 영화의 흐름에 자연스럽지 못한 특이한 조명은 쓰지 않음.

↔

형식주의 감독
- 자연광을 뒤틀리게 하여 빛의 상징적 특징을 강조함.
- 빛과 어둠의 뚜렷한 (   )를 심리적·주제적 목적을 위해 사용함.

STEP Ⅲ

수능형 **세부 정보의 파악**

1 윗글의 내용과 일치하지 **않는** 것은?

① 조명은 소재의 의미를 전복시키는 데에도 사용된다.

② 관객은 감독의 의도에 따라 촬영된 영상을 보게 된다.

③ 대상물의 특성에 따라 빛의 반사나 흡수 정도가 달라진다.

④ 코미디와 비극은 명암의 대비를 사용하는 것에서도 상반된다.

⑤ 사실주의와 형식주의 감독 모두 빛의 상징적 특징을 강조한다.

수능형 구체적 상황에 적용

2 윗글을 바탕으로 〈보기〉를 이해한 내용으로 가장 적절한 것은?

보기

제시된 그림은 영화의 한 장면으로, 큰 창 앞에 앉아 있는 인물이 인상적이다. 이 영화는 미국 남부 조지아의 고립된 시골에서 자란 셀리가 생애 내내 받아 온 정신적 고통과 그녀를 지배하는 이들에 의해 강요되어 온 무기력한 자아상에 저항하여 마침내 승리를 거두는 내용의 작품이다.

① 창문으로 들어오는 자연광을 통해 단단하고 거친 느낌의 사실적인 조명을 사용한 것이겠군.

② 창문 쪽을 비추는 스포트라이트를 사용하여 빛과 어둠을 격렬하게 대조시킨 것이라고 볼 수 있겠군.

③ 밝은 창문을 단일한 광원으로 놓아 인물을 부드러운 실루엣으로 처리한 배면 조명을 사용한 것이겠군.

④ 창문을 통해 들어오는 강렬한 광선과 극적 어둠을 지닌 인물을 대조한 조명을 사용하여 비극적 분위기를 드러낸 것이겠군.

⑤ 화면 아래쪽의 확산된 어둠과 인물 주위의 분위기 있는 빛을 통해 음울한 주조를 만든 것으로 보아 미스터리물에서 사용하는 조명이라고 할 수 있겠군.

📖 지문으로 엮어 읽는 배경지식 **컬러 퍼플**

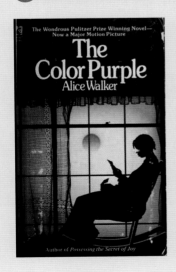

「컬러 퍼플(The Color Purple)」은 앨리스 워커의 동명 소설을 영화화한 것으로, 미국 남부에 사는 흑인 여성 셀리의 삶을 통해 1930년대 인종 차별과 여성 차별의 문제를 다루고 있다.

책 표지는 큰 창가에 앉아 있는 주인공 셀리를 흑백으로 처리했는데, 이는 셀리의 고단한 삶을 상징하는 것이며 밖에서 들어오는 붉은 석양빛(Purple)은 그럼에도 불구하고 희망이 있음을 나타내는 것이라 할 수 있다. 책 표지의 화면 구성 역시 조명 빛을 효과적으로 활용한 예라 할 수 있다.

일상 공간의 빛을 그린 화가들

일상의 공간에 들어오는 빛을 화가들은 어떻게 표현했을까? 17세기 네덜란드 화가 ㉠렘브란트의 「자화상」 속 배경은 어떠한 공간인지 알려 주지 않는, 짙은 암갈색의 어둠이다. 렘브란트의 얼굴, 특히 이마에만 밝은 빛이 모여 있다. 렘브란트는 작업실 창을 모두 닫고 어둠 속에서 촛불에 의지해 작업하는 것을 좋아했다. 후에 '키아로스쿠로'라고 명명된* 이 방식은 빛과 어둠의 강한 대비를 표현하는 기법이다. 그는 침묵의 암흑을 통해 '영원성'을 표현하고자 했다. 초상화의 주인공은 영원한 시간 속에서 잠시 드러

▲ 「자화상」

난 일시적 존재다. 이에 대해 독일의 미학자 보케묄은 "시간을 초월한 영원성 자체가 현재 속에 나타나는 방식"이라고 말했다. 렘브란트는 초상화라는 형식을 빌려 초월적인 시간과 순간의 시간을 동시에 담았다.

17세기 네덜란드 델프트에 있는 또 다른 집. 작은 운하*를 앞에 둔 좁고 긴 주택이다. 델프트의 집은 대체로 좁은 정면과 안으로 긴 공간으로 구성된다. 운하로 생겨난 지형적 특성 때문이다. 이 집의 2층에는 화가 페르메이르의 작업실이 있다. 그의 작업실은 여러 작품의 배경이 되는데, 그중 하나가 ㉡「편지를 읽는 푸른 옷의 여인」이다. 창가의 책상 앞에서 여인이 편지를 읽고 있다. 왼편에서 들어오는 연약한 빛이 공간을 부드럽게 감싼다. 여인이 입고 있는 옷의 푸른색, 지도의 갈색, 의자의 남청색 모두이 은은한 빛 속으로 흡수된다. 사물의 색은 자신의 목소리를 잃어버리고 페르메이르의 빛 속으로 빨려 들어간다. 여인의 머리 부분을 보면 얼굴과 공간의 경계가 흐릿하게 사라지는 것을 볼 수

▲ 「편지를 읽는 푸른 옷의 여인」

있다. 렘브란트의 얼굴이 암흑 속에서 홀연히 '떠오르는' 것과는 달리 푸른 옷 여인의 얼굴은 배경으로 '녹아든다'. 여인의 얼굴뿐 아니라 사물의 경계가 흐릿하다. 이러한 빛은 페르메이르의 다른 작품에서도 발견된다. 이는 그의 작업실 공간과 관련이 있다. 실제로 작업실의 창문은 모두 북서향으로 나 있었다. 직사광선은 들어올 수 없고 간접광만 유입된다. 그는 대상이 가진 색을 '생각'하여 그리지 않고, 빛의 상태 그 자체를 그대로 '재현'하였다. 이러한 면에서 페르메이르를 근대의 인상파 화가들과 연관시키기도 한다.

이번에는 약 300년의 시간을 뛰어넘어 미국으로 가자. 1952년의 뉴욕. 한 여인이 침대에 앉아 창밖을 바라본다. ㉢「아침의 태양」이라는 제목으로 미루어 볼 때 여인은 방금 일어난 듯하다. 침대와 내부의 벽에도 빛이 비친다. 여인은 창밖 어딘가를 보고 있지만 특정한 무엇을 응시한다기보다 잠시 어떤 생각에 빠진 듯하다. 호퍼의 그림에 나타난 빛은 항상 강한 직사광으로,

▲ 「아침의 태양」

인물과 공간에 투사되는* 것이 그리 부드럽지 않다. 오히려 사람을 지치게 한다. 그것은 자신

이 속한 시간과 공간을 잠시 벗어난 주인공의 심리를 강조하는 역할을 한다. 그림 속 공간들 역시 대부분 잠시 머무는 곳이다. 호텔, 기차역, 식당…… 호퍼의 그림 속 사람과 공간은 어딘가에 뿌리내리지 못한다. 그는 근대 도시를 살아가는 소시민의 고독과 소외를 이러한 방식으로 표현했다. 페르메이르의 빛이 사람과 공간을 부드럽게 통일시키는 반면 호퍼의 빛은 여러 개의 심리적, 공간적 층을 만든다.

세 화가의 그림은 공통적으로 평범한 공간을 배경으로 삼고 있다. 의도적으로 빛이 연출되는 건축 공간이 아닌 일상적인 공간이다. 단 한 사람의 인물이 등장한다는 공통점도 있다. 이렇게 비슷한 조건이지만 세 화가의 빛은 극단적으로 다르다. 화가들은 배경이 되는 공간을 사실 그대로 묘사하지 않았다. 그들은 자신이 표현하고자 하는 세계를 그렸다. 그 과정에서 빛은 핵심적인 역할을 했다. 우리가 일상 공간에서 흔히 체험할 수 있는 빛을 바탕으로 자신만의 예술 세계를 완성한 것이다.

STEP
I

어휘 활용

1 다음 문장의 빈칸에 공통으로 들어갈 알맞은 단어를 〈보기〉에서 찾아 쓰시오.

보기
경계   소외   의지

(1) • 그는 사람들에게 (   )를 당했다.
    • 우리 주변의 (   ) 계층에 많은 관심을 가져 주세요.
(2) • 꿈과 현실의 (   )를 구분하기 어려웠다.
    • 일의 (   )가 명확하지 않아 당황스러웠다.
(3) • 그는 항상 나에게 (   )가 되는 사람이다.
    • 다른 사람에게 너무 (   )하지 않도록 해라.

어휘 의미

2 다음에 제시된 단어의 사전적 의미를 찾아 바르게 연결하시오.

(1) 유입되다	•	•	㉮ 눈길을 모아 한 곳을 똑바로 바라보다.
(2) 묘사하다	•	•	㉯ 액체나 기체, 열 따위가 어떤 곳으로 흘러들게 되다.
(3) 응시하다	•	•	㉰ 사람, 사물, 사건 따위의 대상에 이름을 지어 붙이다.
(4) 명명하다	•	•	㉱ 어떤 대상이나 사물, 현상 따위를 언어로 서술하거나 그림을 그려서 표현하다.

STEP

Ⅱ

서술형 **중심 화제**

1 윗글의 중심 내용을 다음과 같이 정리할 때, 빈칸에 들어갈 알맞은 내용을 쓰시오.

> 일상 공간 속의 빛을 통해 (   )

문단 정리

2 윗글을 읽고 각 문단의 중심 내용을 다음과 같이 정리할 때, 빈칸에 들어갈 알맞은 말을 쓰시오.

1문단	( )는 빛과 어둠의 강한 대비를 통해 영원성을 표현하고자 했다.
2문단	페르메이르는 ( )을 이용하였으며 대상이 가진 색을 생각하여 그리지 않고 빛의 상태 그 자체를 그대로 재현하였다.
3문단	( )는 강한 직사광을 이용해 자신이 속한 시간과 공간을 잠시 벗어난 주인공의 심리를 강조하였다.
4문단	세 화가들은 우리가 ( )에서 흔히 체험할 수 있는 빛을 바탕으로 자신만의 예술 세계를 완성하였다.

내용 구조

3 다음은 윗글에 제시된 세 화가들의 공통점과 차이점을 정리한 것이다. 빈칸에 들어갈 알맞은 말을 쓰시오.

	공통점	차이점
렘브란트, 「자화상」	• 일상적이고 ( )한 공간을 배경으로 함. • 단 한 사람의 인물이 등장함.	• 빛과 ( )이 강한 대비를 이룸. • 암흑을 통해 영원성을 표현함.
페르메이르, 「편지를 읽는 푸른 옷의 여인」		• 사물의 색이 빛 속으로 빨려 들어감. • 사물의 ( )가 흐릿함. • 빛의 상태 그 자체를 그대로 재현함.
호퍼, 「아침의 태양」		• 강한 ( )이 인물과 공간에 투사됨. • 자신이 속한 시간과 공간을 잠시 벗어난 주인공의 심리를 강조함.

STEP
Ⅲ

1

수능형 전개 방식 파악

윗글에 대한 설명으로 가장 적절한 것은?

① 회화 발전의 역사를 시간의 흐름에 따라 제시하고 있다.

② 다양한 해석을 근거로 작품에 대한 통념적인 이해를 비판하고 있다.

③ 작가들이 빛을 대하는 방식에 대해 구체적인 사례를 통해 설명하고 있다.

④ 일상 공간의 빛을 활용하는 기법과 관련한 상반된 논쟁을 소개하고 있다.

⑤ 전문가의 견해를 인용하여 회화에서 빛 사용의 중요성을 역설하고 있다.

2

수능형 정보 간의 의미 파악

㉠~㉢에 대한 이해로 적절하지 <u>않은</u> 것은?

① ㉠은 대비를 통해 경계를 분명히 하여 초상화 속 인물의 얼굴이 명확하게 드러난다.

② ㉡은 간접광을 사용하여 인물 및 사물의 경계가 흐릿하게 보인다.

③ ㉢은 강한 직사광이 투사된 인물과 공간을 통해 인물의 심리를 강조한다.

④ ㉠~㉢ 모두 의도적으로 빛이 연출된 공간이 아닌, 일상 공간에 스며든 빛을 그리고 있다.

⑤ ㉠~㉢ 모두 빛을 통해 공간을 사실적으로 그려 화가 자신의 예술 세계를 효과적으로 표현하고 있다.

 지문으로 분석하는 시각 자료 **렘브란트**

바로크 시대의 거장이라 불리는 네덜란드의 화가 렘브란트(Rembrandt Harmensz van Rijn, 1606~1669)는 많은 수의 자화상을 남긴 것으로 유명하다. 이 글에 제시된 그림은 「63세의 자화상」이란 제목의 작품으로, 그가 사망한 1669년에 그린 마지막 자화상으로 알려져 있다. 렘브란트의 작품은 빛과 어둠의 강한 대비를 특징으로 하며, 빛의 효과를 자유자재로 사용하여 '근대적 명암의 시조'란 평가를 얻게 되었다.

양궁 속에 숨은 과학

㉠양궁은 일정한 거리에 있는 과녁을 향해 화살을 쏘아 맞힌 결과로 승패를 가르는 운동이다. 양궁은 선수가 화살을 잘 조준하여 과녁에 정확하게 맞히기만 하면 되는 것처럼 보이기 때문에 어떻게 보면 매우 단순한 운동처럼 보인다. 하지만 알고 보면 양궁은 매우 섬세하고 복잡한 기술을 필요로 하는 종목이다.

양궁 선수들이 화살을 쏠 때의 모습을 살펴보면 ㉡선수들은 화살을 약간 위로 조준하여 준비 자세를 취하는데, 이것은 활시위*를 떠난 화살이 포물선* 운동을 할 것을 염두에 두고 취한 행동이다. 이때 화살이 포물선 운동을 하는 것은 중력 때문이다. 하지만 화살에 미치는 중력의 값은 우리가 느끼지 못할 정도로 미미하기 때문에 이는 선수들에게 큰 문제가 되지 않는다. 그렇다면 화살의 포물선 운동에 중력보다 더 직접적인 영향을 끼치는 것은 무엇일까?

첫째, 초기 발사 속도가 있다. 초기 발사 속도는 양궁 선수가 활시위를 당기는 힘에 따라 달라지는데, 활시위를 세게 당길수록 화살의 발사 속도가 빨라진다. 화살의 발사 속도가 빠를수록 화살이 과녁에 빨리 도달하게 되는데, 이때 속도가 빠른 화살은 속도가 느린 화살과 비교하면 중력의 영향을 적게 받으므로 상대적으로 낙하하는* 시간이 줄어들어 밑으로 떨어지는 거리도 줄게 된다. ㉢양궁 선수는 이러한 과학적 원리를 고려하여 초기 발사 속도를 조절한다.

둘째, 발사 각도가 있다. 화살을 발사하는 각도에 따라 화살의 포물선 운동이 달라지기 때문에 선수들은 화살이 날아가는 거리를 조절할 수 있다. 그렇다면 발사 각도가 몇 도일 때 물체가 가장 멀리 날아갈까? 공기와의 마찰 등 중력 이외의 외력*이 작용하지 않는다고 가정할 때, 지면과 45도의 각도를 이루도록 물체를 던지면 가장 멀리 날아간다는 사실이 수학적으로 증명되었다.

이 외에도 양궁은 실외 경기이므로 공기의 저항과 바람의 영향을 크게 받는다. 공기의 저항은 어떻게 줄일 수 있을까? 이것은 화살의 뒷부분에 화살 깃을 만들어 줌으로써 해결할 수 있다. 화살 깃은 화살이 공기를 ⓐ가르며 날아갈 때 흔들리는 것을 방지하는 동시에 ㉣화살을 회전시키면서 비행의 안정성을 높인다. 또한 바람의 세기나 방향은 화살이 날아가는 속도나 방향에 큰 영향을 미친다. 그래서 선수들은 바람에 대비하여 오조준* 연습을 한다. ㉤오조준이란 바람의 방향과 세기에 따라 과녁에서 원래 목표 지점이 아닌 곳을 임시로 정하여 그곳에 화살을 쏘는 것을 말한다. 이는 화살과 바람의 힘을 합성하는 물리적인 원리에 따른 것이다.

* **활시위**: 활대에 걸어서 켕기는 줄. 화살을 여기에 걸어서 잡아당기었다가 놓으면 화살이 날아간다.
* **포물선**: 물체가 반원 모양을 그리며 날아가는 선.
* **낙하하는**: 높은 데서 낮은 데로 떨어지는.
* **외력**: 외부에서 작용하는 힘.
* **오조준**: 총이나 포 따위를 잘못 겨냥함.

STEP I

어휘 의미

1 다음은 '중력'의 개념을 정리한 것이다. 빈칸에 들어갈 알맞은 말을 쓰시오.

> • 중력: 질량이 있는 모든 물체는 서로 끌어당기는 힘이 있는데 이를 만유인력이라고 한다. 이때
> (   )가 물체를 잡아당기는 힘을 특별히 중력이라고 한다. 중력은 정확히 말하면 지구
> 와 물체 사이의 만유인력과 (   )의 자전에 따른 물체의 구심력을 더한 힘이다. 우리는
> 중력이 있기 때문에 공중에 떠다니지 않고 지면을 밟으며 생활할 수 있다.

어휘 활용

2 다음 문장의 빈칸에 들어갈 알맞은 단어를 〈보기〉에서 찾아 문장에 맞게 활용하여 쓰시오.

> **보기**
> • 조준하다: 총이나 포 따위를 쏘거나 할 때 목표물을 향해 방향과 거리를 잡다.
> • 조절하다: 균형이 맞게 바로잡다. 또는 적당하게 맞추어 나가다.
> • 미미하다: 보잘것없이 아주 작다.

(1) 건강 검진 이후 아버지는 체중을 (   ) 했다.

(2) 배를 향해 덮치는 파도 앞에 우리는 아무것도 아닌 (   ) 존재였다.

(3) 그는 작대기를 들고 수풀의 뱀을 향해 걸으며 몸통을 정확히 (   ) 내리쳤다.

어휘 활용

3 다음 밑줄 친 단어가 ⓐ와 동일한 의미로 사용된 것을 고르시오.

① 생선의 배를 <u>가르고</u> 내장을 뺐다.
② 경기 당일 날씨가 이날의 승부를 <u>갈랐다</u>.
③ 이번 사건으로 잘잘못을 <u>가르는</u> 것은 의미가 없다.
④ 발사된 로켓이 굉음과 함께 허공을 <u>가르며</u> 날아올랐다.
⑤ 어머니가 사 온 수박을 <u>갈라</u> 보니 속이 빨갛게 잘 익었다.

STEP II

서술형 중심 화제

1 다음은 윗글의 중심 내용을 요약한 것이다. 빈칸에 들어갈 알맞은 말을 쓰시오.

> 양궁에는 다양한 물리학적 원리가 담겨 있다. 양궁은 (   ) 운동을 하는데, 이는
> (   )와 (   )의 영향을 받는다. 한편,
> 외부에서 진행되는 경기이므로 공기의 저항과 바람의 영향을 받는다.

2 윗글을 읽고 각 문단의 중심 내용을 다음과 같이 정리할 때, 빈칸에 들어갈 알맞은 말을 쓰시오.

1문단	양궁은 단순한 운동 같지만 매우 섬세하고 복잡한 기술을 사용하는 종목이다.
2문단	양궁의 화살은 포물선 운동을 하는데 이는 ( )의 영향 때문이다.
3문단	화살의 포물선 운동은 초기 ( )의 영향을 받는다.
4문단	화살의 포물선 운동에 발사 각도가 영향을 미치는데 지면과 ( )도일 때 화살이 가장 멀리 날아간다.
5문단	양궁은 ( )과 바람의 영향을 받기 때문에 화살의 뒷부분에 화살 깃을 만들어 주거나 선수들은 오조준 연습을 함으로써 이에 대비한다.

3 다음은 양궁에 담겨 있는 물리학적 원리를 정리한 것이다. 빈칸에 들어갈 알맞은 내용을 쓰시오.

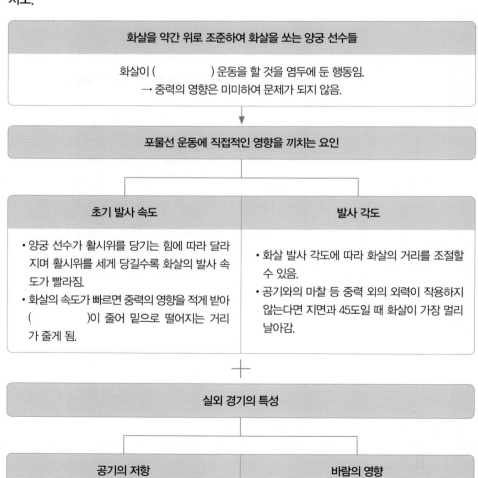

화살을 약간 위로 조준하여 화살을 쏘는 양궁 선수들

화살이 (   ) 운동을 할 것을 염두에 둔 행동임.
→ 중력의 영향은 미미하여 문제가 되지 않음.

포물선 운동에 직접적인 영향을 끼치는 요인

초기 발사 속도	발사 각도
• 양궁 선수가 활시위를 당기는 힘에 따라 달라지며 활시위를 세게 당길수록 화살의 발사 속도가 빨라짐. • 화살의 속도가 빠르면 중력의 영향을 적게 받아 ( )이 줄어 밑으로 떨어지는 거리가 줄게 됨.	• 화살 발사 각도에 따라 화살의 거리를 조절할 수 있음. • 공기와의 마찰 등 중력 외의 외력이 작용하지 않는다면 지면과 45도일 때 화살이 가장 멀리 날아감.

실외 경기의 특성

공기의 저항	바람의 영향
( )을 통해 화살의 흔들림을 방지하고 화살의 회전을 통해 비행의 안정성을 높임.	바람의 방향과 세기를 고려하여 임시 목표 지점을 향해 화살을 쏘는 ( ) 연습을 함.

STEP

III

수능형 세부 정보의 파악

1 **윗글을 통해 알 수 있는 내용으로 적절하지 <u>않은</u> 것은?**

① 화살에 영향을 미치는 중력과 마찰력 크기

② 물체를 가장 멀리 날아가게 하는 발사 각도

③ 활시위를 떠난 화살이 포물선 운동을 하는 이유

④ 초기 발사 속도와 활시위를 당기는 힘의 상관관계

⑤ 화살의 공기 저항을 줄여 주는 화살 깃의 과학적 원리

수능형 다른 상황에 적용

2 **윗글과 〈보기〉의 (가)를 바탕으로 (나)를 이해한 것으로 가장 적절한 것은?**

보기

(가) 둘 이상의 힘이 작용하면 힘의 크기를 더하거나 뺄 수 있는
데, 이를 '힘의 합성'이라고 하고, 이때 더해진 힘을 '합력'이
라고 한다. 힘의 합성은 힘이 작용하는 방향에 따라 작용하
는 방향이 같은 두 힘의 합력, 작용하는 방향이 서로 반대인
두 힘의 합력, 작용하는 방향이 나란하지 않은 두 힘의 합력
으로 나눌 수 있다. 시위를 떠난 화살이 앞으로 나아가려는
방향과 바람의 힘이 합쳐질 때, 화살은 두 힘의 합력이 가리
키는 방향으로 날아간다. 즉, ㉮의 방향으로 바람이 분다면
화살은 ㉯의 방향으로 쏴야 F 방향으로 날아가는 것이다.

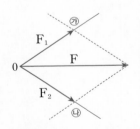

▲ 작용하는 방향이 나란하지
않은 두 힘의 합력

(나)

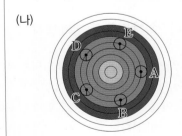

① A는 바람이 왼쪽에서 오른쪽으로 불 때 목표로 쏘는 곳이다.

② B는 바람이 오른쪽에서 왼쪽으로 불 때 목표로 쏘는 곳이다.

③ C는 바람이 왼쪽에서 오른쪽으로 불면서 아래로 향하는 힘도 있을 때 목표로 쏘는 곳이다.

④ D는 바람이 왼쪽에서 오른쪽으로 불고, 위로 향하는 힘도 있을 때 목표로 쏘는 곳이다.

⑤ E는 바람이 오른쪽에서 왼쪽으로 불고, 아래로 향하는 힘도 있을 때 목표로 쏘는 곳이다.

3 ㉠~㉤에 대한 설명으로 적절하지 <u>않은</u> 것은?

① ㉠: 양궁이 어떠한 운동인지 설명하고 있다.

② ㉡: 양궁 선수들의 행동이 화살의 포물선 운동을 염두에 둔 것임을 알 수 있다.

③ ㉢: 양궁 선수들이 초기 발사 속도와 중력의 관계를 고려해야 함을 드러내고 있다.

④ ㉣: 공기의 저항을 줄이는 방법을 제시하기 위해 화살 깃의 역할을 설명하고 있다.

⑤ ㉤: 오조준 방법을 제시하여 화살을 쏠 때 바람의 방향을 전환해야 할 필요성을 언급하고 있다.

👁 지문으로 분석하는 시각 자료 **작용하는 방향이 나란하지 않은 두 힘의 합력**

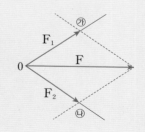

한 물체에 작용하는 방향이 나란하지 않은 두 힘이 동시에 작용할 때, 두 힘의 합력은 제시된 그림처럼 두 변을 이웃으로 하는 평행 사변형과 같이 나타난다. 이때 합력의 크기는 F가 된다. 양궁에서 화살이 앞으로 나가려는 힘과 바람의 힘이 합쳐지면 화살은 두 힘의 합력이 가리키는 방향으로 날아가게 된다. 즉, ㉮의 방향으로 바람이 분다면 화살은 ㉯의 방향으로 쏴야 F 방향으로 날아가는 것이다. 이처럼 바람의 방향에 따라 화살이 밀려 다른 곳으로 날아가므로 양궁 선수들은 바람의 방향과 세기에 따라 오조준 목표 지점을 향해 화살을 쏘는 것이다.

▶ 합력 F는 ㉮ 방향으로 작용하는 힘 F_1과 ㉯ 방향으로 작용하는 힘 F_2를 이웃 변으로 하는 평행 사변형의 대각선 길이이다.

로봇의 인권

필독 TIP

어휘 ★★
문장 ★★
배경지식 ★★★

이 글은 인문과 기술 영역이 통합된 지문으로 로봇의 인권 문제를 다루고 있다. 로봇 시대를 맞아 인공 지능과 로봇 공학의 미래를 생각하며 읽도록 한다.

"옛날 옛적에 나무토막이 하나 있었어요." 이렇게 시작하는 카를로 콜로디의 「피노키오의 모험」은 1883년 출간된 작품으로 나무로 만들어진 피노키오가 거짓말을 하면 코가 늘어나는 벌을 받지만 착한 일을 많이 해서 진짜 사람이 된다는 도덕적 교훈을 담고 있는 동화로 알려져 있다.

이 작품을 창조성의 관점에서 읽어 보면, ㉠창조자와 피조물*의 관계, 인간이라는 창조자의 한계, 피조물이 발휘하는 능력의 역설, 인간을 닮아 가는 피조물의 의미 등을 포착할 수 있다. 좀 더 구체적으로는 이 작품이 인공 지능과 로봇 공학의 미래를 은유하고 있다고 볼 수도 있는 것이다. 그러므로 피노키오 이야기는 21세기의 매우 중요한 철학적 과제와 깊은 연관이 있으며, 그것은 '인공 생명의 철학'이라고 부를 수 있다.

매사추세츠 공과 대학 인공 지능 연구소 소장 로드니 브룩스는 로봇 공학의 가장 본질적 특징으로 로봇이 빠르게 인간을 닮아 간다는 점을 강조한다. 다시 말해, 로봇의 진화가 목표로 삼는 것은 '인간 되기'라는 것이다. 이는 로봇 공학과 뗄 수 없는 것이 곧 인간학이라는 것을 뜻한다. 이는 곧 로봇에게 인간적 위상*과 인간적 권리를 어느 만큼 인정해야 할 것인가 하는 문제를 야기한다. 이 모든 것은 철학적 문제부터 시작해서 법학적, 사회학적 문제로까지 확대될 것이다. 인공 생명의 철학은 이 문제를 풀지 않고 21세기를 넘어갈 수 없다.

미래에 우리와 동등한 권리로 살아갈지도 모를 인공 생명들이 모두 '착한 로봇'일까? 일본의 유명한 로봇 과학자인 시게오 히로세는, 지능을 갖도록 설계된 로봇이라면 그 어떤 로봇도 도덕적 존재가 될 수 있다고 주장한다. 무엇보다도 로봇은 생물학적 생존을 위해 투쟁할 필요가 없으므로, 로봇을 이기적이지 않게 만들 수 있다는 것이다. 그는 예의 바르고, 똑똑하고, 심지어 성인(聖人) 같은 로봇이 가능하다고 주장한다. 이는 인간을 해치지 않을 로봇을 염두에 둔 것으로 '인간을 위한 로봇'이라는 개념을 전제한다. 그러나 로봇이 언젠가 인간과 같은 정도의 지능과 의식을 갖게 된다면 이들을 우리가 통제의 대상으로 취급해도 될지는 생각해 보아야 할 문제이다.

굳이 인간을 닮은 로봇이 이상적인 것은 아니라고 주장하는 로봇 공학자들도 있다. 이들은 로봇에게 인공 지능이 필요하지만, 반드시 인간과 같은 두뇌를 가질 필요는 없으며 인간의 두뇌와 완전히 다른 회로 구조를 통해 매우 지능적으로 행동하는 로봇이 가능할지도 모른다는 전제 아래 연구를 계속하고 있다. 이런 로봇은 어쩌면 지구에서 만들어진 일종의 지능적인 외계인과 같을 것이다. 그들은 지능적인 면에서 인간보다 못할 수 있지만, 더 뛰어날 수도 있다. 이들 역시 우리 인간에게 윤리적 난제*를 제기할 것이다. 그들과 연관해서는 '로봇에게 인권을 인정할 것인가?'가 문제되는 게 아니라, 로봇에게 그에 합당한 권리, 즉 '로봇에게 로봇권을 어떻게 인정할 것인가?' 하는 문제가 떠오를 것이기 때문이다. 이것은 우리에게 '새로운 타자'라는 철학적 과제를 던지며 결국 인간의 정체성*과 인간 존재론에 대한 성찰을 요구할 것이다.

「피노키오의 모험」의 주인공은 제페토 할아버지가 몸을 다 만들기도 전에 장난을 치기 시작한 말썽꾸러기 인형 피노키오이다. 그런데 말썽꾸러기 인형 피노키오에게 제페토는 언제나 자신의 피조물을 배려하고 그를 위해 희생하며 그가 아무리 말썽을 피우더라도 받아들일 준비를 하고 있다. 이런 제페토의 태도를 한마디로 표현하면 '인내'이다. 이처럼 인간과 새로운 타자

* **피조물**: 조물주에 의하여 만들어진 모든 것. 삼라만상을 이른다.
* **위상**: 어떤 사물이 다른 사물과의 관계 속에서 가지는 위치나 상태.
* **난제**: 해결하기 어려운 일이나 사건.
* **정체성**: 변하지 아니하는 존재의 본질을 깨닫는 성질. 또는 그 성질을 가진 독립적 존재.

로서 로봇은 무엇보다도 서로 인내하는 것을 배워야 할지 모른다. 앞으로 우리는 로봇들이 우리에게 제대로 봉사할 준비가 되어 있는지 묻는 것 이상으로, 우리가 로봇들을 받아들일 준비가 되어 있는지 물어야 할 것이다.

STEP I

어휘 의미

1 다음 뜻풀이에 해당하는 단어를 〈보기〉에서 찾아 쓰시오.

보기
| 포착하다 | 야기하다 | 제기하다 | 합당하다 | 받아들이다 |

(1) 의견이나 문제를 내어놓다. (　　　　)

(2) 어떤 기회나 정세를 알아차리다. (　　　　)

(3) 일이나 사건 따위를 끌어 일으키다. (　　　　)

(4) 어떤 기준, 조건, 용도, 도리 따위에 꼭 알맞다. (　　　　)

(5) 어떤 사실 따위를 인정하고 용납하거나 이해하고 수용하다. (　　　　)

서술형　어법 적용

2 〈보기〉의 내용을 참고하여 다음 문장을 능동문으로 바꿔 쓰시오. (단, 문장의 의미와 시제는 그대로 유지할 것.)

보기
　　문장은 동작이나 행위를 누가 하느냐에 따라 두 가지로 나눌 수 있다. 이 중 주어가 스스로의 힘으로 동작을 하는 문장을 능동문, 주어가 다른 주체에 의해 동작을 당하게 되는 문장을 피동문이라고 한다. 피동문을 만드는 방법에는 '-이-, -히-, -리-, -기-'와 같은 피동 접미사를 일부 타동사의 어간에 붙이는 방법이 있고, 타동사 어간에 '-어지다', '-게 되다' 등을 붙이는 방법이 있다. 한편 명사에 '-되다'를 붙여 만드는 방법도 있다.

　　　　　　　　　　피노키오는 제페토에 의해 만들어졌다.

(　　　　　　　　　　　　　　　　　　　　　　　　　　　　)

어휘 활용

3 다음 문장의 빈칸에 들어갈 알맞은 단어를 〈보기〉에서 찾아 문장에 맞게 활용하여 쓰시오.

┌─ 보기 ─────────────────────────────────
• 배려하다: 도와주거나 보살펴 주려고 마음을 쓰다.
• 배반하다: 믿음과 의리를 저버리고 돌아서다.
└──────────────────────────────────────

(1) 기철이는 의리를 (　　　　　) 우리 동아리를 떠나 버렸다.
(2) 우리는 노인들을 (　　　　　) 어떤 도움을 줄 수 있을지 고민해야 한다.

서술형 │ 중심 화제

1 다음은 윗글의 중심 내용을 한 문장으로 요약한 것이다. 빈칸에 들어갈 알맞은 말을 쓰시오.

┌──────────────────────────────────────
  우리는 다가올 인공 지능과 로봇 공학의 시대에 새로운 타자로서의 (　　　　　　)
를 지혜롭게 풀어 가야 한다.
└──────────────────────────────────────

문단 정리

2 윗글을 읽고 각 문단의 중심 내용을 다음과 같이 정리할 때, 빈칸에 들어갈 알맞은 말을 쓰시오.

1문단	「피노키오의 모험」은 나무로 만들어진 피노키오가 착한 일을 많이 해서 진짜 사람이 된다는 도덕적 교훈을 담고 있는 동화이다.
2문단	「피노키오의 모험」은 (　　　　　)과 로봇 공학의 미래를 은유한다고 볼 수 있다.
3문단	로봇의 진화는 '인간 되기'에 있으며 이는 로봇의 인간적 위상과 인간적 권리 인정의 문제를 야기한다.
4문단	지능을 갖도록 설계된 로봇은 (　　　　　) 존재가 될 수 있으므로 인간의 통제 대상으로 취급해도 될지 생각해 보아야 한다.
5문단	인간을 닮은 로봇이 이상적인 것은 아니며 이들은 지능을 가진 (　　　　　)과 같은 존재로 이런 '새로운 타자'에 대해 우리는 인간의 정체성과 존재론에 대해 성찰해야 한다.
6문단	「피노키오의 모험」에서 피노키오를 만든 (　　　　　)의 태도에서 로봇 시대를 맞는 인류의 자세를 생각해 볼 수 있다.

내용 구조

3 다음은 '로봇의 진화'에 대한 서로 다른 관점을 가진 전문가들의 견해를 정리한 것이다. 빈칸에 들어갈 알맞은 말을 쓰시오.

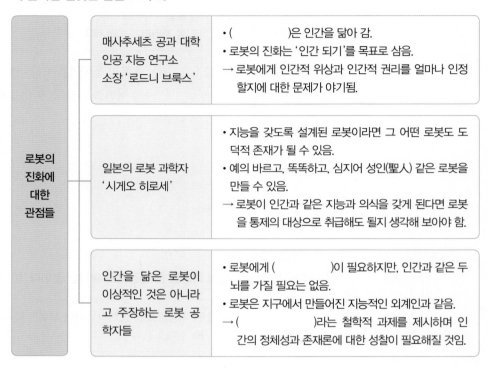

로봇의 진화에 대한 관점들	매사추세츠 공과 대학 인공 지능 연구소 소장 '로드니 브룩스'	• ( )은 인간을 닮아 감. • 로봇의 진화는 '인간 되기'를 목표로 삼음. → 로봇에게 인간적 위상과 인간적 권리를 얼마나 인정할지에 대한 문제가 야기됨.
	일본의 로봇 과학자 '시게오 히로세'	• 지능을 갖도록 설계된 로봇이라면 그 어떤 로봇도 도덕적 존재가 될 수 있음. • 예의 바르고, 똑똑하고, 심지어 성인(聖人) 같은 로봇을 만들 수 있음. → 로봇이 인간과 같은 지능과 의식을 갖게 된다면 로봇을 통제의 대상으로 취급해도 될지 생각해 보아야 함.
	인간을 닮은 로봇이 이상적인 것은 아니라고 주장하는 로봇 공학자들	• 로봇에게 ( )이 필요하지만, 인간과 같은 두 뇌를 가질 필요는 없음. • 로봇은 지구에서 만들어진 지능적인 외계인과 같음. → ( )라는 철학적 과제를 제시하며 인간의 정체성과 존재론에 대한 성찰이 필요해질 것임.

STEP
III

수능형 전개 방식 파악

1 윗글에 대한 설명으로 가장 적절한 것은?

① 동화를 인용하면서 로봇의 미래에 대한 비관적인 전망을 제시하고 있다.

② 로봇 기술 발전이 가져올 긍정적인 변화를 중심으로 미래상을 제시하고 있다.

③ 로봇 산업의 현황을 구체적으로 분석한 후 로봇의 경제적 가치를 제시하고 있다.

④ 로봇의 진화와 관련한 다양한 관점을 소개하며 인류가 풀어야 할 새로운 과제를 제시하고 있다.

⑤ 로봇의 등장이 가져온 신기술을 언급한 후 현재의 한계를 극복하기 위한 연구 과제를 제시하고 있다.

수능형 반응의 적절성 판단

2 윗글을 읽고 보인 반응으로 적절하지 <u>않은</u> 것은?

① 로봇이 반드시 인간과 동일할 필요는 없겠군.

② 로봇의 진화에 대해 다른 관점을 가진 전문가들이 있군.

③ 로봇 시대에는 제페토처럼 인내하는 태도가 필요하겠군.

④ 로봇이 똑똑하면서도 착한 마음씨를 갖는 것이 가능하겠군.

⑤ 로봇을 지능적 외계인으로 본다면 이들에게도 인권을 인정할 필요가 있겠군.

수능형 구체적 상황에 적용

3 ㉠과 관련하여 다음의 탐구 과제를 수행한 내용으로 적절하지 **않은** 것은?

> • 탐구 과제: 「피노키오의 모험」의 줄거리를 바탕으로, 로봇 공학의 미래에 대해 ㉠에서 언급한 항목에 따라 추리해 보자.

	「피노키오의 모험」	로봇 공학의 미래
창조자와 피조물의 관계	• 제페토 – 피노키오 • 인내심으로 피노키오를 지켜보는 제페토	• 인간 – 로봇 ·······························① • 예의 바르고, 똑똑하고, 심지어 성인 같은 로봇 ·····························②
창조자의 한계	말을 듣지 않는 피노키오를 제어하지 못하는 제페토	로봇의 행동을 통제하지 못하는 인간 ··· ③
피조물이 발휘하는 능력의 역설	고래 배 속에서 제페토를 구하는 피노키오	인간의 신체적·정신적 능력을 뛰어넘는 로봇 ·····································④
인간을 닮아 가는 피조물의 의미	인간처럼 말하고 움직이는 피노키오	인간의 모습을 하고 인간의 일을 하는 로봇 아나운서, 로봇 상담원 등 ···············⑤

📖 지문으로 엮어 읽는 배경지식 **인공 지능**

인공 지능은 인간의 경험과 지식을 바탕으로 문제 해결 능력, 시각 및 음성 인식 능력, 인간의 생각이나 학습 능력 등을 컴퓨터나 전자 기술로 실현하는 것을 목적으로 한 기술이다. 흔히 AI라고 부르는데, 이는 'Artificial Intelligence'의 줄임말에 해당한다. 인공 지능이란 말은 1956년 다트머스 회의에서 처음 사용되기 시작했다. 이 회의에서 수학자들과 과학자들은 '생각하는 능력을 갖춘 기계'가 어떤 일을 하게 될지에 대해 이야기했고 이를 바로 '인공 지능'이라고 부르기로 한 것이다.

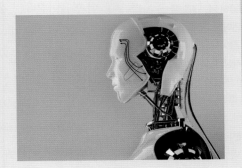

인공 지능의 궁극적 목표는 사람처럼 생각하고 행동할 수 있는 기계를 개발하는 데 있는데, 인공 지능은 빅 데이터를 스스로 분석하고 학습하며 발전해 왔다. 프로 바둑 기사인 이세돌 9단과의 대결에서 4승 1패를 거두며 화제가 되었던 바둑 인공 지능 프로그램인 알파고를 떠올려 볼 때, 미래에는 인공 지능의 능력이 인간을 뛰어넘을 가능성이 매우 높다.

인쇄술의 발달과 사회의 변화

문자의 발명은 고도로 발전한 문명의 필수 요소였다. 책 속에 담긴 역사, 종교, 철학 등 인류의 문화 자산은 후손들에게 전해져 방대한* 양의 지식과 문화를 정확하게 대물림할 수 있었다. 이렇게 고도의 문화를 일군 민족들은 끊임없이 방대한 양의 저술*들을 남기며 인류사를 통해 "아는 것이 힘이다."라는 말을 여실히 증명해 보였다.

㉠문자는 항상 문자 매체의 기술적 발전과 밀접하게 연관된다. 고대 이집트에서는 파피루스 두루마리 형태로 책을 만들었고, 11세기 중국에서는 찰흙으로 활자를 구워 내는 기술이 발전했다. 이렇게 구워 낸 찰흙 활자들을 밀랍판에 짜 맞추어서 먹물을 바른 뒤 종이에 찍어 냈는데, 이로써 세계 최초로 책이 인쇄되었다. 나중에는 밀랍판 대신 목판이 사용되었다.

중세 유럽에서 책은 대부분 수도원에서 손으로 직접 베꼈다. ㉡이런 식으로 책을 만드는 것은 몇 년이 걸리는 힘든 노동이었을 뿐만 아니라 책값도 일반인들은 구입할 수도 없을 만큼 비쌌다. 활자를 이용해서 인쇄기를 처음 발명한 사람은 요하네스 구텐베르크로 알려져 있다. 이 발명은 인간 사회의 일대 전기를 마련한 '기술 혁명'이라 할 만했다. 구텐베르크는 납과 주석을 섞은 금속으로 활자를 만들었다. 그런 다음 활자 상자에 활자들을 넣고 단어와 행을 짜 맞춘 다음 손으로 직접 눌러 찍는 공정으로 책을 만들었다. 구텐베르크의 첫 작품으로 유명한 구텐베르크 성경은 모두 200부 정도가 인쇄되었고, 그 뒤 전단지*와 지도들이 연이어* 인쇄되어 나왔다. 다방면의 천재라 불리는 레오나르도 다빈치 역시 인쇄술의 발전에 크게 기여했다. 손으로 직접 눌러 찍어야 하는 공정을 개선하여 종이는 수평으로, 인쇄기는 수직으로 계속 움직이게 하면서 찍어 내자고 제안한 사람이 바로 그였다. 이로써 쉬지 않고 계속 인쇄를 할 수 있게 되었는데, 이것은 인쇄술의 발전에 있어 혁명과도 같은 착상*이었다.

그때부터 유럽에서는 책이 대량으로 인쇄되었다. 이것은 그때까지 책을 접해 볼 기회조차 없었던 대다수 사람들에게 정보와 지식을 손쉽게 전달해 주는 계기가 되었다. 또한 ㉢이런 발전은 많은 사람들에게 글을 배우게 하는 자극이 되기도 했다. 책과 저술들은 더 이상 귀족과 교회의 전유물*이 아니었다. '검은 기술'—검정 잉크로 인쇄를 했기 때문에 이런 이름이 붙여졌다—의 급속한 발전과 함께 새로운 정치사상 및 종교 이념들이 예전과는 비교가 안 될 정도로 빨리 전파되었다. 이것은 ㉣교회의 입장에서는 혁명적인 이념과 사상을 탄압하는 것이 점점 더 힘들어진다는 것을 의미했다.

유럽 인구의 대다수가 새로운 지식과 사상을 스스로 습득할 수 있게 되면서 사람들의 의식 수준도 빠르게 높아졌다. 사람들은 점차 종교 교리와 국가 이념의 배후*를 캐묻기 시작했고, ㉤마르틴 루터나 그의 우군들, 즉 울리히 폰 후텐과 한스 작스 같은 사람들은 책이나 전단지를 이용해 자신들의 사상을 빠른 속도로 유포*시켰다. 루터는 성서를 독일어로 번역하는 작업을 통해 이러한 발전을 가속화시켰는데, 그의 주목적은 모든 사람이 성경을 읽을 수 있도록 하는 것이었다. 그 결과 성직자들만 라틴어나 그리스어로 @쓰여진 성서를 읽고 해석하던 시대는 물러가고 일반인들도 성서를 읽고 해석할 수 있는 인류의 새 시대가 열리게 된 것이다.

STEP
I

어휘 활용

1 〈보기〉에 제시된 단어의 의미를 참고하여 빈칸에 들어갈 알맞은 말을 쓰시오.

보기
- 유포하다: 세상에 널리 퍼뜨리다.
- 기여하다: 도움이 되도록 이바지하다.
- 탄압하다: 권력이나 무력 따위로 억지로 눌러 꼼짝 못 하게 하다.
- 착상하다: 어떤 일이나 창작의 실마리가 되는 생각이나 구상 따위를 잡다.
- 대물림하다: 사물이나 가업 따위를 후대의 자손에게 남겨 주어 자손이 그것을 이어 나가다.

(1) 친구들에게 허위 사실을 (   )한 사람이 누구지?
(2) 그는 일을 해 나가는 과정에서 새로운 아이디어를 (   )했다.
(3) 선생님은 우리 학교에 (   )한 공로로 감사패를 받게 됩니다.
(4) 어머니는 자신의 결혼반지를 (   )해서 며느리에게 끼워 주었다.
(5) 일제 강점기에 일제는 식민지화를 위하여 조선의 언론을 (   )하였다.

어휘 활용

2 다음 문장의 빈칸에 들어갈 알맞은 단어를 〈보기〉에서 찾아 쓰시오.

보기
공정   배후   다방면

(1) 사기 사건의 용의자로 회사의 대표가 (   )로 지목되었다.
(2) 생산량을 늘리기 위해 모든 (   )을 기계화·자동화하는 것이 필요하다.
(3) 그는 예술 학교에서 미술을 전공하면서도 문학, 체육 등 (   )에 재능을 보였다.

어법 적용

3 〈보기〉를 참고하여 ⓐ를 바르게 고쳐 쓰시오.

'붓, 펜, 연필과 같이 선을 그을 수 있는 도구로 종이 따위에 획을 그어서 일정한 글자의 모양이 이루어지게 하다.'라는 뜻의 '쓰다'를 피동문으로 나타낼 때는 피동사인 '쓰이다'를 사용하거나, '쓰(다)' 뒤에 다른 사람의 힘에 의하여 앞말이 뜻하는 행동을 입음을 나타내는 '(-어)지다'를 붙인 '써지다'를 사용할 수 있다. 그러나 피동사 '쓰이(다)' 뒤에 피동의 뜻을 나타내는 '(-어)지다'가 붙은 '쓰여지다'는 피동의 뜻이 겹치기 때문에 올바른 표기가 아니다.

(   )

STEP
II

서술형 **중심 화제**

1 윗글의 중심 내용을 다음과 같이 정리할 때, 빈칸에 들어갈 알맞은 내용을 쓰시오.

(   )이 인류에게 가져온 변화

2 윗글을 읽고 각 문단의 중심 내용을 다음과 같이 정리할 때, 빈칸에 들어갈 알맞은 말을 쓰시오.

1문단	문자 발명은 ( )의 발전에 반드시 필요한 요소였다.
2문단	문자는 ( )의 기술적 발전과 밀접한 관련이 있다.
3문단	중세 유럽에서는 처음에 책을 손으로 베껴 쓰다가 구텐베르크에 의해 ( )가 만들어지고 레오나르도 다빈치에 의해 자동 인쇄기가 만들어졌다.
4문단	유럽에서 책이 대량으로 인쇄되면서 새로운 정치사상 및 종교 이념이 빠르게 전파되었다.
5문단	유럽 인구의 대다수가 새로운 지식과 사상을 습득하면서 사람들의 의식 수준이 높아졌고, 일반인들도 책을 읽을 수 있는 인류의 새 시대가 열리게 되었다.

3 다음은 인쇄술의 발달 과정과 이로 인한 변화를 정리한 것이다. 빈칸에 들어갈 알맞은 내용을 쓰시오.

인쇄술의 발달 과정	
고대 이집트	파피루스 두루마리 형태로 책을 만듦.
11세기 중국	• 찰흙으로 활자를 구워 내어 밀랍판에 맞춘 뒤 먹물을 발라 찍어 냄. • 나중에는 밀랍판 대신 목판이 사용되었음.
중세 유럽	• 수도원에서 손으로 직접 베낌. • 책을 만드는 것이 힘든 노동이었을 뿐만 아니라 책값도 일반인들은 구입할 수도 없을 만큼 비쌈.
요하네스 구텐베르크	• 활자를 이용한 ( )를 처음 발명함. • 납과 주석을 섞은 금속으로 활자를 만든 다음 활자 상자에 활자들을 넣고 손으로 눌러 찍음. → 인간 사회의 일대 전기를 마련한 '기술 혁명'임.
레오나르도 다빈치	• 손으로 눌러 찍는 대신 종이는 수평으로, 인쇄기는 수직으로 계속 움직이며 찍어 내자고 제안함. • 쉬지 않고 인쇄를 할 수 있게 됨. → 인쇄술의 발전에 있어 혁명과도 같은 착상임.

인쇄술의 발달로 인한 변화
• 유럽에서 책이 (　　　　　　　　　　　　　　　).
• 대다수 사람들에게 정보와 지식을 손쉽게 전달해 주는 계기가 됨.
• 많은 사람들에게 글을 배우게 하는 자극이 됨.
• 정치사상 및 종교 이념들이 예전과는 비교가 안 될 정도로 빨리 전파됨.
• 유럽 인구의 대다수가 새로운 지식과 사상을 스스로 습득할 수 있게 되면서 사람들의 의식 수준도 빠르게 높아짐.

↓

| 일반인들도 성서를 읽고 해석할 수 있는 (　　　　　　　　　　　　　). |

STEP III

수능형 세부 정보의 파악

1 윗글을 통해 알 수 있는 내용이 <u>아닌</u> 것은?

① 한 민족의 문화는 세대를 이어 후대로 전달되는 것이다.

② 문자가 없는 민족은 고도로 발전한 문명을 갖기 어렵다.

③ 무지에서 벗어나기 위해서는 지식과 정보를 터득해야 한다.

④ 문화가 우수한 민족일수록 정치와 종교의 권위를 존중한다.

⑤ 기술의 발전은 사람들의 의식 수준을 높이는 데 영향을 미친다.

수능형 전개 방식 파악

2 윗글의 서술상 특징으로 적절한 것은?

① 대상이 발전해 온 과정을 순서대로 제시하고 있다.

② 문답 형식을 사용하여 대상을 구체적으로 서술하고 있다.

③ 대상을 이루고 있는 구성 요소들을 분석하며 설명하고 있다.

④ 대상의 다양한 종류를 나열하고 각각의 장단점을 비교하고 있다.

⑤ 대상과 또 다른 대상을 대조하여 새로운 개념을 이끌어 내고 있다.

수능형 | 다른 상황에 적용

3 윗글의 ㉠~㉤을 〈보기〉와 관련지어 이해한 내용으로 적절하지 <u>않은</u> 것은?

보기

　고려 시대에는 인쇄술의 발달로 손으로 쓰던 불경을 목판으로 찍어 간행하는 등 책의 인쇄가 활발해졌지만, 우리 문자가 없었기 때문에 백성들은 한자로 인쇄된 책을 읽을 수 없었다. 조선 시대 세종은 말과 글이 다른 언어생활의 어려움을 알고, 백성들도 쉽게 익힐 수 있는 한글을 창제하였다. 그리고 한글 정착을 위해 국가 주도로 한문으로 된 책을 한글로 번역하는 작업을 활발히 전개하였다. 『삼강행실도』 언해본은 모범이 될 만한 효자, 충신, 열녀의 이야기를 수록한 책으로, 한문으로 된 책을 한글로 번역하여 백성들이 많이 읽도록 함으로써 유교적 통치 이념 실현에 큰 효과를 거두었다. 이후 조선에서는 문학의 발전과 상업 출판이 만든 베스트셀러가 탄생했는데, 한글 소설 「홍길동전」은 신분 차별과 사회 부조리에 대한 비판적인 내용을 담아 백성들에게 널리 읽히며 많은 이들의 공감을 얻었다.

① ㉠은 세종의 한글 창제와 조선의 인쇄술 발달의 관계를 통해 확인할 수 있군.

② ㉡을 보니 인쇄술 발달 전에는 고려 시대의 불경도 소수의 사람들에게만 독점되었겠군.

③ ㉢처럼 조선의 백성들도 지식과 사상을 습득하기 위해서는 한글을 먼저 배워야했겠군.

④ ㉣에 나타난 교회의 태도와 달리 조선 조정은 혁명적인 사상을 탄압하지는 않았군.

⑤ ㉤처럼 조선에서도 신분 차별이나 사회 부조리 비판 등의 이념이 책을 통해 유포되었군.

📖 지문으로 엮어 읽는 배경지식 **인쇄술의 시작**

　인쇄술은 세상을 바꾼 커다란 발명 중의 하나로 목판 인쇄술과 활판 인쇄술 모두 동양에서 시작되었다. 현재 전해지는 세계 최초의 목판 인쇄물은 751년 무렵에 간행된 『무구 정광 대다라니경(無垢淨光大陀羅尼經)』으로 1966년 불국사 석가탑 사리함에서 발견되었다. 활판 인쇄술은 11세기에 중국의 필승(畢昇)이 처음 발명한 것으로 알려져 있는데 이 활자는 찰흙으로 만들어져 실용성이 없었다. 이후 나무 활자나 주석 활자가 고안되기도 했지만 기술 부족으로 실용화되지 못했다. 금속 활자를 사용한 인쇄술은 우리나라에서 처음 시작되었는데 이미 12세기경에 놋쇠로 만든 금속 활자를 사용하였다. 이 금속 활자로 만든 책으로는 『남명천화상송증도가(南明泉和尙頌證道歌)』(1239년)와 지금은 전하지 않고 기록으로만 남아 있는 『고금상정예문(古今詳定禮文)』(1234년)』이 있다.

　현존하는 세계 최초의 금속 활자 인쇄본은 흔히 '직지심체요절'이라고 부르는 1377년에 간행된 『백운화상 초록 불조 직지심체요절(白雲和尙抄錄佛祖直指心體要節)』로 2001년에 유네스코 세계 기록 유산으로 등재되었다.

필독 TIP

어휘 ★★★
문장 ★★
배경지식 ★★★

이 글은 사회와 인문 영역이 통합된 지문으로 죄를 지은 사람을 처벌하는 것과 관련하여 세 가지 입장을 소개하고 있다. 각 입장의 특징을 파악하고 그에 따른 합리적 형벌에 대해 생각하며 읽도록 한다.

죄를 저지른 사람을 왜 처벌하는가, 얼마나 무겁게 처벌해야 하는가라는 문제를 바라보는 입장은 크게 보아 세 가지가 있다. 우선 첫째는 죄를 저지른 자는 당연히 그에 걸맞은 벌을 받아야 한다고 보는 고전적인 입장이다. 처벌의 정도도 저지른 죄와 같은 정도여야 한다고 본다. 이에 따르면 죄인을 벌하는 것은 정의의 명령이고 형벌*은 그 자체가 목적이기 때문에 다른 이유를 찾을 필요도 없다고 한다. 형법학에서 이를 흔히 '응보형주의*' 또는 '절대형주의'라고 한다.

고전주의에 대응하는 입장을 상대형주의라고 하는데 형벌은 그 자체가 목적이 될 수 없으며, 일정한 목적을 달성하기 위한 기능을 해야 한다는 주장이다. 우선 일반 예방주의라는 것이 있다. 죄를 저지른 사람을 처벌하는 것은, 일반인에게 죄를 저지르면 반드시 벌을 받는다는 것을 보여 줌으로써 장래의 범죄를 예방하는 데 그 목적이 있다는 것이다. 불법 금융 피라미드 회사들이 우후죽순처럼 생겨나서 서민들의 고혈*을 짜낼 때 검거된 범인들에게 중형을 선고하고 언론에 대대적으로 보도하는 것은 잠재적* 범죄자들로 하여금 그러한 범죄를 저지르면 무거운 처벌을 받게 된다는 경고를 하기 위한 것이기도 하다.

형벌의 본질에 관한 또 하나의 시각은 특별 예방주의라는 학설이다. 형벌의 목적은 범죄를 저지른 사람을 교화해서 다시는 죄를 짓지 않도록 하는 데 있다고 본다. 즉, 범죄의 결과보다는 범죄자 개인에게 초점을 맞추고 교화의 정도에 따라 형량을 신축적으로 조절해야 한다고 주장한다.

얼핏 보기에는 세 가지 입장 중에서 특별 예방주의가 가장 합리적으로 보인다. 처벌보다 교화를 중시하고 범죄자 개인의 재범 가능성에 초점을 맞춰 구체적이고 신축적으로 형벌을 정해야 한다고 주장하기 때문이다. 그러나 형벌을 이런 식으로만 생각하는 것은 사회의 현실을 무시한 지나치게 단순한 사고이다. 형벌이 범죄자를 '교화'해서 다시는 죄를 저지르지 않도록 하는 데 일정한 역할을 했다는 점을 입증할* 만한 실증적인 자료가 없다는 것이 이를 뒷받침한다.

특별 예방주의의 또 다른 약점은 고대에서부터 내려온 형벌에 대한 사람들의 전통적인 사고와 맞지 않는다는 것이다. 특별 예방주의를 극단적으로 밀고 나가면 재범의 위험성이 없는 사람을 처벌할 근거를 찾기 어려워진다. 뇌물을 받은 것이 발각된 공무원의 직위를 박탈하고 다시는 공무원으로 임명되지 못하도록 하면, 그는 다시는 뇌물죄를 저지르지 못할 것이다. 하지만 그렇다고 해서 뇌물을 받은 사람을 처벌하지 않을 수는 없다. 죄를 저지르면 그에 맞는 처벌을 받아야 한다는 것은 형벌에 대해 모든 사람이 가지고 있는 가장 기본적인 사고이기 때문이다.

그러므로 결국 형벌에 대해서는 앞에서 말한 세 가지 입장을 모두 고려하지 않을 수 없다. 죄를 저지른 사람은 처벌을 받아야 한다는 고전주의적 사고를 바탕에 깔고 범죄자 개인에게 가장 적절한 형을 선택하면서 동시에 그러한 형벌이 사회에 미치는 영향에도 주의를 기울여야 한다.

* **형벌**: 범죄에 대한 법률의 효과로서 국가 따위가 범죄자에게 제재를 가함. 또는 그 제재.
* **응보형주의**: 형벌은 죄에 대한 정당한 보복을 가하는 데 목적이 있다고 보는 사상.
* **고혈**: ① 사람의 기름과 피. ② 몹시 고생하여 얻은 이익이나 재산을 비유적으로 이르는 말.
* **잠재적**: 겉으로 드러나지 않고 숨은 상태로 존재하는. 또는 그런 것.
* **입증할**: 어떤 증거 따위를 내세워 증명할.

STEP I

어휘 활용

1 다음 문장의 빈칸에 들어갈 알맞은 단어를 〈보기〉에서 찾아 쓰시오.

보기

발각   처벌   박탈

(1) 훔친 보석을 숨겨 둔 곳이 경찰에게 (   )되고 말았다.
(2) 진수가 이룬 성과와 진수의 잘못으로 받는 (   )은 별개의 것이다.
(3) 투명하지 않게 회사를 경영했던 회사의 대표가 회사의 경영권을 (   )당했다.

어휘 활용

2 다음을 참고하여 빈칸에 공통으로 들어갈 알맞은 한자 성어를 쓰시오.

- 의미 : 비가 온 뒤에 여기저기 솟는 죽순이라는 뜻으로, 어떤 일이 한때에 많이 생겨남을 비유적
  으로 이르는 말.
- 예문
  – 골목에 커피숍이 (   )으로 생겨났다.
  – 비 온 뒤 마당에 들풀들이 (   )으로 나타났다.
  – 주식 열풍으로 관련 서적이 (   )처럼 쏟아져 나왔다.

(   )

STEP II

서술형 중심 화제

1 윗글의 핵심 내용을 쓰시오.

(   )

문단 정리

2 윗글을 읽고 각 문단의 중심 내용을 다음과 같이 정리할 때, 빈칸에 들어갈 알맞은 말을 쓰시오.

1문단	응보형주의, 절대형주의 – 죄를 저지른 자는 그에 걸맞은 벌을 받아야 한다.
2문단	일반 예방주의 – 형벌은 일정한 목적을 달성하기 위한 기능을 해야 한다는 상대형주의의 하나로, 형벌의 목적은 장래의 범죄를 예방하는 데 있다.
3문단	( ) – 형벌의 목적은 범죄를 저지른 사람을 교화하는 데 있다.
4문단	특별 예방주의는 합리적으로 보이지만 형벌이 교화의 역할을 했다는 입증 자료가 없다.
5문단	특별 예방주의는 재범의 위험성이 없는 사람을 처벌할 근거가 없어진다.
6문단	형벌은 고전주의적 사고를 바탕에 깔고 범죄자에게 적절한 형을 선택하면서, 그러한 형벌이 ( )에 미치는 영향을 고려해야 한다.

내용 구조

3 다음은 윗글에 나타난 형벌에 대한 세 가지 입장을 정리한 것이다. 빈칸에 들어갈 알맞은 말을 쓰시오.

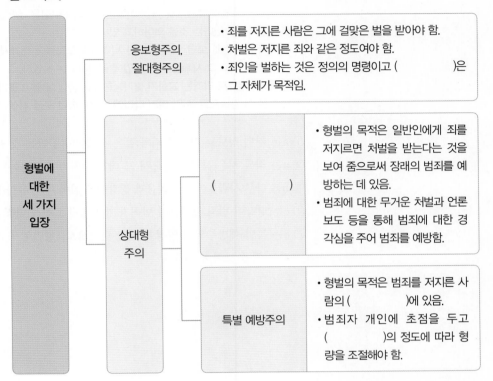

STEP III

수능형 구체적 상황에 적용

1 윗글을 참고할 때 ㉠의 효과를 모두 골라 바르게 묶은 것은?

> 지하철에서 무임승차를 하다가 적발되었을 때, 고전주의 입장에서 본다면 피해자가 손해 본 것은 무임승차로 인해 손해 본 금액이므로 가해자는 무임승차해서 피해자가 손해 본 금액만큼만 배상해 주면 된다. 하지만 ㉠현행 법률로는 무임승차를 하다가 적발되었을 때 운임의 30배를 내도록 규정하고 있고 지하철에서는 이를 적극 홍보하고 있다.

보기
ㄱ. 무임승차하다 적발되면 그때 돈을 내면 된다는 식의 행위를 막는다.
ㄴ. 무임승차 행위 발생 시 그 행위에 대한 처벌 수준을 명확히 제시한다.
ㄷ. 질서 확립을 위해 죄에 비해 강한 처벌로 무임승차 예방의 효과를 가져온다.
ㄹ. 무임승차한 사람에게 초점을 맞추고 그 사람을 교화해서 같은 죄를 반복하지 않도록 해 준다.

① ㄱ, ㄷ ② ㄴ, ㄹ ③ ㄱ, ㄴ, ㄷ
④ ㄱ, ㄷ, ㄹ ⑤ ㄱ, ㄴ, ㄷ, ㄹ

수능형 구체적 사례 찾기

2 윗글과 〈보기〉의 사례를 관련지어 이해한 내용으로 적절하지 <u>않은</u> 것은?

┌ 보기 ─────────────────────────────────
a. 함무라비 법전의 '눈에는 눈, 이에는 이'라는 구절은 잘못을 한 사람에게는 그 잘못 만큼의 벌을 줄 수 있다는 것을 의미하고 있다.
b. 역사적 사건을 보면 역모를 꾸민 세력의 주모자들에 대해서는 일반적인 사형보다 더 잔인하게 벌을 주고 그 사체를 백성들 앞에 공개하고는 하였다.
c. 미국의 알카트라즈는 교화가 불가능한 죄수들을 탈출이 불가능한 곳에 가둬 사회와 격리시켜 놓은 섬 감옥으로, 서양 여러 나라에서 유행했던 구금 시설이다.
└──────────────────────────────────────

① a는 처벌 정도는 저지른 죄와 같은 정도여야 한다는 것으로, 응보형주의에 해당하는군.

② a는 죄를 지은 사람은 반드시 그 대가를 치러야 한다는 고전적 입장을 보여 주고 있군.

③ b는 다른 사람들에게 두려움과 경각심을 심어 주어 유사 범죄 예방의 기능을 수행하겠군.

④ c는 형량이 범죄 결과보다 범죄자 개인에게 초점을 맞춰 정해진다는 것을 보여 주는군.

⑤ c는 특별 예방주의의 입장에 대한 반론으로, 형벌로 도저히 교화되지 않는 사람들도 있다는 것을 보여 주는군.

📖 지문으로 이해하는 독해 지식 **견해 – 절충 구조**

어떤 화제에 대해 다양한 관점이나 견해를 제시하여 서술한 후 이를 하나의 해결 방안으로 정리하는 전개 방식을 견해–절충 구조의 전개 방식이라고 한다. 이 글에서는 범죄에 따른 형벌에 대한 세 가지 입장을 확인한 다음, 이 입장을 절충하여 6문단에서 형벌을 정하는 바람직한 방법을 해결 방안으로 제시하고 있다. 한편으로 치우치지 않고 알맞게 타협점을 이끌어 내고 있는 것이다.

┌──────────────────────────────────────
죄를 저지른 사람을 왜 처벌하는가, 얼마나 무겁게 처벌해야 하는가라는 문제를 바라보는 입장은 크게 보아 세 가지가 있다. 우선 <u>첫째는 죄를 저지른 자는 당연히 그에 걸맞은 벌을 받아야 한다고 보는 고전적인 입장이다.</u> …
　　　　　　　　　　　　　견해 ① – 죄를 지은 사람은 그만큼의 벌을 받아야 한다는 입장
고전주의에 대응하는 입장을 상대형주의라고 하는데 형벌은 그 자체가 목적이 될 수 없으며, 일정한 목적을 달성하기 위한 기능을 해야 한다는 주장이다. 우선 <u>일반 예방주의라는 것이 있다. 죄를 저지른 사람을 처벌하는 것은,</u>
　　　　　　　　　　　　　　　　　견해 ② – 형벌의 목적은 장래의 범죄를 예방하는 데 있다는 입장
<u>일반인에게 죄를 저지르면 반드시 벌을 받는다는 것을 보여 줌으로써 장래의 범죄를 예방하는 데 그 목적이 있다는 것이다</u> … <u>형벌의 본질에 관한 또 하나의 시각은 특별 예방주의라는 학설이다. 형벌의 목적은 범죄를 저지른 사람</u>
　　　　　　　　　　　견해 ③ – 형벌의 목적은 범죄를 저지른 사람을 교화하는 데 있다는 입장
<u>을 교화해서 다시는 죄를 짓지 않도록 하는 데 있다고 본다.</u> … 그러므로 결국 형벌에 대해서는 앞에서 말한 세 가지 입장을 모두 고려하지 않을 수 없다. <u>죄를 저지른 사람은 처벌을 받아야 한다는 고전주의적 사고를 바탕에 깔고</u>
　　　　　　　　　　　　　　　　　제시된 세 가지 입장을 절충하여 해결안을 이끌어 냄.
<u>범죄자 개인에게 가장 적절한 형을 선택하면서 동시에 그러한 형벌이 사회에 미치는 영향에도 주의를 기울여야 한다.</u>
└──────────────────────────────────────

사뿐

중학 사회
중학 역사

사회를 한 권으로
가뿐하게!

중학 사회

①-1

②-1

①-2

②-2

중학 역사

①-1

②-1

①-2

②-2

정답과 해설

필독

중학 국어로 수능 잡기

중학 국어 | 비문학 독해 2

인문 01 심리 실험에 나타난 인지 부조화

해제 이 글은 미국의 사회 심리학자가 실험을 통해 밝혀낸 인지 부조화의 원리를 설명하고 있다. 1959년, 레온 페스팅거는 스탠퍼드 대학에서 실시했던 실험을 통해 인지 부조화의 원리를 밝혀냈다. 인지 부조화의 원리는 합리적인 결론보다 부조리하더라도 자신의 믿음을 선택하는 것을 말한다. 담배를 피우는 것이 건강에 좋지 않다는 것을 분명히 알면서도 일부 흡연자들이 잘 살아가는 사실을 근거로 자신의 행동을 합리화하는 것도 인지 부조화를 해소하려는 것이다. 우리는 살아가면서 원하지 않는 일을 해야 하는 경우에 그 일이 하고 싶었다고 스스로 속이는 인지 부조화 현상을 겪기도 한다. 글쓴이는 자기의 잘못된 선택을 합리화하는 것보다 자신의 실수를 솔직하게 인정하고 다시 반복하지 않으려 노력하는 것이 인지 부조화를 대하는 올바른 태도라고 말하고 있다.

주제 인지 부조화의 원리와 극복 방법

1959년, 레온 페스팅거라는 미국의 사회 심리학자는 자기가 일하는 스탠퍼드 대학의 학생들을 상대로 다음과 같은 공고를 냈다.
실험 대상

아주 중요한 심리 실험에 참가할 지원자를 모집합니다.
▶ 1단락: 레온 페스팅거의 실험 공고

「실험 중 학생들이 해야 할 일이란 나무판에 꽂혀 있는 수십 개
문제 1~⑤번 『』: 실험 과정
의 나무못을 빼내 시계 방향으로 반 바퀴 돌린 다음 다시 제자리
실험 참가자가 해야 할 일 ①
에 꽂는 작업이었다. 이렇게 지루하고 의미 없는 작업을 한 시간이나 해야 했다. 페스팅거는 작업을 모두 마친 학생들을 두 그룹으로 나눈 뒤, 한 그룹에게는 단돈 1달러를 주고, 다른 그룹의 학생들에게는 20달러를 주면서 이렇게 부탁했다. "다음 지원자에게 실험이 아주 재미있고 보람이 있었다고 말해 주지 않겠나? 학생들의 참여를 북돋는 의미에서 말이야." 거짓말을 하라는 것이
문제 1~②번 실험 참가자가 해야 할 일 ②
었다. 그런데 사실 다음 지원자인 척 기다리고 있던 학생은 페스팅거의 조수였다. 두 그룹 중 어느 쪽이 실험에 더 좋은 평가를
실험 참가자가 해야 할 일 ③
내렸을까?
▶ 2문단: 레온 페스팅거의 실험 과정

얼른 생각해 보면 20달러를 받은 학생이 실험에 대해 긍정적
실험 주체가 예상했던 실험 결과
평가를 내렸을 것 같다. 그러나 실험이 재미있었고 과학적인 의
미도 클 것이라고 대답한 것은 예상과 달리 1달러를 받은 학생들
문제 1~①, ④번 1달러를 받은 학생들이 겪은 인지 부조화로 나타난 예상 밖의 실제 실험 결과
이었다.
▶ 3문단: 레온 페스팅거의 실험 결과

어째서 이런 결과가 나왔을까? 페스팅거는 그 까닭을 인지 부
질문을 통한 관심 유발   ▨: 이 글의 중심 화제
조화로 설명했다. 명문인 스탠퍼드대 학생으로서 단돈 1달러를
받고 지루하기만 한 실험이 재미있었다고 거짓말을 하는 것은 스스로 용납할 수 없는 일이었을 것이다. 이렇게 인지 부조화를 겪은 학생들은 실험이 실제로 어느 정도 재미있고 보람도 있었다고
예상 밖의 실험 결과가 나온 이유
믿는 쪽을 택함으로써 자기를 합리화했으며 결국 자기는 거짓말을 한 것이 아니라고 믿었다는 것이다.
▶ 4문단: 레온 페스팅거가 실험 결과에 대해 분석한 내용

사람들은 자기가 어리석은 선택을 했다는 것을 알고 난 후에도 어떻게든 그 선택이 어쩔 수 없는 것이었다고 믿으려 애쓴다. 명백히 잘못된 판단이었음에도 여러 이유를 들어 끝까지 자신이 옳았다고 우긴다. 합리적인 결론보다 부조리하더라도 자신의 믿음을 선택하는 것. 이것이 바로 인지 부조화의 원리 이다.
▶ 5문단: 인지 부조화의 원리의 개념

담배가 건강에 좋지 않다는 것을 뻔히 알면서도 '흡연자 중에 100살 넘게 사는 사람도 많아. 담배보다 교통사고로 죽는 사람이 더 많아. 담배를 피우면 살도 안 쪄.' 하는 식으로 자기 합리화를 하는 것도 모두 인지 부조화를 해소하려는 것이다.
▶ 6문단: 인지 부조화의 원리가 적용된 예
우리는 살아가면서 어쩔 수 없이 내키지 않는 일을 하게 될 때가 있다. 그러나 그것을 정당화하기 위해서 그 일이 하고 싶었다고
인지 부조화 현상
스스로를 속이는 말자. 진정으로 자기 존중감이 높은 사람은 자기의 잘못된 선택이 옳았다고 끝까지 주장하는 사람이 아니라, 자신의 실수를 솔직하게 인정하고 그 실수를 반복하지 않으려 노
인지 부조화를 극복하는 올바른 태도
력하는 사람이다.
▶ 7문단: 인지 부조화를 극복하는 올바른 태도

해제 이 글은 포퍼가 생각하는 올바른 과학적 연구 방법이란 무엇인가에 대해 설명하고 있다. 포퍼 이전의 과학자들은 가설이 맞는다는 것을 뒷받침하는 증거를 수집했다면, 포퍼는 가설이 잘못되었음을 증명하는 시도에서 살아남기 위해 노력하는 것이 올바른 과학 연구 방법이라고 믿었다. 또한 가설이 잘못되었다는 증거인 반증이 나타나는 순간 그 가설이 말해 주는 사실은 거짓이라는 지식을 얻을 수 있다. 포퍼는 이러한 생각을 과학과 사이비 과학의 차이를 설명하기 위해 사용하였다

주제 포퍼의 과학적 연구 방식과 그것이 시사하는 의미

포퍼는 「과학 연구 과정에서 아무리 오랫동안 대표 이론으로 간주되었던 것이라도 그것의 장점이 아니라 문제점을 지속적으로 발견하려 노력해야 하며 문제점이 정말로 발견되었을 때는 주저 없이 기존 이론을 폐기하고 새로운 대안을 찾아야 한다」고 주장했다.
『 』: 포퍼가 주장한 과학적 연구 방법

포퍼 이전의 대부분의 사람들은 과학자가 세계에 대한 예감
문제 1-①번 포퍼 이전 과학자들의 특징
에서 시작해 그 예감이 올바르다는 것을 뒷받침하는 증거를 수집한다고 믿었다. 하지만 포퍼에 따르면 과학자가 하는 일은 자신의 이론이 거짓임을 증명하려고 시도하는 것이다.
▶ 1문단: 과학적 연구 방법에 대한 포퍼의 입장

자신이 본 모든 백조가 희다면 "모든 백조는 희다."라는 가설을 참이라고 받아들이는 것이 합리적이다. 하지만 단 한 마리라도 검은 백조가 존재한다는 증거가 나온다면 이 경우 "모든 백조
문제 1-④번 가설이 거짓이라는 반증
는 희다."라는 가설은 반증되어 거짓으로 판명된다. 이는 관찰을 통해 일반적인 결론으로 나아가는 귀납의 한계를 보여 준다. 포퍼는 이러한 이유로 과학적 탐구의 핵심을 경험적 사실을 축적하
귀납적 연구 방식
여 과학의 진보로 나아가는 것으로 생각하는 것에 반발했다.
▶ 2문단: 포퍼가 귀납을 통한 과학적 탐구를 반대한 이유

포퍼는 과학자의 자유롭고 대담한 추측을 통해 제안된 가설을
포퍼가 생각하는 과학이 발전하는 올바른 방법
경험적 증거가 결정적으로 반증하는 방식을 이용해 점점 더 일반적인 이론으로 과학적 세계관을 구축하는 것이 과학이 발전하는
: 이 글의 중심 화제
올바른 방법이라고 믿었다. 그러한 예로 "모든 기체는 가열하면 팽창한다."를 들 수 있다. 과학자들이 이 가설을 검사하는 방법은 아주 다양한 기체를 찾아내고 가열해 보는 것이다. 그러나 '검사한다'는 것이 가설을 뒷받침하는 증거를 발견한다는 의미는 아니다. 그것은 가설이 거짓임을 보여 주려는 시도에도 살아남을 수
포퍼의 연구 방식과 귀납적 연구 방식의 차이
있다는 것을 증명하려 한다는 말이다. 백조의 경우와 마찬가지로 "모든 기체는 가열하면 팽창한다."라는 가설을 무너뜨리기 위해서도 가열했을 때 팽창하지 않는 단 하나의 기체만 찾으면 충분한 것이다.
▶ 3문단: 포퍼가 생각하는 과학이 발전하는 올바른 방법

인류는 무엇인가를 배우기 때문에 진보한다. 과학자가 하나의 가설이 거짓임을 보여 준다면 그 결과 새로운 지식, 즉 가설이 거짓이라는 지식을 얻을 수 있다. 가열할 때 팽창하는 많은 기체를 관찰하는 것은 가설에 대한 확신이 조금 더 생긴다는 점을 제외하면 우리에게 아무런 지식도 가져다주지 않는다. 그러나 반증은 실제로 우리에게 무엇인가를 가르친다. 「반증 가능성은 포퍼가 생
문제 1-③번 어떤 가설의 반증은 그 가설이 잘못되었음을 가르쳐 줌.   문제 1-②번

각한 과학적 가설의 핵심이다. 그는 이 생각을 과학과 '사이비 과
사이비 과학은 과학과 달리 반증 가능성이 없기 때문에
학'의 차이를 설명하기 위해 사용했다.」
『 』: 포퍼가 생각한 가설과 가설의 활용 방식   ▶ 4문단: 과학적 가설의 핵심으로서의 반증

해제 이 글은 인간의 본성에 대한 순자의 입장을 맹자와 비교하여 설명하고 있다. 순자는 인간의 본성이 악하다고 보았으나, 인간이 그 본성대로 행동하지 않는 의지가 있기 때문에 선한 행동을 실천할 수 있다고 보았다. 즉 선천적인 본성을 후천적인 노력에 의해 극복할 수 있다고 본 것이지, 인간의 본성은 악하기 때문에 인간이 악한 행동을 할 수밖에 없다고 본 것이 아니다. 순자에게 도덕성은 본성 자체에서 나오는 것이 아니므로 현실에서 이루어지는 노력의 결과인 셈이다.

주제 순자의 성악설과 인간의 마음 행동

███ : 이 글의 중심 화제

순자는 인간의 본성을 악하다고 보았다. 무슨 근거로 그렇게
순자의 주장 – 성악설
보았을까? 순자도 맹자와 마찬가지로 인간의 본성을 선천적인 것
순자와 맹자의 공통된 견해
으로 규정한다. 하지만 인간의 도덕적인 측면에 주목한 맹자와
맹자가 주목한 인간의 본성
달리 순자는 배고프면 먹고 싶고, 추우면 따뜻하게 하고 싶고, 피
곤하면 쉬고 싶은 인간의 자연적이고 생리적인 욕구에 주목했다.
이 욕구는 귀가 좋은 소리를 듣고 싶어 하고 눈이 좋은 빛깔을 보
고 싶어 하는 것 같은, 감각 기관의 이기적 욕구와도 통한다.
▶ 1문단: 인간의 본성에 대한 순자의 입장

순자는 이러한 생리적 욕구를 바탕으로 한 이기심이 누구에게
자연적, 이기적 욕구
나 있다고 생각했다. 그리고 이 욕구대로 간다면 다툼이 생길 수
밖에 없다는 것이다. 하지만 실제로 사람들이 악한 행위만 하는
것은 아니다. 오히려 그 반대로 행동하는 경우도 얼마든지 있다.
선한 행위를 하는 경우
그렇다면 이처럼 자신의 악한 본성을 거스르는 착한 행위는 어디
에서 오는 것일까? ▶ 2문단: 인간의 본래적인 이기심으로는 설명할 수 없는 행동

순자는 인간의 마음 작용을 성(性), 정(情), 려(慮), 위(僞) 4단
문제 1-④번 순자가 생각한 마음이 움직이는 순서
계로 나누었다. 이 네 부분은 마음이 움직이는 순서이기도 하다.
첫 단계인 '성'은 가장 기본적인 것으로, 삶의 자연스러운 본질이
자 날 때부터 지닌 본성이다. 둘째 단계인 '정'은 좋다, 나쁘다,
노엽다, 슬프다, 즐겁다 등과 같이 밖에 있는 사물들과 만나서 생
기는 감정이다. 셋째 단계인 '려'는 구체적인 감정이 생긴 뒤에
어떻게 할 것인가를 선택하는 문제로 사람의 사고 작용에 해당하
는 셈이다. 넷째 단계인 '위'는 선택이 끝난 뒤 실행해 나가는 의
지적인 실천이다. ▶ 3문단: 순자가 본 인간의 마음 작용 4단계

순자는 본성대로 가면 결과가 악이고, 본성을 거스르는 의지적
'성'에 따른다면 = 자연적, 생리적, 이기적 욕구대로 행동한다면
실천대로 가면 선이기 때문에 '성'은 악이고 '위'는 선이라고 보
'성'이 아닌 '위'를 따른다면
았다. 순자가 인간의 본성을 악하다고 보았다고 해서 본성대로
살자고 한 것은 아니다. 그에게는 의지적 실천을 통해 본성이 가
문제 1-⑤번 순자가 생각한 본성을 거스르는 행동이 가능한 이유
져올 악한 결과를 어떻게 변화시켜 나갈 것인가가 문제였다. 따
라서 순자의 철학은 '위'에 그 가치가 있으며, 그런 점에서 순자
문제 1-③번 순자의 철학에서 가치 있는 마음 작용의 단계
의 철학은 의지에 기초한 실천 철학이라고 할 수 있다.
▶ 4문단: 인간의 본성과 의지적 실천으로 본 순자 철학의 의미
순자는 인간의 본성을 착하다고 한 맹자의 주장은 본성을 제대
문제 1-①번 인간의 본성에 대한 맹자의 견해
로 알지 못한 것이라고 비판한다. 사람의 타고난 본성과 후천적
인간의 마음 작용 중 '성'
인 의지에 따른 노력을 구분하지 못한 것이라는 지적이다. 그리
인간의 마음 작용 중 '위'
고 맹자의 말대로 본성이 본래 착한 것이라면, 현실의 인간은 대

부분 태어나면서 바로 자신의 착한 본성을 잃어버리게 되는 셈이
라고 비판했다. 또 인간이 본래 착한 존재라면 애초부터 훌륭한
임금이나 좋은 제도 따위는 필요가 없다고도 했다. 순자에게 도
덕성은 본성 자체에서 나오는 것이 아니므로 현실에서 이루어지
문제 1-④번 순자에게 도덕성의 의미
는 노력의 결과인 셈이다. ▶ 5문단: 맹자에 대한 순자의 비판

인문 04 3천여 년 전의 고래 사냥

해제 이 글은 반구대의 암각화에 그려진 고래 그림을 통해 3천여 년 전 청동기 시대 사람들의 생활상을 추측하고 있다. 암각화에 그려진 고래의 종류 및 생태에 대한 내용들은 고래잡이를 했던 사람들의 특성과 삶의 행태를 짐작할 수 있게 해 주고, 고래잡이 방법이나 고래의 분배에 관한 내용들은 당시 사람들의 문화 및 사회 질서 등에 대해 알려 준다. 즉 암각화는 단순한 그림으로 끝나는 것이 아니라 오래전 이 땅 위에 살았던 사람들의 삶의 방식을 생생하고 구체적으로 그려 낸 것으로, 기록되어 있는 역사보다 더 생생한 역사를 그림으로 보여 주고 있는 것이라 할 수 있다.

주제 반구대 암각화의 고래 그림을 통해 드러나는 당시 사람들의 삶의 방식

암각화가 그려진 시기는 대개 지금으로부터 약 3천여 년 전이므로, 암각화는 기원전 6~7세기 청동기 시대 사람들의 흔적이라고 할 수 있다. 우리나라의 암각화를 대표하는 것은 **반구대 암각화**(국보 제285호)인데, 여기에 그려진 그림은 크게 바다 동물과 육지 동물로 구분된다. 그중 바다 동물은 대부분 **고래**인데, 고래를 아주 가까이서 접했다는 것을 알 수 있을 만큼 고래의 모습들이 탁월하고 입체적으로 표현되어 있다.
> ▶ 1문단: 반구대 암각화에 그려진 입체적인 고래의 모습

고래는 세계적으로 100여 종이 있지만, 약 10여 종 정도가 동해안으로 회유하는 것으로 알려져 있다. 놀랍게도 반구대 바위 그림에서는 이들을 거의 다 확인할 수 있다. 암각화의 바다 동물은 68점 중 43점이 고래인데, 그 모양이 조금씩 다르다. 물을 뿜는 모습도 종류별로 다르게 표현되어 있고, 새김 방법을 달리해서 고래의 독특한 배 주름을 표현한 것도 있다. 고래의 특징을 정확히 알지 못하면 그릴 수 없는 그림들인 것이다. 고래의 종류뿐 아니라 생태도 정확히 나타나는데, 새끼 고래를 등에 업고 다니는 귀신고래의 모습, 바닷물을 삼킨 뒤 물을 뿜으며 먹이를 걸러 내는 모습, 물 위로 뛰어오르며 노는 모습 등 실제 모습을 옮겨 놓은 듯한 수준이 그림에 구현되어 있다.
> ▶ 2문단: 암각화를 통해 알 수 있는 고래의 종류와 생태

그런데 동력선도 없고 총도 없던 3천여 년 전에 고래를 잡는 일이 가능했을까? 암각화에는 그 단서가 되는 그림도 있다. 큰 고래의 왼쪽에 초승달 같은 것이 있는데 이것이 바로 배를 그린 것이다. 자세히 보면 배에 20여 명의 사람이 타고 있고, 배보다 더 큰 고래를 배에 연결해 끌고 가는 모습을 볼 수 있다. 이때 배와 고래 사이를 연결하고 있는 물건이 있는데, 이게 바로 부구라는 것이다. 크고 힘센 고래가 작살을 맞으면 저항이 격렬해지는데, 부구를 연결하면 배에 충격이 적게 오고 그만큼 고래는 빨리 지친다. 또한 고래가 죽어도 물에 가라앉지 않는다.
> ▶ 3문단: 암각화가 말해 주는 고래잡이가 가능했던 이유

그런데 당시 배를 만들 도구라야 석기뿐일 텐데 어떻게 이런 배를 만들 수 있었을까? 그리스 암각화에 새겨진 배 만드는 모습을 토대로 그 과정을 추정해 볼 수 있다. 큰 나무를 골라 불을 지른 다음 돌자귀, 돌도끼로 깎아 낸다. 속을 긁어낸 통나무를 여러 개 연결하면 20명 정도는 물론 긴 통나무일 경우 그 이상도 탈 수

있다고 한다. 그렇다면 『이런 무동력선으로 어떻게 고래를 잡을 수 있었을까? 고래는 미끼를 쫓는 동물이어서 작은 배로 살살 약을 올려 1~2m 정도까지 가까이 오면 그때 작살로 찔러 잡는다고 한다.』 이런 고래잡이의 과정은 분배를 통해 마무리되는데, 고래를 잡는 데 기여한 정도나 마을의 원로 등을 고려한 분배의 규칙이 그림에 드러난다. 이는 곧 3천여 년 전 암각화의 주인공들에게도 나름의 사회 질서가 존재했음을 의미하는 것이다.
> ▶ 4문단: 암각화를 통해 알 수 있는 고래잡이 과정 및 분배

청동기 시대는 본격적인 정착 생활이 시작된 때이고 농사가 중요한 생업 수단이었다. 그러나 암각화를 보면 3천여 년 전 반구대 근처의 사람들은 농사보다 고래잡이를 더 중요하게 여긴 것 같다. 어마어마한 고기와 실생활에 유용한 기름을 얻을 수 있기 때문이다. 지금도 에스키모나 동남아시아 원주민들은 고래 사냥 철이 되면 다른 일을 제쳐 두고 고래를 잡으러 바다로 나간다. 울주 반구대 암각화에서 고래가 중요하게 그려진 것도 바로 이 때문이다.
> ▶ 5문단: 암각화에 고래가 중요하게 그려진 이유

해제 이 글은 인류 역사에 있어서 '가축화'란 어떤 의미를 지니는가를 분석하고 있다. 글쓴이는 '가축이 된다'는 것과 '길들인다'의 차이로부터 가축화가 유전적 변화를 수반하는 사건임을 이야기한다. 이어서 재러드 다이아몬드의 말을 인용하며 가축화의 필요 조건을 제시하고 있다. 또한 과거의 가축의 기능은 노동력과 부산물의 제공이었음에 반해 현대에 와서 인간이 가축에게 기대하는 것은 고기라는 것을 명시한다. 이러한 가축화에 대한 분석을 통해 글쓴이는 가축화가 동물을 지배하는 출발점이었음을 지적하고 있다.

주제 가축화가 지닌 의미 분석

■ : 이 글의 중심 화제

'가축이 된다'는 것과 '길들인다'는 것은 매우 다르다. **가축화**<u>는 수십 수백 세대의 인위적인 선택과 교배를 통해 한 종의 유전자 변화를 수반하는 것</u>임에 반해, 길들임은 현재 상태에서 그저 교감하고 특정한 행동을 끌어내는 것뿐이다. 가축은 어느 순간 갑자기 탄생한 것이 아니다. 인간이 자기 필요에 맞는 온순한 개체를 고르고, 다시 그 개체가 비슷한 특성을 보이는 온순한 개체와 교미해 번식하는 수많은 과정을 통해서 새로운 '종'으로 거듭나게 된 것이다.
> 문제 1-①번 『 ↓: 가축화와 길들임의 대조 / 가축화의 개념 / 길들임의 개념
▶ 1문단: 가축화의 개념과 특징

재러드 다이아몬드는 『총, 균, 쇠』에서 동물이 가축이 되는 데는 '안나 카레니나의 법칙'이 통용된다고 했다. 톨스토이는 소설 『안나 카레니나』의 첫 문장을 "행복한 가정은 모두 비슷한 이유로 행복하지만, 불행한 가정은 저마다의 이유로 불행하다."라고 썼다. 행복한 가정을 이루기 위해선 재산·교육 수준·친척·부부 관계 등 여러 가지 면을 다 충족해야 하며, 그중에서 어느 한 가지라도 어긋나면 가정이 불행해진다는 뜻이다. <u>가축화도 마찬가지로, 모든 조건을 충족해야지, 어느 조건 하나라도 어긋나면 실패하고 만다.</u> 이것이 앞서 말한 '안나 카레니나의 법칙'이다.
> 전문가의 견해 인용 / 문제 1-③번 가축화의 까다로운 조건 – 안나 카레니나의 법칙
▶ 2문단: 재러드 다이아몬드가 말한 가축화에 적용되는 안나 카레니나의 법칙

얼룩말은 초원에서 포식자의 압력으로부터 살아남아야 하기 때문에 약간의 자극에도 민감하게 반응한다. 포식자의 압력 속에서 환경 변화를 민감하게 받아들이는 동물은 가두어 키우기에 효율적이지 않다. 식성이 너무 좋은 동물도 가축으로는 적합하지 않다. 가축 가운데 가장 큰 종인 소는 체중 450kg의 덩치를 키우기 위해 옥수수 4.5t이 필요하다. 따라서 소가 가축이 되려면 드넓은 초지가 있어야 하는데, 운 좋게도 이런 환경을 갖춘 덕분에 소는 가축이 되었다. 그렇다면 코끼리는 어떨까? 코끼리는 임신 기간이 무려 22개월인 데다가, 성체가 되기까지 10년이 걸린다. 온순한 품종을 얻고자 인위로 교배하기에는 불리한 조건이다. 육식성 포유류 역시 산 동물을 잡아다 줘야 하는 문제가 있다. <u>적게 먹으면서 성장 속도는 빠르고, 예민하지 않고 온순한 동물</u>이 인류에게 환영받으며 인간들 세계로 들어와 오랜 기간을 거쳐 가축으로 진화했을 가능성이 크다.
> 가축화가 어려운 동물 ① / 가축화가 어려운 동물 ② / 가축화가 어려운 동물 ③ / 가축화가 어려운 동물 ④ 먹이로 살아 있는 동물을 필요로 함. / 문제 1-⑤번 가축화를 위한 동물의 조건
▶ 3문단: 가축화에 적합한 동물의 조건

'가축화 사건'은 신석기 시대 들어 수렵 채집인이 정착 생활을 하게 되면서 일어난 일이다. 개가 맨 처음 인간의 세계로 들어왔고 뒤이어 양, 염소, 돼지, 소, 말, 당나귀 등이 차례로 가축이 되었다. 동물의 노동력이 무생물 기계로 대체된 자본주의가 출현하기 전까지, <u>수천 년간 가축은 인류 산업의 역군이자 경제 활동의 중추</u>였다. 가축은 『양치기를 돕기도 하고 쟁기질하거나 수레를 끌기도 하고 음식물 쓰레기를 치워 주기도 하며 젖과 털, 고기를 인간에게 제공』했다. 지금과 달리 <u>인간이 가축에게 가장 기대한 것은 고기가 아니라, 노동력과 부산물이었다.</u> 과거 사람들은 소나 말, 당나귀에게서 농경과 운송을 위한 노동력을 얻고 노동력의 가치가 없어지기 직전 적절한 시점에 도살함으로써 고기를 얻었다. 돼지의 경우도 고기가 되기 전, 음식물 쓰레기를 청소해 주는 역할이 더 중요하게 여겨졌다.
> 문제 1-②번 과거 인간들이 가축에게 기대했던 것 / 『 ↓: 과거 가축으로부터 얻을 수 있던 것 / 문제 1-②번 인간이 가축에게 기대하던 내용의 변화
▶ 4문단: 인간이 가축에게 기대하는 내용의 변화

수렵 채집 사회였던 구석기 시대만 해도 인간은 다른 동물과 동등한 위치에서 생존해야 했다. 먹이를 두고서 사냥하며 다른 동물과 경쟁하고, 인간보다 힘센 포식자의 압력을 받으면서 움직여야 했다. 하지만 신석기 시대에 들어서면서 일부 동물 종을 자신들의 삶터 주변에 가두고 노동력과 부산물을 취하면서, 인류는 힘센 포식자와 경쟁하지 않고도 다른 종을 지배하게 되었다. 가축화 사건은 인간에 의한 '동물 지배'의 출발점이었던 것이다.
> 가축화가 지닌 의미
▶ 5문단: 동물 지배의 출발점으로서의 가축화

해제 이 글은 '고려 사회가 남녀평등했다.'라는 주장을 비판적으로 검토하면서 역사적 사실을 해석하는 올바른 태도에 대해 설명하고 있다. 글의 대부분은 '고려 사회는 남녀평등했다.'라는 주장이 생겨난 배경, 이러한 주장이 지닌 두 가지 문제점을 중심으로 서술하고 있다. 즉, 성급한 역사적 사실 해석에 대해 구체적인 근거를 제시하면서 비판적으로 검토하고 있는 것이다. 그리고 이를 통해 역사적 사실, 그리고 이를 해석함에 있어서 논리적 정합성을 갖추는 것이 필요하다고 말하고 있다.

주제 역사적 사실을 해석하는 데 필요한 태도

우리나라는 지나칠 정도로 남성 중심적 문화가 강하다. 가부장
  우리나라의 성 불평등 문화의 유래를 연구하게 된 배경
제에서 비롯된 폐해도 가히 셀 수 없을 정도이다. 이런 문제를 두고 역사학계에서도 오랫동안 고민이 이어졌다. 그리고 학자들은 '우리나라의 지독한 성 불평등 문화가 언제부터 시작된 것일까?'라는 주제에 매달렸다. 그런데 연구 결과 놀라운 사실을 발견하게 되었다. <u>성 불평등 문화가 그리 오랜 역사를 지니지 않았음을 발견함.</u> 조선 전기까지만 하더라도 남성 중심적 사회가 아니었다는 근거를 찾아냈던 것이다. <u>신사임당만 봐도 대부분의 생애</u>
                                                              근거 ①
를 친정에서 살 정도로 시집살이가 보편적이지 않았다. <u>남성과 장남 중심의 족보가 하나의 완결된 형식으로 자리 잡아 편찬된</u>
                                                              근거 ②
시기도 17세기부터이다. 고려 때부터 조선 전기까지는 여성의 삶이 상당 부분 자유로웠다. <u>여성이 제사를 지낼 수 있었고,</u> <u>상속</u>
                                        근거 ③
<u>재산도 남녀 똑같이 나눠 줬고,</u> <u>사위가 처갓집 제사를 지내기도</u>
      근거 ④   근거 ⑤
<u>했으며, 심지어 여성의 재혼도 자유로웠다.</u>
        근거 ⑥   ▶ 1문단: 우리나라의 성 불평등 문화의 유래에 대한 연구
  그런데 이런 이야기가 교과서에 나오고, 대중 사이에 널리 퍼지면서 '과장된 이야기'가 사실처럼 등장했다. 바로 '고려 사회가 남녀평등했다.'는 주장이다. 언뜻 보면 그럴 수 있겠다고 할 수도 있다. 조선과는 다르게 여성의 권리가 여러모로 보장되고, 보호되었으니 말이다. 하지만 상황이 조금 더 나았다고 해서 이걸 곧 '평등'이라 부를 수는 없다. 더구나 '고려 사회가 남녀 평등했다.'
라고 주장하는 데는 이중의 문제가 있다.
문제 1~3번 주장에 존재하는 문제 지적, 중심 내용 암시
                        ▶ 2문단: 고려 사회가 남녀평등했다는 주장의 문제점
  첫 번째 문제는, 해당 연구들이 '표면적'으로만 정보를 해석했
다는 점이다. 예를 들어, '여성이 제사를 지내기도 했다.'는 말은,
          문제점 ① – 정보 해석의 표면성
                          정보의 표면적 해석의 예 ①
당시 유교적 윤리가 생활 윤리로 정착되지 않았다는 것을 뜻하기도 하지만 '제사'라는 유교적 질서 아래 사회가 돌아가고 있었다
                          정보의 심층적 의미 ①
는 것의 방증이기도 하다. 또 '사위가 처갓집 제사를 대신 지냈
                          정보의 표면적 해석의 예 ②
다.'는 말은 고려 시대가 문벌 귀족의 시대였다는 증거이기도 하
          정보의 심층적 의미 ②
다. 고려 때는 소수의 특권 가문이 나라 전체를 좌지우지한 경우가 많았으며 이런 상황에서 출세하려면 그런 집안과 혼사를 맺는게 중요하니 '처갓집 제사'는 어려운 것이 아니었다. '균분 상속'
                                                    정보의 표면적 해석의 예 ③
도 지배층의 이야기일 뿐이다. 고려는 왕실에서 근친혼이 성행할
정도로, 끼리끼리 권력을 독점하고 승계하려는 경향이 매우 강한
          정보의 심층적 의미 ③
사회였다. 이런 사정 때문에 권력층 여성의 경제적 지위는 집안의 권력 유지 차원에서 중요한 문제였다. 그러니 균분 상속이 여

러모로 유리했으며 권력을 유지하기 위해 재혼도 할 수 있었을 것으로 짐작된다.
                              ▶ 3문단: 주장이 지닌 첫 번째 문제
  두 번째 문제로는, 해당 연구들이 '평등'의 개념을 제대로 이해
          문제점 ② – 핵심 개념에 대한 이해 오류
하지 못했다는 점을 들 수 있다. 문명의 초기 단계에 여성을 중심으로 혈통이 계승되는 '모계 사회'가 흔했다는 건 이미 널리 알려진 사실이다. 하지만 문제는 모계 사회가 곧 '모권 사회'는 아니라는 점에 있다. 혈통이 어머니 쪽으로 계승되더라도 '권력'은 아니었다는 말이다. 여자 천황(天皇)이 많았던 일본사를 자세히 살펴보면, 천황이 여성일 때도 권력은 친정아버지나 형제들이 쥐었다. 즉, 외가 쪽에서 권력을 유지하고자 '여성'을 내세운 셈이다. 마찬가지로 원시 부족 사회도 여성 쪽 집안의 '남자'들이 권력을 행사한 경우가 다반사다. 온전히 여성이 권력을 쥐고 사회를 주도한 예는 거의 찾아보기 어렵다. <u>「남녀평등'은 여성과 남성이</u>
                                                    「 ┐ 남녀평등의 진정한 의미
<u>'동등한 권리'를 가져야 한다는 말이다. 그리고 이러한 권리에는 정치에 참여할 권리, 직업을 선택할 권리, 취향을 누릴 권리, 경제적·사회적으로 차별받지 않을 권리 등이 있을 것이다.」</u>이런 기준으로 따진다면 단언컨대 조선이나 고려는커녕, 인류사를 통틀어 봐도 남녀가 평등했던 적은 단 한 번도 없다. '여성 주체성'이 본격적으로 논의되기 시작한 때가 18세기 후반이고 '남녀평등'이라는 말 자체도 근대적 사고이니 말이다.
                              ▶ 4문단: 주장이 지닌 두 번째 문제
  역사적 사실을 해석함에 있어 단순하게 생각하고, 쉽게 결론을 내리다 보면 결국 제대로 된 '해석'에 도달하지 못한다. 사실에 근거하여 논리적 정합성을 갖추고 여러 반론과 비판에 대응하면서 비교적 타당한 해석을 계속 시도해야 할 것이다.
                              ▶ 5문단: 역사 해석을 위한 올바른 태도

해제 이 글은 현대 사회를 '위험 사회'라고 진단한 울리히 벡의 철학을 소개하고 있다. 벡은 산업 사회와 현대 사회를 대조하면서 현대 사회는 과거와 달리 개개인 모두에게 닥친 위험에 대한 대응이 필요하다고 말한다. 그래서 현실의 맥락에서 과학과 정치, 경제를 바라보는 하위 정치를 통해 위험에 대해 판단하고 개개인이 협력하여 모두가 문명의 바람직한 방향을 모색하는 '성찰적 근대'가 되어야 한다고 주장하는 것이다. 인류를 나락으로 빠뜨릴 위협이 상존하고 증가하는 현대 사회에서 이러한 울리히 벡의 철학이 갖는 의미는 더욱 의미심장하게 다가온다.

주제 위험 사회를 대비해야 한다는 울리히 벡의 철학

독일의 보수적인 법학자이자 정치학자인 카를 슈미트는 사회
문제 2-①번 '적'을 판단해야 한다는 카를 슈미트의 견해
질서를 다스리는 일의 핵심은 '우리'와 '적'을 가리는 데 있다고 했다. 산업 사회에서 이 말은 설득력이 매우 높았다. 무엇보다 가난이 인류가 물리쳐야 할 '적'이었던 까닭이다. 모든 수단을 동원해서 무엇이든지 생산량을 높여 빈곤을 몰아내는 것이 문명사회의 목표였다. 유럽 산업 사회는 이런 방식으로 가난과 불평등을 몰아냈다. 반면에 현대 사회는 온갖 위험에 대처하는 것이 무엇
문제 1-①번 산업 사회와 현대 사회의 대조
보다 중요한 시대가 되었다. 독일의 사회학자 울리히 벡은 현대 사회를 '위험 사회'라고 부른다. 위험 사회에서 사람들을 하나로
■ : 이 글의 중심 화제
만드는 힘은 '불안한 현실'에서 생긴다. "빈곤은 위계적이지만 스
문제 2-②번 누구에게나 위험이 닥칠 수 있기 때문에
모그는 민주적이다."는 울리히 벡이 남긴 유명한 말이다. 위험은 '누가 잘 사는지 못사는지'를 가리지 않는다. 오염된 공기와 기후 변화, 전 세계로 퍼진 바이러스 앞에서 우리는 똑같이 위험하다. 그 때문에 전 세계 모든 사람이 하나로 뭉칠 수 있다.
울리히 벡이 '스모그는 민주적이다.'라고 한 이유
▶ 1문단: 위험 사회로서의 현대 사회
그런데 우리에게 닥친 '위험'은 누가 범인인지를 쉽게 가려낼
2문단의 핵심 문장
수 있을 만큼 단순하지 않다. 핵 발전의 위험을 논할 때마다 과학
단순하지 않은 위험의 원인 사례 ①
자들은 "원자력이 가장 깨끗하고 안전한 에너지"라며 권위를 실어 말한다. 석탄 발전에 견주면 원자력 발전은 공기를 거의 더럽히지 않는다. 게다가 우리는 원자력 덕택에 싼값으로 풍족하게 전기를 사용하지 않던가. 원자력 사고는 거의 생기지 않는다. 그러나 한번 발생하면 인류를 멸종시킬 재앙이 될 수도 있다. 벡은 우리가 이러한 원자력 사고를 '좀처럼 생기지 않는 자동차 사고' 정도로만 생각한다며 안타까워한다. 화학 물질도 마찬가지다. 해
단순하지 않은 위험의 원인 사례 ②
로움이 당장 눈앞에 드러나지 않기에 사람들은 문제를 깨닫지 못하는 것뿐이다. ▶ 2문단: '적'을 쉽게 가릴 수 없는 현대 사회의 '위험'

그래서 벡은 '하위 정치'를 강조한다. 무엇이 얼마나, 어떻게
현실의 맥락에서 학문을 살피는 것
위험한지를 과학자의 판단에만 맡겨선 안 된다. 과학은 생각보다 객관적이지 않다. 과학도 이해 집단에 따라 연구 방향과 결과 등이 달라지곤 한다. 산업 사회에서 '과학적'이라는 표현은 예전 종교만큼이나 권위가 있었다. 그러나 위험 사회에서는 이를 곧이곧대로 받아들여서는 안 된다. 예전에는 과학은 과학, 정치는 정치, 경제는 경제라는 식으로 영역에 따라 문제를 다르게 접근했다. 그러나 이제는 이 모두를 각 학문 아래 놓인 현실의 맥락에서 함
문제 2-③번 하위 정치가 의미하는 것

께 바라봐야 한다. 이것이 하위 정치가 의미하는 바다.
▶ 3문단: 하위 정치를 강조하는 울리히 벡
나아가 울리히 벡은 '개인'의 역할도 강조한다. 산업 사회에서
산업 사회와 위험 사회의 협력 방식의 차이
는 집단이 중요했다. 빈부 격차를 없애기 위해 가난한 자들은 노동조합 등을 통해 하나로 뭉쳤다. 그러나 위험 사회의 협력은 다른 방식으로 이루어진다. 기후 변화는 어느 집단을 적으로 삼아 무찌른다고 해서 해결되지 않는다. 사람들 한 명 한 명이 상황의 심각함을 깊이 깨닫고, 일회용품 사용을 줄이고, 대중교통을 이
위험 사회에서 위험에 대처하는 개인의 역할 사례
용하는 식으로 삶의 방식을 바꿔 나가야만 풀리는 문제다.
▶ 4문단: 위험 사회에서 개인의 역할을 강조하는 울리히 벡
더불어 눈앞에 닥친 재앙은 되레 인류의 발전을 가져올 수 있다. 인류 모두가 공통된 위험 앞에서 하나가 되는 까닭이다. 이른바 '위험 공동체'가 만들어지며, 사람들은 당장의 편리함을 버리고 위험에서 벗어날 길을 함께 머리를 맞대어 찾게 된다. 따라서 인류에게 닥친 위기는 오히려 문명이 나아갈 바람직한 방향을 고민하게 한다는 의미에서 '해방적 파국'이 될 수도 있다. 인터넷
문제 2-④번 위험 공동체가 만들어져서 위기를 모두가 협력하여 고민하게 됨
시대에는 특별한 '저항의 지도자'가 없다. 그러나 절박한 위험과 부당한 처리 방식이 알려지면 사람들은 자발적으로 나서서 분노를 표현하며 하나로 뭉친다. 이렇듯 위험 사회에서는 "개인적인 것이 정치적인 것"이다. 이렇게 움직이기 위해서는 무엇보다 한 사람 한 사람이 인류가 부딪힌 위험의 심각성을 끊임없이 떠올리며 되새겨야 한다. 벡이 산업 사회를 이끈 근대화에 맞서 현대 사
문제 2-⑤번 위험의 심각성에 대한 끊임없는 성찰의 필요성 주장
회는 '성찰적 근대'가 되어야 한다고 주장한 이유가 여기에 있다.
▶ 5문단: 성찰적 근대가 되어야 하는 현대 사회
산업 사회는 인류에게 풍요를 가져왔다. 반면에 그만큼의 재앙과 위기를 불러오기도 했다. 전염병, 환경 파괴, 테러리즘 등 인류를 나락으로 빠뜨릴 만한 위험이 점점 커지고 있는 요즘이다. 그만큼 위험을 중심 과제로 삼고 문명의 미래를 바라보라는 벡의 외침은 더욱 의미심장하게 다가온다.
▶ 6문단: 위협이 증가하는 오늘날 울리히 벡의 철학이 갖는 의미

해제 이 글은 법적으로 물건 중 하나인 부동산을 거래하는 방법과 부동산을 거래할 때 유의할 점을 설명하고 있다. 집을 살 때는 탐색, 교섭, 계약의 과정을 거치는데 계약 전 등기부를 열람하는 것이 중요하다. 등기부는 표제부, 갑구, 을구로 구성되어 있다. 표제부는 물건의 장소, 면적, 용도, 구조 등을 명시한다. 갑구에는 소유권에 관한 사항이 적혀 있고, 을구에는 소유권 이외의 권리 사항이 적혀 있다. 등기부 열람 후 토지 대장 열람을 통해 등기부와 다른 점이 없다면 계약을 진행하면 된다. 계약금 지불은 통상 매매가의 10%, 이후 중도금은 계약금을 포함하여 매매가의 50% 이상을 지급하는 것이 일반적이다. 거래가 성사된 후 소유자는 부동산이 자신의 소유임을 알리는 등기를 한다.

주제 부동산 거래의 절차와 방법

법에서는 형체가 있고 관리할 수 있는 모든 것을 물건이라 정의한다. 우리 법은 이러한 물건을 동산과 부동산으로 나누고 있다. 동산은 부동산을 제외한 모든 것이고, 부동산은 토지와 토지에 붙어 있는 정착물을 의미한다. 법적으로 물건 중 부동산은 거래 금액이 크므로 거래할 때 많은 주의가 필요하다.
▶ 1문단: 동산과 부동산의 법적 개념

어른이 되어 집을 한 채 사려 한다고 가정해 보자. 먼저 가격, 교통, 장래의 가치 상승 등을 고려해서 살 집을 정한다. 내부도 다 확인하고 나서 집주인과 가격, 인도 날짜, 대금 지급 날짜와 방법 등에 관해 교섭을 한다. 교섭이 끝나면 계약을 맺어야 하는데, 계약을 맺기 전 먼저 온라인을 통해 등기부 열람을 해야 한다. 등기부는 개개의 부동산에 관한 등기 용지를 모아 둔 장부로, 등기부를 열람하고 확인하는 것은 부동산 거래에서 가장 중요한 부분이다.
▶ 2문단: 부동산 거래의 절차 ①

등기부는 물건이 있는 장소와 면적, 용도, 구조 등이 명시된 표제부와 소유권 변동 사항을 기록한 갑구, 전세권이나 저당권 등 소유권 이외의 권리 사항이 기재된 을구의 세 부분으로 구성된다. 표제부에는 토지와 건물의 소재지, 면적, 용도, 구조 등이 순서대로 적혀 있다. 갑구에는 소유권에 관한 사항이 접수된 날짜순으로 적혀 있다. 맨 처음 기재되는 것이 소유권 보존 등기, 즉 최초의 소유자이고 소유권 이전 등기가 계속해서 표시되어 있다. 가장 마지막 순위에 기록된 소유권 이전 등기에 의한 권리자가 현재의 소유자이다. 을구에는 소유권 이외의 권리가 적혀 있다. 쉽게 말해 건물을 담보로 은행 등에서 대출을 받는 경우 여기에 표시하게 되는 것이다. 특히 주의할 것은 근저당권 설정 등기인데, 소유권자가 책임을 지는 채무의 최고액이 등기부에 적혀 있다. 그 액수 한도 내에서 담보 책임을 지는데, 이 액수가 높으면 높을수록 그 부동산을 소유했을 때의 위험이 높은 것이다. 따라서 실제 채무액이 얼마인지를 면밀히 파악해야 한다.
▶ 3문단: 등기부의 구성과 부동산 거래 시 유의할 점

등기부를 열람하고 확인한 후, 등기부와 다른 점 있는지 확인하기 위해 토지 대장을 열람할 수 있다. 토지 대장은 관할 구청에서 열람하거나 인터넷을 통해 온라인으로 신청하여 교부받을 수 있다. 다음에는 매매 계약을 체결해야 한다. 파는 사람인 매도인이 실소유자가 맞는지 확인하는 것도 잊지 말아야 한다. 매매 계약이 성립하는 때는 계약서를 쓰거나 계약금을 지불할 때가 아니라 두 사람이 합의하여 약속하면 그 순간부터 계약이 성립하는 것이다.
▶ 4문단: 부동산 거래의 절차 ②

계약서를 작성한 후에 계약금을 지급한다. 계약금은 계약 당시 지불하며, 통상 매매가의 10% 정도이다. 그리고 계약일과 잔금일의 중간쯤에 중도금을 지급한다. 중도금은 계약금을 포함하여 매매가의 50% 이상이며, 이행 보증금으로 볼 수 있다. 그리고 매매 목적물을 인도하는 날 매도자에게 잔금을 지급하고, 동시에 등기 서류 및 부동산을 인수한다. 그다음에는 새로 산 집을 등기해야 한다. 등기란 움직일 수 없는 물건인 부동산이 자신의 소유임을 알리는 특별한 형식을 의미한다. 일반적으로 법무사에 의뢰하지만 각 지방 법원 관할 등기소에 직접 신청할 수도 있다.
▶ 5문단: 부동산 거래의 절차 ③

해제 이 글은 세금을 걷는 이유와 과세 기준, 다양한 세금의 종류에 관해 설명하고 있다. 정부는 나라 살림을 유지하고 국가 경제를 발전시키기 위해 세금을 걷고 있다. 이러한 세금은 소득을 올린 사람이 직접 납부하는 직접세와 세금을 내는 사람과 부담하는 사람이 다른 간접세로 나누어진다. 그리고 근로 소득세, 양도 소득세, 법인세는 직접세에, 부가 가치세는 간접세에 속한다. 또한 관세는 수입품에 부과되는 세금으로 해외 소비를 억제하거나 국내 사업을 보호하는 기능을 하기도 한다.

주제 과세 기준과 세금의 종류

각 나라의 정부는 나라 살림을 유지하고 국가 경제를 발전시키기 위해 국민의 소득 가운데 일부분을 국가에 납부하도록 하고 있다. _{세금이 필요한 이유} 세금 납부는 우리 국민의 4대 의무(국방, 근로, 교육, 납세) 가운데 하나로 꼽는다. 그렇다면 과세는 어떻게 이루어질까? 『세금은 공평성을 유지하기 위해 법으로 세금 부과율을 정하고 있다. 소득이 높으면 세금 부과율이 높고, 소득이 적으면 그만큼 세금 부담도 적다.』 ▶ 1문단: 세금의 목적과 세금 부과 기준

'소득이 있는 곳에 세금이 있다.'는 말이 있을 정도로, 세금은 광범위하게 걷힌다. 우선 사람들이 회사에서 열심히 일한 대가로 받는 월급에 대한 세금이 있는데, 일해서 얻은 소득에 대해 세금을 걷는다는 의미로 '근로 소득세'라고 한다. 꼭 일을 해서만 돈을 버는 것은 아니다. 예를 들어 2억 원에 아파트를 샀다가 4억 원에 되팔았을 경우 2억 원의 소득이 발생하는데, 이처럼 부동산을 사고파는 과정에서 발생하는 소득에 대해 부과되는 세금을 '양도 소득세'라고 한다. 생산과 판매와 같은 기업 활동을 통해 소득을 올리는 기업들 역시 1년 동안 벌어들인 소득에 대해 '법인세'를 납부한다. ▶ 2문단: 근로 소득세, 양도 소득세, 법인세의 의미

이러한 근로 소득세, 양도 소득세, 법인세처럼 『소득을 올린 사람이 직접 세금을 내는 것을 '직접세'라고 한다. 반면, 세금을 낼 의무가 있는 사람과 세금을 실제로 부담하는 사람이 다른 '간접세'도 있다.』 가장 대표적인 간접세가 바로 부가 가치세이다. 부가 가치세는 물건이나 서비스를 만들어 내는 과정에서 새로 생겨나는 가치(부가 가치)에 대해 내는 세금을 뜻한다. ▶ 3문단: 직접세와 간접세의 차이 및 부가 가치세의 의미

예를 들어, 산림의 나무를 벌목해 대형 목재(원재료)를 만들고, 이를 재료로 가구를 만들어(제조), 소비자에게 판매(유통)하는 과정에서 목재의 가치는 계속 높아진다. 이 과정에서 높아진 가치에 대해 세금을 매기는데, 세금을 실제로 부담해야 하는 사람은 마지막에 가구를 구입해 사용하는 소비자가 된다. 소득은 제조업자, 유통업자에게 돌아가지만, 세금 부담은 소비자가 하기 때문에 간접적으로 세금을 내는 셈이다. 부가 가치세는 물건이나 서비스를 이용하는 사람의 재산 정도를 따지지 않고 똑같이 부담하기 때문에 '고정세'로 분류된다. ▶ 4문단: 부가 가치세의 사례 및 부가 가치세를 고정세로 분류하는 이유

관세 역시 빼놓을 수 없는 세금의 하나이다. 관세는 외국에서 만들어져 우리나라에 수입되는 상품에 부과되는 세금으로, 외국과의 무역에서 정부는 특정 품목에 어느 정도 관세를 부과하여 우리나라의 산업을 보호하기도 하고 세금으로 얻는 수입을 늘리기도 한다. 『1980년대 외국으로부터 고급 사치재를 많이 수입했던 시절에는 매우 높은 관세를 매겨 소비를 억제하기도 했으나 최근에는 자유 무역이 경제 발전에 기여하는 효과가 크다고 보고, 주요 국가 간에 자유 무역 협정(FTA)을 체결하여 관세를 지속적으로 낮춰 가고 있다.』 ▶ 5문단: 관세의 역할과 변화 양상

해제 이 글은 합리적인 선택을 하기 위해서는 그것을 함으로써 포기해야 하는 행위의 가치를 함께 살펴봐야 한다는 내용을 강조하고 있는데, 이것이 바로 기회비용의 개념이다. 특히 하나의 행위를 하기 위해 포기한 일이 여러 가지일 경우에, 기회비용은 이를 선택함으로 인해 포기해야 하는 여러 행위 중 가장 큰 가치를 갖는 행위의 가치로 측정할 수 있다는 점도 덧붙여 설명하고 있다. 그리고 기회비용을 평가할 때 눈에 보이지 않는 비용만 생각하는 것이 아니라, 눈에 보이는 비용과 눈에 보이지 않는 비용 모두를 포함해야 한다는 것을 당부하고 있다.

주제 합리적 선택을 위한 기회비용의 이해

합리적 선택은 어떤 일과 관련된 비용을 정확하게 평가하는 데
: 이 글의 중심 화제
그 핵심이 있다. 비용이라고 하면 우리는 흔히 주머니에서 직접 나가는 돈만을 생각한다. 어떤 기업의 회계 장부를 보면 인건비, 원자재 구입비, 임대료 등 실제로 지출된 갖가지 명목의 비용들
회계 비용의 개념
이 기록되어 있다. 이것이 바로 상식적인 차원에서 생각하는 비용인데, 이를 회계 비용이라고 부른다. 이 회계 비용은 주머니에서 직접 나가는 돈이라 눈에 보이는 비용이라는 성격을 갖고 있
회계 비용의 성격 – 눈에 보이는 비용
다. 그런데 기업이 이처럼 눈에 보이는 비용만을 고려하면 합리적 선택에 이를 수 있을까? 그렇지 못하다는 것이 경제학자의 답변이다. 기업이든 개인이든 비용을 정확하게 평가하지 못하면 결
합리적 선택의 전제 조건
코 합리적 선택에 이를 수 없다. ▶ 1문단: 합리적 선택에 실패하는 경우

대학 다니는 데 드는 비용을 계산할 때에도 마찬가지이다. 쉽게는 등록금이나 책값, 교통비 같은 것을 떠올리겠지만, 대학을 다니기 위해 지불하는 비용에는 이런 비용 외에도 눈에 보이지 않는 비용이 상당히 큰 부분을 차지하고 있다. 대학을 다니지 않는다면 직장을 얻어 돈을 벌었을 텐데, 대학을 다님으로써 그 소득을 포기한 셈이 된다. 합리적 선택을 위해서는 눈에 보이지
눈에 보이지 않는 비용의 예
는 비용까지 비용의 일부로 포함시켜 생각해야 한다. 즉 실제로 지출하지 않았다고 해도 비용의 성격을 갖고 있으면 모두 비용에 포함시켜야 한다는 것이다. 이렇게 정의된 비용을 기회비용이라
기회비용의 개념
고 부르는데, 이것이 바로 엄밀한 의미에서의 비용이다.
▶ 2문단: 합리적 선택에 이르지 못하는 구체적인 예
일반적으로 어떤 행위와 관련된 기회비용은 그것을 함으로 인
행위와 관련된 기회비용의 의미
해 포기해야 하는 행위의 가치로 측정할 수 있다. 즉 책을 읽기 위해 어떤 일들을 하지 못했다면 그 일들에서 얻을 수 있는 가치를 포기한 것이다. 책을 3시간 동안 읽기 위해 포기해야 하는 여러 가지 일들이 나에게 갖는 가치를 화폐 단위로 표시하면 왼쪽의 표와 같다고 하자. 이 표를 보면 나는 여러 가지 일 중에서 특히 친구와 만나지 못한 것을 가장 아쉬워하는 것으로 나타나 있다. 친구와 만나면서 느끼는 즐거움의 가치가 8만 원인 것을 볼 수 있는데, 그렇다면 책을 읽는 데 드는 기회비용은 8만 원이 된다. 즉 책을 읽기 위해 포기해야 하는 행위 중 가장 가치 있는 행위인 친구와의 만남이 갖는 가치 8만 원이 책을 읽는 데 드는 기회비용이 되는 것이다. 즉 어떤 행위의 기회비용은 이를 선택함
행위의 기회비용을 측정하는 방법

으로써 포기해야 하는 여러 행위 중, 가장 큰 가치를 갖는 행위의
가치로 측정할 수 있다. ▶ 3문단: 기회비용의 측정 방법

어떤 행위와 관련된 비용을 기회비용의 관점에서 평가한다는
비용과 기회비용에 대한 이해
것은 눈에 보이지 않는 비용까지 포함시킨다는 것을 뜻한다. 그런데 어떤 사람은 이 점을 오해하여 눈에 보이지 않는 비용만이
기회비용에 대한 오해
기회비용에 포함되는 것으로 착각하기도 한다. 우리가 보통 생각하는 비용, 즉 눈에 보이는 비용은 당연히 기회비용의 일부가 된다는 점을 잊어서는 안 된다. 기회비용의 개념이 가진 특징은 눈
문제 1번 기회비용의 개념 및 그 특징 강조
에 보이는 비용만이 아니라 눈에 보이지 않는 비용까지 포함시킨다는 데 있다.
▶ 4문단: 기회비용을 이해할 때 유의할 점

해제 이 글은 민주주의에 대한 다양한 정보를 제공하기 위해 엘리트주의와 비교하며 민주주의의 개념을 명확히 밝히고 있다. 민주주의는 다수에 의해 의사가 결정되는 정치 방식으로, 소수에 의해 의사가 결정되는 엘리트주의 혹은 독재주의와 의사 결정에 참여하는 주체의 수에서 차이가 있다. 이러한 민주주의를 대의제라고 하는데, 오늘날 많은 국가에서 대의제를 채택하고 있다. 이러한 민주주의는 개인의 직접적인 의사 결정이 정치 체제에 반영된다는 장점을 지니고 있기는 하지만, 필연적으로 독재를 유발한다는 단점을 지니고 있다. 즉 민주주의는 형식적으로만 보면 불완전한 체제이지만 형식적 측면뿐만 아니라 내용적 측면까지 고려한다면 이상적인 민주주의가 가능하게 될 것이다.

주제 민주주의의 개념과 특징 및 장단점

민주주의는 민중이 주인인 정치 체제이다. 그렇다면 민주주의
: 이 글의 중심 화제
의 반대말은 무엇인가? 답은 공산주의가 아니라 독재주의와 엘리트주의이다. 그러면 공산주의의 반대말은 무엇인가? 그것은 자본주의이다. 즉 민주주의와 엘리트주의는 정치 체제에서 대립되는 개념이고, 자본주의와 공산주의는 경제 체제에서 대립되는 개념이다. 「민주주의는 다수에 의해 의사가 결정되는 정치 방식이
문제 1-③번 『 』: 민주주의와 엘리트주의의 차이점
고, 엘리트주의 혹은 독재주의는 소수에 의해 의사가 결정되는 정치 방식으로, 두 체제의 차이는 의사 결정에 참여하는 주체의 수에 있다.」 ▶ 1문단: 민주주의의 개념과 엘리트주의 및 독재주의와의 차이점

현대 민주주의는 대의제의 형태를 띠고 있다. 즉 모든 시민이 정치에 직접 참여하는 것이 아니라 정치 전문가 집단이 시민의 의견을 대리해서 결정한다. 그러면「대의제는 민주주의인가, 변형
『 』: 비판적 의견에 대한 답변을 제시하며 서술함.
된 엘리트주의인가? 이에 대해서는 지금까지도 논쟁 중이지만, 일반적으로 대의제는 민주주의에 포함하여 생각한다.」 엘리트주의 혹은 독재주의는 권력의 근거를 자기 스스로에게서 찾지만,
문제 1-②번 대의제를 민주주의로 보는 이유
대의제는 권력의 근거가 시민, 대중에게 있기 때문이다.
▶ 2문단: 권력이 시민으로부터 나오는 민주주의의 대의제 형태
이런 민주주의의 대표적인 장점은 시민들이 자신의 이익에 따
문제 1-①번 민주주의의 장점
라 직접 의사 결정을 하기 때문에 사회 구성원들의 의견을 종합할 수 있다는 매력에 있다. 물론 대의제이기 때문에 실제로는 개인의 의사가 반영되지 못하는 게 아니냐는 반론이 있을 수 있다. 하지만 개인의 선택은 대의제의 큰 틀 안에서 다양하게 반영되고 있다. 「예를 들어 우리가 보수 정당을 선택한다면 그것은 보수 정
『 』: 개인의 선택이 대의제의 큰 틀 안에서 다양하게 반영되는 예시
치인 한 명을 뽑아 준 것이 아니라 경제 체제로서의 신자유주의,
보수 정당의 정치성
시장 자유 확대, 세금 인하, 복지 축소, 자본가와 기업의 이익, 국가 전체의 성장을 선택한 것이다. 반대로 진보 정당에 투표한다면 그것은 진보 정치인 한 명을 선출한 것이 아니라 수정 자본주의, 정부 개입 확대, 세금 인상, 복지 확대, 노동자와 서민의 이
진보 정당의 정치성
익, 최소 수혜자의 삶의 질 향상을 택한 것」이기 때문이다.
▶ 3문단: 민주주의의 장점
그런데 개인의 의사를 반영한다는 장점에도 불구하고 민주주의는 필연적으로 '선거를 통해 선출된 독재자'와 '다수에 의한 독
문제 1-①번 민주주의의 단점
재'를 만들어 낸다는 문제점이 있다. 전자는 대중의 판단에 자신의 판단을 맞춰서 안정감을 얻는 편을 택하려는 어리석은 다수가
문제 2-①번 어리석은 대중이 독재자를 선출하게 됨.

선거를 통해 독재자를 선출하는 경우를 이르는 것이고, 후자는 경쟁을 통해 기득권을 얻은 다수가 사회 전체의 이익보다 자신의 이익을 지켜 줄 대리인을 지지하는 경우이다. 이때 소외된 소수의 반대 의견은 받아들여지지 않고 기득권자들에게 불이익을 줄 것 같은 대리인은 거부되므로 기득권자들의 이익을 대변해 줄 대
다수에 의한 독재
리인만이 다수의 지지를 받아 선출된다.
▶ 4문단: 민주주의의 문제점
이렇게 독재가 발생할 수 있다는 문제점은 민주주의의 형식적 측면만을 고려할 때 거의 필연적으로 보인다. 다수결에 의한 의
문제 1-④번 민주주의에서 의사 결정의 방법
사 결정이라는 형식적 측면이 독재를 필연적으로 발생시키게 되는 것이다. 따라서 민주주의의 문제점이 발생하지 않게 하기 위해서는 형식적 측면과 동시에 내용적 측면이 보강되어야 한다. 민주주의는 단순히 형식적 다수결을 의미하는 것이 아니라, 민주주의 정신이라는 내용적 측면까지 함께 고려되어야 한다. 다양한 의견의 수렴 과정과 절차가 보장되고, 각 구성원이 소수의 의견에 귀 기울이는 관용적 태도가 전제되어야만 이상적인 형태의 민주주의가 비로소 가능하게 될 것이다.
▶ 5문단: 이상적인 형태의 민주주의를 위한 방안

해제 이 글은 급속한 성장을 보이고 있는 편의점과 도시 문화와의 상관성을 제시하고 있다. 놀라운 속도로 구멍가게나 슈퍼마켓을 대체하고 있는 편의점은 영업 시간, 다양한 물건과 서비스, 관리 및 배송, 시스템의 차별화, 환한 조명, 인간관계의 번거로움을 피할 수 있는 영업 방식이 특징이다. 또한 고객 정보를 활용하는 것도 편의점 성장에 한몫을 하고 있다.

이러한 편의점은 도시인들의 밤을 안전하게 지켜 주는 역할을 하지만, 이는 그곳을 드나드는 소비자들의 욕망을 체계적으로 검색하고 관리하며, 고객의 편의를 위해 불편을 감내하는 이들의 희생으로 이루어진 것이다.

주제 도시의 문화적, 소비적 생태를 반영하는 편의점

구멍가게와 슈퍼마켓이 대형 할인 마트에 위협당하는 가운데 동네마다 속속 들어선 소형 매장이 있으니 바로 24시간 편의점이다. ▓ : 이 글의 중심 화제 편의점은 1989년 한국에 첫선을 보인 이래 지금껏 놀라운 성장을 이어 나가고 있다. 이러한 편의점의 경쟁력은 우선 '24시간'이라는 영업시간에서 비롯된다. 문제 1~④번 편의점의 성장 이유 ①: 24시간 영업 매출이 가장 높은 시간대가 밤 8시에서 자정까지라는 통계에서 알 수 있듯이 편의점의 성장은 도시인들의 생활 양식의 변화와 밀접하게 맞물려 있다. 귀가 시간이 점점 늦어질 뿐 아니라, 집에 와서도 밤늦게까지 이런저런 일을 하거나 텔레비전을 본다. 특히 최근에는 인터넷 때문에 잠자는 시간이 더 줄어들었다. 또한 매장의 넓이가 보통 25평 정도밖에 되지 않지만, 그 안에 진열된 물건은 무려 1천 2백~2천여 종에 이른다. 문제 1~①번 편의점의 성장 이유 ②: 다양한 물건과 서비스 물건뿐만 아니라 공공요금 수납, 택배, 휴대 전화 충전, 팩스, 디지털 사진 인화 등 다양한 서비스도 제공한다.
▶ 1문단: 편의점의 급속한 성장과 그 이유

「그럼, 큰 창고가 없는 편의점에 그렇게 많은 물건을 구비할 수 『』: 자문자답을 통한 설명 있는 비결은 무엇일까. 판매와 재고를 실시간으로 파악할 수 있는 판매 정보 통합 관리(POS) 시스템, 그리고 그 자료에 근거해 편의점의 성장 이유 ③: 관리 및 배송 시스템의 차별화 하루에 1~2번씩 순회하면서 각 가맹점마다 '볼펜 몇 자루, 라면 몇 개' 하는 식으로 완전히 맞춤형으로 공급해 주는 배송 시스템이 존재하기 때문이다.」편의점의 또 한 가지 차별성은 매장의 디자인에서도 찾을 수 있다. 우선 조명이 환하다. 형광등이 빼곡하 문제 1~②번 편의점의 성장 이유 ④: 환한 조명 게 걸려 있는 천장은 대낮에도 환하게 켜져 있어 그 어느 공간보다도 밝다. 이렇듯 밝은 실내 분위기는 진열된 상품들을 빛나게 할 뿐 아니라, 드나드는 이들을 안심시키는 효과도 갖는다. 여성들도 심야에 아무런 망설임 없이 편의점에 들어갈 수 있고, 낯선 손님들이 옆에 있어도 신경을 쓰지 않는 것은 구석구석을 환하게 비추는 불빛 덕분이다. ▶ 2문단: 관리 및 배송 시스템, 매장 디자인의 차별화

편의점은 도시 문화의 산물이다. 도시인, 특히 젊은이들의 인간관계 감각과 잘 맞아떨어진다. 점원은 출입할 때 간단한 인사 문제 1~⑤번 편의점의 성장 이유 ⑤: 인간관계의 번거로움을 피할 수 있음. 만 건넬 뿐 손님이 말을 걸기 전에는 입을 열지도 않을뿐더러 시선도 건네지 않는다. 그 '무관심'의 배려가 손님의 기분을 홀가분하게 만들어 준다. 그래서 특별히 살 물건이 없어도 부담 없이 들어가 둘러볼 수 있다. 그런 점에서 인간관계의 번거로움을 꺼려 하는 도시인들에게 잘 어울리는 상업 공간이다. 또한 편의점은

24시간 열어 놓고 있어야 하기에 주인들은 아르바이트 점원을 고용하는 경우가 훨씬 많다. 그런데 흥미로운 점은 그 점원들이 고객을 대하는 태도나 방식이 어느 편의점이든 똑같고 유니폼처럼 표준화되어 있다는 것이다. 이는 편의점뿐 아니라 패스트푸드점의 경우도 마찬가지로서, 사회학자 조지 리처는 그의 저서 『맥도 도시 문화와 관련한 전문가의 견해 인용 날드 그리고 맥도날드화』에서 '각본에 의한 고객과의 상호 작용', '예측 가능한 종업원의 행동' 등의 개념으로 분석하고 있다. 저자는 햄버거 가게에서 종업원들이 고객을 대하는 규칙이 매우 세밀하게 짜여 있고, 그 편안한 의례와 각본 때문에 손님들이 매료된다고 보고 있다. ▶ 3문단: 도시인이 바라는 인간관계를 바탕으로 한 영업 전략

그런데 주인과 고객 사이에 인간관계가 형성되지 않는 편의점은 역설적으로 고객에 대한 정보를 매우 상세하게 입수한다. 소비자들은 잘 모르지만, 『일부 편의점에서 점원들은 물건값을 계산할 때마다 구매자의 성별과 연령대를 계산기에 붙어 있는 버튼으 문제 1~③번 『』: 소비자들의 소비 패턴 분석 – 편의점을 이용하는 일반적인 소비자 겨냥 로 입력하고, 그 정보는 곧바로 본사로 송출된다. 또 편의점 천장에는 CCTV가 있는데, 그 용도는 도난 방지만이 아니다. 연령대와 성별에 따라서 어떤 제품의 코너에 오래 머물러 있는지를 모니터링하는 목적도 있다. 어떤 편의점에서는 손님들의 구매 패턴을 기록하기도 한다.」이렇게 정교하게 파악된 자료는 본사의 영업 전략에 활용된다. 편의점이 급성장해 온 이면에는 이렇듯 치 편의점의 성장 이유 ⑥: 고객 정보의 활용 밀한 정보 시스템이 가동되고 있는 것이다.
▶ 4문단: 고객 정보를 치밀하게 입수하여 반영하는 영업 전략

편의점은 이제 일상의 자연스러운 일부분으로 자리 잡았다. 사람들은 그 깔끔하고 환한 공간을 자기의 방만큼이나 친밀하게 느낀다. 고독하고 힘겹게 살아가는 사람들에게 편의점은 '도시의 성좌'처럼 안위를 준다. 늦은 밤 온라인을 배회하다가 출출한 배를 채우고 싶을 때 언제나 찾아갈 수 있는 곳이 편의점이다. 수많은 물품을 진열하고 24시간 연중무휴로 열려 있는 것이 너무 고맙다. 그러나 그곳을 드나드는 소비자들의 욕망은 체계적으로 검 CCTV 등을 이용한 치밀한 정보 파악 색되고 관리된다. 그리고 그 주인과 점원의 업무도 주어진 매뉴얼 속에서 기계적으로 영위된다. 일상의 편리함은 그냥 얻어지는 것이 아니다. 고객의 편의를 위해 엄청난 불편을 감내해야 하는 이들이 있다. 구멍가게와 슈퍼마켓을 밀어내고 촘촘히 들어서는 편의점은 문명의 외롭고 고달픈 속살을 드러내고 있다. 〈후략〉
▶ 5문단: 도시인의 생활을 편리하게 해 주는 편의점의 이면

사회 06 게이트 키핑과 의제 설정

해제 이 글은 언론의 뉴스 생산 과정, 여론 형성에 영향을 끼치는 언론의 역할 등에 대해 설명하고 있다. 언론은 세상의 일부를 비추는데 이를 '게이트 키핑'으로 설명할 수 있다. 게이트 키핑은 취재한 기사를 선택하고 다듬는 과정을 의미한다. 언론은 공동체의 논의 주제를 만들고 제기하는 '의제 설정'을 하며, 이를 통해 사람의 마음을 움직이고 세상을 바꾸는 역할을 한다.

주제 게이트 키핑과 의제 설정을 통해 살펴본 언론의 기능과 특성

현대 사회에서는 날마다 방대한 양의 정보와 뉴스가 끊임없이 생겨난다. 하지만 종일 쉬지 않고 뉴스만 보거나, 그걸 다 기억할 수 있는 사람은 없다. 우리가 뉴스에 주의력과 관심을 기울일 수 있는 시간과 에너지는 제한되어 있다. 언론은 이러한 인간의 인지 능력이 지닌 한계를 고려해, 적절한 분량과 흥미로운 형태로 뉴스를 만들어 우리에게 제공하는 역할을 한다. 20세기 미국의 유명한 언론인「월터 리프먼은『여론』이라는 책에서 "뉴스의 기능은 사건을 두드러지게 하는 것이다. 진실의 기능은 감춰진 사실들을 밝혀내고 그 사실들 사이의 올바른 관계를 정립시키며 사람들이 행동의 근거로 삼을 현실의 그림을 만드는 것이다."라고 말했다.」리프먼은 언론은 서치라이트(탐조등)와 같다고 말한다. 우리는 어둠 속에 있는 모든 것을 알 수 없고 오로지 끊임없이 움직이는 서치라이트가 비추는 것만을 볼 수 있다는 것으로, 언론은 세상의 일부를 비출 뿐이고, 우리는 언론이 다루는 세상만을 바라볼 수 있다는 것이다. ▶ 1문단: 세상을 바라보는 창문으로서의 언론

언론은 '게이트 키핑'이라는 과정을 통해서 뉴스를 다룬다. 게이트 키핑은 '문을 지키다'라는 뜻이다. 수많은 뉴스 중에서 각 언론사가 신문과 방송에서 다루기로 결정한 뉴스만이 실제로 우리에게 전달되는 것이다. 그렇다면 언론사는 어떤 과정을 거쳐 수많은 뉴스 중에서 직접 보도할 뉴스를 골라낼까? 취재된 기사들은 여러 단계를 거치면서 선택되고 걸러지고 다듬어지는데, 이 과정을 바로 게이트 키핑이라고 한다. 각 단계를 거치면서 보도할 기사들이 점점 추려지고 기사 내용의 사실 여부도 확인된다. 또한 각 언론사의 편집 방침과 보도 스타일에 맞는 형태로 기사가 작성된다. 구체적으로는 취재 기자-취재 팀장-부장-편집국장-편집인 등에 이르는 계단식 단계를 거친다. 우리가 만나는 뉴스는 가장 중요한 뉴스가 자연스럽게 전달되는 것처럼 보이겠지만, 실제로는 언론사에서 여러 단계를 거치면서 선택되고 다듬어진 결과이다. ▶ 2문단: 게이트 키핑을 통한 뉴스 생산

언론은 우리 사회에 무엇이 중요한지를 결정해 공동체의 논의 주제를 만들고 제시한다. 이를 '의제 설정' 또는 '어젠다 세팅'이라고 한다.『대통령이나 국회의원 선거를 앞두고, 언론사가 "경제가 어려운 만큼, 이번 선거에서는 무엇보다 경제 성장을 이끌어 낼 수 있는 후보를 선택해야 한다"라고 주장하면 선거에서 후보의 경제 정책 공약이 중요한 의제가 된다. 또는 "현재 사회 전반에 부정부패로 인한 폐해가 심각한 만큼, 대통령 후보는 청렴해야 한다"라고 의제를 설정하고 집중 보도하면, 후보들의 청렴함이 주요한 기준이 된다.」이렇듯 언론사가 보도를 통해 사회적 의제를 만들어 내고 여론을 형성하는 것을 언론의 '의제 설정' 기능이라고 한다. ▶ 3문단: 언론의 의제 설정 기능

이처럼 언론은 정보 전달이나 오락 제공을 넘어서 수많은 사람에게 다양하고 커다란 영향을 끼친다. 권력형 비리를 파헤치는 탐사 보도는 사람들의 생각과 사회의 해묵은 비리 혹은 잘못된 관행을 바로잡는 데 중요한 역할을 한다. 즉, 언론은 사람들의 마음을 움직이고 세상을 바꾸는 일을 할 수 있는 것이다. ▶ 4문단: 사람과 세상을 바꾸는 힘을 가진 언론

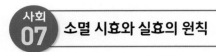

해제 이 글은 법으로 정한 '소멸 시효'와 '실효의 원칙'에 대해 설명하고 있다. 소멸 시효는 권리에는 그것을 행사할 수 있는 시간이 있으며, 시간이 지나면 권리가 소멸하는 것이다. 이와 비슷한 실효의 원칙과 소멸 시효의 공통점은 권리를 가진 사람이 뒤늦게 권리를 행사하는 것은 모순된 행동이므로 이러한 모순된 행동은 금지되어야 한다는 것이다. 이처럼 법은 사람의 권리를 보호해 주기도 하지만, 권리를 희생하더라도 다른 사람의 믿음과 안정을 보호해 주어야 하는 역할을 한다.

주제 소멸 시효와 실효의 원칙을 통해 살펴본 법 제도의 의의

어떤 권리를 가지고 있는 사람은 그 권리를 행사할 수 있을 때 행사하여야 한다. 그렇지 않고 오랫동안 권리를 방치해 두면 자칫 그 권리를 잃을 수도 있기 때문이다. 이러한 것을 법에서는
▒▒: 이 글의 중심 화제　문제 1-③번 소멸 시효는 법으로 규정됨.
'소멸 시효'라고 부른다. 「권리에는 그것을 행사할 수 있는 시간,
「 」: 소멸 시효의 개념
즉 시효가 있어서 그 시효가 지나면 더 이상 권리를 행사할 수 없고, 권리가 소멸한다는 뜻이다.」
▶ 1문단: 소멸 시효의 개념

이러한 사례는 생활 곳곳에서 발견할 수 있다. 예를 들어, 갑과 을이 재판을 하여 을이 졌다고 가정해 보자. 을은 그 재판에 대하여 항소를 할 수 있는 권리를 가지고 있지만, 이때 항소할 수 있는 기간은 법으로 정해져 있다. 그 기간이 지나면 아무리 억울하고 또 판결이 정말 잘못되었다 하더라도 항소를 할 수 없다. 「왜냐하면, 갑의 입장에서 본다면 재판이 끝나고 어느 정도 시간이 흘
「 」: 항소할 수 있는 기간을 법으로 정해 놓은 이유 – 갑의 보호
러서 이제는 을이 그 재판에 승복한 것이라고 믿고 생활을 하고
문제 1-⑤번 믿음을 전제로 하는 소멸 시효
있는데, 갑자기 을이 항소하여 다시 재판을 해야 한다면 큰 혼란에 빠지게 되기 때문이다. 그리고 갑은 재판에 이겨 놓고도 언제 을이 항소를 할지 몰라서 항상 불안한 생활을 하여야 한다.」 그렇기 때문에 법에서 일정한 기간을 정해 놓고 그 기간이 지나면 더
항소에 대한 소멸 시효
이상 항소를 할 수 없도록 함으로써 갑을 보호하고 있다.
▶ 2문단: 생활에서 발견되는 소멸 시효의 사례

또 '실효의 원칙'이라는 것이 있는데, 이것은 '소멸 시효'와 아주 비슷하다. 두 가지 모두 다음과 같은 점에서는 같다. 즉, 어떤 권리를 가지고 있는 사람이 한동안 그 권리를 행사하지 않아서, 다른 사람들에게 앞으로도 그 사람이 그 권리를 행사하지 않을 것이라는 믿음을 주었다. 그래서 상대방이 그 믿음에 따라서 생활을 하고 있는데, 뒤늦게 권리를 가진 사람이 그러한 믿음을 배
문제 1-⑤번 소멸 시효와 실효의 원칙의 공통점
신하고 새삼스럽게 권리를 행사하는 것은 모순된 행동이다. 그리고 이러한 모순된 행동은 금지되어야 한다는 것이다.
▶ 3문단: 실효의 원칙에 대한 설명과 소멸 시효와의 공통점

다만 '소멸 시효'와 '실효의 원칙'에는 차이점이 있다. 「소멸 시
효'는 일정한 기간 권리를 행사하지 않는 경우에 권리를 잃게 되
문제 1-④번 「 」: 소멸 시효와 실효의 차이점
는 것으로 그 기간이 구체적으로 법에 정해져 있는데, '실효'는 그러한 기간이 법에 정해져 있지 않다.」
▶ 4문단: 소멸 시효와 실효의 원칙의 차이점

우리는 흔히 "이제 와서 무슨 소리냐" 하는 말을 자주 한다. 백화점에서 옷을 한 벌 샀는데 집에 와서 보니 바느질이 잘못되어 있었다. 이런 물건은 백화점에서 다른 옷으로 바꾸어 주거나 돈으로 되돌려 주어야 한다. 그런데 옷을 사 온 지 몇 달이나 지난 후에야 백화점에 찾아가서, 지난번에 산 옷에 문제가 있으니 교환이나 환불을 해 달라고 하면 어떻게 될까? 백화점에서는 당연히 "이제 와서 무슨 소리냐?"라고 할 것이다. 이와 같은 백화점 측의 주장을 법률적으로 설명할 수 있다. 물건을 산 사람은 그 물건이 잘못된 것일 경우에, 교환이나 환불을 요구할 수 있는 권리가 있다. 그런데 「물건을 산 사람이 한참 동안 그 권리를 주장하지
「 」: 실효의 원칙의 예
않았고, 그러한 주장이 없었기 때문에 백화점에서는 아무런 문제가 없을 것이라고 믿게 되었을 때 이러한 믿음은 법이 보호해 주어야 한다.」
▶ 5문단: 실효의 원칙의 사례

지금까지의 이야기에서 우리는 한 가지 교훈을 얻을 수 있다. 바로 '권리는 그것을 행사할 수 있을 때 행사하여야 한다'는 것이다.
문제 2-⑤번 권리 행사 촉구
"권리 위에서 잠자는 자는 보호받지 못한다"라는 격언이 있다. 이를 풀이해 보면, 권리를 가지고 있는 사람은 그 권리를 행사할 수 있을 때 행사하여야 한다는 것이다. 즉, 권리를 가지고 있고 또 그 권리를 행사할 수 있는데도, 권리를 행사하지 않은 채 오랫동안 방치해 두면 그 권리를 잃게 된다는 것을 의미한다.
▶ 6문단: 소멸 시효와 실효의 원칙에서 얻을 수 있는 교훈

법은 사람들의 권리를 보호해 주기도 하지만, 다른 한편으로는 다른 사람들의 믿음과 생활의 안정을 보호해 주어야 한다. 따라서 오랜 세월이 흘러 사람들의 믿음이 완전히 굳어지면, 권리를 가지
시간의 경과에 따른 사실관계 존중
고 있는 사람이 희생하더라도 안정된 생활을 보호해 주어야 하는
문제 2-④번 소멸 시효와 실효의 원칙의 목적
것이다.
▶ 7문단: 권리 보호 및 믿음과 생활의 안정을 목적으로 하는 법

해제 이 글은 호르몬이 무엇이며 인체에서 어떠한 기능을 하는지 밝힌 후 진짜 호르몬과 유사한 환경 호르몬의 위험성과 문제를 설명하고 있다. 환경 호르몬은 외인성 내분비계 장애 물질로, 인체의 정상적인 호르몬의 작용에 개입하여 그 작용을 방해함으로써 문제를 일으킨다는 특징이 있

다. 환경 호르몬이 그러한 문제를 일으키는 기제로 호르몬 모방, 호르몬 차단, 호르몬 촉발이 있으며, 각 기제는 인체에 피해를 입히게 된다.

주제 환경 호르몬의 개념과 이상 작용

호르몬은 내분비샘에서 생산·방출된 화학적 신호로, 혈액과
_{호르몬의 개념}
함께 체내를 돌아다니면서 신체 기능 조절에 필수적인 정보와 신
_{호르몬의 기능 ①}
호를 표적 세포·조직에 전달한다. 이러한 호르몬은 정상적인 신
체 기능을 유지하기 위한 다양한 역할을 수행하고 있다. 따라서
[문제 1~③번] 호르몬의 기능 ②
수많은 호르몬 중 어느 하나라도 이상이 생기면 신체 기능에 장
_{호르몬의 중요성}
애를 가져오며, 심할 경우 사망에까지 이르게 된다.
▶ 1문단: 호르몬의 개념과 역할

환경 호르몬이라는 말은 1997년 일본의 한 방송에서 학자들이
███: 이 글의 중심 화제   [문제 1~①, ④번] 환경 호르몬이라는 말의 유래
환경에 배출된 화학 물질이 생물체에 유입되어 마치 호르몬처럼
작용한다고 말한 데서 처음 사용되기 시작하였다. 환경 호르몬은
인체의 정상적인 호르몬 기능을 방해하는 물질로, 정식 명칭은
_{환경 호르몬의 개념}
외인성 내분비계 장애 물질이다. 사람에겐 약 50가지 호르몬이
존재하는 것으로 알려져 있는데, 진짜 호르몬의 작용 단계 중 어
[문제 1~⑤번] 환경 호르몬의 위험성
느 단계에서라도 환경 호르몬이 영향을 미친다면 진짜 호르몬의
작용은 전반적으로 영향을 받을 수밖에 없게 된다.
▶ 2문단: 환경 호르몬의 개념과 위험성

환경 호르몬은 생체 내 진짜 호르몬과는 달리 쉽게 분해되지
[문제 2~⑤번] 환경 호르몬이 일으키는 문제
않고 체내에 쌓여 호르몬 모방, 호르몬 차단, 호르몬 촉발 등의
작용을 통해 이상을 일으킨다. 호르몬 모방이란 내분비 교란 물
[문제 1~②번] 호르몬 모방의 개념
질이 실제 호르몬을 흉내 내어 실제 호르몬과 같은 세포 반응을
유도하는 것이다. 이 세포 반응의 강도는 실제 호르몬의 반응 강
도보다 훨씬 약한 경우가 대부분이지만 더 강한 경우도 있다. 쉽
게 말하면 「원래의 열쇠(진짜 호르몬)가 아닌 가짜 열쇠(환경 호르
「 」: 호르몬을 열쇠에 비유하여 알기 쉽게 설명함.
몬)를 열쇠 구멍(수용체)에 꽂아도 자물쇠가 열릴 수 있는데(세포
반응), 대개의 경우 진짜 열쇠보다는 잘 안 열리지만 때로는 더
잘 열리는 경우도 있다는 것이다.」 ▶ 3문단: 환경 호르몬의 호르몬 모방
환경 호르몬이 진짜 호르몬보다 세포 반응을 크게 하는 경우
내분비 교란 물질 그 자체로는 호르몬으로서의 작용을 하지 못
하지만 진짜 호르몬과 결합할 수용체를 막아 버림으로써 실제 호
_{호르몬 차단의 개념}
르몬의 기능을 마비시킬 수 있다. 이것이 호르몬 차단이다. 그 결
과 신체의 기능 유지에 필요한 자연 호르몬의 작용이 차단됨으로
써 그 작용이 저하되어 피해를 주게 된다.
▶ 4문단: 환경 호르몬의 호르몬 차단

호르몬 촉발은 환경 호르몬이 내분비계와 무관한 단백질 수용
_{호르몬 촉발의 개념}
체와 결합해 비정상적인 일련의 연쇄적 세포 반응에 방아쇠를 당
긴다는 뜻이다. 비정상적인 세포 반응으로 인해 예정되지 않은
세포 분열을 유발하고 이는 암 발생, 세포 변화 등을 일으킬 수

있다. 이런 물질로는 다이옥신이나 그 유사 물질이 있다. 다이옥
신은 그 자신이 마치 신종 호르몬처럼 작용해 아릴 하이드로카본
수용체와 결합함으로써 암이나 기형 등 완전히 새로운 일련의 세
_{비정상적인 세포 반응으로 인한 질병의 예}
포 반응을 일으킨다.   ▶ 5문단: 환경 호르몬의 호르몬 촉발

해제 이 글은 지질 시대에 살았던 생물체의 유해나 흔적이 어떻게 화석으로 형성되고, 그것이 오랜 시간이 지난 후에 어떻게 우리에게 발견되는지, 그리고 그런 화석을 통해 알 수 있는 정보는 어떤 것인지 등 화석과 관련된 다양한 정보를 제공하고 있다. 화석에 대한 연구는 생물체에 대한 정보만을 제시하는 것이 아니라 화석이 발견된 퇴적암을 분석함으로써 당시 생물체를 둘러싸고 있던 주변 환경이나 퇴적암이 발견된 지역의 지각 변동까지 알 수 있게 한다. 하지만 과거의 생물체가 무조건 화석이 될 수 있는 것이 아니라 화석이 되기 위해서는 여러 가지 조건을 충족해야 하며, 화석이 발견되는 퇴적암의 종류도 다양하다.

주제 화석의 개념과 화석을 통해 알 수 있는 다양한 정보들

▓▓▓ : 이 글의 중심 화제
화석이란 지각이 형성된 이후부터 현재까지 지구상에 생존한
　　　　　　　　　　　　　　　　　　　　　화석의 개념
생물의 유해나 흔적이 퇴적물에 매몰된 채 그대로 남아 있는 것을 말한다. 어떤 지역의 퇴적암에서 어패류의 화석이 발견되었다면 과거 이 지역이 바다 혹은 강이었던 것을 알 수 있고, 고사리 화석이 발견되었다면 과거에 이곳이 습하고 그늘진 곳이었음을 짐작할 수 있다. ▶ 1문단: 화석의 개념과 화석을 통해 알 수 있는 지역 정보

화석은 크게 표준 화석과 시상화석의 두 종류로 분류할 수 있다. 먼저 표준 화석은 비교적 짧은 시간 동안 넓은 범위에 걸쳐
　　　　　　　　　　　　문제 1-②번 표준 화석의 개념
살아온 생물의 화석을 이르는데, 삼엽충 화석과 공룡 화석이 대표적이다. 삼엽충은 고생대에 번창했던 생물이고 공룡은 중생대를 대표하는 생물이므로, 이 화석들이 발견된 지층은 각각 고생
문제 2-④번 중생대의 대표적인 생물인 공룡
대, 중생대에 생성되었다고 볼 수 있다. 이와 달리 시상화석은 산호 화석이나 고사리 화석 등 특정 지역에서 장시간 살아온 생물
문제 1-②번 시상화석의 개념
의 화석을 가리킨다. 지금도 산호는 얕고 따뜻한 바다에서 살고 있기 때문에, 산호 화석이 발견된 곳은 예전에 얕고 따뜻한 바다였음을 짐작할 수 있다. 이처럼 화석은 과거의 환경뿐만 아니라
　　　　　　　　　　　　　　　　화석을 통해 알 수 있는 내용들 ①
고생대, 중생대, 신생대와 같은 지질 시대를 구분할 수 있는 단서를 제공해 준다. ▶ 2문단: 화석의 종류 및 화석을 통해 알 수 있는 시대 정보

그렇다면 땅속에 묻혔던 화석이 어떻게 외부로 노출되는 것일까? 지층은 자갈, 모래, 진흙, 화산재 등이 해저, 강바닥 또는 지
　　　　　　　　　　　　　　　　　지층의 개념
표면에 퇴적하여 층을 이루고 있는 것인데, 화석은 지층의 형성과 더불어 그 안에서 생물의 유해나 흔적이 다져지며 생성된다. 지층이 긴 시간 동안 지각 변동이나 침식 작용을 거치게 되면서 그 안에 있던 화석이 지표면으로 드러나 눈에 띄게 된다. 이때 해저에 퇴적하여 생겼던 지층이 지표면에 존재하는 것은 지반의 융
문제 1-③번 문제 2-③번 화석을 통해 지각 변동을 추측할 수 있는 이유
기 등 지각 변동이 있었다는 증거가 된다. 그러므로 지층을 조사
　　　　　　　　　　　　　　　화석을 통해 알 수 있는 내용들 ②
하면 과거에 어떤 지각 변동이 있었는지도 알 수 있게 된다.
▶ 3문단: 화석의 발견 과정 및 화석을 통해 알 수 있는 지각 변동
하지만 모든 생물의 흔적이나 유해가 화석이 되는 것은 아니다. 「화석이 되려면 급속히 매몰되어 산소와 접촉이 없어야 한다.
　　　　　　　　　화석이 만들어지기 위한 조건 ①
질소를 품고 있는 단백질이나 지방 등 유기물이 산소와 오래 접
문제 1-①번 「 」: 화석이 만들어지기 위한 조건
촉하면, 유기물에 달라붙어 있던 미생물이 유기 호흡을 통해 유기물을 부패하게 만들어 결국 이 물질은 사라져 버리게 된다. 생

물의 경우는 뼈나 껍질 등 단단한 부분이 있어야 화석이 될 가능
　　　　　　　　　　　화석이 만들어지기 위한 조건 ②
성이 높다. 그리고 단단한 암석으로 변하는 화석화 작용을 거쳐
　　　　　　　　　　　　　　　　화석이 만들어지기 위한 조건 ③
야 한다. 대부분의 화석은 이런 조건을 만족하여 생겨나게 된다.」
▶ 4문단: 화석이 되기 위한 조건
앞서 언급했듯이 지층을 이루는 암석은 퇴적암으로, 구성 입자에 따라 역암, 사암, 이암 등으로 나뉜다. 역암은 자갈이 주성분
　　　　　　　　　　　　　　　　　　　　□ : 퇴적암의 종류
이고 그 사이에 모래나 진흙이 채워진 것으로, 화석이 발견되는 빈도는 매우 낮다. 사암은 모래, 이암은 진흙으로 구성되는데, 공
　　　　　　문제 1-④번 문제 2-①번 화석이 발견되는 빈도가 높은 퇴적암 – 사암, 이암
기가 들어가기 어렵다는 특성상 생물체의 사체나 발자국 등 화석 발견 빈도가 매우 높다. 이암 중 지름이 1/16mm 이하의 작은 입자로 이루어진 것은 셰일이라고 한다. 간혹 퇴적암에서 무늬가 발견되기도 하는데, 줄무늬 모양의 평행 구조를 층리라고 한다. 층리는 시간에 따라 쌓이는 퇴적물 입자의 크기, 종류, 색 등이
　　　　　문제 2-②번 층리의 생성 원인
달라지면서 생성된다. ▶ 5문단: 화석이 발견되는 퇴적암의 구성 및 특징

해제 이 글은 '쌍둥이는 완전히 동일할까?'라는 문제의식을 바탕으로 가설을 세우고 실험을 진행한 결과를 제시하고 있다. 일란성 쌍둥이의 유전 질환이 쌍둥이 중 한 명에게만 발병하는 불일치 현상으로부터 환경의 차이가 이러한 불일치를 가져오는지를 알기 위해 대장균 실험을 진행한다. 실험 결과 대장균은 동일한 유전 정보, 동일한 환경에서 '잡음' 현상이 나타나 개체마다 다른 형질을 보이는 것이 확인된다. 이 실험을 통해 생물 내부 시스템에서 진행되는 화학 반응의 무작위성으로 인해 잡음이 나타나게 됨을 알게 된다. 이런 무작위성이 있더라도 쌍둥이는 많은 공통점을 가지고 있는데, 이는 유전자의 네트워크와 피드백 회로를 통해 조절되는 견고한 시스템에 의한 것이다.

주제 다양한 반응을 발생시키는 화학 반응의 무작위성

2012년 존스 홉킨스 대학교의 빅터 벨컬스쿠 교수 연구 팀은 일란성 쌍둥이 수만 쌍의 데이터를 분석하여 쌍둥이 중 한 명에게 나타난 유전 질환이, 다른 한 명에게도 똑같이 나타나는지 조사한 결과를 발표했다. 이 연구 팀이 조사한 24개의 질병 중 문제 1~①번 쌍둥이에게 나타나는 유전과 관련한 조사 결과 BRCA1(유방암을 유발시키는 데에 영향을 주는 유전자) 문제로 발생한 유방암을 포함해 23개의 유전 질환이 쌍둥이 중 한 명에게서만 발병하는 불일치 현상을 보였다.
▶ 1문단: 불일치 현상을 보이는 쌍둥이의 유전 질환

주변에 일란성 쌍둥이 친구가 있다면 이 결과가 그리 이상하지 않을 것이다. 처음 일란성 쌍둥이를 만나면 그들의 차이점이 잘 보이지 않지만, 조금 더 알고 지내다 보면 그들 각각의 개성(외모부터 성격까지)을 쉽게 찾을 수 있다. 이런 개성은 쌍둥이 각각이 경험하는 환경의 차이에서 비롯된다고 설명되곤 한다. 그렇다면 환경까지 완전히 통제된 조건이라면 개체 간에 차이가 전혀 나타 문제 1~②번 가설 설정: 환경을 통제하면 개체 간 차이가 전혀 발생하지 않을까? 나지 않을까? 사람을 대상으로 환경을 통제하는 실험을 할 수는 없으니 이런 실험은 모델 생명체를 이용해 이뤄진다.
▶ 2문단: 동일한 환경에서의 개체 간 차이에 대한 가설

「록펠러 대학교의 피터 스웨인 교수 연구 팀은 대장균을 이용해 문제 1~③번 『 』: 대장균을 활용한 실험   단세포 생물, 환경 통제 가능 흥미로운 실험을 설계했다. 단세포 생물인 대장균은 세포 분열로 자신과 '유전 정보가 완전히 동일한' 수많은 개체를 만들어 낼 수 있고, 그 개체들은 '완전히 동일하게 통제된 환경'에서 배양된다. 스웨인 교수 연구 팀은 적색과 녹색 빛의 형광 염색 단백질이 동 실험의 목적을 달성할 수 있는 설계 일하게 발현되도록 두 단백질의 유전자를 대장균 유전체에 끼워 넣었다.」만약 유전자와 환경이 모두 동일해 차이가 전혀 없다면 모든 대장균은 동일한 빛, 즉 적색과 녹색 빛이 섞인 노란색 형광의 대장균으로 관찰될 것이다.
▶ 3문단: 동일한 유전자와 환경을 통제한 대장균 실험

그러나 결과는 예상과 달리 적색 형광과 녹색 형광이 갖가지 문제 1~④번 실험 결과: 다른 비율을 가진 대장균 출현 비율로 섞인 다양한 대장균이 나타났다. 왜 모든 조건이 동일한 새로운 문제 제기 데 두 형광 유전자는 개체마다 다른 비율로 발현되었을까? 이 연구 팀은 이런 현상을 표현하기 위해 전기 공학에서 사용되는 '잡음'이라는 용어를 도입했다. 본래 전기 공학에서 잡음은 기대하거나 의도한 것과 다른 결과물로 나타나는 전기 신호를 의미하는 전기 공학에서 잡음의 의미 데, 이를 참고해 동일한 유전 정보와 환경 조건에서 (의도한) 동 잡음의 개념 일한 결과가 나오지 않는 현상을 '잡음'이라고 부르게 된 것이다.
▶ 4문단: 잡음 현상의 발생

본래 생물 내부 시스템은 화학 물질의 연쇄 작용으로 이루어지는데, 이런 화학 반응에는 '무작위성'이 내재되어 있다. 특히 적 ▒: 이 글의 중심 화제 은 양의 물질로 이루어지는 반응일수록 무작위성이 강화되는 경향을 보인다. 적은 양으로도 세포 안에서 충분히 제 기능을 수행하는 분자들인 DNA, RNA, 단백질은 무작위성이 일어나는 주요 표적이 된다. 따라서 같은 유전자일지라도 무작위적인 화학 반응 문제 1~⑤번 잡음 발생의 원인: 무작위적 화학 반응의 영향 의 영향을 받아 다양한 반응을 도출하게 되는 것이다.
▶ 5문단: 잡음 발생의 원인

이런 무작위성이 있더라도 쌍둥이는 분명 쌍둥이로 불릴 만한 많은 공통점을 가지고 있다. 따라서 생명체는 내재된 무작위성에 의해 예외가 발생하더라도 일관된 결과물을 만들어 낼 수 있는 견고한 시스템을 갖추고 있다. 견고한 시스템은 유전자의 네트워크로 구성되며 다양한 피드백 회로를 통해 조절된다.
▶ 6문단: 유전자 네트워크와 피드백 회로를 지닌 견고한 생명 시스템

해제 이 글은 물 분자의 공유 결합과 수소 결합이 물 분자의 특징에 어떠한 영향을 미치는지에 대해 설명하고 있다. 물 분자는 산소와 수소의 공유 결합으로 이루어져 있는데, 이때 산소와 수소의 인력 차로 인하여 산소가 수소보다 더 많은 전자를 갖게 된다. 이로 인해 산소 쪽은 음의 전하, 수소 쪽은 양의 전하를 띠고 있기 때문에 물은 극성을 띤 분자가 된다. 또한 전자를 많이 가진 산소는 다른 물 분자의 수소까지 끌어당기게 되는데, 이를 수소 결합이라고 한다. 물 분자는 이러한 성질 때문에 온도 변화가 크지 않고, 얼었을 때 부피가 커지는 특징이 나타나게 된다.

주제 물 분자의 공유 결합과 수소 결합

물 분자는 산소 원자 1개와 수소 원자 2개가 공유 결합으로 이루어져 있다. 공유 결합이란 원자들이 결합하는 방식의 하나로, 원자들이 가지고 있는 전자들을 서로 공유하며 결합하는 것을 말한다.
　: 이 글의 중심 화제
　공유 결합의 개념
　▶ 1문단: 공유 결합의 개념

공유 결합에서 전자를 공유할 때는 분자를 이루는 원자들 고유의 인력에 따라 전자를 공유하는 양에 차이가 생기게 된다. 물 분자에서 산소와 수소의 관계를 살펴보면, 산소가 더 강한 인력을 가지고 있다. 따라서 산소가 전자들을 더 많이 공유하게 된다. 이처럼 전자를 더 많이 공유한다는 것은 전자들이 수소보다 산소 쪽으로 더 많이 가 있다는 말이다.
　문제 1-④번 산소의 인력과 공유하는 전자의 관계
　▶ 2문단: 공유 결합에서 인력과 전자량의 관계

한 개의 분자 안에 부분적으로 양전하, 음전하를 가진 물 분자는 극성을 띤 분자라고 말한다. 전자들은 전기적으로 (−)전하를 띠고 있다. 원래 물 분자는 전기적으로 중성이어야 하는데, 이 (−)전하를 띤 전자들의 위치 이동으로 말미암아 중성인 물 분자에 전기적인 성질이 생기게 된다. 즉, 전자를 공유하는 양에 차이가 발생함으로써 산소 쪽은 음(−)의 전하를 띠고, 수소 쪽은 반대로 양(+)의 전하를 띠게 되는 것이다. 물 분자가 가진 음과 양의 전기적 성질 때문에 여러 물질 중 전기적 성질을 띠는 물질들과 잘 어울린다. 설탕이나 소금이 물에 잘 녹는 것도 이런 이유 때문이다.
　문제 1-①번 물 분자에 전기적 성질이 생기는 이유
　문제 1-⑤번
　▶ 3문단: 물 분자가 전기적인 성질을 띠는 이유

이 전기적 성질은 서로 끌어당기는 힘을 강하게 함으로써 물 분자끼리의 결합을 더 강하게 해 준다. 즉, 수소와의 공유 결합으로 음의 전기적 성질이 강해진 산소는 다른 물 분자에 결합된 수소까지 끌어당기는 힘을 갖게 됨으로써 물 분자끼리의 결합을 강화시킨다. 이처럼 음의 전기적 성질이 강한 원자 사이에 수소 원자가 들어가 약한 결합 상태를 만드는 것을 '수소 결합'이라고 한다.
　문제 1-⑤번 물 분자에서 산소의 역할
　수소 결합의 개념
　▶ 4문단: 수소 결합의 개념

이 결합으로 인해 물은 다른 액체들처럼 쉽게 온도가 내려가거나 올라가지 않는다. 「이것이 왜 중요할까? 만약 물의 온도가 쉽게 변하면 무슨 문제가 생길까? 여름에 온도가 높을 때 우리 몸속의 물도 금방 온도가 올라갈 것이다. 갑자기 체온이 높아지면 우리의 생명은 곧 위독해질 것이다. 반대로 겨울에는 잘못하면 얼어 죽을지도 모른다.」 이처럼 물 분자의 결합적 특징은 우리의 생
　문제 1-③번 수소 결합의 영향 ① – 물의 온도 변화가 크지 않음.
　「 」: 문답법
　물 분자의 특징이 우리에게 미치는 영향

명과 직결되어 있다.
　▶ 5문단: 수소 결합의 영향 ①

한편 이 세상 대부분의 액체 물질은 고체로 될 때 부피가 줄어든다. 그런데 물의 경우는 특이하게도 얼음이 되면 오히려 부피가 늘어난다. 물 분자의 경우 산소와 수소가 V자형으로 결합하고 수소 결합을 이룬다는 특징 때문에 얼음이 될 때 육각형 구조를 이루게 된다. 이 육각형 구조는 물의 정형화되지 않은 구조에 비해 더 많은 빈 공간을 만들게 되므로 물보다 얼음의 부피가 커지는 특이 현상을 일으키는 것이다. 그런데 만약 얼음이 물보다 부피가 작아지면 어떤 일이 일어날까? 부피가 작아진다는 것은 그만큼 무거워진다는 것이다. 즉, 얼음이 물에 가라앉게 된다는 것을 뜻한다. 이렇게 되면 추운 겨울에 강은 밑바닥부터 얼고 이 얼음이 차곡차곡 위로 올라와 강 전체가 얼어 버릴 것이다.
　문제 1-②번 수소 결합의 영향 ② – 물이 얼음이 되면 부피가 늘어남.
　▶ 6문단: 수소 결합의 영향 ②

해제 이 글은 물체의 운동량과 충격량에 대한 개념 이해를 바탕으로 운동량이 증가하는 경우와 운동량이 감소하는 경우에 대해 설명하고 있다. 물체의 질량과 속도를 곱한 값을 '물체의 운동량'이라고 하는데, 이를 증가시키려면 물체에 가하는 힘과 힘을 가하는 시간을 늘려야 한다. 운동량을 갖고 움직이는 물체가 멈추려면 충격이 필요한데, 이는 자동차가 서 있는 물체와 충돌하는 경우, 움직이는 자동차가 서로 충돌하는 경우로 나누

어 볼 수 있다. 자동차가 서 있는 물체와 충돌할 때 충돌하는 데 걸리는 시간이 길면 충격력이 작아진다. 따라서 움직이는 자동차끼리 충돌할 때는 자동차의 운동량이 변하는 데 걸리는 시간을 늘리고 충격력을 감소시키기 위해 자동차가 구겨지도록 설계하는 것이다.

주제 운동량이 늘어나는 경우와 운동량이 줄어드는 경우

운동하는 물체가 일으키는 운동의 세기는 물체의 질량 m과 속도 v로 나타낼 수 있다. 이때 물체의 질량과 속도를 곱한 값을 '물체의 운동량'이라고 하는데, 이는 물체의 운동이 얼마나 강하게
$p=mv$ 운동량의 개념
██ : 이 글의 중심 화제
일어나고 있는가를 말해 주는 물리량이라고 할 수 있다. 따라서 질량이 m인 물체가 속도 v로 운동할 때 물체의 운동량 p는
문제 1~②번 운동량=질량×속도
$p=mv$로 나타낸다. 운동량은 속도와 같은 방향을 가지는 물리량이며 단위는 kg·m/s를 사용한다. 그렇다면 이런 운동량이 변하는 경우를 일상생활에서 볼 수 있는 충돌과 연관 지어 생각해 보자.
▶ 1문단: 운동량의 개념 및 운동량의 변화에 대한 고찰 권유

물체의 운동량을 가능한 크게 증가시키려고 할 때에는 물체에
문제 2~⑤번 물체의 운동량을 증가시키는 요인 – 힘, 시간
최대의 힘을 가해야 할 뿐만 아니라 힘을 가하는 시간을 늘려야 한다. 따라서 정지한 자동차를 잠깐 동안 민 결과는 정지한 자동
힘을 가하는 시간이 달라짐.
차를 지속적으로 민 결과와 전혀 다르다. 탄환을 장거리로 쏠 수 있는 포(砲)는 긴 포신을 갖고 있으며, 포신이 길수록 발사되는 포탄의 속도가 증가한다. 긴 포신 내에서 폭발하는 화약의 힘은 오랫동안 포탄에 작용하므로 결국 충격량이 증가하여 운동량이 커진다. 충격량의 크기는 물체에 작용한 힘과 그 힘이 작용한 시
긴 포신 내에서 폭발하는 화약의 힘이 오랫동안 포탄에 작용하므로 충격량이 증가함.
간의 곱으로 나타낼 수 있기 때문이다. 물론 포탄에 작용하는 힘은 일정하지 않다. 처음에는 강하지만 기체가 팽창하면서 약해진다. 결국 어떤 경우라 할지라도 충격력, 즉 물체가 충돌에 의해
충격력의 개념
받은 힘은 시간에 따라 변한다. 충격력은 시간이 짧을수록 크기 때문이다.
▶ 2문단: 물체의 운동량이 증가하는 경우

이와 반대로, 운동량을 갖고 움직이던 물체가 멈추려면 충격이 필요하다. 예를 들어 자동차를 운전하다가 브레이크가 고장 나서 정지할 수 없는 상황이 닥쳤다고 가정해 보자. 이때 콘크리트 벽
충격을 주면
이나 건초 더미에 부딪치게 되면 자동차의 운동량은 동일한 충격량에 의해 감소할 것이다. '동일한 충격량'이란 힘과 시간의 곱이
문제 1~④번 힘과 시간의 곱이 동일할 때 충격량이 같음.
동일하다는 것을 의미하는 것이지, 같은 힘과 같은 시간 간격을 의미하는 것은 아니다. 즉, 달리던 자동차의 운동량 변화가 바로 충격량이 되는데, 충격량은 물체에 작용한 힘과 그 힘이 작용한 시간의 곱으로 나타나므로 충격량이 동일하다고 할 때 물체에 작용한 힘은 힘이 작용하는 시간이 짧을수록 커진다. 따라서 건초

더미에 충돌하면 벽에 충돌하는 것보다 충격을 줄이기 위한 충돌 시간이 더 길어진다. 이처럼 충돌하는 시간이 길면 물체에 작용한 힘, 즉 충격력은 작아지고, 자동차가 멈추면 운동량은 0이 된
정지하게 된다.
다. ▶ 3문단: 물체의 운동량이 감소하는 경우 ① – 자동차가 서 있는 물체와 충돌할 때

또 다른 자동차 충돌 상황을 살펴보자. 교통사고의 유형을 보면 2대의 자동차가 충돌한 후 서로 튕겨 나가는 경우도 있고, 충돌 후에 두 자동차가 구겨지면서 함께 같은 방향으로 밀려가는 경우도 있다. 이때 자동차의 승객은 어느 경우에 더 많이 다칠까? 승객에게는 자동차가 충돌했을 때 두 자동차가 서로 튕겨 나가는 경우보다 서로 구겨져서 함께 밀려가는 경우가 더 안전하다. 자동차가 충돌하여 서로 튕겨 나가면 운동량의 변화가 커서
문제 2~⑤번 운동량과 충격량의 관계
충격량도 커지는데, 충격량은 운동량의 변화량과 같기 때문이다. 자동차가 충돌할 때 승객 역시 큰 충격을 받는다. 따라서 이때 승객에게 가해지는 충격력을 낮추는 것이 바람직하다. 실제로 자동차 디자이너와 안전 기술자들은 자동차를 설계할 때 자동차 충돌 시 본체에 가해지는 충격력을 줄일 수 있도록 구겨지는 영역을 만들어 놓았다. 이 영역은 자동차가 충돌하면 구겨져 서로 튕겨 나가지 않도록 하여 운동량의 변화를 최소로 하거나 자동차가 구겨지게 하여 자동차의 운동량이 변하는 데 걸리는 시간을 늘리고 충격력을 충분히 감소시킨다.
▶ 4문단: 물체의 운동량이 감소하는 경우 ② – 움직이는 자동차끼리 충돌할 때

해제 이 글은 케플러의 행성 법칙 중 첫 번째인 '타원 궤도의 법칙'에 대해 설명하고 있다. 타원 궤도의 법칙은 태양의 주위를 도는 행성의 궤도가 원이 아니라 타원이라는 내용을 밝힌 것이다. 행성이 태양 주위를 타원 궤도로 공전하기 때문에 행성과 태양의 거리는 계속 달라지는데, 이는 지구

주위를 도는 달과 인공위성도 마찬가지이다. 특히 지구에서 가장 가까워졌을 때의 달이 보름달이 되면, 이를 '슈퍼문'이라고 부른다.

주제 케플러의 제1법칙인 타원 궤도의 법칙

요하네스 케플러는 20대에 『우주의 신비』를 쓸 때부터 스승인 튀코 브라헤와 달리 태양 중심설을 신봉했다. 케플러가 수년에 걸쳐 브라헤의 관측 데이터를 분석해서 얻은 결과는 케플러의 행성 법칙으로 알려져 있다. 케플러는 제1법칙인 타원 궤도의 법칙 ■■■: 이 글의 중심 화제 보다 태양을 초점으로 타원 궤도상을 운동하는 행성의 면적 속도가 행성의 위치와 관계없이 항상 일정하다는 제2법칙인 면적 속도 일정의 법칙을 먼저 발견했다. ♪: 면적 속도 일정의 법칙과 타원 궤도의 법칙의 관계 ▶ 1문단: 행성 법칙을 발견한 케플러

케플러의 제1법칙은 타원 궤도의 법칙이다. 태양 주위를 도는 행성의 궤도가 원이 아니라 타원이라는 말이다. 원 궤도와 타원 궤도는 비슷하면서도 많이 다르다. 원은 평면 위 하나의 고정된 점에서 똑같은 거리에 있는 2차원 점들의 집합이다. 이 정의에 원의 개념 따라 원을 그리려면 고정된 점에 실을 묶고 실의 다른 끝에 펜을 매달아 실을 팽팽하게 당기면서 한 바퀴 돌리면 된다. 타원은 평면 위의 고정된 두 점에 이르는 거리의 합이 일정한 2차원 점들의 타원의 개념 집합이다. 이때 고정된 두 점을 초점이라 한다. 만약 두 초점에서의 거리의 합이 두 초점 사이의 거리와 똑같다면 이 점들의 집합은 두 초점을 잇는 선분이 될 것이다. 따라서 보통 타원을 말할 때는 두 초점에 이르는 거리의 합이 두 초점 거리보다 더 큰 경우 문제 1-⑤번 지구의 공전 궤도도 타원 궤도이므로 이 경우에 해당됨 만 생각한다. 타원을 그리려면 초점 거리보다 더 긴 실의 양 끝을 각각 두 초점에 묶고 펜으로 실을 팽팽하게 당긴 채로 평면 위를 움직이면 된다. 원은 타원의 특수한 경우로서 타원의 두 초점이 문제 1-①번 초점이 일치한다는 것은 두 초점 사이의 거리가 0이라는 것임 일치하면 원이 된다. ▶ 2문단: 타원 궤도의 법칙

케플러의 제1법칙에서는 행성이 태양 주변을 타원 궤도로 공전하고, 태양은 그 타원의 두 초점 중 하나의 초점에 자리 잡고 있다. 엄밀하게는 태양과 행성의 질량 중심을 중심으로 해서 태양과 행성이 모두 회전하고 있지만 행성에 비해 태양의 질량이 워낙 크기 때문에 태양의 움직임은 무시할 수 있다. 원 궤도와 타원 궤도의 가장 큰 차이는 이렇다. 행성이 태양 주변을 원 궤도로 돌고 태양이 그 원의 중심에 있다면 행성과 태양의 거리는 언제나 평면 위 하나의 고정된 점에서 똑같은 거리에 있는 2차원 점들의 집합이 원이기 때문 똑같다. 반면 행성이 타원 궤도를 돌면 행성과 태양의 거리는 계속 달라진다. 물론 원 궤도에서도 태양이 원의 중심에서 벗어나 문제 1-④번 타원 궤도를 도는 행성과 태양의 관계 있으면 행성과 태양의 거리는 계속 달라진다. 타원 궤도에서 행성이 태양에 가장 가까워지는 지점을 근일점, 가장 먼 지점을 원일점이라고 한다. ▶ 3문단: 행성과 태양 간의 거리가 계속 달라지는 타원 궤도

태양 주위를 도는 행성만 타원 궤도인 것은 아니다. 지구 주위를 도는 달과 인공위성도 모두 타원 궤도를 돈다. 태양과 행성, 행성과 위성 사이에 보편적으로 타원 궤도가 나오는 이유는 훗날 뉴턴이 발견한 만유인력의 법칙으로 설명할 수 있다. 달도 지구 주위를 타원 궤도로 돌기 때문에 지구에 가까워지기도 하고 멀어지기도 한다. 달이 지구에 가장 가까워질 때의 달, 특히 보름달일 문제 1-③번 슈퍼문이 나타나는 이유 때를 '슈퍼문'이라고 부른다. 슈퍼문은 보통 때의 보름달보다 약 달과 지구 사이의 거리도 달이 타원 궤도로 공전하기 때문에 계속 변화됨 7% 더 크고 15% 더 밝다. ▶ 4문단: 태양과 행성, 행성과 위성 사이에 보편적으로 존재하는 타원 궤도

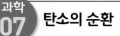
해제 이 글은 탄소 원자의 구성을 살펴보고 그 특성을 설명한 후, 탄소 원자의 동위 원소와 방사성 동위 원소 등에 대한 개념까지 추가로 설명하고 있다. 탄소 원자에 대한 다양한 개념을 익히고, 질소 원자와 충돌하는 과정을 통해 원소의 성질이 달라지는 경우까지 이해하게 되면, 탄소를 이용한 연대 측정이 가능하다는 것을 이해할 수 있다. 이는 불안정한 원소인 ^{14}C가 양성자와 중성자의 수가 같은 안정된 ^{14}N으로 변하고자 하는 성질을 이용하는 것인데, 이때 동위 원소의 양이 반으로 붕괴되는 데 걸리는 시간인 반감기의 개념을 이해하는 과정이 필요하다. 즉 생물체의 유해 속에 있는 ^{14}C의 양을 조사하여 그 줄어든 양과 반감기를 관련지어 계산하면 어떤 생명체가 죽은 연대를 측정하는 것이 가능해진다.

주제 탄소의 성질과 그것을 활용한 연대 측정

지구상에 존재하는 모든 생물은 탄소를 기본으로 하는 유기물이므로 반드시 탄소를 가지고 있게 마련이다. 원자의 특성은 원자핵 속의 양성자 수에 의해 결정되므로 『양성자가 6개인 탄소의 원자 번호는 6번이다. 』 원자 번호와 질량수의 개념 이해 한편 양성자 수와 중성자 수를 합한 수를 질량수라고 하는데, 탄소는 그림처럼 6개의 양성자와 같은 개수의 중성자, 그리고 역시 같은 수의 전자로 이루어지므로, 탄소의 질량수는 12다., 질량수 12인 탄소는 ^{12}C라고 표기한다. 그런데 간
양성자 수 6 + 중성자 수 6
혹 6개의 양성자와 8개의 중성자를 가진 ^{14}C가 존재한다. ^{14}C는
문제 1-②번 양성자가 6개이므로 원자 번호 6번인 탄소 원자임.
탄소라는 성질은 같지만 ^{12}C보다 좀 무겁고 질량수가 다르다. 이처럼 원자핵 속의 양성자 수는 같으나 중성자 수가 서로 다른 탄
동위 원소의 개념
소 원자들을 동위 원소라고 한다.
▨ : 이 글의 중심 화제 ▶ 1문단: 탄소 원자의 구성 및 탄소 원자의 동위 원소
^{14}C는 주로 양성자로 이루어진 우주의 입자들이 지구로 쏟아지는 과정에서 지구 대기의 70%나 되는 질소(N)와 부딪치며 만들어진다. 질소는 원자 번호 7번으로, 양성자 7개와 중성자 7개로 이루어진 질량수 14의 원소다. 이러한 『질소가 빠르게 움직이는 양성자 입자와 부딪치면 질소 원자핵 속의 양성자 하나가 떨어져
문제 1-③번 『 』 질소 원자가 탄소 원자로 바뀌는 과정
나가고, 우주에서 온 양성자 입자는 질소의 전자와 짝을 이루어 중성자가 된다. 즉 질소 원자의 양성자는 하나 줄고, 중성자는 하
7 → 6   7 → 8
나 늘어나게 된다. 그러면 원자 번호 7번에 질량수 14였던 질소는 원자 번호는 6번이 되지만, 중성자가 8개라서 질량수는 여전
양성자 수가 6개가 되었기 때문에
히 14를 유지한다. 이제 원자 번호가 6번이 된 이 원소는 더 이상 질소가 아니라 '탄소'로 변한 것이다., 그런데 ^{14}C는 불안정한 원
양성자 수(6)와 중성자 수(8)가 다르기 때문
소다. 안정적인 원소는 양성자의 수와 중성자의 수가 동일하게
문제 1-④번 안정적인 원소의 양성자 수와 중성자 수의 비율
구성되어 있기 때문이다. 따라서 ^{14}C의 중성자는 다시 양성자와
문제 1-⑤번 양성자와 중성자의 수가 같은 안정된 상태로 돌아가고자 함.
전자로 쪼개지며 ^{14}N으로 변하려는 성질을 띠게 된다.
▶ 2문단: 대기 중 질소가 ^{14}C로 변하는 과정
동위 원소들 중에는 핵분열을 통해 다른 종류의 원자핵으로 변하는 것들이 있는데, 이런 성질을 가진 동위 원소를 가리켜 '방사성 동위 원소'라고 한다. 실제로 탄소의 동위 원소인 ^{14}C도 핵분열을 통해 ^{14}N으로 변모한다. 또 『동위 원소의 양이 반으로 붕괴되
문제 2-④번 『 』 반감기의 개념 및 ^{14}C의 반감기
는 데 필요한 시간인 '반감기'는 방사성 동위 원소의 종류에 따라 일정하여 연대를 추정할 때 활용된다. ^{14}C의 반감기는 약 5,730년이다.』
▶ 3문단: 방사성 동위 원소의 개념과 반감기를 활용한 기능

식물은 대기 중의 이산화 탄소(CO_2)에서 탄소를 뽑아내 체내에 축적하고, 동물은 식물을 섭취하여 몸을 구성한다. 그래서 생물체를 구성하는 유기 화합물 속에 포함된 ^{14}C와 ^{12}C의 비율은 대기 중의 ^{14}C와 ^{12}C의 비율인 '1:1조'와 동일하다. 『생물체가 살아 있을
문제 1-①번 대기 중의 ^{14}C와 ^{12}C의 비율   『 』 방사성 연대 측정법이 가능한 이유
때 일정하게 유지되던 이 비율은 동식물이 죽음에 이르면 더 이상 대기와 이산화 탄소를 교환할 수 없으므로 유해에 남아 있는 ^{14}C는 계속 붕괴하여 ^{14}N이 된다.』 시간이 지남에 따라 ^{12}C에 대한 ^{14}C의 비율은 대기 중에 비해 감소하기 때문에, 어떤 생명체가 죽은 뒤 경과한 시간을 알아보기 위해서는 체내에 포함된 ^{14}C가 얼마나 줄어들었는지를 측정하면 된다.
▶ 4문단: 방사성 동위 원소를 활용한 연대 측정의 원리 및 방법

해제 이 글은 반도체 칩이 들어간 버스 카드와 버스 카드 단말기가 작동하는 원리를 전자기 유도 현상에 따른 유도 전류 발생 원리를 활용한 RFID 기술로 설명하고 있다. 버스 카드와 버스 카드 단말기에는 전파를 이용해 카드 내부의 IC칩과 단말기 간에 교신이 이뤄지도록 하는 RFID 기술이 적용되어 있다. RFID 기술은 코일이나 도선 주위의 자기장이 변화할 때 코일이나 도선에 전류가 발생하는 전자기 유도 현상을 활용한 기술이다. 버스 카드 단말기는 변화 자기장을 계속해서 발생시키고, 버스 카드에 내장된 미세한 코일은 버스 카드 단말기 가까이에 위치하게 되면 유도 전류 발생으로 인해 회로 동작을 위한 전력을 얻게 된다. 이와 같은 전자기 유도 현상에 따른 유도 전류 발생 원리를 활용하여 버스 카드 단말기는 선불된 버스 요금에서 이용 금액을 차감한 정보를 다시 버스 카드에 보내 주게 된다. 이와 같은 RFID 기술은 출퇴근 관리용 신분증 등 여러 용도로 활용되고 있다.

주제 버스 카드의 작동 원리

일반적인 마그네틱 카드와 달리 버스 카드에는 검은색 띠가 없다. 마그네틱 카드에 있는 검은 띠는 일종의 자석으로, 자화가 어떤 방향으로 이루어졌는가를 읽어 들여 정보를 확인할 수 있다. 반면 버스 카드는 일정 금액을 미리 내고 카드에 충전한 후 버스를 이용할 때마다 버스 내에 설치된 단말기에서 선불된 버스 이용 금액을 차감시켜 나가는 방식으로 작동한다. 여기에는 전파를 이용해 카드 내부의 IC칩과 단말기 간에 교신이 이뤄지도록 하는 RFID 기술이 적용되어 있다.

▶ 1문단: 일반적 마그네틱 카드와 다른 버스 카드의 특징

버스 카드 내에는 작고 얇은 반도체 칩이 들어 있다. 이 칩은 첫째로 금액 관리 역할을 한다. 충전을 통해 일정 금액에 대한 정보를 저장하고 버스를 이용할 때마다 저장된 정보의 내용을 계속해서 변화시키는 것이다. 둘째로 정보 전송 역할을 한다. 버스에 설치된 단말기 근처에 카드를 가져다 대면 단말기는 버스 카드 안의 반도체 칩이 보내오는 정보를 읽어 버스 요금을 차감한 후 그 결괏값을 다시 카드 칩에 보낸다. 그러면 카드 내부의 칩은 기존 요금 정보를 버리고 새로 차감된 요금 정보로 바꾸어 저장하게 된다.

▶ 2문단: 버스 카드 내부 반도체 칩의 역할과 정보 전송 과정

반도체 칩을 동작시키고 전파를 통해 정보를 주고받기 위해 버스 카드와 카드 단말기는 전자기 유도 현상을 활용한다. 철심에 코일을 감고 코일의 양쪽 끝을 전류계에 연결한 뒤, 자석을 코일 쪽으로 움직이면 자석에서 나오는 자력선은 코일과 교차하게 되고, 자력선의 움직임은 전자를 이동시켜 코일에 전자를 흐르게 한다. 이렇게 코일이나 도선 주위의 자기장이 변화할 때 코일이나 도선에 전류가 발생하는 현상을 전자기 유도 현상이라 한다.

▶ 3문단: 전자기 유도 현상의 개념

하나의 코일에 교류 전압 등을 연결하여 자기장의 크기를 계속해서 변화시켜 준다면 마찬가지로 근접한 다른 코일에 전기를 발생시킬 수 있다. 전기적으로 각각 분리된 제1 코일과 제2 코일을 근접시킨 후 제1 코일에만 교류 전압이 흐르게 할 경우, 교류는 시간에 따라 전압이 계속해서 변하므로 제1 코일 주위에는 시간에 따라 변화하는 자기장이 생기게 된다. 이렇게 되면 제2 코일에도 이 자기장의 영향이 미쳐 유도 전류가 발생하게 된다.

▶ 4문단: 전자기 유도 현상에 따른 유도 전류 발생 원리

버스 카드는 바로 이와 같은 원리를 이용하여 작동하게 된다. 버스 내부에 설치된 단말기에서는 변화 자기장을 계속해서 발생시키고, 버스 카드에는 미세한 코일이 내장되어 있어 단말기 가까이 가져가면 코일에 유도 전류가 발생하고 회로 동작을 위한 전력을 얻을 수 있게 된다. 즉, 버스 카드와 단말기는 서로 떨어져 있지만 적당한 거리 내에만 들어온다면 문제없이 서로 정보 통신이 가능하다는 것이다. 이때 발생하는 전력은 미약하지만 반도체 칩을 동작시키기에는 충분한 양이다. 이와 같은 RFID를 이용한 비접촉식 방식은 버스 카드뿐만 아니라, 신분증 등에도 이용되어 출퇴근의 관리 용도로 사용되고 있으며 이 외에도 여러 분야로 응용되어 유용하게 사용되고 있다.

▶ 5문단: 전자기 유도 현상을 활용한 버스 카드의 작동 원리 및 활용 사례

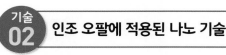

해제 이 글은 자연산 오팔이 나노 구조로 인해 어떠한 특징을 보이는지에 대해 설명하고 있다. 오팔은 작은 공 모양들이 규칙적으로 배열된 나노 구조로 이루어져 있으며 그로 인해 보는 방향에 따라 여러 가지 색깔로 다르게 보인다. 이러한 오팔의 구조를 인공적으로 모방하여 인조 오팔을 만들었으며, 오팔의 나노 구조를 모방한 기술은 자동차 페인트, 자동차 바퀴 휠, 플라스틱 병 등의 코팅에 활용되기도 한다.

주제 오팔의 나노 구조와 그것을 활용하는 분야

오팔은 자연석으로 채광되는 광물로서 여러 가지 색이 은은하게 섞여 있는 보석이다. 오팔은 보는 방향에 따라 영롱한 색깔이
오팔의 특징 ①
다르게 보이며, 또한 물에 젖지 않는 특징을 가지고 있다. 오팔에
오팔의 특징 ②
무지개색이 섞여 있고 방향에 따라 색이 다르게 변하는 이유는
▨ : 이 글의 중심 화제
오팔의 내부가 나노 소재의 특징적인 구조여서 구조색을 띠기 때
문제 1-④번 오팔이 보는 방향에 따라 여러 가지 색으로 보이는 이유
문이다. ▶ 1문단: 오팔의 색깔과 특징

자연산 오팔의 표면을 전자 현미경으로 관찰하면 특이한 나노
문제 1-②번 자연산 오팔의 표면 구조
구조가 관찰된다. 즉 표면에 작은 공 모양들이 규칙적으로 잘 배열된 구역이 섞여 있는 것이다. 마치 벼 수확이 끝난 들판에 인접한 논들의 밭고랑이 다르게 배열된 것과 같은 모습이다. 흥미로운 사실은 겉으로 보이는 색에 따라서 나노 구조의 규칙적으로
오팔의 나노 구조가 오팔의 색깔에 영향을 줌.
배열된 크기와 방향이 다르다는 점이다. ▶ 2문단: 오팔의 나노 구조

오팔의 표면을 더욱 확대시키면, 지름이 수십 나노미터인 작은 공이 밀집된 판이 여러 층으로 중첩되어 있다. 둥근 나노 공은 이산화 규소인데, 이것 자체는 유리처럼 투명한 물질이다. 그러나 노란색과 연두색 부분을 비교해 보면, 이산화 규소 공의 직경이 각각 약 300나노미터와 약 250나노미터로 차이가 있다. 오팔이 여러 색을 띠는 이유는, 나노미터 크기의 이산화 규소 공의 크기
문제 2-②번 오팔이 여러 색을 띠는 이유
와 배열에 따라 다른 색은 흩어지고 일정한 색만을 반사시키기 때문이다. ▶3문단: 오팔의 나노 구조가 오팔의 색깔에 미치는 영향

나노 소재를 연구하는 과학자들은 오팔의 나노 구조를 모방해서 인조 오팔을 만드는 방법을 알아냈다. 그것은 무색인 라텍스 볼을 오팔처럼 배열시키는 것이다. 미국의 한 연구소에서 지름이
문제 1-①번 라텍스 볼을 오팔의 구조처럼 배열함.
270나노미터인 라텍스 볼을 사용해 사각형으로 밀집시킨 층을 여러 개 쌓아서 초록색과 주홍빛을 내는 인조 오팔을 만들었다.
▶ 4문단: 오팔의 나노 구조를 모방하여 인조 오팔을 만드는 방법
인위적으로 구조색을 모방하기 위해 오팔처럼 무색인 물질을 나노 입자로 만들어서 치밀하게 코팅하는 기술도 있다. 나노미터 크기의 이산화 규소 입자를 오팔과 반대로 배열하는 것이다. 즉 직경
역오팔 구조
이 40나노미터인 이산화 규소 나노 분말을 유리판에 코팅하되, 육각형으로 배열된 빈 공간을 275나노미터, 320나노미터, 400나노미터로 만들어서 각각 파랑, 초록 및 주황색을 띠도록 하는 데 성공했다. 이렇게 만든 역오팔 구조를 갖는 표면은 나노 돌기로 덮인 셈이다. 즉 물에 젖지 않으며 영롱한 색을 띠는 천연 오팔을 인위

적으로 모방한 것이다. 이런 기술은 자동차 페인트뿐만 아니라 자
문제 1-⑤번 오팔의 나노 구조를 인위적으로 모방하여 활용하는 기술의 예
동차 바퀴 휠, 케첩 등을 담는 플라스틱 병의 코팅에도 쓰인다.
▶ 5문단: 천연 오팔을 인위적으로 모방하는 기술과 활용 분야

해제 이 글은 포석정에 숨은 과학적 원리를 설명하고 있다. 포석정은 우리나라 사적 제1호로 물의 흐름에 반하는 현상인 와류 현상을 이용한 수로 구조물이다. 이외에도 포석정은 회돌이 구역, 수로 경사와 수로 폭의 변화, 내측 바닥면의 함몰 등을 활용하여 수로 위에 술잔을 띄웠을 때 다양한 흐름과 위치의 변화를 만들어 내도록 설계되었다. 이러한 특징은 포석정에만 있는 것으로, 포석정을 통해 신라 사람들의 슬기와 지혜, 유체 역학 지식과 기술 능력을 가늠할 수 있다.

주제 와류 현상을 이용한 포석정

무거운 비행기는 어떤 원리에 의해 떠오를까? 왜 골프공의 표면은 울퉁불퉁하게 만들었을까? 왜 선박의 단면은 유선형이어야 하는가? 이러한 물음에 대한 답은 의외로 간단하다. 앞에서 말한 모든 현상에는 유체 역학이라는 과학적 원리가 응용된다. 한마디로 유체 역학은 흐르는 액체나 기체의 움직임을 연구하는 학문으로 조선, 우주 항공 산업 등에 있어 아주 중요한 핵심 기술이다.
> 1문단: 액체나 기체의 움직임을 연구하는 유체 역학

유체 역학의 원리를 가장 잘 활용한 고대의 유물 가운데 하나가 흔히 포석정으로 부르는 경주에 소재한 우리나라 사적 제1호인 포석정이다. 포석정(포석정지)은 「측벽이 다양한 크기의 석재 63개로 구성된 평균 높이 22cm 정도의 매우 안정적인 수로 구조물이다. 돌로 만든 수로에 물을 흐르게 하고 잔을 띄워 유상곡수를 하던 신라 시대의 정원 유적이다.」 이 수로에 물이 흐르면 소용돌이 현상이 같은 장소에서 계속 일어난다. 물의 흐름에 반하는 소용돌이 현상을 와류라고 한다. 이러한 소용돌이 현상이 생기는 곳에서는 술잔이 회전하거나 머무르거나 갇히는 현상이 나타난다.
> 2문단: 와류 현상을 이용한 포석정

보통 수로를 설계할 때는 공학적으로 소용돌이 현상이 일어나지 않도록 설계하는 경우가 대부분이다. 이것은 소용돌이 현상이 일어나면, 물이 돌아 흘러가는 부분에서 벽에 충돌하여 에너지가 분산되어 효율이 떨어지기 때문이다. 배를 유선형으로 설계하는 것도 같은 이유이다. 그러나 포석정의 수로는 이와 반대로 소용돌이 현상이 발생하도록 만들었다. 한국 과학 기술원 장근식 교수의 모형실험과 컴퓨터 시뮬레이션 연구 결과에 따르면 「포석정 수로는 특이한 설계 때문에 갖가지 물의 흐름이 만들어지고, 술잔을 띄웠을 때 잔이 회전하거나 머무르거나 갇히는 현상이 나타난다는 사실이 확인되었다.」
> 3문단: 일반적인 수로 설계와는 다른 포석정의 수로

포석정의 물이 흘러가는 경로는 매우 다양하기 때문에 서로 다른 위치에서 출발시킬 경우 술잔은 결코 같은 경로로 흘러가지 않는다. 「술잔은 회돌이(굴곡) 구역에서 돌기도 하고 막혀서 갇힐 수도 있다. 게다가 신라인들은 수로 경사가 급격히 변화하는 지점이나 굴곡이 있는 지점에 수로 폭을 확장하거나 내측 바닥면의 함몰을 조성하여 술잔의 전복을 방지하였다.」 즉 포석정은 다양한 수로를 만들어 그 위에 술잔을 띄웠을 때 다양한 흐름과 위치의 변화를 만들어 내도록 설계되었다는 뜻이다.
> 4문단: 포석정에서 물의 흐름을 변화시키는 요인들

중국과 일본에도 술잔을 물에 띄워 보내는 수로는 여러 개가 있다. 그러나 포석정의 것처럼 여러 사람이 둘러앉아 술을 마신 다음 잔을 채워 띄워 보내면 다음 사람의 자리 앞에 가서 빙빙 돌며 머무는 현상이 일어나지는 않는다고 한다. 이것으로 우리는 신라 사람들의 슬기와 지혜, 유체 역학 지식과 기술 능력을 가늠할 수 있다. 오늘날 우리나라가 세계에 자랑할 만한 조선 강국으로 발전할 수 있었던 뿌리는 바로 포석정에 깃든 공학 기술의 지혜가 아닐까?
> 5문단: 포석정에 깃든 공학 기술의 지혜

해제 이 글은 파마 속에 숨은 과학적 원리를 설명하고 있는 글이다. 파마는 열 또는 화학 약품의 작용으로 모발 조직에 변화를 주어 오래 유지할 수 있는 웨이브를 만드는 과정으로 산화 환원 반응을 활용한 것이다. 어떤 물질이 산소와 결합하거나 전자를 잃는 과정을 산화, 산소를 잃거나 전자를 얻는 과정을 환원이라고 한다. 이 과정에서 산화가 되는 물질을 환원제, 환원이 되는 물질을 산화제라고 한다. 머리카락의 주성분은 케라틴이라고 불리는 단백질로, 이 단백질에는 시스틴이라는 아미노산 성분이 함유되어 있다. 파마는 시스틴 결합을 깨뜨리기 위해 알칼리성 환원제를 머리카락에 바르고, 유연해진 머리카락을 원하는 형태로 만든 후, 산화제인 중화제를 사용하여 시스틴 결합을 다시 연결해 주는 것이다.

주제 산화 환원 반응의 과학적 원리를 활용한 파마

파마는 펌으로도 불리며 열 또는 화학 약품의 작용으로 모발 조직에 변화를 주어 오래 유지할 수 있는 웨이브를 만드는 과정
〔문제 1~④번 파마의 개념〕
이다. 먼저 머리카락에 파마 약을 바른 뒤에 원하는 형태의 로드를 이용하여 모양을 변형시킨 뒤 열 처리를 하고 시간을 보낸다. 그 후 중화제라는 약품을 바르고 한참 기다린 뒤에 로드를 풀고서 머리를 헹구면 완성이다. 이처럼 파마는 두세 시간의 지루함과 이상한 약품 냄새, 뭔가 복잡한 것처럼 느껴지는 힘든 과정이지만, 그 기본 원리는 과학의 산화 환원 반응에서 찾을 수 있다.
■: 이 글의 중심 화제
▶ 1문단: 산화 환원 반응으로서의 파마
일반적으로 어떤 물질이 산소와 결합하거나 전자를 잃는 과정
〔산화와 환원에 대한 개념 정의〕
을 산화, 산소를 잃거나 전자를 얻는 과정을 환원이라고 한다. 반드시 산소가 관여하지 않더라도 산화수의 변화가 일어나는 모든 반응을 산화 환원 반응이라고 하며, 항상 동시에 일어난다. 산화
〔산화와 환원의 동시성〕
가 되는 물질은 반응하는 짝꿍 물질에게 전자를 주어 환원시키므로 환원제, 환원이 되는 물질은 짝꿍이 되는 물질이 전자를 잃게 만들어 산화시키므로 산화제라고 한다. ▶ 2문단: 산화 환원 반응의 개념

머리카락의 주성분은 케라틴이라고 불리는 섬유 같은 단백질로, 이 단백질에는 시스틴이라는 아미노산 성분이 함유되어 있
〔시스틴 결합에 대한 설명〕
다. 머리카락은 이 시스틴 안에 황 원자(S) 2개가 단단하게 연결되어 있기 때문에 『가늘어도 잘 끊어지지 않으며 탄력을 가지고
『 』: 시스틴 결합으로 인한 머리카락의 성질
있어 구부렸다가 펴도 다시 제 모양으로 돌아오므로 젖은 머리를 드라이기나 고데기 등의 열을 이용하여 원하는 형태의 웨이브를 만들 수 있다. 또한 잠들기 전에 머리카락을 땋아 변형된 상태로 잠을 자고 일어나면 아침에 구불구불한 웨이브를 만들 수 있는 것도 이런 원리이다. 하지만 이 경우에는 머리를 감으면 다시 원래의 상태로 돌아오는데, 그 이유는 머리카락에 일시적인 물리적
〔문제 1~②번 머리카락에 일어나는 물리적 변화의 특성〕
변화가 일어난 것이기 때문이다.
▶ 3문단: 머리카락의 시스틴 결합과 물리적 변화
웨이브가 몇 달씩 유지되기 위해서는 머리카락에 화학적 변화
〔머리카락에 화학적 변화를 주는 파마의 과정〕
를 주어야 하는데, 이 과정이 파마이다. 먼저, 『알칼리성 환원제를 머리카락에 발라 케라틴 단백질에 수소를 공급하여 아미노산의
〔알칼리성 환원제인 파마 약을 통한 단백질 변화〕
시스틴 결합을 깨뜨린다. 결합이 깨져 단백질 구조가 느슨해지면
〔문제 1~①번 문제 2번 『 』: 파마의 과정에서 일어나는 산화 환원 반응〕
머리카락이 유연해지는데, 이때 로드나 기계를 이용하여 원하는 형태로 머리카락을 구부리고 고정시킨다. 그 후 산화제인 중화제

를 사용하여 공급했던 수소를 빼앗아 처음의 시스틴 결합을 다시
〔중화제의 역할〕
연결해 주면 파마가 완성되는 것이다.』
▶ 4문단: 산화 환원 반응 과정을 통해 살펴본 파마의 원리
파마 말고도 우리의 일상에는 화학의 산화 환원 반응을 활용한 예들이 많다. 『산화되는 정도가 다른 2개의 금속판과 전해질 용액
〔문제 1~⑤번 『 』: 일상생활 속에서 산화 환원 반응을 활용한 예〕
을 이용한 건전지, 리튬 충전지 등 각종 화학 전지가 대표적이며, 혈중 알코올의 농도를 측정하는 음주 측정기 등도 산화 환원 반응을 활용한 것이다.』 이와 같이 인간의 삶을 윤택하고 편리하게 해 주는 방법, 아름다움과 젊음을 유지하는 비법 등은 결국 과학의 세계에서 그 해답을 찾아야 할 것이다.
▶ 5문단: 일상생활 속 산화 환원 반응을 활용한 사례들

해제 이 글은 팔만대장경이라는 세계 유산의 가치를 환기하며, 오랜 세월 동안 목판인 팔만대장경이 아무런 피해 없이 온전하게 보관될 수 있었던 점과 관련하여 그 보관 기술에 얽힌 원리를 설명하고 있다. 팔만대장경을 보관하고 있는 판전은 수다라장과 법보전인데, 남향인 두 건물은 벽면에 상하로 살창을 만들고, 그 살창의 크기를 조절함으로써 유입되고 배출되는 공기의 흐름이 판전 내부에서 대류 현상을 일으킬 수 있도록 설계되어 있다. 이런 판전의 구조로 인해 판전 내부는 통풍과 환기가 자연스럽게 이루어지게 되고 경판은 습기로 인한 피해를 입지 않고 안전하게 보존될 수 있었던 것이다. 특히 창건 당시의 건물의 원형과 기능이 보존되고 있다는 점을 통해 판전에 담긴 기술이 과학적으로 명확히 증명된 것임을 강조하고 있다.

주제 팔만대장경 판전에 적용된 기술의 원리

「팔만대장경은 경판을 가로로 눕혀 쌓으면 백두산 높이가 되고,
「 」: 팔만대장경의 규모
무게는 280톤에 이르는 엄청난 규모이다. 그 안에 5,200만 글자를 담고 있는데, 이는 한자에 능숙한 사람이 하루 8시간씩 30년을 읽어야 하는 분량이다.」 팔만대장경이 완성된 해는 1251년으로 780년 전인데, 이런 방대한 양의 목판이 썩고 벌레 먹는 일 없이 글자 한 자 떨어져 나가지 않고 옛 모습을 간직할 수 있었던 비결은 무엇일까? 이 질문에 대해서는 해인사에서 경판을 보관하고 있는 곳, 즉 판전의 구조에서 답을 찾을 수 있다.
■: 이 글의 중심 화제
▶ 1문단: 팔만대장경 보관의 비밀에 대한 의문

해인사의 판전인 수다라장과 법보전은 둘 다 대장경판 보관을
문제 1-②번 팔만대장경을 보관하고 있는 판전 두 곳
목적으로 지었으므로 장식이 없는 소박한 건물이다. 「두 건물은
「 」: 수다라장과 법보전의 구조
동일하게 정면 15칸, 측면 2칸의 일(一)자형 건물인데, 건물 전체가 남향으로 배치되어 있어서 해가 떠 있는 동안 모든 경판에 한 번씩 햇빛이 고루 비치는 구조」로 되어 있다. 건물 바깥벽에 설치한 붙박이 살창은 제시된 사진처럼 아래와 위 및 건물의 앞면과 뒷면의 크기를 각기 달리 하여 대류 현상을 원활히 하는 절묘한 기술을 발휘한다.
▶ 2문단: 대류 현상이 일어나는 판전의 구조

「판전은 남향 건물이므로 앞쪽보다 뒤쪽의 온도가 낮고 공중 습
문제 2-④번 판전 앞뒤의 온도와 습도
도가 높다. 그러므로 공기의 이동은 판전 건물 뒷면의 살창으로
문제 2-③번 「 」: 판전 내부에서 일어나는 대류 현상과 효과
들어와 판전 속에 머물다가 앞으로 나가기 마련이다. 판전으로
공기가 들어갈 때 습한 공기는 아래에 처져 있으므로 위 창보다
문제 2-⑤번 판전 뒷면 창의 설계
아래 창을 약간 작게 하여 습한 공기가 적게 들어가게 설계했다.
그러나 바깥 공기는 건물 높이 4m 정도에서는 아래위 습도 차이가 그렇게 크지 않으므로 살창은 1.5배 정도로 큰 차이를 두지는 않았다. 판전 속에 들어간 공기는 경판이 가지고 있는 수분을 빼앗아 들어올 때보다 무거워지고 아래로 처진다. 이런 습한 공기는 앞면 살창을 통해 빨리 빠져나가 버릴 수 있도록 앞면 아래 창
문제 2-②번 판전 내부에서 일어나는 대류 현상을 이용 ①
은 위 창보다 4배 이상 크게 만들었다. 반면에 건조하여 위로 올라간 공기는 오랫동안 판전 안에 머무를 수 있게 판전 앞면 위 창
문제 2-①번 판전 내부에서 일어나는 대류 현상을 이용 ②
은 아주 작게 만든 것이다. 이 같은 구조 덕분에 밖에서 들어온 공기가 건물 내부를 한 바퀴 돌아 나가는 대류 현상이 일어나, 자연적인 통풍과 환기가 완벽하게 이루어질 수 있는 것이다.」
▶ 3문단: 판전 내부의 대류 현상과 살창 크기와의 관계

지난 수십 년간 몇 차례 건물 보수 공사가 진행되었으나 모두 유지 관리 차원의 부분적 수리였을 뿐이다. 이는 팔만대장경 판전이 창건 당시의 건물 원형과 기능을 그대로 유지하고 있다는
선조들의 지혜가 현대 사회에까지 유용하게 적용되고 있음.
것을 말한다. 오랜 세월 동안 온전히 보관된 대장경판의 모습을 통해 판전이 창건될 당시의 원형이 가장 효율적인 보관 방법이라는 점이 과학적으로 명확히 밝혀졌기 때문이다.
▶ 4문단: 창건 시부터 이어져 온 판전의 과학적 우수성

해제 이 글은 천연 섬유에만 기대어 생활하던 인류가 천연 섬유에 닥친 재앙으로 인해 인조 섬유에 눈을 돌리게 된 배경을 소개한 후, 인조 섬유가 어떤 과정으로 연구되고 발전되어 왔는지를 살피고 있다. 비단으로 대표되는 천연 섬유의 가공에 대한 주도권이 중국, 유럽, 일본 등으로 바뀌는 상황과 병행하여 합성 섬유를 만들고자 하는 노력이 지속되어 왔는데, 그 이유는 천연 섬유만으로는 인류의 의생활을 책임질 수 없었기 때문이다. 불편을 느낀 인류는 끊임없이 새로운 기술 개발에 매달리게 되고 결국

인조 비단실의 발견에서 신비의 합성 섬유라 할 수 있는 나일론의 발견, 그리고 이후 케블라, 노멕스 등 새로운 합성 섬유를 지속적으로 만들어 낸 것이다. 합성 섬유 기술의 발전은 궁극적으로 인류의 의생활에 새로운 역사를 쓰게 해 준 셈이다.

주제 합성 섬유의 개발 과정과 성과

중국에서는 지금부터 4천6백여 년 전에 이미 황제용 의복에 누에고치에서 실을 얻어 비단을 만들었다고 알려져 있다. <u>하지만</u>
<u>천연 섬유인 비단을 만들어서 활용하였음.</u>
중국이 비밀로 감추는 바람에 비단 제조 기술은 6세기 중반에야 비로소 중동 및 유럽에 전파되었고, 16세기에 프랑스 리옹이 비단 산업의 중심지가 되면서 19세기 말까지 프랑스가 세계 비단 시장을 장악하였다. 그런데 19세기 말 누에가 병들어 죽는 재앙
<u>인조 섬유에 대한 요구가 커진 시대적 배경</u>
으로 프랑스 비단 산업이 타격을 입게 되자, 천연 비단을 대신할 수 있는 인조 섬유에 대한 요구가 거세졌다.
▶ 1문단: 인조 섬유에 대한 요구 발생의 배경

프랑스의 샤르도네는 질산 셀룰로오스 용액을 방사하여 천연 비단 섬유와 비슷한 촉감을 갖는 인조 비단실을 만드는 데 성공하였다. 그는 이 인조 비단을 1889년 파리 만국 박람회에 출품하여 선풍적인 인기를 끌었고, 샤르도네 비단이라는 이름까지 얻게 되었다. 그런데 샤르도네의 인조 비단은 인화성이 너무 강하여
<u>샤르도네 비단이 실용화되지 못한 이유</u>
난로에 가까이 가면 금세 화재가 나곤 했기 때문에 판매가 저조할 수밖에 없었다. 이렇게 합성 섬유가 실용화되지 못한 상황에서 20세기 세계 비단 시장은 일본의 독차지가 되고 있었다.
▶ 2문단: 인조 비단의 탄생과 한계

1928년에 <mark>합성 섬유</mark> 연구를 위해 미국 듀퐁사는 유기 합성 화
<mark></mark>: 이 글의 중심 화제
학자 캐러더스를 초빙하여 폴리머의 세계, 즉 고무와 비단에 특수한 성질을 주는 길이가 길면서 섬유질인 분자의 세계를 연구하고자 하였다. 캐러더스는 당시 천연 섬유에서 분자들을 결합시키는 힘이 무엇인지 발견하고자 하였다. 하지만 1930년에 캐러더스 연구 팀은 폴리머가 다른 분자들과 단지 좀 더 길다는 차이만 있을
<u>천연 섬유에서 분자들을 결합시키는 힘이 무엇인지 발견하지 못함.</u>
뿐 다른 점에서는 동일하며 같은 방식으로 결합되어 있다는 결론에 도달하게 되었고, 결국 인조 섬유를 만들어 내지는 못했다.
▶ 3문단: 합성 섬유 개발을 위한 노력과 실패

이후 캐러더스는 비단과 구조가 유사한 폴리아미드라는 새로운 물질을 만들어 냈다. 하지만 그것은 용융점이 너무 높아서 실 모양으로 가공될 수 없었다. 이 물건이 쓸모가 없다고 생각한 캐러더스 연구 팀은 제쳐 놓았던 재료인 폴리에스터 쪽으로 관심을 돌리고 있었는데, 같은 팀의 줄리안 힐이 우연히 폴리에스터의 폴리머가 거미줄처럼 가는 끈으로 늘어난다는 것을 발견하게 되었다. 이 신기한 현상을 폴리아미드에 적용하면서 연구가 급진전

되었고, 결국 거미줄보다 더 가늘고 강철보다 더 강한 섬유인 나
<u>나일론의 특징</u>
일론이 탄생하게 되었다.
▶ 4문단: 합성 섬유인 나일론의 탄생

이로부터 2~3년 후 듀퐁사는 이 신기한 합성 섬유인 나일론을 생산하기 시작했다. 이는 당시 미국 시장을 점령하고 있던 일본 비단에 큰 타격을 주었고, 나일론 스타킹의 제조 판매로 세계 여성들을 흥분의 도가니로 몰고 갔다. 「나일론은 영국에서 1941년에
「　」: 인류의 의생활에 큰 변화를 가져온 인조 섬유들
발명된 폴리에스테르, 독일에서 1938년에 발명된 아크릴 섬유와 함께 3대 합성 섬유로, 인류의 의생활에 혁명을 일으킨 주인공으로 꼽힌다.」합성 섬유의 원료는 대부분 석유, 석탄, 물, 공기인데,
문제 2번
이를 바탕으로 방탄조끼나 우주복 제작 등 우수한 기계적 강도를 지니는 케블라, 노멕스 등 새로운 합성 섬유들이 꾸준히 탄생되고 있다. 1백 년도 채 되지 않은 합성 섬유 기술의 역사가 인류의 의생활을 완전히 바꾸어 놓고 있는 것이다.
▶ 5문단: 합성 섬유 기술의 발달로 인한 인류 의생활의 변화

해제 이 글은 냉장고가 어떻게 낮은 온도를 일정하게 유지하며 작동하게 되는지, 그 원리에 대해 설명하고 있다. 특히 냉장고를 구성하고 있는 기술적 요인을 살펴보기 위해 보통의 열기관에서 일어나는 열역학 제1법칙과 열역학 제2법칙을 설명한 후, 그 내용을 냉장고의 기술적 구조에 적용하면서 구체적인 작동 원리를 설명하고 있다. 냉장고는 냉매를 온도와 압력의 조절을 통해 기체 상태와 액체 상태로 변환시키면서 냉장고 내부 공기의 열을 빼앗고 이를 외부로 방출한다. 이런 순환을 통해 냉장고는 외부에서 들어오는 열량과 내부에서 방출되는 열량이 같아져서 일정한 온도를 유지하며 그 기능을 수행할 수 있는 것이다.

주제 냉장고의 구조와 작동 원리

열기관이란 열에너지를 기계적 에너지로 바꾸는 기계를 말한다. 보통의 열기관은 고온부에서 열(Q_H)을 받아 일(W)을 하고 저온부에 열(Q_C)을 방출한다. 즉 '$Q_H = Q_C + W$'가 된다. 〈그림 1〉은 <u>열기관의 개념</u> 우리가 흔히 볼 수 있는 보통 열기관의 작동 원리를 보여 주는 것으로, 가솔린 엔진이나 증기 기관 같은 것들이 보통 열기관에 속한다.
▶ 1문단: 열기관의 에너지 전환

〈그림 1〉에서 말하고 있는 '$Q_H = Q_C + W$'를 '열역학 제1법칙'이라고 하는데, 이는 역학적 에너지 계(界)에만 국한해서 생각해 오던 '에너지 보존 법칙'을 열 현상에까지 확장한 법칙이라고 할 수 있다. 에너지 보존 법칙이란, <u>에너지는 그 형태를 바꾸거나 물체</u> <u>에너지 보존 법칙의 개념</u> 에서 물체로 옮겨도 창조되거나 소멸되지 않으며 그 총량은 보존된다는 것을 말한다. 그리고 위의 식에서 '$Q_C = 0$'이 될 수 없는데, 이것은 '열역학 제2법칙'에 해당한다. 이것을 통해 우리는 <u>열을</u>
문제 1-④번 열에너지의 형태를 일로 전환할 때 열을 100% 일로 전환할 수는 없다.
모두 일로 전환할 수는 없다는 것을 알 수 있다.
▶ 2문단: 열 전환을 통해 드러나는 열역학 제1법칙과 열역학 제2법칙

그렇다면 냉장고의 작동 원리를 〈그림 1〉과 비슷한 그림으로 표
▨: 이 글의 중심 화제
현하면 어떻게 될까? 〈그림 2〉를 자세히 보면 저온부의 열을 빼앗아 고온부에 열을 전달하는 것을 알 수 있다. 이때도 '$Q_H = Q_C + W$'가 되는데, 이 공식이 열역학 제1법칙인 것은 〈그림 1〉에서 본 보통의 열기관에서와 같다. 그러나 이번에는 '$Q_H = Q_C + W$'에서 'W=0'이 될 수 없다는 것이 '열역학 제2법칙'이 된다. 열을 가하지 않았는데 저온의 물체가 저절로 고온이 되는 일은 일어나지 않기 때문이다. 그러므로 저온에서 고온으로 이동하기 위해서는 반드
문제 1-④번 열이 스스로 저온에서 고온으로 이동하지 않음.
시 일이 필요할 수밖에 없는 것이다.
▶ 3문단: 냉장고 작동 원리에서 나타나는 열 전환

이런 원리를 바탕으로 냉장고에 적용된 기술을 살펴보자. 냉장고는 외부로부터 일을 받아 저온부에서 열을 흡수하여 고온부로 열을 방출함으로써 냉동 효과를 얻는다. 냉장고는 일반적으로 압축기·응축기·팽창 밸브·증발기로 이루어져 있다. 「냉장고에 전
문제 2번 『 』: 냉장고의 작동 원리
원을 넣어 전기 에너지가 공급되면 압축기에서는 기체 냉매를 고온, 고압으로 압축하게 된다. 이 냉매는 응축기를 지나는 동안에 열을 방출하며 액체로 변하게 된다. 액체 상태가 된 냉매는 팽창 밸브를 지나는 동안 압력이 낮아지게 되고, 증발기로 들어가 기체 상태의 냉매로 변하게 된다. 이때 냉장고 내부 공기의 열을 빼
냉장고의 핵심 기능에 해당하는 내용(내부 온도를 낮춰 음식물 보관)
앗기 때문에 냉장고 안의 온도가 급격히 내려가게 된다. 이후 이 기체 냉매는 다시 압축기로 보내져서 고온, 고압으로 압축되게 되는데, 이 순환이 반복되면서, 냉장고 내부의 열이 외부로 빠져나오는 것이다. 따라서 냉장고 외부에서 들어오는 열량과 방출되는 열량이 같아지므로 냉장고의 온도는 일정하게 유지된다.
▶ 4문단: 냉장고에 적용된 열 전환 기술

해제 이 글은 인상주의의 외광 회화를 가능하게 한 회화적 기법과 당대 기술의 발전에 관해 설명하고 있다. 모네를 비롯한 인상주의 화가들은 작품을 밖에서 완성하기 위해 먼저 칠한 물감이 마르기 전에 그 위에 물감을 칠해 가며 완성하는 알라 프리마 기법을 활용했고, 모네는 이에서 한 걸음 더 나아가 물감을 매우 두껍게 발라 실제 사물처럼 도드라진 효과를 내는 임파스토 기법을 통해 순간적인 빛의 변화를 표현하려 하였다. 또한 같은 시기에 튜브형 물감이 만들어지고 철도가 대중화되면서 인상주의 회화의 발달에 도움을 주었다.

주제 인상주의의 외광 회화를 가능하게 한 요인들

인상주의 화가를 대표하는 마네는 알라 프리마가 틀에 박힌 고전 미술의 한계를 넘어서기 위해 반드시 필요한 기술이라고 확신했다. <u>알라 프리마에 대한 마네의 생각</u> 마네를 비롯하여 모네, 르누아르 등 당대 풍경화에 몰두했던 화가들은 당시 큰 인기를 얻고 있었던 바르비종파 화가들의 '외광 회화'에 영향을 받았다. 이는 <u>작업실에서 그려진 그림이 아니라 직접 햇살을 받으며 그리는 그림</u>을 의미했다. <u>외광 회화의 개념</u> 그런데 바르비종파 화가들은 실제로는 밖에서 스케치를 한 뒤 대부분은 실내에서 그렸다. 문제 1-③번 <u>바르비종파 화가들이 외광 회화를 그린 방법</u> 그러다 보니 시간 제약이 있을 리 없었다.

▶ 1문단: 바르비종파 화가들의 '외광 회화'

하지만 인상주의 그룹의 젊은 풍경화가들은 실제로 밖에서 그림을 그렸고 가능하면 현장에서 완성하는 것을 원칙으로 삼았다. <u>바르비종파 화가들과 다른 점</u> 그러니 시간이 문제가 되었다. 해가 지기 전까지 길어야 반나절이면 마무리 작업을 해야 했으니 그만큼 빨리 그려야 했는데, 이들에게 딱 맞는 해결책이 되어 준 것이 바로 알라 프리마 기법이었다. 알라 프리마란 '단번에 그리다'라는 뜻을 가진 그림 기법으로, 문제 1-⑤번 <u>알라 프리마의 개념과 알라 프리마가 시간의 한계를 극복할 수 있는 이유</u> 먼저 칠한 물감이 마르기 전에 그 위에 물감을 칠해 가며 완성하므로 빠른 속도로 그리는 것이 특징이다.

▶ 2문단: 인상주의 화가들의 알라 프리마 기법

모네의 작품 「수련」에서 그의 붓이 지나간 움직임을 느껴 보자. 수면 위를 휘젓는 그의 붓질은 그야말로 현란함 그 자체다. <u>모네에게는 형태보다는 빛을 그리는 것이 더 중요했다. 시간이 조금</u> 문제 1-①번 문제 2-②번 <u>만 흘러가도 빛이 달라졌기 때문이다.</u> 그래서 그의 그림엔 알라 프리마만으로 끝낼 수 없는 부분도 보인다. 특히 수련의 잎과 꽃을 그릴 때 모네는 과감한 임파스토 기법을 구사했다. 임파스토란 물감을 매우 두껍게 발라 실제 사물처럼 도드라진 효과를 내는 것이다. 문제 1-⑤번 <u>빛의 변화를 중요시한 모네가 임파스토 기법을 구사한 이유 – 실제처럼 표현하기 위해</u>

▶ 3문단: 모네가 빛을 중요시한 이유와 임파스토 기법

알라 프리마가 <mark>인상주의의 외광 회화</mark>를 가능하게 한 이면에는 ▨: 이 글의 중심 화제 기술과 산업의 발전이 큰 영향을 미쳤다. 당시 서양에는 화학 분야가 급속도로 발전하면서 인공 안료가 경쟁적으로 개발되었다. 불과 한두 세대도 지나지 않아 모든 색상의 안료가 만들어졌고, <u>오일과 혼합된 튜브형 물감</u>이 만들어져 이내 대량 생산이 이루어 <u>인상주의 외광 회화에 영향을 준 기술</u> 졌다. 인상주의 시대가 시작되기 바로 직전의 일이었다. 그 이전까지 매우 비싼 안료를 사다가 자신이 직접 물감을 제조해야 했던 화가들로서는 너무나 편리한 발명품이 만들어진 셈이었다. 그런데 「이처럼 튜브형 물감이 나오자 달라진 것이 또 하나 있었다. 문제 1-②번 『 』: 기술의 발전이 인상주의 회화에 미친 영향

그것은 제대로 된 외광 회화가 가능해진 것이다. 스케치만 하고 돌아와 작업실에서 그림을 그리는 것이 아니라 밖에서 시작해 마무리까지 할 수 있게 되었다. 게다가 이 무렵 철도가 대중화되면서 공간의 제약을 없애 버렸다. <u>인상주의 외광 회화에 영향을 준 산업</u> 화가들로서는 풍경을 그리기 위해 가고 싶었던 장소를 마음껏 갈 수 있게 되었다.」 튜브형 물감과 기차, 그리고 기법적으로 알라 프리마가 없었다면 인상주의 혁명이 있었을까? 아마 어려웠을 것이다.

▶ 4문단: 인상주의의 외광 회화를 가능하게 한 요소들

해제 이 글은 사진가가 찍는 것이 무엇인지에 대해 설명하고 있다. 흔히 우리는 사진을 통해 어떤 대상을 본다고 생각하지만, 실제로 사진가들은 자신의 주관이나 대상에 대한 해석을 드러내기 위해 사진을 찍는다는 것이다. 이러한 관점에서 본다면 적정 노출이나 핀트 같은 사진 기술은 별 의미가 없다. 오히려 선명하게 핀트가 맞은 사진은 그 대상의 존재감으로 인해 사진가가 전달하고자 하는 추상적인 관념이나 주관적인 해석에 접

근하기 어렵게 만들 수 있기 때문이다. 이러한 관점에서 볼 때, 일부러 초점을 흐린 사진은 사진가가 자신의 의도를 전달하기 위해 선택한 방법론으로 볼 수 있다.

주제 사진의 의미와 사진가가 자신의 의도를 전달하기 위해 사용하는 사진 기술

사진가는 카메라를 통해서 사물의 관계나 존재의 의미를 파악
[문제 1-①번] 사진가가 궁극적으로 하는 일
해 영상화한다. 그 존재 의미가 파악되었을 때 사진가는 셔터를 누른다. '사진을 찍는다'고 할 때 흔히 셔터를 누르는 행위를 연
: 이 글의 중심 화제
상하지만, 셔터를 누르는 행위 자체가 사진을 찍는 일은 아니다. 언제 셔터를 누르는가만 생각해 보면 된다. 사물의 존재 의미나
사진가가 사진을 통해 표현하려고 하는 것
그 관계가 사진가에 의해 파악되었을 때 셔터가 눌러진다. 이렇게 셔터를 누를 때 비로소 '사진을 찍는다'고 하는 것이다.
▶ 1문단: 사진을 찍는다는 것의 의미
셔터를 누름과 동시에 사물의 움직임은 고정된다. 흐르던 사진가의 의식이 하나의 의미로 형태화된다. 셔터를 누름으로써 고정된 사물은 사물 그 자체의 존재가 아니라 사진가의 의미로 의식화되었음을 뜻한다. 사진을 본다는 것은 곧 작가에 의해 통제된 사물을 통해 작가의 의식을 만나는 것이다. 거기에 드러난 사진
[문제 1-③번] 사진을 본다는 것의 의미 ①
가의 생각에 대해 우리는 공감하기도 하고 감동하기도 하며 때로는 실망하거나 지루함을 느끼기도 한다.
▶ 2문단: 사진에 나타나는 사진가의 의식
그렇게 본다면 사진이란 복사·재현의 단순노동이 아니라 자기
사진에 나타나는 사진가의 의식
표현이자 자기 발언이다. 사물에 대한 주관적 해석이요, 세상에 대한 자기 반응이다. 우리가 사진을 본다고 하는 것은 결국 자연이나 인생에 대한 사진가의 해석을 듣는 일인 것이다. 사진이 이
[문제 1-①번] [문제 1-③번] 사진을 본다는 것의 의미 ②
렇게 사물에 대한 주관적 발언이라고 한다면 사물의 복사·재현에 별로 신경을 쓸 필요가 없다는 말이 된다. 그렇다면 노출이나
핀트에 여유가 생긴다. ▶ 3문단: 자기표현이자 자기 발언으로서의 사진이 갖는 특징
노출이나 핀트는 사진을 복사·재현의 수단으로 볼 때 더 의미가 있음.
적정 노출이란 피사체를 알맞게 재현시킬 수 있는 적정 광량을 말한다. 적정 노출은 복사나 재현을 위한 과학적 접근 방법의 경우에만 옳은 기준이 된다. 핀트가 맞아야 한다는 말은 또 무슨 뜻일까? 핀트는 어디에 맞아야 하고, 얼마만큼이나 맞아야 하는 것일까? 내가 찍고자 하는 것이 사람의 마음인데, 그 마음을 찍으려면 사람의 어디에 핀트를 맞춰야 할까?
▶ 4문단: 적정 노출과 핀트가 맞아야 한다는 말의 의미
『사진에 핀트가 맞아야 한다면 그것은 복사·재현을 목적으로
[문제 2번] 『』: 사진의 핀트와 작가의 의도
할 때이다. 그러나 우리가 표현하고자 하는 것은 우리의 생각이나 느낌이기 때문에 핀트를 맞춰야 할 곳이 따로 없다. 핀트가 맞음으로써 오히려 방해가 되는 경우도 생각할 수 있다. 우리가 표
[문제 1-⑤번]
현하고자 하는 추상적 개념이나 관념이 구체적 사물을 거칠 경

우, 그 사물의 존재감으로 인해 추상적 개념의 세계로 넘어 들어가기 어렵다. 구체적 사물에 핀트가 선명하게 맞음으로써 개념에 앞서 사물 자체가 선명한 상태로 앞을 가로막는 것이다.
▶ 5문단: 핀트가 사진의 의미 파악을 방해할 수 있는 이유
19세기 후반 '자연주의 사진술'을 주장한 에머슨의 초점 흐림
사진을 통해 드러내고자 하는 추상적 개념을 잘 표현하기 위한 의도
이론도 이와 같은 맥락에서 이해할 수 있다. 초점을 약간 흐림으로써 사물의 외형에서 벗어나, 사물의 진실에 접근할 수 있다고 한 그의 이론은 결국 작가의 내면으로 접근하기 위한 그 나름의 방법론이었을 것이다.
▶ 6문단: 자연주의 사진술의 의도

해제 이 글은 서양의 고딕 건축과 르네상스 건축에 대해 설명하고 있다. 고딕 건축은 신의 존재와 섭리를 구체화하려는 중세 사람들의 노력을 보여 주는 것으로, 높은 아치형 천장을 떠받치는 골조, 높고 좁은 기둥, 높은 천장, 첨탑, 스테인드글라스 등이 특징이다. 이는 신과 신의 나라에 대한 중세인들의 열망을 드러내는 것이다. 르네상스 건축은 인간 중심의 합리적이고 과학적인 사고방식을 바탕으로 하는데 수학적 비례에 기반한 좌우 대칭, 소박한 스타일, 끝이 둥근 스타일 등으로 구체화되었다. 이러한 차이로 인해 고딕 양식으로 지어진 건축물과 르네상스 양식으로 지어진 건축물은 관람객에게 전혀 다른 느낌을 주게 된다.

주제 고딕 건축 양식과 르네상스 건축 양식의 차이

고딕에 앞서 서유럽에서 성행한 기독교 미술 양식. 석조 성당의 둥근 천장, 창, 입구 따위에 반원 아치를 많이 사용함.

로마네스크 건축과 르네상스 건축 사이에 등장한 고딕 건축 양식은 중세 유럽 전역에서 유행했던 건축 양식이다. '고딕'이란 말
▨ : 이 글의 중심 화제
은 '고트적'이란 뜻으로, 르네상스 시대의 미술가들이 그들 이전의 미술을 야만적이라고 멸시하여 부른 데에서 유래한 이름이다. 하지만 이 양식이야말로 중세 문화를 대표하는 것이라 할 수 있다. 이 양식의 핵심을 이루는 것은 교회 건축으로, 신의 존재와
고딕 건축으로 지어진 교회가 보여 주는 당대의 세계관
섭리를 구체화하려고 했던 중세 사람들의 노력을 보여 준다.
▶ 1문단: 고딕 건축 양식의 의미와 핵심
고딕 건축은 높은 아치형 천장을 갈비뼈처럼 떠받치는 골조와
문제 1-①번 고딕 건축 양식의 구체적인 특징
좁고 높게 솟은 기둥, 높은 천장, 뾰족한 수직 첨탑, 넓은 벽을 가득 메우는 스테인드글라스 등이 특징이다. 고딕 양식의 건축물은 수직적인 느낌이 강조되며 신비롭고 경건한 분위기를 자아낸다.
문제 1-③번 고딕 양식 건축물의 느낌
너무 높이 벽을 쌓았기 때문에 건물이 옆으로 넘어지는 것을 막기 위해 건축물 밖에 플라잉 버트레스라는 또 다른 기둥을 세웠
고딕 건축 양식에 활용된 기술 ①
으며, 천장의 무게를 감소시키기 위해 리브 볼트라는 가벼운 천
고딕 건축 양식에 활용된 기술 ②
장을 활용하였다. 이를 통해 벽에 큰 창을 내서 크고 아름다운 스테인드글라스로 꾸밈으로써 직접 교회 내부에 빛을 도입하여 빛과 색이 어울리는 신비한 시각적인 공간을 만들어 냈다. 이 빛은
문제 1-②번 스테인드글라스의 효과
사람들에게 천상의 빛으로 인식되었다.　　▶ 2문단: 고딕 건축의 특징
신의 존재와 섭리를 건축물 내의 빛으로 구현함.

이와 달리 르네상스 건축 양식은 15~16세기에 걸쳐 이탈리아를 중심으로 발전한 건축 양식이다. 15세기 초 이탈리아는 상공업의 발달과 시민 사회의 성립으로 봉건 제도가 붕괴되며 기독교
르네상스 건축 양식의 등장 배경
정신을 중심으로 이루어진 중세적 세계관이 인본주의로 변화되어 고딕 양식과는 그 구조와 조형성에서 큰 차별점을 보인다. 고딕 양식이 수직선 디자인으로 신앙심의 표현을 강조했다면, 르네
문제 1-④번 고딕 건축 양식과 르네상스 건축 양식의 차이
상스 양식은 수평선 디자인으로 횡적인 사회성과 유대감, 그리고 휴머니즘을 강조하고자 했다.
▶ 3문단: 르네상스 건축 양식의 특징과 고딕 양식과의 차이점
르네상스 건축 양식에서는 인간을 중심으로 하는 합리적이고 과학적인 사고방식을 엿볼 수 있다. 수학적 관계에 바탕을 둔 조화와 질서, 균형과 통일에 의한 형태미를 추구하며 건축의 각 구성 요소가 완벽한 비례와 조화를 이루는 것을 이상적으로 보았다. 좌우 대칭의 건물 외관, 장식이 없는 소박한 스타일, 끝이 둥
문제 1-①번 르네상스 건축 양식의 구체적인 특징
근 스타일, 벽면을 거칠게 마감하여 재질감을 강조하는 러스티케

이션 등이 르네상스 건축 양식의 특징이다.
▶ 4문단: 르네상스 건축 양식의 특징
고딕 건축과 르네상스 건축의 이러한 차이는 관람객들에게 전혀 다른 느낌을 준다. 하늘 높이 치솟은 수많은 첨탑으로 인해 한눈에 포착되지 않고 이해하기 어려운 고딕 건축과 달리 르네상스 건축의 질서와 인간적인 규모는 아주 단순하고 편안한 느낌으로
문제 1-③번 르네상스 양식 건축물의 느낌
다가오는 것이다.　　▶ 5문단: 고딕 건축과 르네상스 건축이 주는 상이한 느낌
이처럼 「고딕 양식은 종교적 열정으로 가득 찼던 시기에 도시의
문제 1-⑤번 「 」: 고딕 양식과 르네상스 양식에 반영된 시대상
상징적 존재로서 교회의 의미를 구체화하여 신과 신의 나라에 대한 중세인들의 열망을 표현하였다면, 르네상스 양식은 종교적인 속박에서 벗어나 인간성의 해방을 추구하려 했던 당대 사람들의 세계관이 반영되어 있다」고 할 수 있다. 즉 건축 양식은 시대의 가치관을 반영하고 있는 것이다.　　　▶ 6문단: 건축 양식의 변화 이유

해제 이 글은 현대 음악에 새로운 장을 연 존 케이지의 음악관에 대해 설명하고 있다. 존 케이지는 기존의 현대 음악이 너무 추상화되어 있고 정밀하게 구성된 음만을 추구하는 것에 반발하여 작곡과 연주 과정에 우연성을 도입하는 불확정성의 음악을 시도하였다. 이를 대표적으로 드러낸 작품이 「4분 33초」인데, 케이지는 이를 통해 작품의 작곡, 연주 과정이 고정된 것이 아니라 작곡가, 연주자가 창의성을 발휘하여 얼마든지 다양한 결과를 도출할 수 있다는 점을 강조하였다. 즉, 존 케이지는 기존의 음악 상식을 뛰어넘는 다양한 시도를 통해 음악을 바라보는 고정 관념에서 벗어나고자 했던 것이다.

주제 존 케이지가 시도한 우연성 음악

"모든 소리는 음악이며 모든 행위는 음악이다."라는 말을 외치며 등장한 캘리포니아주 밀드 대학 음악 교수 존 케이지는 1938년 '프리페어드 피아노(prepared piano)'를 발명했다. 「나사못, 볼트, 너트, 종잇조각, 고무지우개 따위를 피아노 현 사이에 _문제 1-⑤번_ 『 』: 정해진 계획에 따라 연주하는 것이 아니라 우연에 의존하는 방법임. 끼워 넣거나 해머에 부착시켜 놓은 탓에, 피아노 소리가 잘 들리지 않는 경우도 빈번하게 발생했고, 소리를 크게 내려고 키를 세게 누르면 현에 끼웠던 나사못 등이 튀어나와 다른 현에 부딪치는 소리가 나기도 했다.』 이런 소리 또한 그런대로 멋있다는 것이 케이지의 생각이었는데, 이런 시도는 발명이냐 장난이냐 하는 논 _획기적이고 창의적인 구성으로 인해 사회적으로 논란이 됨._ 란을 일으키기도 했지만 음향의 모든 의미를 대담하게 노출시켰다는 점으로 인해 많은 이들의 관심을 끌었다.
▶ 1문단: 기존의 통념을 깨는 존 케이지의 음악관

1950년경부터 케이지는 본격적으로 이제까지의 음악 상식으로는 이해할 수 없는 기보법을 시도했다. 예컨대 그가 1958년 발표한 「피아노와 오케스트라를 위한 콘서트」는 84종의 서로 다른 기보법으로 씌어 있었다. 「오케스트라 연주자는 단음의 음표가 널려 _문제 1-③번_ _문제 1-④번_ 『 』: 연주자가 악보를 임의 선택(우연성) 있고 나사못, 볼트, 지우개 등의 이름이 마치 만물상 재고품 목록처럼 적힌 괴상한 악보 가운데 마음에 드는 것을 임의로 골라 연주했고, 지휘자는 앙상블을 통솔하는 리더가 아니라 시곗바늘처 _문제 1-①번_ _우연성 음악에서 지휘자의 역할_ 럼 팔을 돌려 시간을 지시하는 역할만 할 뿐이었다.』 이처럼 우연에 의존하는 방법으로 하는 연주가 매 연주 때마다 똑같이 되풀이되는 일은 절대 있을 수 없다. 그것이 바로 이른바 '우연성 음 ▨ : 이 글의 중심 화제 악'으로, 불확정성의 음악이라고도 한다.
▶ 2문단: 존 케이지가 추구한 우연성 음악

케이지는 「현대 음악이 너무나 추상화되고 정밀하게 구성된 음 『 』: 케이지의 음악적 성향 만을 추구하는 것에 반발하여, 전통적인 통념에서 벗어나 작곡이나 연주 과정에 우연성을 도입하고자 하였다. 이런 케이지의 생각은 1952년 케임브리지에서 열린 '하버드 스퀘어' 연주회를 통해 잘 드러나게 된다. 그는 야외 광장에 설치한 피아노에 앉아 스 _기존의 피아노 연주회와는 완전히 다름(통념에서 벗어남.)._ 톱워치를 누르고 시간을 잴 뿐 피아노 키에는 손가락 하나 대지 않았다. 어느 정도 시간이 지나자 그는 피아노 뚜껑을 닫고 일어나 언제 연주가 시작되나 기다리는 관중에게 꾸벅 인사를 하며 연주가 끝났음을 알린다. 그 순간 군중들 속에서 야유와 박수가 _존 케이지의 우연성 음악에 대한 엇갈린 반응들_ 뒤범벅이 되어 터져 나왔다. 케이지의 해설에 의하면 피아노 뚜껑이 열리고 스톱워치가 시간을 재는 동안 하버드 스퀘어에 우연히 들려온 자동차 소리, 떠들썩한 행인들의 소리, 발자국 소리 등 _문제 1-⑤번_ 「4분 33초」 연주곡에 해당되는 소리들 모든 소리가 곧 '연주'였다는 것이다. 케이지의 '침묵의 연주'에 소요된 시간이 정확히 4분 33초였기 때문에 당시의 연주곡 타이틀에는 「4분 33초」라는 제목이 붙었다.
▶ 3문단: 존 케이지의 「4분 33초」가 지닌 의미

존 케이지의 혁신적인 작품과 생각들은 당시 음악계의 주류에서 외면당했지만, 「4분 33초」를 비롯한 케이지의 작품들은 하나의 작품이 작곡되고 연주되는 과정이 고정된 것이 아니라, 「작곡 가의 창작 과정과 이를 실현하는 연주자에 의해 다양하게 나타날 _문제 1-④번_ _우연성 음악에서 연주자의 역할_ 수 있다는 것을 보여 주었다. 그렇기 때문에 음악을 바라보는 고정 관념에서 벗어나 음악의 지평을 넓혔다는 평가를 받고 있다.』
▶ 4문단: 존 케이지의 우연성 음악에 대한 평가

해제 이 글은 한국 춤에 나타나는 손가락 모양이 불상의 수인을 모방한 것이라는 견해를 구체적인 근거를 활용하여 설명하고 있다. 한국 춤 중에서 대표적인 춤으로 인정받는 살풀이춤의 손가락 모양은 '금동 미륵보살 반가 사유상'의 손가락 모양을 모방했고, 거기에 방향성을 가미하여 부드러운 곡선의 춤 동작들을 다양하게 만들어 냈다. 또한 불상에 있는 두 팔의 동작을 모방하여 한국 춤에서 팔을 번갈아 상하로 올리고 내리는 동작으로 나타난다. 이러한 살풀이춤의 동작은 부처가 베풀고자 했던 자비를 춤으로 표현한 것이라고도 생각할 수 있다.

주제 불상의 수인을 모방한 한국 춤의 손가락 모양

서양 춤에서는 발동작을 중시하지만 한국 춤에서는 발동작보
문제 1~②번 한국 춤의 특징 ① – 손동작을 중요시함.
다 손동작에 더 공을 들인다. 특히 한국 춤에서 손가락 모양은 춤
██ : 이 글의 중심 화제
의 아름다움을 완성하는 데 대단히 중요한 역할을 한다. 이런 손
가락 춤의 근원은 불교의 상징인 불상의 손 모양, 즉 수인(手印)
에서 비롯된 것으로 보는 견해가 강한데, 그 이유는 불교의 영향
을 많이 받은 인도, 한국 등에서 수인을 모방한 손가락 춤이 두드
러지게 나타나기 때문이다. ▶ 1문단: 수인을 모방한 한국 춤의 손가락 모양

수인은 부처가 얻은 깨달음을 상징하는 동시에 중생들에게 내
리는 설법을 상징적으로 표현하는 손 모양이다. 이런 점으로 볼
때, 불상은 수인을 통해 사람들에게 구원의 손길을 내밀고 있다
불상의 수인에 담긴 의미 추측 – 구원의 손길
고 볼 수 있다. 그러기에 신라 시대부터 무척들은 불상의 수인을
모방한 손가락 동작으로 춤을 아름답게 완성해 나갔고, 그 춤을
관람한 관객들은 손가락이 만들어 내는 부드러운 곡선과 분위기
를 통해 구원과 같은 감동을 받았던 것이다.
▶ 2문단: 손가락의 부드러운 곡선과 분위기가 주는 감동
게다가 한국의 춤복이라고 할 수 있는 한복은 온몸을 감싼 채
관객이 한복 밖으로 노출된 신체 부위에 주목하는 이유
손, 발, 얼굴만 드러내기 때문에 노출된 신체 부위를 부각시켜 주
는 효과를 가져온다. 특히 한복 저고리의 깃이나 끝동, 옷고름과
소매 등의 아름다운 선들은 손가락 동작이 만들어 내는 선으로
이어지면서 한국 춤의 특징이라 할 수 있는 아름다운 곡선들을
한국 춤의 특징 ② – 곡선이 아름다움.
만들어 내게 된다.
▶ 3문단: 한복의 선과 손가락 동작이 만들어 내는 한국 춤의 곡선들
한국 춤의 손가락 모양이 수인을 모방했다는 것은 한국 춤 중
에서 가장 잘 다듬어진 춤으로 꼽히는 살풀이춤에서 확인할 수
있다. 〈그림 1〉은 세계적으로 아름다움을 인정받는 '금동 미륵보
살 반가 사유상'인데, 이 불상의 수인은 둘째, 셋째 손가락을 펴
고 다른 손가락은 굽힌 모양이다. 살풀이춤에서는 이를 모방하여
손가락 모양을 만들고, 거기에 방향성을 가미하여 〈그림 2〉와 같
이 부드러운 곡선의 춤 동작들을 다양하게 만들어 냈다. 또 〈그림
1〉의 불상은 두 팔의 동작이 다른데, 이는 한국 춤에서 팔을 번갈
아 상하로 올리고 내리는 동작으로 나타난다. 그래서 관객들은
한국 춤을 감상할 때 마치 부처가 춤을 추는 듯한 인상을 받기도
한국 춤의 팔 동작과 손동작이 부처의 팔 동작, 손동작과 유사함.
한다. ▶ 4문단: 불상의 팔 동작과 수인을 모방한 살풀이춤

한편 '살'은 사람을 해치거나 물건을 상하게 하는 나쁜 기운을
말하는데, 살풀이춤은 이런 살을 풀어내어 사람들을 고통에서 벗
어나도록 해 주는 기능을 지니고 있다. 이는 부처가 베풀고자 했
던 자비가 살풀이춤의 팔과 손동작을 통해 관객에게 전해지는 과
정이 아닐까? 살풀이춤을 감상하는 관객들이 종종 슬픔이 환희로
전환되는 느낌을 받는다는 것도 이런 맥락에서 이해해 볼 수 있다.
▶ 5문단: 자비를 전하는 살풀이춤의 기능

해제 이 글은 영화의 장르나 감독의 성향에 따른 조명 사용의 차이점에 대해 설명하고 있다. 조명은 보통 영화의 주제, 분위기와 연관성이 있는데, 영화의 장르마다 조명의 사용 방식에 차이가 있다. 조명은 선택된 소재를 전복시키는 데 사용하기도 하며, 사실주의적이나 형식주의적으로 쓰일 수도 있다. 사실주의 감독은 영화의 흐름에 자연스럽지 못한 특이한 조명은 사용하지 않고, 형식주의 감독은 자연 광선을 애써 뒤틀리게 하면서 빛과 어둠의 뚜렷한 대조를 심리적·주제적 목적을 위해 사용한다.

주제 영화에서 사용하는 조명의 다양한 성격

일반적으로 말해서 촬영 기사는 감독의 세부적·전반적 지시에
█████: 이 글의 중심 화제   영화에서 촬영 기사의 역할
의하여 영화의 조명을 구성하고 조정하는 책임을 진다. 「대상물을
강조하거나 초점을 맞추는 데 대단히 변별력이 뛰어난 스포트라
              문제 1-②번 『 』: 감독의 의도에 따른 조명 사용
이트를 사용하여 감독은 촬영된 영상의 어떠한 영역으로도 관객
의 눈을 끌고 갈 수 있다.」 영화의 조명은 카메라나 피사체가 아주
              빛의 흡수나 반사 정도가 달라짐.
조금만 움직여도 변화를 초래하기 때문에 정태적일 수가 없다.
영화를 완성하는 데 그렇게도 오랜 시간이 걸리는 이유 중의 하
나는 각각의 새로운 숏마다 필요한 조명이 엄청나게 복잡하기 때
문이다. 촬영 기사는 하나의 연속적인 장면 안의 모든 움직임을
계산해야만 한다. 대상물의 색조, 형상, 질감의 차이에 따라 빛의
              문제 1-③번 대상과 빛의 관계에 따른 조명 작업의 어려움
반사나 흡수 정도가 달라지기 때문이다.
              ▶ 1문단: 촬영 기사의 역할과 조명 작업의 어려움
조명에는 많은 방식이 있다. 조명 방식은 보통 영화의 주제, 분
              주제, 분위기와의 연관으로 인해 장르마다 조명 사용에 차이가 생김.
위기와 연관성이 있다. 가령 코미디와 뮤지컬은 밝고 균등한 조
              문제 1-④번 『 』: 명암의 대비 회피(코미디) ⇔ 명암의 뚜렷한 대조(비극)
명으로 고양된 주조를 가지며 분명한 명암의 대비를 회피한다.
비극과 멜로 드라마는 종종 강렬한 광선과 극적 어둠으로 뚜렷한
대조를 가진 조명을 쓴다.」 미스터리물과 스릴러물은 확산된 어둠
과 그를 둘러싸는 분위기 있는 빛으로 인하여 일반적으로 음울한
주조를 지닌다.   ▶ 2문단: 장르에 따른 조명의 차이점
조명은 또한 선택된 소재를 전복시키는 데 사용될 수도 있다.
문제 1-①번 조명의 기능 – 선택된 소재 전복
폴 브릭만의 「위험한 사업」은 성장 코미디 영화인데, 이 장르의
              조명이 선택된 소재를 전복시키는 예
다른 대부분의 영화처럼, 청소년 주인공은 체제와 그 위선적인
도덕성에 대항하여 승리를 거둔다. 그러나 이 영화에서는, 순진
한 주인공이 게임하는 법을 배우고 체제의 옹호자들보다도 훨씬
더 위선적이 되어 승자가 된다. 이 영화의 대부분은 코미디로서
는 흔치 않은 로키(low-key) 조명 숏으로써, 우스운 장면들의 톤
              조명을 통해 우스운 장면을 어둡고 심각하게 만듦.
을 어둡게 한다. 이 영화의 결말을 보고서도 우리는 주인공의 '성
공'이 아이러니한 것인지 확실한 것인지 정말 확신할 수 없게 된
다. 아마도 보통의 하이키(high-key)로 촬영되었다면 훨씬 더
우스웠겠지만 로키(low-key) 촬영은 이 영화를 아이러니하고 역
설적인 심각 코미디로 만든다.   ▶ 3문단: 선택된 소재를 전복시키는 조명
조명은 사실주의적으로 쓰일 수도 있고 형식주의적으로 쓰일
수도 있다. 사실주의 감독은 적어도 야외 촬영에서는 자연 광선
을 선호하는 경향이 있다. 자연광은 필름의 영상미가 기록 영화
              사실주의 감독의 조명 사용의 특징 ①

의 느낌, 즉 있는 그대로의 단단한 느낌과 거친 특성을 보여 주며
또한 부드러운 인공적 조형미는 거의 없다. 실내 촬영의 경우, 사
실주의 감독은 창문이나 램프 등의 분명한 광원으로 비춘 영상을
              사실주의 감독의 조명 사용의 특징 ②
좋아한다. 혹은 인위적이며 강한 대조가 없는, 흩어지는 빛을 종
              사실주의 감독의 조명 사용의 특징 ③
종 사용하기도 한다. 간단히 말해 사실주의 감독은 영화의 흐름
에 자연스럽지 못한 특이한 조명은 쓰지 않는다.
              ▶ 4문단: 사실주의 감독의 조명 사용의 특징
형식주의 감독은 사실주의 감독보다 더 교묘하게 빛을 이용한
다. 빛의 상징적 의미에 이끌리며 자연 광선을 애써 뒤틀리게 함으
      문제 1-⑤번 형식주의 감독의 조명 사용의 특징 ①
로써 이런 상징적 특징을 강조하려고 한다. 밑에서부터 조명을 받
은 얼굴은 배우가 별다른 표정을 짓지 않는다고 해도 무시무시하
게 나타날 것이다. 이와 흡사하게 광원 앞에 놓인 방해물은 우리의
안도감을 해치려는 경향이 있는 까닭에 공포를 암시한다. 얼굴이
뚜렷하게 위에서부터 조명을 받을 때는 천사의 후광 같은 결과가
나타난다. 일종의 실루엣이라 할 수 있는 배면 조명은 부드럽고도
              문제 2-③번 배면 조명을 사용한 실루엣의 효과
신비스럽다. 스포트라이트의 사용을 통해 영상은 빛과 어둠의 격
렬한 대조로 구성될 수 있다. 그러한 영상의 표면은 손상되고 찢어
진 것처럼 보인다. 형식주의 감독은 그 같은 뚜렷한 대조를 심리
              형식주의 감독의 조명 사용의 특징 ②
적·주제적 목적을 위해 사용한다. ▶ 5문단: 형식주의 감독의 조명 사용의 특징

해제 이 글은 세 화가들의 작품을 구체적으로 분석하면서 그들이 일상 공간에 침투한 빛을 어떤 방식으로 그려 내고 있는지를 고찰하고 있다. 렘브란트는 「초상화」에서 빛과 어둠의 강한 대비를 통해 초월적인 시간과 순간의 시간을 동시에 담았다. 페르메이르는 「편지를 읽는 푸른 옷의 여인」에서 은은한 빛을 활용해 빛의 상태 그 자체를 그대로 재현하였다. 호퍼는 「아침의 태양」에서 강한 직사광선을 활용해 심리적, 공간적 층을 만들었다. 세 명의 화가가 그린 그림에서 빛은 핵심적인 역할을 하는데, 세 화가는 일상 공간 속의 빛을 바탕으로 자신만의 예술 세계를 완성한 것이다.

주제 일상 공간 속의 빛을 통해 자신들의 세계를 그려 낸 화가들

: 이 글의 중심 화제

일상의 공간에 들어오는 빛을 화가들은 어떻게 표현했을까?
문제 1-③번 화제 제시

17세기 네덜란드 화가 렘브란트의 「자화상」 속 배경은 어떠한 공간인지 알려 주지 않는, 짙은 암갈색의 어둠이다. 렘브란트의 얼굴, 특히 이마에만 밝은 빛이 모여 있다. 렘브란트는 작업실 창을 모두 닫고 어둠 속에서 촛불에 의지해 작업하는 것을 좋아했다. 후에 '키아로스쿠로'라고 명명된 이 방식은 빛과 어둠의 강한 대비를 표현하는 기법이다. 그는 침묵의 암흑을 통해 '영원성'을 표현하고자 했다. 초상화의 주인공은 영원한 시간 속에서 잠시 드러난 일시적 존재다. 이에 대해 독일의 미학자 보케뮐은 "시간을 초월한 영원성 자체가 현재 속에 나타나는 방식"이라고 말했다. 렘브란트는 초상화라는 형식을 빌려 초월적인 시간과 순간의 시간을 동시에 담았다. ▶ 1문단: 렘브란트의 「자화상」의 특징

17세기 네덜란드 델프트에 있는 또 다른 집. 작은 운하를 앞에 둔 좁고 긴 주택이다. 델프트의 집은 대체로 좁은 정면과 안으로 긴 공간으로 구성된다. 운하로 생겨난 지형적 특성 때문이다. 이 집의 2층에는 화가 페르메이르의 작업실이 있다. 그의 작업실은 여러 작품의 배경이 되는데, 그중 하나가 「편지를 읽는 푸른 옷의 여인」이다. 창가의 책상 앞에서 여인이 편지를 읽고 있다. 왼편에서 들어오는 연약한 빛이 공간을 부드럽게 감싼다. 여인이 입고 있는 옷의 푸른색, 지도의 갈색, 의자의 남청색 모두 이 은은한 빛 속으로 흡수된다. 사물의 색은 자신의 목소리를 잃어버리고 페르메이르의 빛 속으로 빨려 들어간다. 여인의 머리 부분을 보면 얼굴과 공간의 경계가 흐릿하게 사라지는 것을 볼 수 있다. 렘브란트의 얼굴이 암흑 속에서 홀연히 '떠오르는' 것과는 달리 푸른 옷 여인의 얼굴은 배경으로 '녹아든다'. 여인의 얼굴뿐 아니라 사물의 경계가 흐릿하다. 이러한 빛은 페르메이르의 다른 작품에서도 발견된다. 이는 그의 작업실 공간과 관련이 있다. 실제로 작업실의 창문은 모두 북서향으로 나 있었다. 직사광선은 들어올 수 없고 간접광만 유입된다. 그는 대상이 가진 색을 '생각'하여 그리지 않고, 빛의 상태 그 자체를 그대로 '재현'하였다. 이러한 면에서 페르메이르를 근대의 인상파 화가들과 연관시키기도 한다. ▶ 2문단: 페르메이르의 「편지를 읽는 푸른 옷의 여인」의 특징

이번에는 약 300년의 시간을 뛰어넘어 미국으로 가자. 1952년의 뉴욕. 한 여인이 침대에 앉아 창밖을 바라본다. 「아침의 태양」이라는 제목으로 미루어 볼 때 여인은 방금 일어난 듯하다. 침대와 내부의 벽에도 빛이 비친다. 여인은 창밖 어딘가를 보고 있지만 특정한 무엇을 응시한다기보다 잠시 어떤 생각에 빠진 듯하다. 호퍼의 그림에 나타난 빛은 항상 강한 직사광으로, 인물과 공간에 투사되는 것이 그리 부드럽지 않다. 오히려 사람을 지치게 한다. 그것은 자신이 속한 시간과 공간을 잠시 벗어난 주인공의 심리를 강조하는 역할을 한다. 그림 속 공간들 역시 대부분 잠시 머무는 곳이다. 호텔, 기차역, 식당……. 호퍼의 그림 속 사람과 공간은 어딘가에 뿌리내리지 못한다. 그는 근대 도시를 살아가는 소시민의 고독과 소외를 이러한 방식으로 표현했다. 페르메이르의 빛이 사람과 공간을 부드럽게 통일시키는 반면 호퍼의 빛은 여러 개의 심리적, 공간적 층을 만든다. ▶ 3문단: 호퍼의 「아침의 태양」의 특징

세 화가의 그림은 공통적으로 평범한 공간을 배경으로 삼고 있다. 의도적으로 빛이 연출되는 건축 공간이 아닌 일상적인 공간이다. 단 한 사람의 인물이 등장한다는 공통점도 있다. 이렇게 비슷한 조건이지만 세 화가의 빛은 극단적으로 다르다. 화가들은 배경이 되는 공간을 사실 그대로 묘사하지 않았다. 그들은 자신이 표현하고자 하는 세계를 그렸다. 그 과정에서 빛은 핵심적인 역할을 했다. 우리가 일상 공간에서 흔히 체험할 수 있는 빛을 바탕으로 자신만의 예술 세계를 완성한 것이다. ▶ 4문단: 세 화가들의 공간 및 빛 사용을 통해 드러난 예술 세계

해제 이 글은 양궁 속에 담긴 물리학의 원리에 대해 설명하고 있다. 양궁 선수들이 화살을 약간 위로 조준하는 것은 화살이 포물선 운동을 하기 때문이고, 화살이 포물선 운동을 하는 것은 중력의 영향이다. 또한 초기 발사 속도, 발사 각도, 공기의 저항과 바람의 영향이 화살의 포물선 운동에 영향을 준다. 이를 극복하기 위하여 양궁 선수들은 활시위를 당기는 힘을 조절하고, 화살의 발사 각도가 지면과 45도 각도를 이루도록 하기도 한다. 또한 화살의 뒷부분에 화살 깃을 만들어 흔들림을 방지하거나 오조준 연습을 하기도 하는데 이는 모두 물리학의 원리를 스포츠에 활용한 것이다.

주제 양궁에 숨겨진 물리학의 원리

양궁은 일정한 거리에 있는 과녁을 향해 화살을 쏘아 맞힌 결과로 승패를 가르는 운동이다. **양궁의 개념** 양궁은 선수가 화살을 잘 조준하여 과녁에 정확하게 맞히기만 하면 되는 것처럼 보이기 때문에 어떻게 보면 매우 단순한 운동처럼 보인다. 하지만 알고 보면 양궁은 매우 섬세하고 복잡한 기술을 필요로 하는 종목이다.
▶ 1문단: 양궁의 개념과 특징

양궁 선수들이 화살을 쏠 때의 모습을 살펴보면 선수들은 화살을 약간 위로 조준하여 준비 자세를 취하는데, 이것은 활시위를 떠난 화살이 포물선 운동을 할 것을 염두에 두고 취한 행동이다. **화살의 포물선 운동을 염두에 둔 행동** 이때 화살이 포물선 운동을 하는 것은 중력 때문이다. 하지만 화 **문제 1-③번 화살이 포물선 운동을 하는 이유** 살에 미치는 중력의 값은 우리가 느끼지 못할 정도로 미미하기 때문에 이는 선수들에게 큰 문제가 되지 않는다. 그렇다면 화살 **▨ : 이 글의 중심 화제** 의 포물선 운동에 중력보다 더 직접적인 영향을 끼치는 것은 무 **질문을 통한 화제 제시** 엇일까?
▶ 2문단: 양궁 선수들이 화살을 위로 조준하는 이유

첫째, 초기 발사 속도가 있다. 초기 발사 속도는 양궁 선수가 **화살의 포물선 운동에 영향을 주는 요인 ①** 활시위를 당기는 힘에 따라 달라지는데, 활시위를 세게 당길수록 **문제 1-④번 활시위를 당기는 힘과 초기 발사 속도의 관계** 화살의 발사 속도가 빨라진다. 화살의 발사 속도가 빠를수록 화살이 과녁에 빨리 도달하게 되는데, 이때 속도가 빠른 화살은 속도가 느린 화살과 비교하면 중력의 영향을 적게 받으므로 상대적으로 낙하하는 시간이 줄어들어 밑으로 떨어지는 거리도 줄게 된다. 양궁 선수는 이러한 과학적 원리를 고려하여 초기 발사 속도를 조절한다.
▶ 3문단: 화살의 포물선 운동에 영향을 주는 요인 ①

둘째, 발사 각도가 있다. 화살을 발사하는 각도에 따라 화살의 **화살의 포물선 운동에 영향을 주는 요인 ②** 포물선 운동이 달라지기 때문에 선수들은 화살이 날아가는 거리를 조절할 수 있다. 그렇다면 『발사 각도가 몇 도일 때 물체가 가장 멀리 날아갈까? **『 』: 질문과 답변의 방식을 사용한 서술 방식** 공기와의 마찰 등 중력 이외의 외력이 작용하 **문제 1-②번 물체가 가장 멀리 날아가는 발사 각도** 지 않는다고 가정할 때, 지면과 45도의 각도를 이루도록 물체를 던지면 가장 멀리 날아간다는 사실이 수학적으로 증명되었다.』
▶ 4문단: 화살의 포물선 운동에 영향을 주는 요인 ②

이 외에도 양궁은 실외 경기이므로 공기의 저항과 바람의 영향을 크게 받는다. 『공기의 저항은 어떻게 줄일 수 있을까? 이것은 화살의 뒷부분에 화살 깃을 만들어 줌으로써 해결할 수 있다. 화 **문제 1-⑤번 『 』: 질문과 답변의 방식을 사용한 서술 방식 – 공기 저항을 줄여 주는 화살 깃의** 살 깃은 화살이 공기를 가르며 날아갈 때 흔들리는 것을 방지하 **과학적 원리** 는 동시에 화살을 회전시키면서 비행의 안정성을 높인다.』 또한 **화살 깃의 역할** 바람의 세기나 방향은 화살이 날아가는 속도나 방향에 큰 영향을 미친다. 그래서 선수들은 바람에 대비하여 오조준 연습을 한다. 오조준이란 바람의 방향과 세기에 따라 과녁에서 원래 목표 지점 **오조준의 개념과 방법** 이 아닌 곳을 임시로 정하여 그곳에 화살을 쏘는 것을 말한다. 이는 화살과 바람의 힘을 합성하는 물리적인 원리에 따른 것이다.
▶ 5문단: 양궁 선수들이 오조준 연습을 하는 이유

해제 이 글은 글의 처음 부분에서 동화 「피노키오의 모험」에 대해 소개하며 이 동화를 통해 인공 지능과 로봇 공학의 미래를 바라볼 것을 제안하고 있다. 즉, 피노키오 이야기가 21세기의 철학적 과제를 은유한다는 것이다. 어떤 전문가는 지능을 갖도록 설계된 로봇이 도덕적 존재가 될 수 있다고 주장하고, 어떤 전문가는 인간을 닮은 로봇이 이상적인 것은 아니라고 주장하기도 한다. 결국 로봇은 인류에게 '새로운 타자'라는 철학적 과제를 던지며 인간의 정체성과 인간 존재론에 대한 성찰을 요구할 것이다. 이에 따라 인간과 새로운 타자인 로봇은 서로 인내하는 것을 배워야 하며, 인간이 로봇을 받아들일 준비가 되어 있는지 고민해야 한다.

주제 로봇 시대의 철학적 과제

"옛날 옛적에 나무토막이 하나 있었어요." 이렇게 시작하는 카[문제 1-①번] 동화를 인용하며 글을 시작하여 독자의 관심을 유발함. 를로 콜로디의 「피노키오의 모험」은 1883년 출간된 작품으로 나무로 만들어진 피노키오가 거짓말을 하면 코가 늘어나는 벌을 받지만 착한 일을 많이 해서 진짜 사람이 된다는 도덕적 교훈을 담고 있는 동화로 알려져 있다.
▶ 1문단: 카를로 콜로디의 「피노키오의 모험」

이 작품을 창조성의 관점에서 읽어 보면, 창조자와 피조물의 관계, 인간이라는 창조자의 한계, 피조물이 발휘하는 능력의 역설, 인간을 닮아 가는 피조물의 의미 등을 포착할 수 있다. 좀 더 구체적으로는 이 작품이 인공 지능과 로봇 공학의 미래를 은유하고 있다고 볼 수도 있는 것이다. 그러므로 피노키오 이야기는 21
창조자로서의 인간이 피조물인 로봇을 만든다는 점에서 연결됨.
세기의 매우 중요한 철학적 과제와 깊은 연관이 있으며, 그것은 : 이 글의 중심 화제
'인공 생명의 철학'이라고 부를 수 있다.
▶ 2문단: 인공 지능과 로봇 공학의 미래를 은유하는 피노키오 이야기
매사추세츠 공과 대학 인공 지능 연구소 소장 로드니 브룩스는 [문제 1-④번] 로봇과 관련한 전문가 ①
로봇 공학의 가장 본질적 특징으로 로봇이 빠르게 인간을 닮아 간다는 점을 강조한다. 다시 말해, 로봇의 진화가 목표로 삼는 것은 '인간 되기'라는 것이다. 이는 로봇 공학과 뗄 수 없는 것이 곧 인간학이라는 것을 뜻한다. 이는 곧 로봇에게 인간적 위상과 인[문제 1-④번] 로봇 공학이 야기하는 새로운 과제 ①
간적 권리를 어느 만큼 인정해야 할 것인가 하는 문제를 야기한다. 이 모든 것은 철학적 문제부터 시작해서 법학적, 사회학적 문제로까지 확대될 것이다. 인공 생명의 철학은 이 문제를 풀지 않고 21세기를 넘어갈 수 없다.
▶ 3문단: 인간 되기를 목표로 하는 로봇 공학이 야기하는 과제
미래에 우리와 동등한 권리로 살아갈지도 모를 인공 생명들이
로봇들
모두 '착한 로봇'일까? 일본의 유명한 로봇 과학자인 시게오 히[문제 1-④번] 로봇과 관련한 전문가 ②
로세는, 지능을 갖도록 설계된 로봇이라면 그 어떤 로봇도 도덕적 존재가 될 수 있다고 주장한다. 무엇보다도 로봇은 생물학적 생존을 위해 투쟁할 필요가 없으므로, 로봇을 이기적이지 않게 만들 수 있다는 것이다. 그는 예의 바르고, 똑똑하고, 심지어 성인(聖人) 같은 로봇이 가능하다고 주장한다. 이는 인간을 해치지 않을 로봇을 염두에 둔 것으로 '인간을 위한 로봇'이라는 개념을 전제한다. 그러나 로봇이 언젠가 인간과 같은 정도의 지능과 의[문제 1-④번] 로봇 공학이 야기하는 새로운 과제 ②
식을 갖게 된다면 이들을 우리가 통제의 대상으로 취급해도 될지는 생각해 보아야 할 문제이다.
▶ 4문단: 도덕적 존재가 될 수 있는 로봇

굳이 인간을 닮은 로봇이 이상적인 것은 아니라고 주장하는 로봇 공학자들도 있다. 이들은 로봇에게 인공 지능이 필요하지만,
[문제 1-④번] 로봇과 관련한 전문가 ③
반드시 인간과 같은 두뇌를 가질 필요는 없으며 인간의 두뇌와
인간과 다른 로봇에 대한 연구
완전히 다른 회로 구조를 통해 매우 지능적으로 행동하는 로봇이 가능할지도 모른다는 전제 아래 연구를 계속하고 있다. 이런 로봇은 어쩌면 지구에서 만들어진 일종의 지능적인 외계인과 같을 것이다. 그들은 지능적인 면에서 인간보다 못할 수 있지만, 더 뛰어날 수도 있다. 이들 역시 우리 인간에게 윤리적 난제를 제기할 것이다. 그들과 연관해서는 '로봇에게 인권을 인정할 것인가?'가 [문제 2-⑤번]
문제되는 게 아니라, 로봇에게 그에 합당한 권리, 즉 '로봇에게 로봇권을 어떻게 인정할 것인가?' 하는 문제가 떠오를 것이기 때문이다. 이것은 우리에게 '새로운 타자'라는 철학적 과제를 던지 [문제 1-④번] 로봇 공학이 야기하는 새로운 과제 ③
며 결국 인간의 정체성과 인간 존재론에 대한 성찰을 요구할 것이다.
▶ 5문단: 인간과 다른 로봇이 제기하는 새로운 타자에 대한 성찰의 필요성
「피노키오의 모험」의 주인공은 제페토 할아버지가 몸을 다 만들기도 전에 장난을 치기 시작한 말썽꾸러기 인형 피노키오이다. 그런데 말썽꾸러기 인형 피노키오에게 제페토는 언제나 자신의 피조물을 배려하고 그를 위해 희생하며 그가 아무리 말썽을 피우더라도 받아들일 준비를 하고 있다. 이런 제페토의 태도를 한마디로 표현하면 '인내'이다. 이처럼 인간과 새로운 타자로서 로봇은 무엇보다도 서로 인내하는 것을 배워야 할지 모른다. 앞으로 우리는 로봇들이 우리에게 제대로 봉사할 준비가 되어 있는지 묻는 것 이상으로, 우리가 로봇들을 받아들일 준비가 되어 있는지 물어야 할 것이다.
▶ 6문단: 피노키오 이야기에서 배워야 할 로봇 시대를 맞는 인류의 자세

해제 이 글은 문자의 발달이 인류의 문명 발달에 어떤 영향을 주는지 밝히면서, 인류가 문자 매체 발달의 획기적인 기술이라 할 수 있는 인쇄 기술을 어떻게 발전시켜 왔고, 궁극적으로 그 기술의 발달이 인류의 삶에 어떤 영향을 미치면서 인류의 역사를 바꾸어 놓았는지를 설명하고 있다. 구텐베르크가 활자를 이용해 유럽에서 처음으로 책을 인쇄한 이후, 책이 대량으로 인쇄되기 시작했다. 대량으로 인쇄된 책은 사람들에게 정보와 지식을 손쉽게 전달하면서 중세 유럽에서 교회와 성직자들이 지식과 사상을 독점했던 시대가 물러가고 일반인들도 책을 읽고 해석할 수 있는 인류의 새로운 시대가 열리게 되었다. 이처럼 인쇄 기술의 발달은 단순한 기술 발달에 그치는 것이 아니라 인간 사회와 인간의 사상을 바꾸어 놓은 혁명과도 같은 일이 된 것이다.

주제 인쇄술의 발달이 인류에게 가져온 변화

문자의 발명은 고도로 발전한 문명의 필수 요소였다. 책 속에
문제 1-②번 문자는 문명 발달의 필수 요인
담긴 역사, 종교, 철학 등 인류의 문화 자산은 후손들에게 전해져
문제 1-①번 인류의 문화 자산이 후손들에게 전해짐.
방대한 양의 지식과 문화를 정확하게 대물림할 수 있었다. 이렇게 고도의 문화를 일군 민족들은 끊임없이 방대한 양의 저술들을 남기며 인류사를 통해 "아는 것이 힘이다."라는 말을 여실히 증명
지식과 정보가 풍부한 나라가 발달했음을 강조
해 보였다.
▶ 1문단: 문자의 발명과 문화 발전의 관계

문자는 항상 문자 매체의 기술적 발전과 밀접하게 연관된다.
: 이 글의 중심 화제
고대 이집트에서는 파피루스 두루마리 형태로 책을 만들었고, 11세기 중국에서는 찰흙으로 활자를 구워 내는 기술이 발전했다. 이렇게 구워 낸 찰흙 활자들을 밀랍판에 짜 맞추어서 먹물을 바른 뒤 종이에 찍어 냈는데, 이로써 세계 최초로 책이 인쇄되었다. 나중에는 밀랍판 대신 목판이 사용되었다.
▶ 2문단: 여러 나라의 문자 매체 발달 과정

중세 유럽에서 책은 대부분 수도원에서 손으로 직접 베꼈다. 이런 식으로 책을 만드는 것은 몇 년이 걸리는 힘든 노동이었을
대량 생산이 이루어지기 전에 소수만 책을 독점함.
뿐만 아니라 책값도 일반인들은 구입할 수도 없을 만큼 비쌌다. 활자를 이용해서 인쇄기를 처음 발명한 사람은 요하네스 구텐베르크로 알려져 있다. 이 발명은 인간 사회의 일대 전기를 마련한 '기술 혁명'이라 할 만했다. 구텐베르크는 납과 주석을 섞은 금속으로 활자를 만들었다. 그런 다음 활자 상자에 활자들을 넣고 단
구텐베르크가 책을 찍어 내는 과정
어와 행을 짜 맞춘 다음 손으로 직접 눌러 찍는 공정으로 책을 만들었다. 구텐베르크의 첫 작품으로 유명한 구텐베르크 성경은 모두 200부 정도가 인쇄되었고, 그 뒤 전단지와 지도들이 연이어 인쇄되어 나왔다. 다방면의 천재라 불리는 레오나르도 다빈치 역시 인쇄술의 발전에 크게 기여했다. 손으로 직접 눌러 찍어야 하
인쇄의 자동화에 힘을 쏟은 레오나르도 다빈치
는 공정을 개선하여 종이는 수평으로, 인쇄기는 수직으로 계속 움직이게 하면서 찍어 내자고 제안한 사람이 바로 그였다. 이로써 쉬지 않고 계속 인쇄를 할 수 있게 되었는데, 이것은 인쇄술의 발전에 있어 혁명과도 같은 착상이었다.
▶ 3문단: 중세 유럽의 인쇄술 발달 과정

그때부터 유럽에서는 책이 대량으로 인쇄되었다. 이것은 그때까지 책을 접해 볼 기회조차 없었던 대다수 사람들에게 정보와
책 대량 인쇄의 효과 ①
지식을 손쉽게 전달해 주는 계기가 되었다. 또한 이런 발전은 많은 사람들에게 글을 배우게 하는 자극이 되기도 했다. 책과 저술
책 대량 인쇄의 효과 ②
들은 더 이상 귀족과 교회의 전유물이 아니었다. '검은 기술'−검정 잉크로 인쇄를 했기 때문에 이런 이름이 붙여졌다−의 급속한 발전과 함께 새로운 정치사상 및 종교 이념들이 예전과는 비교가
책 대량 인쇄의 효과 ③
안 될 정도로 빨리 전파되었다. 이것은 교회의 입장에서는 혁명적인 이념과 사상을 탄압하는 것이 점점 더 힘들어진다는 것을 의미했다.
▶ 4문단: 책의 대량 인쇄로 인한 사상과 이념의 발달

유럽 인구의 대다수가 새로운 지식과 사상을 스스로 습득할 수
문제 1-⑤번 책 대량 인쇄의 효과 ④
있게 되면서 사람들의 의식 수준도 빠르게 높아졌다. 사람들은 점차 종교 교리와 국가 이념의 배후를 캐묻기 시작했고, 마르틴 루터나 그의 우군들, 즉 울리히 폰 후텐과 한스 작스 같은 사람들은 책이나 전단지를 이용해 자신들의 사상을 빠른 속도로 유포시켰다. 루터는 성서를 독일어로 번역하는 작업을 통해 이러한 발전을 가속화시켰는데, 그의 주목적은 모든 사람이 성경을 읽을 수 있도록 하는 것이었다. 그 결과 성직자들만 라틴어나 그리스
라틴어로 된 성경을 성직자들만 읽고 해석할 수 있게 함으로써 권력을 휘둘렀던 시대
어로 쓰인 성서를 읽고 해석하던 시대는 물러가고 일반인들도 성서를 읽고 해석할 수 있는 인류의 새 시대가 열리게 된 것이다.
책 대량 인쇄의 효과 ⑤
▶ 5문단: 인쇄술의 발달이 가져온 사회 변화 및 발전

해제 이 글은 죄를 지은 사람을 처벌하는 것과 관련된 세 가지 입장을 소개하고 있다. 첫 번째 입장은 죄를 지은 사람은 저지른 죄와 같은 정도의 벌을 받아야 한다는 고전적 입장이고, 두 번째는 죄를 지은 사람에 대한 처벌은 다른 범죄를 예방하는 차원에서 이루어져야 한다는 일반 예방주의 입장, 세 번째는 형벌의 목적을 범죄자를 교화시키는 데 두고 형량을 신축적으로 조절해야 한다는 특별 예방주의 입장이다. 범죄와 형벌에 대한 세 가지 입장 모두 완벽한 것은 아니며, 범죄자를 처벌할 때에는 죄를

지은 사람은 처벌을 받아야 한다는 고전적 입장을 바탕에 깔고 세 가지 입장 모두를 고려하는 것이 필요하다. 이는 범죄와 형벌을 단순히 법이라는 제도에 의해 기계적으로 판단하는 것을 경계하며 인간을 존중하는 법 생활이 사회적으로 실현되어야 한다는 인식을 담고 있다고 볼 수 있다.

주제 범죄에 따른 형벌에 대한 세 가지 입장

죄를 저지른 사람을 왜 처벌하는가, 얼마나 무겁게 처벌해야
<u>글의 성격이 드러남. – 형벌에 관련된 세 가지 입장</u>
하는가라는 문제를 바라보는 입장은 크게 보아 세 가지가 있다. 우선 첫째는 죄를 저지른 자는 당연히 그에 걸맞은 벌을 받아야 한다고 보는 고전적인 입장이다. 처벌의 정도도 저지른 죄와 같
<u>죄를 지은 사람은 그만큼의 벌을 받아야 한다는 입장</u>
은 정도여야 한다고 본다. 이에 따르면 죄인을 벌하는 것은 정의의 명령이고 <u>형벌</u>은 그 자체가 목적이기 때문에 다른 이유를 찾
⬛ : 이 글의 중심 화제
을 필요도 없다고 한다. 형법학에서 이를 흔히 '응보형주의' 또는
⬜ : 형벌의 세 가지 입장
'절대형주의'라고 한다.
　　　▶ 1문단: 형벌에 대한 첫 번째 입장 – 응보형주의, 절대형주의
　고전주의에 대응하는 입장을 상대형주의라고 하는데 형벌은
<u>형벌은 일정한 목적을 달성하기 위한 기능을 해야 한다는 입장</u>
그 자체가 목적이 될 수 없으며, 일정한 목적을 달성하기 위한 기
<u>범죄의 예방, 범죄자의 교화</u>
능을 해야 한다는 주장이다. 우선 <u>일반 예방주의</u>라는 것이 있다.
　　　　<u>형벌의 목적은 장래의 범죄 예방에 있다는 입장</u>
죄를 저지른 사람을 처벌하는 것은, 일반인에게 죄를 저지르면 반드시 벌을 받는다는 것을 보여 줌으로써 장래의 범죄를 예방하는 데 그 목적이 있다는 것이다. 『불법 금융 피라미드 회사들이 우
『 』: 일반 예방주의의 예
후죽순처럼 생겨나서 서민들의 고혈을 짜낼 때 검거된 범인들에게 중형을 선고하고 언론에 대대적으로 보도하는 것은 잠재적 범죄자들로 하여금 그러한 범죄를 저지르면 무거운 처벌을 받게 된다는 경고를 하기 위한 것이기도 하다.』
　　　　　　　▶ 2문단: 형벌에 대한 두 번째 입장 – 일반 예방주의
　형벌의 본질에 관한 또 하나의 시각은 <u>특별 예방주의</u>라는 학설
　　　　　　<u>형벌의 목적은 범죄를 저지른 사람을 교화하는 데 있다는 입장</u>
이다. 형벌의 목적은 범죄를 저지른 사람을 교화해서 다시는 죄를 짓지 않도록 하는 데 있다고 본다. 즉, 범죄의 결과보다는 범
　　　　　　　　　<u>특별 예방주의의 주장</u>
죄자 개인에게 초점을 맞추고 교화의 정도에 따라 형량을 신축적으로 조절해야 한다고 주장한다.
　　　▶ 3문단: 형벌에 대한 세 번째 입장 – 특별 예방주의
　얼핏 보기에는 세 가지 입장 중에서 특별 예방주의가 가장 합리적으로 보인다. 처벌보다 교화를 중시하고 범죄자 개인의 재범 가능성에 초점을 맞춰 구체적이고 신축적으로 형벌을 정해야 한다고 주장하기 때문이다. 그러나 형벌을 이런 식으로만 생각하는 것은 사회의 현실을 무시한 지나치게 단순한 사고이다. 형벌이 범죄자를 '교화'해서 다시는 죄를 저지르지 않도록 하는 데 일정
　　　　　<u>특별 예방주의의 문제점 ①</u>
한 역할을 했다는 점을 입증할 만한 실증적인 자료가 없다는 것이 이를 뒷받침한다.
　　　　▶ 4문단: 특별 예방주의의 문제점 ①

　특별 예방주의의 또 다른 약점은 고대에서부터 내려온 형벌에
　　　　　　　　　<u>특별 예방주의의 문제점 ②</u>
대한 사람들의 전통적인 사고와 맞지 않는다는 것이다. 특별 예방주의를 극단적으로 밀고 나가면 재범의 위험성이 없는 사람을
<u>교화된 사람이 재범의 위험이 없다면, 그를 처벌할 수 없다는 입장</u>
처벌할 근거를 찾기 어려워진다. 뇌물을 받은 것이 발각된 공무원의 직위를 박탈하고 다시는 공무원으로 임명되지 못하도록 하면, 그는 다시는 뇌물죄를 저지르지 못할 것이다. 하지만 그렇다고 해서 뇌물을 받은 사람을 처벌하지 않을 수는 없다. <u>죄를 저지르면 그에 맞는 처벌을 받아야 한다는 것은 형벌에 대해 모든 사</u>
　　<u>특별 예방주의는 형벌의 고전적인 입장과 다소 맞지 않는 부분이 존재함.</u>
람이 가지고 있는 가장 기본적인 사고이기 때문이다.
　　　　　　　　　▶ 5문단: 특별 예방주의의 문제점 ②
　그러므로 결국 형벌에 대해서는 앞에서 말한 세 가지 입장을 모두 고려하지 않을 수 없다. 죄를 저지른 사람은 처벌을 받아야 한다는 고전주의적 사고를 바탕에 깔고 범죄자 개인에게 가장 적
　　　　　　　　　　　　　　　　　　<u>특별 예방주의</u>
절한 형을 선택하면서 동시에 그러한 형벌이 사회에 미치는 영향
　　　　　　　　　　　　　<u>일반 예방주의</u>
에도 주의를 기울여야 한다.　　　▶ 6문단: 형벌을 정하는 바람직한 방법

인문 01 심리 실험에 나타난 인지 부조화

본문 10~13쪽
지문 분석편 2쪽

STEP Ⅰ 1 (1) 공고 (2) 단돈 (3) 존중 (4) 실수
2 ③

STEP Ⅱ 1 인지 부조화의 원리와 극복 방법
2 1달러, 합리적, 실수
3 긍정적, 합리화, 부조리

STEP Ⅲ 1 ③   2 ⑤

1 레온 페스팅거의 실험은 단순한 행위가 가진 의미를 탐구하기 위한 실험이 아니라 인지 부조화의 원리를 탐구하는 실험이었다.

오답 해설

① 3문단에서 20달러를 받은 학생들이 실험에 대해 긍정적 평가를 내렸을 것이라고 예상했으나, 예상과 달리 1달러를 받은 학생들이 실험이 재미있었고 과학적인 의미도 클 것이라고 응답했다고 언급했다.

② 2문단에서 다음 지원자에게 재미있고 보람이 있었다고 거짓말을 하도록 부탁했다고 언급했다.

④ 3문단에서 실험에 대해 긍정적인 평가를 한 학생은 1달러를 받은 학생들이며, 4문단에서 이런 평가를 한 이유로 이들이 인지 부조화를 겪었기 때문이라고 언급했다.

⑤ 2문단에서 같은 행동을 하고 1달러를 받은 그룹과 20달러를 받은 그룹의 실험에 대한 평가를 살펴보았다고 언급했다.

2 〈보기〉에서 여우는 포도를 먹을 수 없게 되자 포도가 시어서 맛이 없을 것이라고 인지 부조화를 일으키면서 자기 합리화를 하고 있다. 그러므로 여우가 주변 상황을 인식하는 능력이 부족하지만 자신의 지식을 활용하여 올바른 판단을 내렸다고 한 것은 잘못된 설명이다.

오답 해설

① 7문단에서 우리는 살아가면서 어쩔 수 없이 내키지 않는 일을 하게 될 때가 있다고 언급했다. 〈보기〉의 여우는 포도를 먹고 싶었으나 먹을 수 있는 방법이 없어 먹기를 포기해야 하는 상황에 놓여 있다. 이는 여우가 어쩔 수 없이 내키지 않는 결정을 하는 상황이라고 할 수 있다.

② 4문단에서 인지 부조화를 겪은 학생들이 이를 극복하기 위해 자기 합리화를 하였다고 언급했다. 〈보기〉의 여우는 포도를 먹을 수 없게 되자 포도가 시어서 맛이 없을 것이라고 하였다. 즉 여우가 포도에 대해 인지 부조화를 일으키면서 이를 해결하기 위해 자기 합리화를 하고 있다고 볼 수 있다.

③ 5문단에서 합리적인 결론보다는 부조리하더라도 자신의 믿음을 선택하는 것이 인지 부조화의 원리라고 언급했다. 〈보기〉의 여우는 포도를 먹을 수 있는 방법이 없다는 합리적 결론보다는, 포도가 시어서 맛이 없을 것이라고 말하면서 부조리한 자신의 믿음을 선택했다고 볼 수 있다.

④ 7문단의 내용을 볼 때, 〈보기〉의 여우도 포도를 먹을 수 없

는 자신의 상황을 솔직하게 인정하고 그 상황을 극복하려는 노력을 하는 것이 더 바람직하다고 볼 수 있다.

인문 02 포퍼의 과학적 연구 방식

본문 14~17쪽
지문 분석편 3쪽

STEP Ⅰ 1 (1) ㄷ (2) ㅁ (3) ㄹ (4) ㄴ (5) ㄱ
2 (1) 가설 (2) 귀납 (3) 반증

STEP Ⅱ 1 포퍼의 과학적 연구 방식
2 거짓, 경험, 반증
3 증거, 반증

STEP Ⅲ 1 ⑤   2 ⑤

1 가설을 뒷받침하는 증거를 많이 찾아서 그 가설이 맞는다는 것을 증명하는 것은 포퍼 이전의 과학적 연구 방식이므로 적절하지 않다.

오답 해설

① 1문단에서 '포퍼 이전의 대부분의 사람들은 과학자가 세계에 대한 예감에서 시작해 그 예감이 올바르다는 것을 뒷받침하는 증거를 수집한다고 믿었다.'를 통해 확인할 수 있다.

② 4문단에서 '반증 가능성은 포퍼가 생각한 과학적 가설의 핵심이다. 그는 이 생각을 과학과 '사이비 과학'의 차이를 설명하기 위해 사용했다.'를 통해 확인할 수 있다.

③ 4문단에서 '반증은 실제로 우리에게 무엇인가를 가르친다.'를 통해 확인할 수 있다.

④ 2문단에서 자신이 본 모든 백조가 희다고 해도 단 한 마리라도 검은 백조가 존재한다는 증거가 나온다면 모든 백조는 하얗다는 가설이 거짓으로 판명됨을 설명하며, '이는 관찰을 통해 일반적인 결론으로 나아가는 귀납의 한계를 보여 준다.'라고 하였다.

2 〈보기〉는 물에 빠진 아이를 본 상황에서 물속에 뛰어드는 사람, 물속에 뛰어들기를 주저하는 사람 모두를 설명하는 정신 분석학 이론을 설명하고 있다. 이는 같은 상황에서 서로 다른 결과가 나타났지만 어떤 것도 틀린 것이라고 하지 못한다는 점에서 과학과 구분된다.

오답 해설

① 정신 분석학 이론은 어떠한 가설이 상반된 결과를 보여 주더라도 그 결과를 모두 설명해 낸다는 점에서 비판의 가능성을 인정한다고 할 수 없으므로 적절하지 않다.

② 과학적 이론은 가설이 잘못되었음이 증명될 경우 새로운 대안을 발견할 수 있으나 정신 분석학 이론은 어떤 결과도 잘못되었다고 판단하지 않기 때문에 새로운 대안을 발견할 기회가 적다고 할 수 있다.

③ 〈보기〉는 관찰을 통해 일반적인 결론을 도출하는 사례를 보여 주는 것이 아니므로 적절하지 않다.

④ 포퍼의 입장에서 정신 분석학은 그 이론이 거짓임을 보여 주기 어렵다는 점에서 새로운 지식을 도출하기도 어렵고, 과학적 연구와 다르다고 할 수 있으므로 적절하지 않다.

인문 03 순자의 성악설

본문 18~21쪽
지문 분석편 4쪽

STEP I
1 (1) ○ (2) ○ (3) ○ (4) ○ (5) ×
2 (1) 규정하고 (2) 거스르고 (3) 노여운
3 (1) 실행 (2) 본질 (3) 감각 (4) 지적

STEP II
1 순자의 성악설과 인간의 마음 작용
2 악하다, 위, 실천
3 본성, 감정, 실천

STEP III **1** ② **2** ⑤

1 순자에 따르면 인간의 본성은 선천적인 것으로 자연적, 생리적, 이기적인 욕구에 기반하지만 그러한 본성대로 행동하지 않고 의지적 실천대로 선한 행동을 할 수 있다고 보았다. 따라서 ②의 내용은 이 글에서 확인할 수 없다.

오답 해설
① 5문단에서 '인간의 본성을 착하다고 한 맹자의 주장'을 통해 확인할 수 있다.
③ 4문단에서 '순자의 철학은 '위'에 그 가치가 있으며, 그런 점에서 순자의 철학은 의지에 기초한 실천 철학이라고 할 수 있다.'를 통해 확인할 수 있다.
④ 3문단에서 '이 네 부분은 마음이 움직이는 순서이기도 하다.', 5문단에서 '순자에게 도덕성은 본성 자체에서 나오는 것이 아니므로 현실에서 이루어지는 노력의 결과인 셈이다.'를 통해 확인할 수 있다.
⑤ 4문단에서 '그에게는 의지적 실천을 통해 본성이 가져올 악한 결과를 어떻게 변화시켜 나갈 것인가가 문제였다.'를 통해 확인할 수 있다.

2 의인의 행동은 인간의 본성은 악하지만 의지적인 실천을 통해서 선한 행동을 할 수 있다는 순자의 견해를 뒷받침하는 사례이므로 ⑤와 같은 반응은 적절하지 않다.

오답 해설
① '성'은 인간이 지닌 가장 기본적인 본성으로, 위험으로부터 벗어나고 싶은 자연적인 욕구이므로 적절하다.
② 인간에게 가장 기본적인 욕구는 배고프면 먹고 싶고, 추우면 따뜻하게 입고 싶은 것과 같이 자연적이고 생리적이며 이기적인 욕구이다. 따라서 위험으로부터 자신을 보호하고자 하는 것은 인간의 가장 기본적인 욕구에 해당한다고 할 수 있으므로 적절하다.
③ 위험으로부터 자기 자신을 보호하려는 기본적인 마음 작용에도 불구하고, 다른 사람을 구해야 한다는 의지를 실천했으므로 적절하다.
④ 의인이 화재가 발생한 건물로 다시 들어간 것은 순자가 말한 인간의 마음 작용 중 '위'에 해당한다. 이것은 다른 사람들에게도 화재가 위험할 수 있다는 마음 작용인 '려'에서 비롯된 것이라 할 수 있으므로 적절하다.

인문 04 3천여 년 전의 고래 사냥

본문 22~25쪽
지문 분석편 5쪽

STEP I
1 (1) 기여하다 (2) 탁월하다 (3) 격렬하다 (4) 구현되다
(5) 회유하다
2 (1) 석기 (2) 흔적 (3) 암각화
3 (1) 대개 (2) 쫓아 (3) 바닷물

STEP II
1 반구대 암각화의 고래 그림
2 고래, 부구, 분배, 고래잡이
3 고래, 고래잡이, 분배, 기름

STEP III **1** ④ **2** ⑤

1 반구대 암각화에는 배를 타고 고래잡이를 하는 장면이 그려져 있는데, 그 배는 나무로 만든 무동력선이고, 사람들은 미끼를 던져 고래를 유인한 후에 작살로 고래를 잡았다는 것을 알 수 있다.

오답 해설
① 5문단에서 '사람들은 농사보다 고래잡이를 더 중요하게 여긴 것 같다.'는 내용으로 보아 농업 중심 사회였다거나 농사일이 한가해야 고래를 잡았다는 내용은 적절하지 않다.
② 3문단을 보면 고래를 잡으면 부구를 활용하여 배와 잡은 고래를 연결하였다. 따라서 배의 옆면에 고래를 매달았다는 내용은 적절하지 않다.
③ 5문단에서 고래잡이를 통해 고래 고기와 기름 등을 얻었다고 한 것으로 보아 고래 고기를 먹었다고 볼 수 있다.
⑤ 고래잡이에 참여한 사람들에 대한 내용은 언급되지 않았다. 단지 잡아 온 고래 고기를 나눌 때에는 마을의 원로 등을 고려하여 분배하였다고 하였다.

2 반구대 암각화에는 면 새김과 선 새김 기법이 같이 쓰였는데, 면 새김이 더 중요한 대상을 강조하고자 사용한 기법이라는 내용은 언급되어 있지 않다.

오답 해설
① 면 새김 이후에 선 새김이 가미된 것으로 보아, 반구대 근처의 사람들은 변모하는 생활상을 암각화에 덧그렸다는 것을 알 수 있다.
② 고래 그림이 많았었는데 육지 동물이나 가축의 그림이 많아진 것은, 그들의 삶이 고래잡이를 중시하던 삶에서 가축 기르기 등을 중시하는 생활, 즉 정착 생활로 변모했음을 알 수 있다. 집 울타리 등이 있는 것으로 보아 정착 생활임을 알 수 있는데, 이는 농사를 짓는 생활이었을 것으로 추측할 수 있다.
③ 나중에 새겨진 선 새김 그림에 덫, 그물 등 도구와 미끼를 사용하는 모습이 나타나는 것으로 보아, 사냥의 방식이 미끼를 사용하고 도구를 이용하는 방식으로 변모했음을 짐작할 수 있다.
④ 암각화에 당시 사람들의 삶의 방식이 매우 생생하고 구체적으로 그려진 것으로 보아, 암각화가 역사적인 기록물 못지않게 가치가 있음을 알 수 있다.

인문 05 동물 지배의 출발점으로서의 가축화

본문 26~29쪽
지문 분석편 6쪽

STEP Ⅰ
1 (1) 역군 (2) 중추 (3) 온순해 (4) 통용 (5) 대체
2 (1) 다른 동물을 먹이로 하는 동물.
　(2) 자연의 힘이 아닌 사람의 힘으로 이루어지는 일.
3 (1) 번식 (2) 출현 (3) 성체 (4) 교배

STEP Ⅱ
1 가축화가 지닌 의미 분석
2 가축화, 안나 카레니나, 온순한, 자본주의
3 성장 속도, 노동력, 동물 지배

STEP Ⅲ
1 ④　　　2 ④

1 4문단을 보면, 자본주의 출현을 기점으로 그전에는 가축이 인류 산업의 역군이자 경제 활동의 중추로 인간에게 노동력과 부산물을 제공했음을 알 수 있다. 그리고 기계가 등장한 자본주의 출현 이후에는 인간이 가축에게 가장 기대한 것이 '고기'임을 제시하고 있다. 즉, 자본주의 출현 이후 인간에게 가축이 중요한 의미를 지니지 않게 된 것이 아니라, 인간이 가축에게 기대하는 것이 달라진 것이다.

［오답 해설］
① 1문단의 '가축화는 수십 수백 세대의 인위적인 선택과 교배를 통해 한 종의 유전자 변화를 수반하는 것'이라는 내용을 통해 알 수 있다.
② 4문단에서 자본주의 출현 전에 인간이 가축에게 기대한 것이 노동력과 부산물이었음에 반해, 이후에는 고기를 얻고자 하는 것으로 바뀌었음을 확인할 수 있다.
③ 2문단에 재러드 다이아몬드가 제시한 '안나 카레니나의 법칙'이 언급되고 있다. 즉, 모든 조건을 충족해야지 어느 하나라도 어긋난다면 가축화는 실패한다는 것이다.
⑤ 3문단의 '육식성 포유류 역시 산 동물을 잡아다 줘야 하는 문제가 있다. 적게 먹으면서 성장 속도는 빠르고, 예민하지 않고 온순한 동물이 인류에게 환영받으며 인간들 세계로 들어와 오랜 기간을 거쳐 가축으로 진화했을 가능성이 크다.'에서 확인할 수 있다.

2 〈보기〉를 보면 가축화와 노예제에 대해 '잡아 가두고 최소한의 먹이를 주며 강제 노동을 시'킨다는 점에서 유사하다고 말하고 있다. 그리고 '공장식 축산'을 비판하며 '영원한 나치 수용소'라고 말하고 있다. 이를 통해 '가축화', '노예제', '공장식 축산' 모두 인간이 자신의 이기적인 목적을 위해 다른 존재를 억압하고 고통을 주면서 지배하는 것임을 추리할 수 있다.

［오답 해설］
① 도살을 목적으로 하는 행위는 '공장식 축산'이라 할 수 있다. 가축화와 노예제는 노동력의 착취를 기본 목적으로 하고 있다.
② 가축화, 노예제, 공장식 축산은 모두 해당 대상에게 가해지는 억압과 착취가 공통점이다. 주변 상황을 유리하게 조작하는 것과는 관련이 없다.
③ 억압과 지배의 대상을 자신과 동일시한 대상이라고 하는 것은 적절하지 않다.

⑤ 가축화, 노예제, 공장식 축산 모두 주변 상황과는 관련이 없는 것이다.

인문 06 역사 해석을 위한 올바른 태도

본문 30~33쪽
지문 분석편 7쪽

STEP Ⅰ
1 (1) 편찬 (2) 좌지우지 (3) 정착 (4) 다반사 (5) 방증
2 (1) × (2) ○ (3) ○ (4) ×

STEP Ⅱ
1 역사적 사실을 해석
2 조선 전기, 표면적, 평등
3 제사, 처갓집, 재혼

STEP Ⅲ
1 ③　　　2 ④

1 이 글은 '고려 사회가 남녀평등했다.'라는 주장을 제시하고, 이러한 주장이 다른 여러 역사적 사실과 논리적 모순이 있다는 점을 중심으로 비판하고 있다.

［오답 해설］
① 여러 관점을 비교한 것이 아니라 한 가지 주장에 대한 반론을 펴고 있으므로 적절하지 않다.
② 해당 주장이 나오게 된 사회적인 상황이나 배경을 설명하고는 있지만, 그 주장이 단계별로 발전되어 온 것은 아니므로 적절하지 않다.
④ 해당 주장이 지닌 문제점을 서술하고 있으므로, 현대적 의의를 재조명한다는 진술은 적절하지 않다.
⑤ 해당 주장이 지닌 논리적 모순을 구체적으로 분석한 것으로, 관련된 후속 연구는 제시되지 않았으므로 적절하지 않다.

2 ㉠은 역사적 사실을 해석하는 데 있어 갖추어야 할 올바른 태도를 진술한 것이다. 이에 따라 〈보기〉의 광개토 대왕의 업적을 올바르게 평가해야 하는데, 우선 ㄱ의 '과감한 정벌전에 나서 고구려의 세력권을 넓혔다.'라는 평가는 광개토 대왕이 요동과 만주, 백제, 신라까지 세력을 넓힌 사실로 볼 때, 적절한 해석이라 할 수 있다. ㄷ의 '당시의 중국 중심 세력과 전면전을 벌여 승리한 것은 아니다.'라는 해석은 당시 중국에 오호 십육국이 난립하며 혼란스러운 틈을 이용하여 다소 느슨해진 요동과 만주를 장악한 것이므로, 적절한 평가이다. ㄹ의 '당시의 주변 상황을 잘 이용하여 유리한 상황을 만들 수 있었다.'는 〈보기〉의 '당시 중국은 오호 십육국이 난립하며 혼란스러웠고, 요동을 지배하던 후연이 북위에 패배한 상황이었다.'를 통해 논리적으로 추리할 수 있는 적절한 평가이다.

［오답 해설］
ㄴ. '당시 고구려는 동북아시아를 호령하는 패권국이 되었다.'라는 해석은 광개토 대왕이 중국의 중심 세력을 물리친 것은 아니기에, 당시의 고구려를 으뜸이 되는 권력을 지닌 나라의 의미인 '패권국'으로 볼 수 없어 적절하지 않다.

인문 07 위험 사회에 대한 울리히 벡의 철학

본문 34~37쪽
지문 분석편 8쪽

STEP Ⅰ **1** (1) 파국 (2) 권위 (3) 맥락 (4) 재앙 (5) 동원
2 (1) × (2) × (3) ○

STEP Ⅱ **1** 한 사람 한 사람 모두가 위험 사회를 대비해야 한다.
2 위험, 하위 정치, 개인의 역할, 성찰
3 빈곤, 위험 사회, 위험, 개인

STEP Ⅲ **1** ① **2** ③

1 1문단에서부터 글쓴이는 카를 슈미트의 산업 사회에 대한 견해를 소개하면서 현대 사회가 이러한 산업 사회와는 매우 다름을 강조하고 있다. 또한 3문단과 4문단에서도 계속 산업 사회와 현대 사회를 비교하며 울리히 벡이 말하는, 모두에게 닥친 위험 사회에 대한 대응 태도를 설명하고 있다.

오답 해설
② 위험 사회의 장단점을 분석한 것이 아니라, 현대 사회가 위험 사회임을 드러내면서 이를 해결하기 위해 필요한 것들을 설명하고 있다.
③ 위험 사회를 설명하기 위해 기후 변화, 바이러스, 원자력 발전 등의 사례를 언급하고는 있지만 원인을 탐색하고 있지는 않다.
④ 위험 사회와 관련된 여러 학자들의 견해를 소개한 것이 아니라, 울리히 벡의 견해를 소개하고 있다.
⑤ 위험 사회의 특징으로 모두에게 위험이 닥친다는 것, 그 원인을 분명하게 밝힐 수 없다는 것, 개개인의 대응과 노력이 필요하다는 것 등을 울리히 벡의 견해를 바탕으로 설명하고 있기 때문에, 비판적 검토라는 말은 적절하지 않다.

2 〈보기〉의 미세 먼지나 원전 사고 등은 인류가 처한 위험이 맞지만, 이 글의 울리히 벡은 이를 해결하기 위해 전문적인 과학 지식이 필요하다고 말하지 않았다. 3문단에서 오히려 과학자의 판단에만 맡겨서는 안 된다고 하면서 위험 사회에서는 각 영역을 현실의 맥락에서 파악하는 하위 정치가 필요하다고 강조한다.

오답 해설
① 1문단에서 카를 슈미트는 정치의 핵심이 '우리'와 '적'을 가리는 데 있다고 하였다. 이에 의하면 미세 먼지를 발생시키는 공장이나 원전 사고를 일으킨 원자력 발전소 등을 '적'으로 생각할 것임을 추리할 수 있다.
② 1문단에서 울리히 벡은 현대 사회가 위험에 직면해 있다고 말하면서 이러한 위험이 위계적이지 않고 민주적이라고 하였다. 즉, 어느 누구도 현대 사회의 이러한 여러 위험들로부터 안전하다고 할 수 없는 것이다.
④ 5문단에서 인류는 위험에서 벗어나기 위해 머리를 맞대어 문명이 나아갈 방향을 고민한다고 하였다.
⑤ 5문단에서 울리히 벡이 위험의 심각성을 끊임없이 떠올리는 '성찰적 근대'가 되어야 함을 주장했음을 확인할 수 있다.

사회 01 집을 사는 절차

본문 38~41쪽
지문 분석편 9쪽

STEP Ⅰ **1** (1) 대금 (2) 대출 (3) 매매 (4) 잔금
2 ①

STEP Ⅱ **1** 부동산 거래의 절차와 방법
2 부동산, 토지 대장, 등기
3 교섭, 중도금, 부동산

STEP Ⅲ **1** ① **2** ④

1 2문단에서 등기부는 개개의 부동산에 관한 등기 용지를 모아 둔 장부이며, 5문단에서 등기란 움직일 수 없는 물건인 부동산이 자신의 소유임을 알리는 특별한 형식이라고 언급했다. 또한 4문단에서 토지 대장 열람을 통해 등기부와 다른 점이 있는지 확인할 수 있다고 언급했다. 따라서 부동산에 관련된 법적 정보는 등기부와 토지 대장을 통해 확인할 수 있다.

오답 해설
② 1문단에서 형체가 있고 관리할 수 있는 모든 것을 물건이라 하고, 물건은 동산과 부동산으로 나뉜다고 언급했다.
③ 4문단에서 매도자와 매수자가 합의하여 약속하면 그 순간부터 계약이 성립된다고 언급했다.
④ 5문단에서 중도금은 이행 보증금으로 볼 수 있다고 언급했다. 이를 통해 중도금은 매수자가 매도자에게 지급하는 것임을 알 수 있다.
⑤ 2문단에서 등기부는 온라인을 통해 열람할 수 있다고 언급했다. 4문단에서 토지 대장은 관할 구청에서 열람하거나 인터넷을 통해 신청하여 교부받을 수 있다고 언급했다.

2 〈보기〉에 제시된 등기부 을구의 '권리자 및 기타 사항'에서 A가 매수하려는 집의 채무자가 홍길동이고, 채권 최고액이 2천만 원임을 알 수 있다. 또한 근저당권자가 행복은행이므로, 홍길동이 행복은행에서 집을 담보로 2천만 원을 빌렸음을 알 수 있다.

오답 해설
① 3문단에서 갑구에는 소유권에 관한 사항이 접수된 날짜순으로 적혀 있다고 언급했다. 〈보기〉에 제시된 등기부 갑구의 '등기 목적'에 '소유권 이전'으로 나타나 있으므로, 이를 통해 홍길동은 이전 소유자에게서 A가 매수하려는 집의 소유권을 이전받았음을 알 수 있다.
② 3문단에서 등기부의 표제부에 물건이 있는 장소와 면적, 용도, 구조 등이 명시되어 있다고 언급했다. 〈보기〉에는 표제부의 내용이 제시되지 않았으며 갑구에 제시된 주소는 현재 이 집의 소유권을 가진 홍길동의 주소를 의미한다.
③ 〈보기〉에 제시된 등기부를 통해서는 매매가를 알 수 없으므로, A가 지불할 계약금도 알 수가 없다.
⑤ 3문단을 보면 〈보기〉에서 A가 매수하려는 집의 면적을 확인하기 위해서는 표제부를 참고해야 하는데, 〈보기〉에는 표제부의 내용이 제시되지 않았다.

사회 02 세금의 여러 가지 종류

본문 42~45쪽
지문 분석편 10쪽

STEP I
1 (1) 대가 (2) 부과율
2 (1) 걷히고 (2) 걷힌 (3) 거쳐 (4) 거칠
3 (1) 기여 (2) 부담 (3) 납부 (4) 과세 (5) 무역

STEP II
1 과세 기준과 세금의 종류
2 세금, 근로 소득세, 간접세, 고정세
3 직접세, 부가 가치세, 관세

STEP III 1 ⑤   2 ⑤

1 3문단과 4문단에서 부가 가치세는 간접세의 하나로 물건이나 서비스를 만들어 내는 과정에서 새로 생겨나는 가치, 즉 부가 가치에 대해 내는 세금이며 소비자가 부담한다는 내용만 확인할 수 있을 뿐 그 논란의 배경은 알 수 없다.

오답 해설
① 5문단의 '관세를 부과하여 우리나라의 산업을 보호하기도 하고 세금으로 얻는 수입을 늘리기도 한다.'를 통해 확인할 수 있다.
② 1문단의 '세금은 공평성을 유지하기 위해 법으로 세금 부과율을 정하고 있다. 소득이 높으면 세금 부과율이 높고, 소득이 적으면 그만큼 세금 부담도 적다.'를 통해 확인할 수 있다.
③ 3문단의 '소득을 올린 사람이 직접 세금을 내는 것을 '직접세', '세금을 낼 의무가 있는 사람과 세금을 실제로 부담하는 사람이 다른 '간접세''를 통해 확인할 수 있다.
④ 1문단의 '소득이 높으면 세금 부과율이 높고, 소득이 적으면 그만큼 세금 부담도 적다.'를 통해 확인할 수 있다.

2 영수증의 합계 금액 1,100원에는 부가 가치세 100원이 포함되어 있다. 따라서 동생이 지불한 1,100원에는 세금이 포함되어 있다고 대답해 주는 것이 적절하다.

오답 해설
① 동생이 지불한 금액은 1,100원으로 부가 가치세가 포함된 것이므로 적절하지 않다.
② 색연필의 원재료 가격은 영수증에 나타나 있지 않으며, 색연필 금액 1,100원에는 부가 가치세 100원이 포함되어 있으므로 적절하지 않다.
③ 색연필 가격에 포함된 부가 가치세는 소비자가 부담하는 것이므로 적절하지 않다.
④ 색연필의 단가는 1,100원이고 소계는 1,000원인데 이는 단가가 부가 가치세 100원을 포함하고 있기 때문이다. 소비자는 세금을 포함한 단가를 지불하므로 적절하지 않다.

사회 03 합리적 선택을 위한 기회비용

본문 46~49쪽
지문 분석편 11쪽

STEP I
1 (1) 회계 (2) 비용 (3) 인건비 (4) 원자재 (5) 상식
2 (1) 지불했다 (2) 지출하고 (3) 지출

STEP II
1 합리적 선택을 위한 기회비용의 이해
2 비용, 합리적 선택, 기회비용
3 눈에 보이는 비용, 포기, 합리적

STEP III 1 ②   2 ⑤

1 회계 비용은 눈에 보이는 비용에 해당하고, 기회비용은 눈에 보이는 비용과 눈에 보이지 않는 비용을 모두 합친 비용이다. 그러므로 회계 비용은 기회비용에 포함되는 비용이라고 할 수 있다.

오답 해설
① 눈에 보이지 않는 비용이 상당히 큰 부분을 차지하고 있다는 내용만 언급되어 있을 뿐 이 두 비용의 크기에 대해서는 언급된 바가 없으므로 회계 비용과 기회비용의 차이는 알 수 없다.
③ 회계 비용은 구체적으로 사용된 눈에 보이는 비용이므로 이를 포기함으로써 기회비용을 얻는다는 것은 적절하지 않다.
④ 회계 비용은 주로 기업 등에서 사용하지만, 기회비용은 회계 비용을 포함한 것이고, 이는 기업이든 개인이든 누구에게나 적용될 수 있는 비용이다.
⑤ 회계 비용과 기회비용은 현재와 미래를 구분하여 적용되는 비용이 아니다.

2 ㄱ 씨가 식당을 차리면 수입 합계에서 비용 합계를 뺀 5천만 원의 이윤을 얻을 것처럼 〈보기〉에 제시되어 있지만, 〈보기〉에는 호텔 주방장을 포기함으로써 받지 못하는 월급 6천만 원이 포함되어야 한다. 그러면 비용 합계는 3억 1천만 원이 되고, 이를 수입 합계와 비교하면 결국 식당을 차렸을 때 ㄱ 씨는 1천만 원을 손해 보게 된다. 이런 결과라면 주방장을 그만두고 식당을 개업하는 것은 합리적 선택이라고 할 수 없다.

오답 해설
① 수입과 비용을 단순 비교하여 합리적인 선택인지 아닌지 판단해서는 안 된다. 눈에 보이는 비용과 보이지 않는 비용을 모두 고려할 수 있어야 한다.
② 수입 합계가 주방장 연간 월급의 다섯 배라는 것은 합리적 선택을 판단하기 위한 의미 있는 비교라고 할 수 없다.
③ 식당 연간 소득 5천만 원이 고정된 것이 아니라는 것은 실제로는 더 벌 수도 있고 덜 벌 수도 있다는 것을 의미한다. 이런 이유가 합리적 선택이 아니라고 하는 기준이 될 수는 없다.
④ 눈에 보이는 회계 비용은 2억 5천만 원인데, 이 비용이 눈에 보이지 않는 비용인 호텔 주방장 월급 연간 6천만 원보다 많다고 해서 주방장을 그만두고 식당 개업을 하는 것이 합리적인 선택이 되는 것은 아니다. 합리적 선택은 모든 비용을 고려할 때 이윤이 남아야 하기 때문이다.

<table>
<tr>
<td>

사회 04 이상적인 민주주의를 위한 조건

본문 50~53쪽
지문 분석편 12쪽

STEP **Ⅰ** **1** (1) ㉡ (2) ㉢ (3) ㉣ (4) ㉠
2 (1) 민주주의 (2) 공산주의 (3) 자본주의

STEP **Ⅱ** **1** 민주주의의 개념과 특징 및 장단점
2 독재주의, 대의제, 독재자, 민주주의
3 다수, 선거, 관용적

STEP **Ⅲ** **1** ⑤   **2** ③

</td>
<td>

사회 05 도시 문화와 편의점

본문 54~57쪽
지문 분석편 13쪽

STEP **Ⅰ** **1** (1) 밀접하다 (2) 가동되자 (3) 감내해야
(4) 홀가분하다 (5) 배회했다
2 (1) 순회 (2) 산물 (3) 입수

STEP **Ⅱ** **1** 도시의 문화적, 소비적 생태를 반영하는 편의점
2 24시간, 조명, 무관심, 영업 전략, 도시인
3 서비스, 정보, 배송

STEP **Ⅲ** **1** ③   **2** ⑤

</td>
</tr>
</table>

1 5문단에서 민주주의의 형식적 측면뿐만 아니라 내용적 측면까지 고려되어야만 이상적인 민주주의가 가능해진다고 하였다. 그러나 민주주의의 내용적 측면이 지닌 문제점에 대해서는 따로 언급하지 않았다.

〔오답 해설〕
① 3문단은 민주주의의 장점에 대해서, 4문단은 민주주의가 지닌 문제점인 단점에 대해서 언급하고 있다.
② 2문단에, 논쟁의 여지는 있지만 대의제는 민주주의로 본다는 내용이 제시되어 있다. 그 이유는 권력의 근거가 시민, 대중에게 있다는 점이 민주주의의 특징과 같기 때문이다.
③ 1문단에서 민주주의의 반대말이 엘리트주의임을 밝히고 있고, 의사가 결정되는 정치 방식, 의사 결정에 참여하는 주체의 수 등에 차이가 있음을 언급하고 있다. 또 2문단에서 권력의 근거를 기준으로 민주주의와 엘리트주의에 차이가 있다는 점을 제시하고 있다.
④ 1문단과 5문단에 다수에 의해 의사가 결정된다는 내용, 그리고 다수결에 의한 의사 결정의 내용이 제시되어 있다. 이는 민주주의에서 의사 결정의 주체가 개인이고, 그 방법은 다수결임을 밝히고 있는 것이다.

2 A 사회의 사람들은 이미 스스로의 의사 결정에 따라 지도자를 선출하고 있다. 단지 그들이 독재자를 선출할 가능성이 있다는 것이 문제일 뿐이다.

〔오답 해설〕
① 〈보기〉에 나와 있듯이 A 사회의 사람들은 주체적으로 판단하는 능력이 결여되어 있다. 그래서 결국 독재자를 선출하게 되는 것이다.
② 정치적 책임이 달변가에게 있고 자신은 동조했을 뿐이라고 여기는 A 사회의 사람들은 자신의 정치적 책임을 회피한 것인데, 이는 결국 독재자를 뽑는 데 동조한 것이 된다.
④ B 사회의 다수는 자신의 부를 위해 노력할 뿐이므로 소수의 인권 침해 사건이나 소외 계층에 대한 배려에 대해서는 특별히 고려하지 않을 것임을 알 수 있다.
⑤ B 사회의 정치가는 다수의 독재를 대변하며 경제 성장과 부를 추종하는 방향으로 이끌어 가는 사람이므로 소수가 내는 반대 의견을 수용하지 않을 것임을 알 수 있다.

1 4문단에 고객에 대한 정보를 매우 상세하게 입수하는 편의점의 전략이 제시되어 있다. 치밀한 정보 시스템을 활용하여 상품이나 서비스의 양과 종류를 결정한다는 것이다. 그렇지만 이것이 맞춤형 개별 판매를 의미하는 것은 아니다. 개개인에게 맞춘 판매가 아니라, 편의점을 이용하는 일반적인 소비자들의 소비 패턴, 행동 양식 등을 파악하고 이를 바탕으로 영업 전략을 구상한다는 것이다.

〔오답 해설〕
① 1문단의 '진열된 물건은 무려 1천 2백~2천여 종에 이른다. 물건뿐만 아니라 공공요금 수납, 택배, 휴대 전화 충전, 팩스, 디지털 사진 인화 등 다양한 서비스도 제공한다.'를 통해 알 수 있다.
② 2문단의 '편의점의 또 한 가지 차별성은 ~ 그 어느 공간보다도 밝다.'를 통해 알 수 있다.
④ 1문단의 '편의점의 경쟁력은 우선 '24시간'이라는 영업시간에서 비롯된다. 매출이 가장 높은 시간대가 밤 8시에서 자정까지라는 통계에서 알 수 있듯이 편의점의 성장은 도시인들의 생활 양식의 변화와 밀접하게 맞물려 있다.'를 통해 알 수 있다.
⑤ 3문단의 '점원은 출입할 때 간단한 인사만 건넬 뿐 손님이 말을 걸기 전에는 입을 열지도 않을뿐더러 시선도 건네지 않는다. 그 '무관심'의 배려가 손님의 기분을 홀가분하게 만들어 준다.'를 통해 알 수 있다.

2 ⑤는 '욕망을 검색하다', '야경꾼' 등에 의인법이 사용되었다. 또한 소비자의 욕망, 구매 패턴 등에 대한 정보를 수집하여 이용하는 편의점의 성장 전략은 '욕망을 검색하다'에, 24시간 영업하는 전략은 '밤사이에 화재나 범죄가 없도록 살피고 지키는 사람'을 의미하는 '야경꾼'에서 확인할 수 있다.

〔오답 해설〕
① 의인법도, 편의점의 전략도 사용되지 않았다.
② '가까운 이웃'이라는 의인법을 사용했다. 손님의 기분을 홀가분하게 만들어 주는 점원의 응대로 볼 수 있는 '편안함을 주는'이라는 성공 전략이 있지만, 이 한 개만 제시되었다.
③ '모든 필요를 충족시키다'에 많은 물건과 서비스를 제공하는 전략이 한 개만 제시되었고, 의인법은 사용되지 않았다.
④ '24시간 불빛 환한 도시의 쉼터'에 24시간 영업이라는 전략이 한 개 제시되었다. 의인법은 사용되지 않았다.

③ 〈보기〉를 통해 해당 뉴스에 이해관계를 갖는 이해 집단에 의
해 정보의 내용이 가공될 수 있음을 알 수 있다.
④ 2문단의 '언론은 '게이트 키핑'이라는 과정을 통해서 뉴스를
다룬다.'와 〈보기〉의 '미디어 조직 밖에서도 게이트 키핑이
이루어진다.'를 통해 확인할 수 있다.

사회 06 게이트 키핑과 의제 설정

본문 58~61쪽
지문 분석편 14쪽

STEP I 1 (1) 정립하다 (2) 두드러지다 (3) 추리다 (4) 보도하다
2 (1) 청렴 (2) 관행 (3) 탐사 (4) 공약
3 (1) 근거 (2) 방대하다 (3) 취재 (4) 정책

STEP II 1 게이트 키핑과 의제 설정, 언론의 기능과 특성
2 인지, 게이트 키핑, 의제
3 뉴스, 여론, 마음

STEP III 1 ⑤   2 ⑤

1 1문단에서 뉴스에 주의력과 관심을 기울일 수 있는 시간과 에너지
가 제한되어 있음을 말하면서 인간의 인지 능력이 지닌 한계를 언
급하고 있다. 그러나 이것은 언론이 이러한 인간의 한계 극복에 도
움을 준다는 것이 아니라, 그러한 한계를 고려하여 언론이 적절한
분량과 흥미로운 형태로 뉴스를 만들어 제공한다는 것이다.

오답 해설
① 1문단에서 언급하고 있는 언론이 다루는 세상만을 본다는
것, 3문단과 4문단에서 언급한 의제 설정 기능 등을 통한 다
양하고 커다란 영향력을 통해 알 수 있다.
② 3문단에서 의제 설정 기능을 자세하게 다루고 있다.
③ 1문단의 '우리는 어둠 속에 있는 모든 것을 알 수 없고 오로
지 끊임없이 움직이는 서치라이트가 비추는 것만을 볼 수 있
다는 것으로, 언론은 세상의 일부를 비출 뿐이고, 우리는 언
론이 다루는 세상만을 바라볼 수 있다는 것이다.'를 통해 알
수 있다.
④ 2문단에서 '게이트 키핑'을 통한 뉴스 생산 과정을 확인할 수
있다.

2 〈보기〉는 게이트 키퍼에게 영향을 미치는 것들과 미디어 조직 밖의
게이트 키핑에 대해 설명하고 있다. 즉, 이 글과 〈보기〉를 통해 언
론이 보도하는 뉴스가 100% 객관적인 진실이 아닐 수 있음을 확인
할 수 있다. 1문단에 리프먼이 말한 진실의 기능에 대한 언급이 있
지만, 이는 진실을 보도하기 위해 노력한다는 것이 아니라 현실의
그림을 만드는 것이 진실의 기능이라고 말한 것이다. 또한 〈보기〉
역시 진실을 보도하기 위해 노력하는 언론에 대한 것이 아니라, 언
론 보도가 객관적 진실일 수 없음을 보여 주는 것이다.

오답 해설
① 주관적인, 그리고 언론사에 의해 영향을 받을 수밖에 없는 게
이트 키퍼와 뉴스에 이해관계를 갖는 이해 집단에 의해 생산
된 정보를 통해 뉴스 보도가 지닌 주관적 특성을 알 수 있기
에, 사실과 주관적인 의견을 판단하면서 뉴스를 접해야겠다
는 반응은 적절하다.
② 2문단의 '각 언론사의 편집 방침과 보도 스타일에 맞는 형태
로 기사가 작성된다.'와 〈보기〉의 '해당 미디어 조직의 가치,
규범, 전통 등의 영향을 받는다.'를 통해 적절한 반응임을 알
수 있다.

사회 07 소멸 시효와 실효의 원칙

본문 62~65쪽
지문 분석편 15쪽

STEP I 1 (1) ⓑ (2) ⓐ (3) ⓓ (4) ⓒ
2 (1) 배신 (2) 방치 (3) 소멸 (4) 승복

STEP II 1 소멸 시효와 실효의 원칙
2 소멸 시효, 항소, 실효, 법, 권리, 믿음
3 권리, 법, 기간

STEP III 1 ⑤   2 ④

1 2문단의 '갑의 입장에서 본다면 재판이 끝나고 어느 정도 시간이
흘러서 이제는 을이 그 재판에 승복한 것이라고 믿고 생활을 하고'
를 통해 ㉠이 믿음을 전제로 이에 반하는 행동을 금지하는 것임을
알 수 있다. 또한 3문단의 '뒤늦게 권리를 가진 사람이 그러한 믿음
을 배신하고 새삼스럽게 권리를 행사하는 것은 모순된 행동이다.
그리고 이러한 모순된 행동은 금지되어야 한다는 것이다.'를 통해
㉡ 또한 믿음을 배신하는 행위를 금지한 것임을 확인할 수 있다.

오답 해설
① ㉠과 ㉡ 모두 권리자(상대방)의 권리를 인정하지 않는 것으
로, 쌍방의 합의와는 관련이 없다.
② ㉠과 ㉡ 모두 권리 행사와 관련된 것이다.
③ ㉠은 1문단에서 '이러한 것을 법에서는 '소멸 시효'라고 부른
다.'라고 하였고, 4문단에서는 권리 행사 기간이 법에 정해져
있다는 내용을 통해 법으로 규정되어 있음을 추론할 수 있
다. 그러나 ㉡이 법으로 규정되어 있는지는 이 글에서 언급
하고 있지 않으므로 알 수 없다.
④ 4문단의 "소멸 시효'는 일정한 기간 권리를 행사하지 않는
경우에 권리를 잃게 되는 것으로 그 기간이 구체적으로 법에
정해져 있는데, '실효'는 그러한 기간이 법에 정해져 있지 않
다.'를 통해 ㉠은 구체적인 기간을 법으로 명시하고 있지만
㉡은 그렇지 않음을 확인할 수 있다.

2 〈보기〉는 '공소 시효'에 대한 설명으로, 이 글에서 언급하고 있는
'소멸 시효'와 마찬가지로 일정 기간 내에 권리를 행사할 수 있어
야 함을 규정한 것이다. 그러나 '소멸 시효'와 달리 '공소 시효'는
형법에 해당하는 것으로, 국가의 형벌권 소멸을 명시한 제도이다.
이 글 마지막 문단의 '권리를 가지고 있는 사람이 희생하더라도 안
정된 생활을 보호해 주어야 하는 것이다.'와 〈보기〉의 '사회와 개인

생활 등의 법적 안정성을 도모하고'를 통해 '소멸 시효'와 '공소 시효' 모두 생활의 안정을 도모하기 위한 제도임을 알 수 있다. 또한 '공소 시효'는 법적 제재를 강제하기 위한 것이 아니라, 기간을 넘겨 법적 제재를 할 수 있는 권리가 소멸됨을 의미하는 것이다.

오답 해설

① 〈보기〉의 '우리나라에서는 2015년 7월 24일, 형사 소송법 개정을 통해 살인죄에 대한 공소 시효가 폐지됐다.'를 통해 살인죄와 같은 심각한 범죄의 경우 '공소 시효'가 적용되지 않는다는 것을 알 수 있다.

② 〈보기〉의 '장기간의 시간이 경과함에 따른 사실관계를 존중해'와 7문단의 '오랜 세월이 흘러 사람들의 믿음이 완전히 굳어지면'을 통해 알 수 있다.

③ 〈보기〉의 '검찰이 범죄를 저지른 자를 재판에 넘기지 않고 일정한 기간이 지나면, 해당 범죄 행위에 대해 국가의 형벌권이 소멸되는 제도'를 통해 확인할 수 있다.

⑤ '소멸 시효'가 정해진 시효를 통해 권리자가 자신의 권리를 제때 행사할 것을 촉구하는 것이라면, '공소 시효'는 검찰이 제때 기소하지 못해 범죄 행위를 묻지 못하게 되는 상황으로, 국가의 책임을 묻는 것이라고 할 수 있다.

과학 01 **환경 호르몬의 위협**

본문 66~69쪽
지문 분석편 16쪽

STEP ① **1** (1) 배출 (2) 유발 (3) 기형 (4) 저하 (5) 교란
2 (1) 호르몬 (2) 수용체 (3) 분열

STEP ② **1** 환경 호르몬의 개념과 이상 작용
2 호르몬, 환경 호르몬, 모방, 수용체
3 내분비, 호르몬 차단, 호르몬 촉발

STEP ③ **1** ⑤ **2** ⑤

1 2문단에서 환경 호르몬은 진짜 호르몬의 작용 단계 중 어느 단계라도 작용할 수 있으며 그 결과 인체의 진짜 호르몬이 영향을 받을 수밖에 없다고 하였으므로 세포 분열 단계가 가장 위험하다고 하는 것은 적절하지 않다.

오답 해설

① 2문단에서 '환경 호르몬이라는 말은 1997년 일본의 한 방송에서 학자들이 환경에 배출된 화학 물질이 생물체에 유입되어 마치 호르몬처럼 작용한다고 말한 데서 처음 사용되기 시작하였다.'를 통해 확인할 수 있다.

② 3문단에서 '호르몬 모방이란 내분비 교란 물질이 실제 호르몬을 흉내 내어 실제 호르몬과 같은 세포 반응을 유도하는 것'을 통해 확인할 수 있다.

③ 1문단에서 '호르몬은 정상적인 신체 기능을 유지하기 위한 다양한 역할을 수행하고 있다.'를 통해 확인할 수 있다.

④ 2문단에서 '환경에 배출된 화학 물질이 생물체에 유입되어 마치 호르몬처럼 작용한다'를 통해 확인할 수 있다.

2 (가)는 낮은 농도의 환경 호르몬이 높은 농도의 환경 호르몬보다 더 위험할 수 있다는 것을, (나)는 환경 호르몬은 진짜 호르몬과 달리 인체에 오래 머문다는 것을 보여 준다. 따라서 낮은 농도의 환경 호르몬일지라도 그것이 인체에 오래 머물면서 나쁜 영향을 줄 수 있다는 것을 도출해 낼 수 있으므로 ⑤의 내용은 적절하다.

오답 해설

① 환경 호르몬은 농도가 높다고 해서 반응 강도가 세지거나 인체에 더 나쁜 것이 아니므로 적절하지 않다.

② 환경 호르몬은 용량이 클수록 반드시 더 해로워지는 것은 아니라고 했으므로 적절하지 않다.

③ 진짜 호르몬의 작용 단계 중 어느 단계에서라도 환경 호르몬이 영향을 미친다면 우리 몸에 악영향을 끼칠 수 있다고 하였으나, 환경 호르몬이 우리 몸의 대사에 관여하면서 독성이 커진다는 언급은 없으므로 적절하지 않다.

④ 진짜 호르몬은 적은 양으로도 인체의 대사에 영향을 미치고, 자신의 역할이 끝나면 곧장 분해된다는 점에서 체내에 오래 머무는 환경 호르몬과 다르므로 적절하지 않다.

과학 02 화석과 과거로의 시간 여행

본문 70~73쪽
지문 분석편 17쪽

STEP Ⅰ **1** (1) 노출 (2) 매몰 (3) 단서 (4) 빈도 (5) 번창
2 (1) 침식 (2) 지층 (3) 퇴적물

STEP Ⅱ **1** 화석의 개념, 화석을 통해 알 수 있는 다양한 정보들
2 화석, 지층, 지층, 매몰, 퇴적암
3 시상화석, 산소, 화석화

STEP Ⅲ **1** ⑤   **2** ②

1 4문단에 뼈나 껍질 등 단단한 부분이 있어야 화석이 될 가능성이 높다는 내용은 나와 있지만, 그 이유에 대해서는 제시되어 있지 않아 답을 찾을 수 없다. 이에 대해서는 물렁물렁한 물질은 퇴적암 속에서 자신만의 흔적을 만들지 못하지만 뼈나 껍질 등의 단단한 부분이 있으면 퇴적암 속에서 압력을 견딜 수 있으므로 화석으로 남겨질 가능성이 있다고 짐작할 수 있을 뿐이다.

오답 해설

① 4문단에 화석이 되기 위해서는 산소와의 접촉이 없어야 하고, 생물체에 단단한 부분이 있어야 하며, 화석화 작용을 거쳐야 한다는 점이 제시되어 있다.
② 2문단에 따르면 표준 화석은 비교적 짧은 시간 동안 넓은 범위에 걸쳐 살아온 생물의 화석이고, 시상화석은 특정 지역에서 장시간 살아온 생물의 화석을 이른다.
③ 3문단에 따르면 화석은 지층의 형성과 더불어 그 안에서 생물의 유해나 흔적이 다져지며 생성되는데, 해저에 퇴적하여 생겼던 지층이 지표면에 존재한다는 것은 지반의 융기 등과 같은 지각 변동이 그 지역에 있었다는 증거가 된다고 하였다.
④ 5문단에 따르면 화석이 가장 잘 발견되는 퇴적암은 모래로 만들어진 사암과 진흙으로 만들어진 이암이다.

2 5문단에서 층리는 시간에 따라 쌓이는 퇴적물 입자의 크기, 종류, 색 등이 달라지면 생성된다고 하였다.

오답 해설

① 발자국 화석을 비롯하여 화석이 가장 많이 발견되는 퇴적암은 사암이나 이암이므로, 발자국 화석을 통해 해당 퇴적암이 사암이나 이암이라고 추정할 수 있다.
③ 어류나 조개는 물속에 사는 생물체들이므로, 이런 생물체의 화석을 지상의 퇴적암에서 발견하게 된 것은 그 지역이 이전에 물속이었음을 짐작할 수 있다. 즉 해당 퇴적암은 물속 지형이 융기한 것으로 볼 수 있다.
④ 공룡은 중생대에 살았던 동물이므로 공룡 뼈 화석은 중생대에 생성된 화석임을 알 수 있다.
⑤ 민물 어류, 민물조개의 화석이 발견된 것으로 보아 해당 지역이 바다가 아니라 강이나 호수였음을 짐작할 수 있다.

과학 03 쌍둥이는 완전히 동일할까?

본문 74~77쪽
지문 분석편 18쪽

STEP Ⅰ **1** (1) 표적 (2) 도출 (3) 통제 (4) 발현
2 (1) 유전 (2) 설계 (3) 견고하게

STEP Ⅱ **1** 다양한 반응을 발생시키는 화학 반응의 무작위성 때문이다.
2 유전 질환, 환경, 잡음, 무작위적
3 대장균, 노란색, 다양한, 화학 반응

STEP Ⅲ **1** ⑤   **2** ②

1 5문단을 보면 생물 내부 시스템은 화학 물질의 연쇄 작용으로 이루어진다고 설명되어 있다. 그리고 이러한 화학 반응에 내재된 무작위성이 DNA, RNA, 단백질을 주요 표적으로 발생하게 되어 다양한 반응인 '잡음'이 나타나게 된다고 하였다. 따라서 화학 물질의 연쇄 작용은 생물 내부의 시스템이 움직이는 일반적인 반응이고, 잡음 발생의 원인은 화학 반응의 무작위성 때문이다.

오답 해설

① 1문단의 '24개의 질병 중 BRCA1 문제로 발생한 유방암을 포함해 23개의 유전 질환이 쌍둥이 중 한 명에게서만 발병하는 불일치 현상을 보였다.'를 통해 알 수 있다.
② 2문단의 '이런 개성은 쌍둥이 각각이 경험하는 환경의 차이에서 비롯된다고 설명되곤 한다. 그렇다면 환경까지 완전히 통제된 조건이라면 개체 간에 차이가 전혀 나타나지 않을까?'를 통해 알 수 있다.
③ 3문단의 '대장균은 세포 분열로 자신과 '유전 정보가 완전히 동일한' 수많은 개체를 만들어 낼 수 있고, 그 개체들은 '완전히 동일하게 통제된 환경'에서 배양된다. 스웨인 교수 연구 팀은 적색과 녹색 빛의 형광 염색 단백질이 동일하게 발현되도록 두 단백질의 유전자를 대장균 유전체에 끼워 넣었다.'를 통해 알 수 있다.
④ 4문단의 '예상과 달리 적색 형광과 녹색 형광이 갖가지 비율로 섞인 다양한 대장균이 나타났다.'를 통해 알 수 있으며, 이러한 현상을 '잡음'이라고 부르는 것을 확인할 수 있다.

2 〈보기〉는 잡음 현상이 어떤 유전자에나 나타나는 본질적인 현상임을 설명하고 있다. 또한 일관적인 군집이 아닌, 다양한 능력을 가진 군집이 살아남을 가능성이 크다는 진술을 확인할 수 있다. 이를 통해 이 글에서 실험한 대장균에게 나타나는 잡음 현상 역시 자주 변하는 환경 조건에서 살아남을 가능성을 높이기 위한 유전자의 선택이라고 할 수 있다. 따라서 '어떤 환경에도 유연하게 대응하겠다는 생명체의 전략이다.'라는 진술이 적절하다.

오답 해설

① 환경에서 받은 영향을 드러내는 지표가 아니라, 환경에 적응하기 위한 선택적 진화라고 할 수 있다.
③ 질병에 저항하고자 하는 선택이 아니라, 변화된 환경에서 살아남기 위한 선택이다.

④ 유전적 정보를 간명하게 표현하는 형식과는 관련이 없다.
⑤ 진화의 방향을 고려할 때 개체가 오래 살기 위한 전략이 아니라, 유전자를 남기기 위한 선택이다.

과학 04 물 분자의 공유 결합

본문 78~81쪽
지문 분석편 19쪽

STEP Ⅰ **1** (1) 강화 (2) 직결 (3) 인력
2 (1) 최소 (2) 원자 (3) 원자핵

STEP Ⅱ **1** 물 분자의 공유 결합과 수소 결합
2 분자, 산소, 전자, 공유 결합, 부피
3 수소, 인력, 온도, 고체

STEP Ⅲ **1** ⑤   **2** ⑤

---

1 3문단의 내용을 바탕으로 하면 물 분자에서 양(+)의 전하를 띠는 쪽은 수소이다. 따라서 다른 물 분자에 결합된 수소를 끌어당기는 것은 물 분자에서 음(−)의 전하를 띠는 산소이므로 적절하지 않다.

오답 해설
① 3문단에서 '물 분자는 전기적으로 중성이어야 하는데, 이 (−) 전하를 띤 전자들의 위치 이동으로 말미암아 중성인 물 분자에 전기적인 성질이 생기게 된다.'를 통해 확인할 수 있다.
② 6문단에서 '물의 경우는 특이하게도 얼음이 되면 오히려 부피가 늘어난다.', '이 육각형 구조는 물의 정형화되지 않은 구조에 비해 더 많은 빈 공간을 만들게 되므로 물보다 얼음의 부피가 커지는 특이 현상을 일으키는 것이다.'를 통해 확인할 수 있다.
③ 5문단에서 '이 결합으로 인해 물은 다른 액체들처럼 쉽게 온도가 내려가거나 올라가지 않는다.'를 통해 확인할 수 있다.
④ 2문단에서 '물 분자에서 산소와 수소의 관계를 살펴보면, 산소가 더 강한 인력을 가지고 있다.'를 통해 확인할 수 있다.

2 전기적 성질을 가진 물 분자의 특성으로 인해 다른 물질을 잘 녹이는 것은 우리 생활에 유용한 점도 있으나 그렇지 않은 점도 있다는 것이 〈보기〉의 핵심이다. 따라서 오염 물질을 잘 녹여서 우리 생활에 문제가 되는 ⑤의 경우가 적절하다.

오답 해설
① 암석에 스며든 물이 얼면서 부피가 늘어나 암석이 쪼개지는 것이므로 적절하지 않다.
② 모세관 현상이므로 적절하지 않다.
③ 얼음이 녹는 것은 물의 수소 결합이 끊어지는 것과 관련이 있으므로 적절하지 않다.
④ 기름 분자가 물에 녹지 않는 것은 다른 물질을 잘 녹이는 성질이라는 '양면성'의 전제 조건에 부합하지 않는다.

과학 05 운동량과 충격량

본문 82~85쪽
지문 분석편 20쪽

STEP Ⅰ **1** (1) ㉢ (2) ㉤ (3) ㉠ (4) ㉣ (5) ㉡ (6) ㉥
2 (1) 지속적 (2) 건초 (3) 연장 (4) 설계 (5) 정지

STEP Ⅱ **1** 운동량이 늘어나는, 운동량이 줄어드는
2 운동량, 증가, 충격력, 감소
3 증가, 감소, 충격력, 운동량

STEP Ⅲ **1** ⑤   **2** ⑤

---

1 발사되는 포탄은 충격량의 증가로 운동량이 증가하지만, 벽에 부딪친 승용차는 충격량과 운동량이 감소한다고 볼 수 있다.

오답 해설
① 운동하지 않는 물체의 운동량은 0이므로, 트럭의 질량과 관계없이 정지해 있는 트럭은 운동량이 0이다.
② 1문단에서 '질량이 m인 물체가 속도 v로 운동할 때 물체의 운동량 p는 p=mv로 나타낸다.'라고 하였기 때문에 달리는 승용차의 운동량은 승용차의 질량 및 속도와 비례 관계에 있다고 할 수 있다.
③ 트럭이 승용차보다 질량이 크지만 속도는 승용차가 더 빠를 수 있다. 운동량은 질량과 속도를 곱해서 구하는 값이므로 트럭보다 승용차의 운동량이 더 클 수도 있다.
④ 3문단에 따르면 '동일한 충격량'이라는 것은 힘과 시간의 곱이 같은 것을 이른다. 그러므로 트럭과 승용차의 힘과 시간의 곱이 같다면 두 차의 충격량은 같다고 할 수 있다.

2 〈보기〉에 제시한 태권도 선수의 경우는 짧은 시간 내에 운동량이 감소하는 경우를 보여 주는 사례이다. 선수의 손이 벽돌에 부딪칠 때는 마치 차가 벽에 부딪치는 것과 같으므로 운동량은 급격히 감소하게 된다. 그리고 선수의 손이 벽돌과 접촉하는 시간과 손이 벽돌에 가한 힘을 곱한 것이 충격량이므로 신속하게 벽돌을 내려치면 접촉 시간은 매우 짧아지고 이에 대응해서 충격력은 매우 커져서 벽돌을 잘 격파할 수 있다. 이때 손이 벽돌에서 바로 튕겨 나오게 벽돌을 격파하면 운동량의 변화가 커서 벽돌이 받는 충격력은 더 커질 수 있다.

오답 해설
① 벽돌에 충격력을 가할 때 운동량은 감소한다. 그리고 벽돌을 신속하게 내려치면 접촉 시간이 짧아지고 충격력은 커진다. 손이 벽돌에서 튕겨 나오도록 격파하면 벽돌에 가해지는 충격력을 증가시킬 수 있다.
② 벽돌에 충격력을 가할 때 운동량은 감소한다. 그리고 벽돌을 신속하게 내려치면 접촉 시간은 짧아진다.
③ 벽돌을 신속하게 내려치면 접촉 시간이 짧아지고 충격력은 커진다. 그리고 손이 벽돌에서 튕겨 나오도록 격파하면 벽돌에 가해지는 충격력을 증가시킬 수 있다.
④ 벽돌을 신속하게 내려치면 접촉 시간이 짧아지고 이에 대응해서 충격력은 커진다.

과학 06 케플러의 법칙

본문 86~89쪽
지문 분석편 21쪽

STEP Ⅰ **1** (1) 신비 (2) 관측 (3) 보편적 (4) 신봉 (5) 회전
2 (1) 중력 (2) 공전, 공전 (3) 인력

STEP Ⅱ **1** 케플러의 제1법칙인 타원 궤도의 법칙
2 행성, 타원, 거리, 타원 궤도
3 태양, 달라짐, 행성과 위성

STEP Ⅲ **1** ② **2** ⑤

1 4문단에서 태양과 행성, 행성과 위성 사이에 보편적으로 타원 궤도가 나오는 이유는 훗날 만유인력의 법칙으로 설명이 가능하다고 하였다. 이는 만유인력의 법칙으로 타원 궤도의 원인을 설명할 수 있다는 것이지, 만유인력의 법칙에 의해 케플러 제1법칙의 정당성이 입증되었다는 것은 아니므로 적절하지 않다.

오답 해설

① 2문단의 '원은 타원의 특수한 경우로서 타원의 두 초점이 일치하면 원이 된다.'를 통해 타원의 두 초점 간의 거리가 0인 경우 원이 됨을 알 수 있다.
③ 4문단의 '달도 지구 주위를 타원 궤도로 돌기 때문에 지구에 가까워지기도 하고 멀어지기도 한다. 달이 지구에 가장 가까워질 때의 달, 특히 보름달일 때를 '슈퍼문'이라고 부른다.'를 통해 알 수 있다.
④ 3문단의 '행성이 타원 궤도를 돌면 행성과 태양의 거리는 계속 달라진다.'를 통해 알 수 있다.
⑤ 2문단의 '보통 타원을 말할 때는 두 초점에 이르는 거리의 합이 두 초점 거리보다 더 큰 경우만 생각한다.'를 통해 타원의 특징을 알 수 있고, 지구의 공전 궤도가 타원 궤도라고 했으므로 적절한 내용이다.

2 〈보기〉는 케플러의 제2법칙인 '면적 속도 일정의 법칙'을 설명하고 있다. '태양과 태양 둘레를 도는 행성을 연결하는 가상선은 동일한 시간에 동일한 면적을 휩쓸고 지나간다.'가 그 구체적인 내용이며 〈보기〉의 그림에서 그 면적인 S1과 S2는 동일하다. 따라서 행성과 태양 간의 거리에 상관없이 동일 시간에는 동일한 면적을 지나가므로, 그 거리에 반비례한다는 진술은 적절하지 않다.

오답 해설

① 그림을 통해서도 직관적으로 파악되듯이 S1에서 움직인 거리는 S2보다 짧다.
② 동일 시간에 좀 더 긴 거리를 움직여야 하기 때문에 운동 속도는 S1보다 S2가 빠르다.
③ 행성과 태양 간의 거리가 가까운 S2에서의 행성의 운동 속도가 상대적으로 빠르고, 거리가 먼 S1에서의 행성의 운동 속도가 상대적으로 느리다는 점을 통해 추리할 수 있다.
④ 면적 속도가 일정하기 위해서는 행성의 운동 속도가 일정하지 않으므로 태양과 행성 간의 거리가 달라져야 한다. 이는 행성의 공전 궤도가 타원 궤도임을 보여 주는 것이다.

과학 07 탄소의 순환

본문 90~93쪽
지문 분석편 22쪽

STEP Ⅰ **1** (1) ○ (2) × (3) ○ (4) × (5) ○
2 (1) 원자핵, 원자핵 (2) 원자 번호 (3) 중성자, 중성자

STEP Ⅱ **1** 탄소의 성질과 그것을 활용한 연대 측정
2 6, 질소(N), 연대, ^{14}C
3 14, 양성자, 중성자, 8

STEP Ⅲ **1** ② **2** ④

1 ^{12}C와 ^{14}C는 둘 다 양성자 수가 6개로, 탄소 원자의 성질을 지니고 있다. 그러므로 이 둘은 양성자의 수가 같고, ^{14}C의 중성자 수가 8개로 ^{12}C의 중성자 수보다 2개 더 많다.

오답 해설

① 4문단에서 대기 중에 ^{14}C와 ^{12}C의 비율은 '1:1조'라고 하였다.
③ 2문단의 내용을 보면 ^{14}N은 양성자 7개, 중성자 7개로 이루어진 질소 원자인데, 양성자 1개를 잃고 중성자 1개를 얻으면 ^{14}C가 된다. 즉 ^{14}C는 양성자 6개, 중성자 8개로 구성되어 있다.
④ 2문단에서 양성자 수와 중성자 수가 같을수록 안정적인 원소라고 했기 때문에 양성자 7개, 중성자 7개인 ^{14}N이 양성자 6개, 중성자 8개인 ^{14}C보다 더 안정적이다.
⑤ 2문단에서 ^{14}C의 중성자 하나가 양성자와 전자로 쪼개지면, 양성자 7개, 중성자 7개인 ^{14}N으로 바뀐다고 하였다.

2 3문단에서 동위 원소의 양이 반으로 붕괴되는 데 필요한 시간을 반감기라 하였고, ^{14}C의 반감기는 5,730년이라고 하였다. ㉮는 ^{14}C의 양이 반으로 줄어든 시기이고, ㉯는 다시 그 양이 반으로 줄어든 시기이다. 따라서 ㉯는 반감기가 두 번 지나간 시기로 보아 11,460년 정도로 파악할 수 있다.

오답 해설

① ㉮는 첫 번째 반감기인 시기이므로 화석 내부의 ^{14}C는 자연 상태보다 절반 정도라고 볼 수 있다.
② 생명체는 죽은 후에는 대기와 탄소를 교환할 수 없기 때문에 ㉮에 이르기까지 이산화 탄소를 교환했다는 말은 적절하지 않다.
③ ㉯에 나타나는 ^{14}C의 양은 ㉮에서보다 절반이다.
⑤ '1:1조'라는 비율은 자연 상태이거나 살아 있는 생명체에서의 ^{14}C과 ^{12}C의 비율이다. 그러므로 생명체가 죽은 후인 ㉮와 ㉯에서 ^{14}C는 꾸준히 감소하고 있으므로 '1:1조'의 비율을 유지할 수 없다.

버스 카드는 어떤 원리로 작동할까?

본문 94~97쪽
지문 분석편 23쪽

STEP **Ⅰ** **1** (1) 차감하다 (2) 충분하다 (3) 교차하다
(4) 저장하다 (5) 충전하다
2 ③

STEP **Ⅱ** **1** 버스 카드의 작동 원리
2 금액, 전자기 유도, 유도 전류
3 자기장, 전력, 신분증

STEP **Ⅲ** **1** ⑤　　**2** ④

1 2문단에서 버스에 설치된 카드 단말기는 버스 카드에서 보내오는 정보를 읽어 버스 요금을 차감한 후 그 결괏값을 다시 버스 카드 칩에 보내는 역할을 한다고 언급했다. 이 과정을 통해 버스 카드 단말기에서 선불된 금액에서 이용 금액을 차감하는 계산이 이뤄짐을 알 수 있다.

[오답 해설]

① 1문단에서 자석 역할을 하는 검은 띠가 있는 것은 일반적인 마그네틱 카드라고 언급했다.

② 2문단에서 버스 카드 내에는 작고 얇은 반도체 칩이 내장되어 있다고 언급했다.

③ 5문단에서 출퇴근 관리 용도의 신분증에는 RFID 기술을 활용한 비접촉식 방식이 적용되었다고 언급했다.

④ 3문단~5문단을 통해 RFID 기술은 자기장 변화를 차단하는 기술이 아니라 자기장 변화를 이용한 전자기 유도 현상과 유도 전류 발생 현상이 적용된 기술임을 알 수 있다.

2 ㉠은 버스 카드 단말기이고, ㉡은 버스 카드이다. 4문단과 5문단을 통해 ㉠이 제1 코일 역할을, ㉡이 제2 코일 역할을 한다는 것을 알 수 있다. 4문단에서 제1 코일에만 교류 전압이 흐르게 할 경우 주위에 자기장이 생기고, 이 자기장의 영향으로 제2 코일에도 유도 전류가 발생한다고 언급했다. 따라서 ㉠과 ㉡이 정상적으로 작동하기 위해서는 ㉠에 제1 코일과 같이 교류 전압을 흐르게 하여 자기장의 크기를 변화시켜야 한다.

[오답 해설]

① 5문단에서 ㉠이 변화 자기장을 계속해서 발생시킨다고 언급했다.

② 5문단에서 ㉡에는 미세한 코일이 내장되어 있어 단말기 가까이 가져가면 코일에 유도 전류가 발생하고 회로 동작을 위한 전력을 얻을 수 있다고 언급했다.

③ 5문단에서 ㉠과 ㉡은 정보를 주고받을 수 있을 정도로 적당한 거리에 들어와야 작동한다고 언급했다.

⑤ 2문단에서 ㉠은 ㉡의 반도체 칩이 보내오는 정보를 읽어 버스 요금을 차감한 후 그 결괏값을 ㉡에 보내고, ㉡은 기존 요금 정보를 버리고 새로 차감된 요금 정보로 바꾸어 저장한다고 언급했다.

인조 오팔에 적용된 나노 기술

본문 98~101쪽
지문 분석편 24쪽

STEP **Ⅰ** **1** (1) ㉢ (2) ㉣ (3) ㉡ (4) ㉠ (5) ㉥ (6) ㉤
2 (1) 모방 (2) 반사 (3) 직경 (4) 중첩 (5) 영롱

STEP **Ⅱ** **1** 오팔의 나노 구조와 그것을 활용하는 분야
2 나노, 색, 반사, 인조 오팔, 구조색
3 나노 구조, 인조, 역오팔, 코팅

STEP **Ⅲ** **1** ③　　**2** ②

1 5문단에서 천연 오팔의 나노 구조를 활용하여 인조 오팔을 만들어서 페인트나 플라스틱 병 등에 활용하기도 한다고 했으므로, 오팔을 인위적으로 모방하는 여러 분야를 소개한 것일 뿐 그 기술의 한계를 언급한 것은 아니다.

[오답 해설]

① 4문단에서 '무색인 라텍스 볼을 오팔처럼 배열시키는 것'으로 '지름이 270나노미터인 라텍스 볼을 사용해 사각형으로 밀집시킨 층을 여러 개 쌓아서 초록색과 주홍빛을 내는 인조 오팔을 만들었다.'를 통해 확인할 수 있다.

② 2문단에서 '자연산 오팔의 표면을 전자 현미경으로 관찰하면 특이한 나노 구조가 관찰된다.'를 통해 확인할 수 있다.

④ 1문단에서 '오팔에 무지개색이 섞여 있고 방향에 따라 색이 다르게 변하는 이유는 오팔의 내부가 나노 소재의 특징적인 구조여서 구조색을 띠기 때문이다.'를 통해 확인할 수 있다.

⑤ 5문단에서 '이런 기술은 자동차 페인트뿐만 아니라 자동차 바퀴 휠, 케첩 등을 담는 플라스틱 병의 코팅에도 쓰인다.'를 통해 확인할 수 있다.

2 모르포 나비의 날개에서 푸른색을 추출하지 못한 이유는 모르포 나비 날개의 신비로운 푸른색이 나노 구조에 의해서 나타나는 것이기 때문이다. 이는 오팔이 여러 색을 띠는 이유와 마찬가지로 나노 구조로 인해 일정한 색만을 반사시키기 때문이다.

[오답 해설]

① 모르포 나비의 날개는 나노 구조로 인해 푸른색만을 반사시키기 때문이므로 적절하지 않다.

③ 모르포 나비의 날개에서 푸른색이 보이는 것은 오팔이 방향에 따라 색이 다르게 보이는 이유와 같으며 이는 나노 구조에서 비롯된 것이므로 적절하지 않다.

④ 모르포 나비의 날개는 나노 구조로 인해 푸른색으로 보이는 것이며, 〈보기〉의 정보를 통해서는 모르포 나비의 날개가 무색의 물질로 이루어졌다는 것은 확인할 수 없기 때문에 적절하지 않다.

⑤ 모르포 나비의 날개는 나노미터 크기의 아주 작은 비늘들이 기와를 층층이 얹어 놓은 듯 규칙적으로 배열되어 있다고 했으므로 입자가 작은 공이 불규칙적으로 배열되어 있다는 내용은 적절하지 않다.

기술 03 포석정에 숨은 과학 원리

본문 102~105쪽
지문 분석편 25쪽

STEP Ⅰ
1 (1) 함몰 (2) 전복 (3) 수로 (4) 경사 (5) 선박 (6) 유적
2 (1) 응용 (2) 분산 (3) 가늠 (4) 경로

STEP Ⅱ
1 와류 현상을 이용한 포석정
2 액체, 유체 역학, 수로, 포석정
3 일어나도록, 잔, 신라

STEP Ⅲ
1 ③   2 ⑤

1 3문단의 '소용돌이 현상이 일어나면, 물이 돌아 흘러가는 부분에서 벽에 충돌하여 에너지가 분산되어 효율이 떨어지기 때문이다. 배를 유선형으로 설계하는 것도 같은 이유이다.'를 통해 배의 유선형 설계는 소용돌이 현상, 즉 와류 현상이 일어나지 않도록 의도한 것임을 알 수 있다.

오답 해설

① 1문단의 '무거운 비행기는 어떤 원리에 의해 떠오를까? 왜 골프공의 표면은 울퉁불퉁하게 만들었을까? 왜 선박의 단면은 유선형이어야 하는가? ~ 앞에서 말한 모든 현상에는 유체 역학이라는 과학적 원리가 응용된다.'를 통해 알 수 있다.

② 2문단의 '물의 흐름에 반하는 소용돌이 현상을 와류라고 한다.'를 통해 알 수 있다.

④ 3문단의 '포석정 수로는 특이한 설계 때문에 갖가지 물의 흐름이 만들어지고, 술잔을 띄웠을 때 잔이 회전하거나 머무르거나 갇히는 현상이 나타난다는 사실이 확인되었다.'를 통해 알 수 있다.

⑤ 4문단의 '신라인들은 수로 경사가 급격히 변하는 지점이나 굴곡이 있는 지점에 수로 폭을 확장하거나 내측 바닥면의 함몰을 조성하여 술잔의 전복을 방지하였다.'를 통해 알 수 있다.

2 포석정의 특이한 수로 구조로 인한 와류 현상은 수로의 굴곡에 의해 발생하는 것이다. 그리고 이러한 와류 현상은 본문에 따르면 수로의 경사도, 내측 바닥의 함몰 정도 등에도 영향을 받음을 알 수 있다. 또한 〈보기〉를 보면 원심력이나 관성력에 의해서도 영향을 받으며 수로 벽면의 역경사도 와류 현상을 촉진함을 알 수 있다. 그렇지만 물 흐름의 속도와 와류(회돌이) 현상 간의 상관관계에 대한 언급은 나타나 있지 않다.

오답 해설

① 〈보기〉의 '초반 회돌이가 형성되는 단면은 내측 함몰이 19mm에 이를 정도로 심하다. ~ 원심력을 감소시켜 회돌이 형성을 뚜렷하게 촉진하는 역할을 한다.'를 통해 알 수 있다.

② 〈보기〉의 '게다가 내측의 수로 벽면이 약간의 역경사로 처리되어 있는데 이것도 회돌이 형성을 촉진하기 위해 만들어진 것으로 추정된다.'를 통해 알 수 있다.

③ 〈보기〉의 '후반 회돌이 구간의 거의 모든 단면은 내측의 함몰 없이 수평한 바닥을 형성하고 있다. 이는 재부여된 관성력이 초반 인입 구간에서 형성된 관성력에 비하여 약하기 때

기술 04 파마의 과학적 원리

본문 106~109쪽
지문 분석편 26쪽

STEP Ⅰ
1 (1) ○ (2) ○ (3) × (4) ○ (5) ×
2 (1) 유연한 (2) 관여한 (3) 함유하고 (4) 변형되지 (5) 측정했다

STEP Ⅱ
1 산화 환원 반응의 과학적 원리를 활용한 파마
2 파마, 산화, 시스틴, 화학적
3 시스틴, 환원제, 수소, 단백질, 중화제

STEP Ⅲ
1 ①   2 ④

1 1문단에서 파마의 기본 원리가 산화 환원 반응임을 언급하고 있는데, 이를 통해 앞으로 전개될 내용이 무엇인지를 알 수 있게 해 준다. 2문단에서 산화 환원 반응에 대한 일반적인 설명을 한 후, 3문단에서 머리카락이 지닌 시스틴 결합의 특성을 머리카락의 물리적 변화를 예로 들면서 제시한다. 그리고 4문단에서 파마를 할 때 나타나는 화학적 변화에 대해 단계별로 설명하고 있다.

오답 해설

② 물리적 변화를 준 머리카락은 감으면 다시 원래의 상태로 돌아온다는 3문단의 내용을 통해서, 물리적 변화는 단백질 변화를 일으키지 않음을 추리할 수 있다.

③ 3문단에서 머리카락의 주성분인 케라틴 단백질, 시스틴 결합을 지닌 아미노산 성분 등을 언급하고 있지만, 체내에서의 단백질의 역할을 고찰하고 있는 것은 아니다.

④ 1문단에 파마에 대한 개념 정의가 언급되고 있지만 유사한 화학 변화를 일으키는 자연 현상을 제시하고 있지는 않다.

⑤ 5문단에서 일상생활 속 산화 환원 반응의 몇 가지 사례를 언급하고 있을 뿐, 구체적인 설명이나 그 사례들의 과학적 원리를 제시하고 있지는 않다.

2 ⓓ는 산화제인 중화제를 바르는 과정이다. 중화제는 산화 반응을 일으켜 공급했던 수소를 빼앗아 처음의 시스틴 결합을 연결해 주는 기능을 한다. 따라서 환원 반응을 일으킨다는 ④의 내용은 적절하지 않다.

오답 해설

① ⓐ를 보면 황 원자(S) 2개가 결합되어 있음을 알 수 있다. 이는 3문단에서 언급한 시스틴 결합이다.

② ⓑ를 통해 시스틴 결합이 끊어져 ⓒ의 상태가 되므로, ⓑ는 알칼리성 환원제인 파마 약이 작용하는 단계임을 알 수 있다.

③ ⓒ는 시스틴 결합이 끊어지고 수소 원자와 결합된 상태이다.

⑤ ⓔ는 황 원자들이 수소를 빼앗기고 다시 황 원자들끼리 시스틴 결합을 하고 있다.

기술 05 팔만대장경 판전의 비밀

본문 110~113쪽
지문 분석편 27쪽

STEP Ⅰ **1** (1) 통풍 (2) 배치 (3) 창건 (4) 보수 (5) 대류
2 (1) 절묘 (2) 소박 (3) 발휘
3 (1) 원형 (2) 비결 (3) 환기

STEP Ⅱ **1** 팔만대장경 판전에 적용된 기술의 원리
2 팔만대장경, 판전, 대류, 대장경판
3 남향, 살창, 작게, 수분, 크게

STEP Ⅲ **1** ② **2** ④

1 1문단에 팔만대장경 경판이 해인사에 보관되어 있다는 내용이 제시되어 있고, 2문단에서도 해인사의 판전인 수다라장과 법보전이 소개되고 있다.

오답 해설
① 팔만대장경 경판은 오랜 세월 동안 썩거나 손상되지 않고 보존되고 있다는 내용이 글 전체에 반복적으로 제시되고 있다. 수십 년간 여러 번 보수를 받은 것은 경판이 아니라 판전이고, 그 보수 또한 유지 관리 차원의 부분적 수리였을 뿐이라는 내용이 4문단에 제시되어 있다.
③ 팔만대장경 판전의 창문은 통풍과 채광 모두와 관련이 있다. 특히 판전의 구조에 적용된 원리를 이해하면 창문의 크기 조절을 활용하여 통풍 및 환기 기능을 수행하고 있다는 것을 알 수 있다.
④ 팔만대장경 판전인 수다라장과 법보전은 처음 지을 때부터 대장경판을 보관할 목적으로 지어졌다. 용도가 바뀌지 않고 지속되어 오고 있는 것이다.
⑤ 팔만대장경 판전의 앞면보다 뒷면이 크게 설계되었다는 내용은 제시되어 있지 않다. 대류 현상은 그 이유 때문이 아니라 창문의 위치 및 크기 조절 등으로 인해 발생하는 것이다.

2 ⓒ과 ⓔ은 북향이므로 건물의 뒤쪽이다. 3문단에서 건물의 뒤쪽은 앞쪽보다 온도가 낮고 습도가 높다고 제시되어 있다.

오답 해설
① ㉠은 건조해진 판전 내부의 공기가 위로 올라가 배출되는 곳으로, 건조한 공기가 판전 내부에 오래 머물게 하려고 창문을 작게 만든 것이다.
② ㉡은 내부에서 경판의 수분을 빼앗아 무거워진 공기가 나가는 곳으로, 습한 공기가 잘 빠져나갈 수 있게 하려고 창문을 위쪽보다 4배나 크게 만들었다.
③ ㉠~ⓔ은 공기가 유입되고 배출되는 살창을 이르는 것으로, 이런 공기의 흐름이 판전 내부에서 대류 현상을 일으키면서 경판의 습기를 제거하는 역할을 하는 것이다.
⑤ ⓒ과 ⓔ은 건물의 뒤편인데, 두 곳 모두 바깥 공기가 유입되는 부분이기는 하지만, 아래쪽 살창을 조금 더 작게 설계한 이유는 습한 공기는 아래쪽에 처져 있으므로 습한 공기가 조금이라도 적게 들어가게 하려는 것이다.

기술 06 합성 섬유 기술

본문 114~117쪽
지문 분석편 28쪽

STEP Ⅰ **1** (1) 도달 (2) 점령 (3) 저조 (4) 타격 (5) 도가니
2 (1) 독차지 (2) 초빙 (3) 천연 (4) 출품 (5) 장악

STEP Ⅱ **1** 합성 섬유의 개발 과정과 성과
2 천연 비단, 인조 비단, 인조 섬유, 나일론, 의생활
3 누에, 인화성, 합성 섬유

STEP Ⅲ **1** ⑤ **2** ③

1 이 글은 비단으로 대표되는 천연 섬유를 사용하다가 뜻밖의 사건을 겪으며 인조 섬유를 필요로 하게 되었다는 배경을 제시한 후, 인조 섬유에 대한 연구와 성과들을 순차적으로 제시하면서 합성 섬유가 어떤 과정으로 발달되어 왔는지를 서술하고 있다.

오답 해설
① 누에가 죽는 일을 계기로 인조 섬유에 대한 관심이 늘어나게 된 배경은 제시하고 있지만, 합성 섬유에 영향을 미친 원초적 기술을 밝히고 있는 글은 아니다.
② 합성 섬유와 관련된 다양한 학설을 소개하고 있지는 않다.
③ 합성 섬유의 발달 과정을 설명하고 있는 글이지만 다른 일반적인 기술과 비교하는 부분은 드러나 있지 않다.
④ 합성 섬유의 용도가 옷을 만드는 것이고, 합성 섬유는 천연 섬유를 대신하여 필요했다는 등의 내용을 추려 볼 수는 있지만 이를 나열하며 흥미를 유발하고 있지는 않다.

2 5문단 마지막 부분에 합성 섬유의 원료는 '석유, 석탄, 물, 공기'라고 언급되어 있고, 〈보기〉에는 합성 섬유가 현대 사회의 중요한 산업 재료라는 점이 제시되어 있다. 더불어 〈보기〉에서는 합성 섬유에 사용되는 석유의 양이 전체 석유 사용량의 3% 정도임을 드러내고 있는데, 이는 인류를 편리하게 만든 기술을 앞으로 지속적으로 발전시키기 위해서는 석유 자원을 확보하는 것과 유한한 석유 자원을 대신할 새로운 에너지원을 개발하는 일 등이 과제로 남아 있다는 것을 짐작하게 한다.

오답 해설
① 합성 섬유의 종류를 늘리는 일은 〈보기〉의 내용에서 다룬 석유 자원의 부족과 관련이 없다.
② 합성 섬유, 플라스틱, 고무가 현대 산업 재료의 중심축이라는 내용은 제시되어 있지만, 합성 섬유가 더 뛰어난 산업 재료임을 증명해야 한다는 내용을 이끌어 낼 수는 없다.
④ 합성 섬유는 이미 현대 산업 재료의 중심축을 이루고 있기 때문에, 이를 필요로 하는 산업 분야를 발굴해야 한다는 내용은 적절하지 않다.
⑤ 나일론, 폴리에스테르, 아크릴은 3대 합성 섬유이고, 특별히 이들의 단점이 제시되지 않은 상황이다. 그러므로 이들 중 석유가 적게 소모되는 합성 섬유 위주로 개발해야 한다는 것은 부족한 석유 자원에 맞추는 것일 뿐 합성 섬유의 기술을 발전시키는 방법과는 거리가 멀다.

STEP Ⅰ **1** (1) 방출 (2) 국한 (3) 공식 (4) 순환
2 (1) 압축 (2) 전환 (3) 창조 (4) 작동 (5) 반복
3 (1) 사라져 없어짐. (2) 부풀어서 부피가 커짐.

STEP Ⅱ **1** 냉장고의 구조와 작동 원리
2 열기관, 열역학 제1법칙, 일, 냉매
3 기체, 액체, 압력, 기체, 내려감

STEP Ⅲ **1** ④　　**2** ④

1 보통의 열기관에 적용된 열역학 제2법칙은 열을 100퍼센트 일로 전환할 수는 없다는 내용이다. 냉장고에 적용된 열역학 제2법칙은 열이 저온에서 고온으로 이동하기 위해서는 반드시 일이 필요하다는 내용으로, 열은 스스로 저온에서 고온으로 이동하지 않는다는 것을 의미한다.

오답 해설

① ㉮: 열을 일로 전환할 때 에너지 보존 법칙에 따라 에너지의 총량에는 변함이 없다. 하지만 이는 '$Q_H = Q_C + W$'를 말하는 것이지 '$Q_C = 0$'이 될 수 없다는 것을 말하는 것은 아니다. ㉯: 열의 흐름을 설명하고 있을 뿐 지면을 기준으로 하여 지면에서 가까운 곳에서 먼 곳으로 흐른다는 내용은 언급되지 않았다.

② ㉮: 열을 일로 전환할 때 에너지 보존 법칙에 따라 에너지의 총량에는 변함이 없다. 하지만 이는 '$Q_H = Q_C + W$'를 말하는 것이지 '$Q_C = 0$'이 될 수 없다는 것을 말하는 것은 아니다.

③ ㉯: 'W=0'이 될 수 없다는 의미는 열이 저온에서 고온으로 이동하려면 반드시 일이 필요하다는 것을 말하려고 하는 것이기 때문에 W가 0이 되어서는 안 된다는 것이다.

⑤ ㉯: 열의 흐름을 설명하고 있을 뿐 지면을 기준으로 하여 지면에서 가까운 곳에서 먼 곳으로 흐른다는 내용은 언급되지 않았다.

2 ㉢에 흐르는 냉매는 ㉡ 이후부터 증발기를 지나기 전까지 계속 액체 상태를 유지하고 있는데, 팽창 밸브를 거치는 동안 압력이 낮아져서 저압의 상태로 변한다. 그러므로 ㉢의 냉매는 저압의 액체 상태이다.

오답 해설

① 고온, 고압이었던 기체 상태의 냉매가 응축기를 거치면서 열을 방출하여 저온의 액체 상태의 냉매가 된다.

② 응축기에서 나온 냉매는 열을 방출하여 온도가 낮아지므로 저온, 고압의 액체 상태이다.

③ 저온, 고압의 액체 상태인 냉매는 팽창 밸브를 지나는 동안 압력이 낮아지므로 저온, 저압의 액체 상태인 냉매가 된다.

⑤ ㉣에서 기체 상태로 변하게 된 냉매는 다시 압축기를 거치면서 고온, 고압의 기체 상태의 냉매가 된다.

STEP Ⅰ **1** (1) 확신했다 (2) 몰두했다 (3) 휘저어 (4) 현란하여
2 (1) ⓔ (2) ⓑ (3) ⓐ (4) ⓒ (5) ⓓ

STEP Ⅱ **1** 인상주의의 외광 회화를 가능하게 한 요인들
2 외광 회화, 밖, 임파스토, 튜브형 물감
3 햇살, 인공 안료, 철도, 알라 프리마

STEP Ⅲ **1** ④　　**2** ②

1 마네가 고전 미술의 한계를 넘어서기 위하여 알라 프리마 기법이 반드시 필요하다고 했음을 밝히고 있으나, 고전 미술에서 어떠한 기법으로 풍경화를 그렸는지는 제시되어 있지 않으므로 적절하지 않다.

오답 해설

① 3문단에서 모네는 시간이 조금만 흘러가도 빛이 달라졌기 때문에 과감한 임파스토 기법을 구사하였다고 하였다.

② 4문단에서 '이처럼 튜브형 물감이 나오자 달라진 것이 또 하나 있었다. 그것은 제대로 된 외광 회화가 가능해진 것이다', '철도가 대중화되면서 공간의 제약을 없애 버렸다.'를 통해 확인할 수 있다.

③ 1문단에서 '바르비종파 화가들은 실제로는 밖에서 스케치를 한 뒤 대부분은 실내에서 그렸다.'를 통해 확인할 수 있다.

⑤ 2문단에서 알라 프리마 기법, 3문단에서 모네의 그림에는 알라 프리마 기법만으로 끝낼 수 없는 부분에서 '과감한 임파스토 기법을 구사했다. 임파스토란 ~ 효과를 내는 것이다.'를 통해 확인할 수 있다.

2 모네에게는 형태보다 빛을 그리는 것이 중요했는데 그것은 시간이 조금만 흘러가도 빛이 달라졌기 때문이라는 내용이 본문에 제시되어 있다. 〈보기〉는 빛의 변화로 인해 인간이 그리는 풍경화는 그 순간의 인상일 뿐이라는 모네의 의견을 보여 주고 있으므로 ②와 같은 추리는 적절하다.

오답 해설

① 시간의 흐름에 따라 빛이 변화하는 상황에서 풍경을 그대로 재현하는 일은 모네의 입장에서 볼 때 불가능한 것이라 할 수 있으므로 적절하지 않다.

③ 모네는 알라 프리마, 임파스토 기법 등을 활용하여 빛의 변화를 순간적으로 포착하여 풍경을 그리고자 노력했으므로 적절하지 않다.

④ 모네는 자신의 눈에 비친 풍경이 빛에 따라 달라지는 것을 순간적으로 포착하기 위해 노력했으므로 적절하지 않다.

⑤ 인상주의 화가들에게 시간의 한계를 극복하는 일은 매우 중요한 일이었으며 이는 모네에게도 해당하는 것이다. 하지만 모네가 대상의 형태를 포기했다는 내용은 본문에서 확인할 수 없고, 빛을 그리려고 노력했다고 보는 편이 적절하다.

사진이 보여 주는 것

본문 126~129쪽
지문 분석편 31쪽

STEP Ⅰ
1 (1) 외형 (2) 재현 (3) 발언 (4) 반응 (5) 공감
2 (1) 가로막아 (2) 선명하다 (3) 방해해
　　(4) 지루하여 (5) 연상했다

STEP Ⅱ
1 사진의 의미
2 사진을 찍는다, 사진을 본다, 사진, 노출, 핀트, 작가
3 의식, 사진가

STEP Ⅲ **1** ④　　**2** ③

1 사진을 본다는 것은 작가에 의해 통제된 사물(피사체)을 통해 작가의 의식과 만나는 것이며, 따라서 사진은 단순히 사물을 복사·재현하는 것이 아니라고 설명하고 있다.

오답 해설
① 1문단에서 '사진가는 카메라를 통해서 사물의 관계나 존재의 의미를 파악해 영상화한다.', 3문단에서 '우리가 사진을 본다고 하는 것은 결국 자연이나 인생에 대한 사진가의 해석을 듣는 일'이라고 하였으므로 적절하지 않다.
② 적정 노출, 핀트 등과 같은 사진 기술에 대해서는 언급하고 있으나 5문단에서 '구체적 사물에 핀트가 선명하게 맞음으로써 개념에 앞서 사물 자체가 선명한 상태로 앞을 가로막는 것이다.'라고 하였으므로 적절하지 않다.
③ 사진과 회화의 차이는 언급되지 않았으며, 사진을 통해 전달하는 의미에 관하여 서술하고 있으므로 적절하지 않다.
⑤ 5문단에서 '우리가 표현하고자 하는 추상적 개념이나 관념이 구체적 사물을 거칠 경우, 그 사물의 존재감으로 인해 추상적 개념의 세계로 넘어 들어가기 어렵다.'라고 하였으므로 적절하지 않다.

2 줄리아 마거릿 캐머런은 자신의 의도를 전달하기 위해 의도적으로 사진의 초점을 흐리게 했으며, 이것은 구체적 사물이 주는 실재감이 사진가의 의도를 전달하는 데 오히려 방해가 된다고 생각했기 때문이므로 ③과 같은 반응은 적절하지 않다.

오답 해설
① 줄리아 마거릿 캐머런은 자신이 기대하는 효과, 즉 본문에서 언급한 사진가의 주관적인 느낌이나 해석을 드러내기 위해 일부러 초점이 흐린 초상 사진을 찍었으므로 적절하다.
② 핀트가 선명한 사진은 그 대상 자체가 사진가의 의도를 파악하는 데 방해가 된다고 했으므로 적절하다.
④ 의도적으로 초점을 잘 맞추지 않은 사진은 사진의 기술적인 측면에서 평가할 수 없고 그 사진을 통해 사진가가 전달하고자 한 주관적인 해석이 무엇이냐에 주의를 기울여야 하므로 적절하다.
⑤ 초점을 맞추는 것은 대상을 통제하는 사진가의 역할로, 일부러 초점을 맞추지 않는 것은 자신이 의도하는 바를 드러내기 위해 역시 대상을 통제하는 것이라 할 수 있으므로 적절하다.

고딕 건축과 르네상스 건축

본문 130~133쪽
지문 분석편 32쪽

STEP Ⅰ
1 (1) 열망 (2) 해방 (3) 속박 (4) 야만적
2 (1) 반영한다 (2) 성립한다 (3) 멸시하는
　　(4) 붕괴되었다 (5) 인식되어
3 (1) 뾰족한 탑. (2) 믿고 받드는 마음.

STEP Ⅱ
1 고딕 건축 양식과 르네상스 건축 양식의 차이
2 고딕, 아치, 이탈리아, 장식, 인간성
3 유럽, 첨탑, 좌우 대칭, 신앙심, 수평선, 가치관

STEP Ⅲ **1** ②　　**2** ①

1 스테인드글라스를 활용하여 건축물 내부를 신비로운 색과 빛으로 가득 채운 것은 고딕 건축 양식의 특징이므로 ②는 적절하지 않다.

오답 해설
① 2문단의 '좁고 높게 솟은 기둥, 높은 천장, 뾰족한 수직 첨탑', 4문단의 '좌우 대칭의 건물 외관'을 통해 확인할 수 있다.
③ 2문단에서 '고딕 양식의 건축물은 수직적인 느낌이 강조되며 신비롭고 경건한 분위기를 자아낸다.', 5문단에서 '르네상스 건축의 질서와 인간적인 규모는 아주 단순하고 편안한 느낌으로 다가오는 것이다.'를 통해 확인할 수 있다.
④ 3문단에서 '고딕 양식이 수직선 디자인으로 신앙심의 표현을 강조했다면, 르네상스 양식은 수평선 디자인으로 횡적인 사회성과 유대감, 그리고 휴머니즘을 강조하고자 했다.'를 통해 확인할 수 있다.
⑤ 6문단에서 '고딕 양식은 종교적 열정으로 가득 찼던 시기에 도시의 상징적 존재로서 교회의 의미를 구체화하여 신과 신의 나라에 대한 중세인들의 열망을 표현하였다면, 르네상스 양식은 종교적인 속박에서 벗어나 인간성의 해방을 추구하려 했던 당대 사람들의 세계관이 반영되어 있다'를 통해 확인할 수 있다.

2 고딕 양식의 여러 가지 특징들, 즉 하늘 높이 치솟은 수많은 첨탑, 크고 아름다운 스테인드글라스 등이 신과 교회에 대한 중세인들의 열망을 담아낸 것이다. 이것은 이미 본문에 제시된 내용이기 때문에 심화 학습을 위한 계획으로는 적절하지 않다.

오답 해설
② 르네상스 건축 양식은 합리적이고 과학적인 사고방식이 반영되어 있으며 수학적 관계에 바탕을 둔 조화와 질서를 추구했다고 했으므로 그러한 수학적 요소의 구체적인 사례를 찾아보는 것은 심화 학습으로 적절하다.
③ 본문에는 고딕 양식과 르네상스 양식의 특징에 대한 설명이 제시되어 있으므로 각 양식을 보여 주는 실제 건축물의 사진을 찾아보는 것은 심화 학습으로 적절하다.
④ 고딕 양식은 중세 문화를 대표하는 것으로 이 글에 제시된 건축 이외에 다른 예술 분야에는 고딕 양식이 어떻게 구체화되었는지 찾아보는 것은 심화 학습으로 적절하다.

⑤ 로마네스크 양식, 고딕 양식, 르네상스 양식으로의 변화를 통해 르네상스 양식이 현재까지 계속 이어지지 않고 또 다른 양식이 나타났을 것임을 알 수 있다. 따라서 르네상스 양식의 종말과 그것의 사회적 배경을 알아보는 것은 심화 학습으로 적절하다.

예술 04 우연성 음악

본문 134~137쪽
지문 분석편 33쪽

STEP I 1 (1) 시도 (2) 주류 (3) 야유 (4) 임의 (5) 지평
2 (1) 통솔하다 (2) 괴상하다 (3) 도입하다
(4) 정밀하다 (5) 외면하다

STEP II 1 존 케이지가 시도한 우연성 음악
2 음향, 불확정성, 우연성, 고정 관념
3 우연성, 연주, 소리, 음악의 지평

STEP III 1 ②   2 ④

1 3문단에서 우연성 음악은 '현대 음악이 너무 추상화되고 정밀하게 구성된 음만을 추구하는 것에 반발하여, 전통적인 통념에서 벗어나 우연성을 도입하고자' 한 음악이라고 하였다.

오답 해설
① 2문단의 내용을 보면 기존의 지휘자는 앙상블을 통솔하는 리더의 역할을 담당하였다는 것을 알 수 있다. 그러나 우연성 음악에서 지휘자는 시간을 지시하는 역할만 할 뿐이다.
③ 2문단의 내용을 보면, 연주자는 임의로 악보를 골라 우연에 의존하며 연주를 이어 가기 때문에 똑같은 연주가 나오는 일은 일어나지 않는다.
④ 2문단, 4문단의 내용을 볼 때, 우연성을 추구하는 음악에서는 연주자가 즉흥적으로 어떤 결정을 내리느냐에 따라 연주의 내용이 달라질 수 있다.
⑤ 1문단과 3문단의 내용을 보면, 기존에는 음악이라고 여기지 않았던 나사못 등이 튀어나와 현에 부딪치는 소리나 자동차 소리, 발자국 소리와 같은 음향들이 우연성 음악에서는 음악의 범주로 다루어지고 있다는 것을 알 수 있다.

2 〈보기〉에 드러난 내용처럼 존 케이지의 하버드 대학 무향실에서의 경험은 그에게 '절대적인 무음은 없다.'라는 사실을 일깨워 주었다고 볼 수 있다. 소리가 없을 것이라고 여긴 곳에서조차 소리가 있다는 것을 알게 되었기 때문이다. 즉 기존의 인식으로 볼 때는 음악이 연주되지 않는 상황이라 할지라도, 케이지는 그런 상황에서도 소리가 흐를 수 있다는 점에 착안하여 「4분 33초」를 만들었음을 알 수 있다.

오답 해설
① 「4분 33초」는 예상했던 소리와 실제 소리가 달라지는 것을 보여 준 것이 아니라 사람들이 통념적으로 생각하던 음악 대신 세상의 잡다한 소리를 들려줌으로써 새로운 음악의 장을 열었다고 할 수 있다.
② 존 케이지가 들었던 두 개의 소리는 신경계가 돌아가는 소리와 혈액이 순환하는 소리이고, 그가 「4분 33초」를 쓸 때 활용한 소리는 야외 공연장에서 들려오는 모든 음향을 말한다.
③ 존 케이지가 자신의 소리를 듣는 것이 가장 훌륭한 음악이라고 생각한 것은 아니다.
⑤ 「4분 33초」는 아름다운 음악적 선율을 강조하려는 음악이 아니라, 우연에 의한 음악이라는 새로운 인식을 보여 주려는 시도라고 할 수 있다.

예술 05 불상의 수인에서 영향받은 한국의 춤

본문 138~141쪽
지문 분석편 34쪽

STEP I 1 (1) ○ (2) ○ (3) × (4) ○
2 (1) 인정받았다 (2) 부각하여 (3) 가미하여
(4) 전환하기
3 (1) 인상 (2) 견해 (3) 관람

STEP II 1 불상의 수인을 모방한 한국 춤의 손가락 모양
2 수인, 손가락, 한복, 살풀이춤, 자비
3 손가락, 한복

STEP III 1 ②   2 ⑤

1 이 글은 한국 춤에 나타나는 손가락 모양이 불상의 수인을 모방한 것이라는 점에 초점을 맞추어 한국 춤이 지닌 특징을 구체적으로 설명하고 있다.

오답 해설
① 한국 춤에 대한 다양한 견해를 열거하는 부분은 제시되어 있지 않다.
③ 한국 춤과 서양 춤의 특징을 대조하는 것이 1문단에 제시되어 있기는 하지만, 이를 통해 두 춤의 장단점을 비교하고 있는 것은 아니다.
④ 한국 춤에서 볼 수 있는 손동작과 팔 동작에 대한 언급은 있지만, 손과 팔이 상호 작용하는 양상을 소개하고 있는 것은 아니다.
⑤ 불상의 수인이 한국 춤의 손가락 모양을 형성하는 데 영향을 미쳤을 것이라는 견해는 제시되어 있지만, 수인의 모양이 한국 춤의 손가락 모양으로 전환된 과정을 순서에 따라 차례대로 제시하고 있는 것은 아니다.

2 5문단에서 살풀이춤의 원래 기능이 살을 풀어내어 사람들을 고통에서 벗어나도록 해 주는 것이기 때문에 살풀이춤을 감상하는 관객들은 슬픔이 환희로 전환되는 느낌을 받을 수 있다고 하였다. 하지만 이렇게 슬픔이 환희로 전환되는 과정은 관객이 몰입을 통해 무용수가 보여 주는 동작의 아름다움을 느낄 뿐만 아니라 그 이후로 이어지는 상상의 선까지 느낌으로써 예술적 경지에 이르렀을 때 가능한 것이지, 무용수가 보여 주는 눈앞의 현실적인 동작에만 몰입하여 얻을 수 있는 것은 아니다.

오답 해설
① 〈보기〉를 보면 한국 춤에서 손가락 모양이 아무리 중요한 역할을 한다고 해도 '얼굴, 목, 발' 등이 손을 보조해야만 비로소 한국 춤을 완성할 수 있다는 것을 알 수 있다.
② 한국의 춤복인 한복은 무용수의 온몸을 감싸고 얼굴, 목, 손, 발 정도만 노출하는 특징이 있기 때문에 관객들은 한복 밖으로 노출된 얼굴, 목, 손, 발에 주목할 수 있음을 알 수 있다.
③ 한국 춤의 특징이 아름다운 곡선이라고 할 수 있는 것은 〈보기〉에서 언급한 것처럼 한국 춤이 직선이 거의 없고 시종일관 곡선으로만 이어지기 때문인 것과도 관련이 있음을 알 수 있다.
④ 같은 손동작도 다양한 방향으로 드러나고 있기 때문에, 〈보기〉에서처럼 몰입을 하게 된 관객은 손동작과 그 방향에 따라 그 이후로 이어지는 선을 상상하는 경험을 하게 될 것임을 알 수 있다.

예술 06 영화에서의 조명

본문 142~145쪽
지문 분석편 35쪽

STEP **I** **1** (1) 전복 (2) 선호 (3) 대항 (4) 후광 (5) 반사
2 (1) 회피 (2) 균등한 (3) 확산되고 (4) 고양 (5) 초래
(6) 위선적

STEP **II** **1** 영화에서 사용하는 조명의 다양한 성격
2 촬영 기사, 주제, 전복, 사실주의, 상징적
3 자연 광선, 대조

STEP **III** **1** ⑤   **2** ③

1 4문단에서 사실주의 감독의 조명 사용, 5문단에서 형식주의 감독의 조명 사용의 특징을 설명하고 있다. 5문단의 '형식주의 감독은 사실주의 감독보다 더 교묘하게 빛을 이용한다. 빛의 상징적 의미에 이끌리며 자연 광선을 애써 뒤틀리게 함으로써 이런 상징적 특징을 강조하려고 한다.'를 통해 빛의 상징적 특징을 강조하는 사람은 형식주의 감독임을 알 수 있다.

오답 해설
① 3문단의 '조명은 또한 선택된 소재를 전복시키는 데 사용될 수도 있다.'를 통해 확인할 수 있다.
② 1문단의 '대상물을 강조하거나 초점을 맞추는 데 대단히 변별력이 뛰어난 스포트라이트를 사용하여 감독은 촬영된 영상의 어떠한 영역으로도 관객의 눈을 끌고 갈 수 있다.'를 통해 영화의 각 장면은 감독에 의해 철저하게 의도된 것임을 추리할 수 있으며, 이에 따라 관객은 감독이 의도하여 만들어 낸 영상만을 볼 수 있음을 유추할 수 있다.
③ 1문단의 '대상물의 색조, 형상, 질감의 차이에 따라 빛의 반사나 흡수 정도가 달라지기 때문이다.'를 통해 알 수 있다.
④ 2문단의 '코미디와 뮤지컬은 밝고 균등한 조명으로 고양된 주조를 가지며 분명한 명암의 대비를 회피한다. 비극과 멜로드라마는 종종 강렬한 광선과 극적 어둠으로 뚜렷한 대조를 가진 조명을 쓴다.'를 통해 알 수 있다.

2 〈보기〉에서 여인의 모습은 분명하게 드러나지 않고 실루엣으로만 나타난다. 그리고 어두운 실루엣으로만 나타난 인물과는 달리 인물의 뒤쪽 창문으로는 밝은 빛이 투사되고 있다. 이렇게 인물의 뒤쪽에 광원을 배치하고 그 앞에 놓인 인물은 실루엣으로만 처리하는 기법은 '배면 조명'을 사용한 기법이라 할 수 있다. 5문단의 '일종의 실루엣이라 할 수 있는 배면 조명은 부드럽고도 신비스럽다.'를 통해 알 수 있듯이 이러한 조명의 효과는 부드러운 인상을 주게 된다.

오답 해설
① 창문으로 들어오는 자연광이 단단하고 거친 느낌의 조명이라고는 할 수 없다.
② 스포트라이트가 창문 쪽을 비추는 것이 아니라, 창문에서 흘러드는 밝은 광원을 이용한 것이다.
④ 창문을 통해 들어오는 빛은 은은한 느낌이어서 강렬한 광선이라 할 수 없으며 인물 또한 극적 어둠을 지니고 있다고 볼 만한 근거가 없다.
⑤ 인물 주위에 분위기 있는 빛이 있다고 할 수 없으며, 〈보기〉의 설명을 통해서도 이 영화가 미스터리물이 아님을 확인할 수 있다.

조하는 역할을 한다.'를 통해 알 수 있다.

④ 4문단의 '세 화가의 그림은 공통적으로 평범한 공간을 배경으로 삼고 있다. 의도적으로 빛이 연출되는 건축 공간이 아닌 일상적인 공간이다.'를 통해 알 수 있다.

예술 07 일상 공간의 빛을 그린 화가들

본문 146~149쪽
지문 분석편 36쪽

STEP I
1 (1) 소외 (2) 경계 (3) 의지
2 (1) ④ (2) ㉎ (3) ㉍ (4) ㉏

STEP II
1 자신들의 세계를 그려 낸 화가들
2 렘브란트, 간접광, 호퍼, 일상 공간
3 평범, 어둠, 경계, 직사광

STEP III
1 ③ **2** ⑤

1 1문단의 첫 문장 '일상의 공간에 들어오는 빛을 화가들은 어떻게 표현했을까?'에서 알 수 있듯이 이 글은 일상 공간의 빛을 그려 낸 화가들을 소개하면서 화가들의 그림에 나타난 공통점과 차이점을 설명하고 있다. 렘브란트, 페르메이르, 호퍼 등 세 화가의 작품을 구체적인 사례로 제시하면서 그 그림들에 표현된 빛을 분석하고 있다.

> 오답 해설

① 17세기의 화가 렘브란트와 페르메이르, 그리고 약 300년 후의 화가 호퍼 등을 등장시켜 시간의 흐름이 나타나기는 하지만 회화 발전의 역사를 언급하고 있지는 않다.

② 작품에 대한 다양한 해석이나 통념적 이해에 대한 비판은 나타나지 않고, 작품에 대한 글쓴이의 해석만이 제시되어 있다.

④ 일상 공간의 빛을 활용하는 세 화가들의 특징을 제시하고는 있지만 상반된 논쟁을 소개하는 것은 아니다.

⑤ 1문단에서 '독일의 미학자 보케뮐은 "시간을 초월한 영원성 자체가 현재 속에 나타나는 방식"이라고 말했다.'라는 전문가의 견해가 나오기는 하지만, 이는 렘브란트의 '자화상'에 대한 평가이지 회화에서 빛 사용의 중요성을 역설하기 위한 것은 아니다.

2 4문단의 '세 화가의 빛은 극단적으로 다르다. 화가들은 배경이 되는 공간을 사실 그대로 묘사하지 않았다. 그들은 자신이 표현하고자 하는 세계를 그렸다.'를 통해 사실적으로 그리지 않음으로써 오히려 자신들의 예술 세계를 효과적으로 드러낸 것임을 확인할 수 있다.

> 오답 해설

① 1문단의 '후에 '키아로스쿠로'라고 명명된 이 방식은 빛과 어둠의 강한 대비를 표현하는 기법이다.'와 2문단의 '렘브란트의 얼굴이 암흑 속에서 홀연히 '떠오르는' 것'을 통해 확인할 수 있다.

② 2문단의 '여인의 얼굴뿐 아니라 사물의 경계가 흐릿하다. 이러한 빛은 페르메이르의 다른 작품에서도 발견된다. 이는 그의 작업실 공간과 관련이 있다. 실제로 작업실의 창문은 모두 북서향으로 나 있었다. 직사광선은 들어올 수 없고 간접광만 유입된다.'를 통해 알 수 있다.

③ 3문단의 '호퍼의 그림에 나타난 빛은 항상 강한 직사광으로, 인물과 공간에 투사되는 것이 그리 부드럽지 않다. ~ 그것은 자신이 속한 시간과 공간을 잠시 벗어난 주인공의 심리를 강

영역 통합 01 양궁 속에 숨은 과학

본문 150~154쪽
지문 분석편 37쪽

STEP I
1 지구, 지구
2 (1) 조절하기로 (2) 미미한 (3) 조준하여
3 ④

STEP II
1 포물선, 초기 발사 속도, 발사 각도
2 중력, 발사 속도, 45, 공기의 저항
3 포물선, 낙하 시간, 화살 깃, 오조준

STEP III
1 ① **2** ⑤ **3** ⑤

1 2문단에서 화살이 포물선 운동을 하는 것은 중력 때문이지만, 화살에 미치는 중력의 값은 미미하기 때문에 선수들에게는 큰 문제가 되지 않는다고 했다. 그러나 화살에 영향을 미치는 마찰력의 크기에 대해서는 언급하지 않았다.

> 오답 해설

② 4문단에서 '공기와의 마찰 등 중력 이외의 외력이 작용하지 않는다고 가정할 때, 지면과 45도의 각도를 이루도록 물체를 던지면 가장 멀리 날아간다는 사실이 수학적으로 증명되었다.'를 통해 확인할 수 있다.

③ 2문단에서 '화살이 포물선 운동을 하는 것은 중력 때문이다.'를 통해 확인할 수 있다.

④ 3문단에서 '활시위를 세게 당길수록 화살의 발사 속도가 빨라진다.'를 통해 확인할 수 있다.

⑤ 5문단에서 '공기의 저항은 어떻게 줄일 수 있을까? 이것은 화살의 뒷부분에 화살 깃을 만들어 줌으로써 해결할 수 있다. 화살 깃은 화살이 공기를 가르며 날아갈 때 흔들리는 것을 방지하는 동시에 화살을 회전시키면서 비행의 안정성을 높인다.'를 통해 확인할 수 있다.

2 과녁의 가운데 지점은 선수들이 가장 높은 점수를 받을 수 있는 최종 목표 지점이다. 하지만 바람이 불 때에는 선수들이 노란 지점을 노리고 화살을 쏘아도 화살이 노란 지점에 꽂히지 않는다. 왜냐하면 화살이 날아가는 동안 바람이 화살을 밀어 다른 곳으로 보내기 때문이다. 그렇기 때문에 선수들은 바람이 부는 방향을 고려하여 오조준 연습을 해야 한다. ㄷ는 오른쪽 위에 있는 지점으로 바람이 오른쪽에서 왼쪽으로 불면서 화살을 왼쪽으로 밀어낼 가능성이 있을 때, 또한 아래로 향하는 힘이 있을 때 목표로 삼아야 하는 지점이므로 적절하다.

① A는 바람이 오른쪽에서 왼쪽으로 불 때 목표로 쏘는 곳이므로 적절하지 않다.

② B는 바람이 오른쪽에서 왼쪽으로 불면서 위로 향하는 힘이 있을 때 목표로 쏘는 곳이므로 적절하지 않다.

③ C는 바람이 왼쪽에서 오른쪽으로 불면서 위로 향하는 힘이 있을 때 목표로 쏘는 곳이므로 적절하지 않다.

④ D는 바람이 왼쪽에서 오른쪽으로 불면서 아래로 향하는 힘이 있을 때 목표로 쏘는 곳이므로 적절하지 않다.

3 ⓔ에서 오조준의 개념을 정의하면서 오조준은 바람의 방향과 세기에 따라 과녁에서 원래 목표 지점이 아닌 곳을 임시로 정하여 그곳에 화살을 쏘는 것이라며 그 방법을 제시하고 있다. 이는 바람의 방향과 세기의 활용을 서술한 것으로는 볼 수 있으나, 바람의 방향을 전환해야 할 필요성을 말한 것은 아니다.

① ㉠은 양궁의 개념을 밝힌 부분에 해당한다.

② ㉡ 뒤에 이어지는 내용을 보면, 선수들이 화살을 약간 위로 조준하는 것은 활시위를 떠난 화살이 포물선 운동을 할 것을 염두에 둔 행동임을 알 수 있다.

③ 3문단에서 '속도가 빠른 화살은 속도가 느린 화살과 비교하면 중력의 영향을 적게 받으므로 상대적으로 낙하하는 시간이 줄어들어'라고 하였으므로, 선수들은 이러한 초기 발사 속도와 중력의 관계를 고려하여 초기 발사 속도를 조절한다.

④ 5문단에서 '공기의 저항은 어떻게 줄일 수 있을까? 이것은 화살의 뒷부분에 화살 깃을 만들어 줌으로써 해결할 수 있다.'라고 하였으므로, 공기의 저항을 줄이는 방법을 제시하기 위해 화살 깃의 역할을 설명한 것이다.

영역 통합
02 로봇의 인권
본문 155~159쪽
지문 분석편 38쪽

STEP Ⅰ **1** (1) 제기하다 (2) 포착하다 (3) 야기하다 (4) 합당하다 (5) 받아들이다
2 제페토는 피노키오를 만들었다.
3 (1) 배반하고 (2) 배려하여

STEP Ⅱ **1** 로봇과의 관계
2 인공 지능, 도덕적, 외계인, 제페토
3 로봇, 인공 지능, 새로운 타자

STEP Ⅲ **1** ④ **2** ⑤ **3** ②

1 3문단의 로드니 브룩스, 4문단의 시게오 히로세, 5문단의 로봇 공학자들 등 로봇과 관련한 여러 전문가의 다양한 관점을 소개하고 있다. 또한 3문단의 '로봇에게 인간적 위상과 인간적 권리를 어느 만큼 인정해야 할 것인가 하는 문제를 야기한다.', 4문단의 '로봇이

언젠가 인간과 같은 정도의 지능과 의식을 갖게 된다면 이들을 우리가 통제의 대상으로 취급해도 될지는 생각해 보아야 할 문제이다.', 5문단의 '이것은 우리에게 '새로운 타자'라는 철학적 과제를 던지며 결국 인간의 정체성과 인간 존재론에 대한 성찰을 요구할 것이다.'를 통해 로봇 시대를 맞는 인류의 과제에 대해 알 수 있다.

① 1문단에서 「피노키오」 동화를 인용하고 있는 것은 맞지만, 이는 미래에 대한 비관적인 전망을 제시하는 것이 아니라 피노키오 이야기가 우리에게 철학적 과제를 던져 준다는 것이다.

② 로봇 기술 발전과 관련하여 제기되는 로봇이라는 새로운 타자에 대한 인류의 자세를 언급하고 있는 것이지, 로봇 기술 발전이 가져올 긍정적인 변화를 제시하는 것은 아니다.

③ 로봇 산업의 현황이나 로봇의 경제적 가치에 대한 언급은 없다.

⑤ 로봇의 등장이 가져온 신기술에 대한 언급은 나타나 있지 않다.

2 5문단에서 로봇을 인간과 다른 존재로 인식하고 지구에서 만들어진 일종의 지능적 외계인으로 보는 로봇 공학자들은, 로봇의 인권을 인정할 것인가에 대한 문제보다는 로봇에게 로봇권을 어떻게 인정할 것인가의 문제가 있을 것이라고 하였다.

① 5문단에서 '굳이 인간을 닮은 로봇이 이상적인 것은 아니라고 주장하는 로봇 공학자들도 있다. 이들은 로봇에게 인공 지능이 필요하지만, 반드시 인간과 같은 두뇌를 가질 필요는 없으며 인간의 두뇌와 완전히 다른 회로 구조를 통해 매우 지능적으로 행동하는 로봇이 가능할지도 모른다는 전제 아래 연구를 계속하고 있다.'라고 하였다. 따라서 로봇이 반드시 인간과 동일할 필요는 없다는 반응은 적절하다.

② 3문단에서 '매사추세츠 공과 대학 인공 지능 연구소 소장 로드니 브룩스는 로봇 공학의 가장 본질적 특징으로 로봇이 빠르게 인간을 닮아 간다는 점을 강조한다. 다시 말해, 로봇의 진화가 목표로 삼는 것은 '인간 되기'라는 것이다.'라고 하였고, 5문단에서 '굳이 인간을 닮은 로봇이 이상적인 것은 아니라고 주장하는 로봇 공학자들도 있다.'라고 하였다. 이들은 각각 인간을 닮은 로봇과 지능적 외계인과 같은 존재인 로봇이라는 로봇의 진화에 대해 서로 다른 관점을 가진 공학자들에 해당한다. 따라서 로봇의 진화에 대해 다른 관점을 가진 전문가들이 있다고 한 반응은 적절하다.

③ 6문단에서 '제페토는 언제나 자신의 피조물을 배려하고 그를 위해 희생하며 그가 아무리 말썽을 피우더라도 받아들일 준비를 하고 있다. 이런 제페토의 태도를 한마디로 표현하면 '인내'이다. 이처럼 인간과 새로운 타자로서 로봇은 무엇보다도 서로 인내하는 것을 배워야 할지 모른다.'라고 하였다. 따라서 로봇 시대에는 제페토처럼 인내하는 태도가 필요할 것이라는 반응은 적절하다.

④ 4문단에서 '무엇보다도 로봇은 생물학적 생존을 위해 투쟁할 필요가 없으므로, 로봇을 이기적이지 않게 만들 수 있다는 것이다. 그는 예의 바르고, 똑똑하고, 심지어 성인(聖人) 같은 로봇이 가능하다고 주장한다.'라고 하였다. 따라서 로봇이 똑똑하면서도 착한 마음씨를 갖는 것이 가능하다는 반응은 적절하다.

3 제페토는 창조자, 피노키오는 피조물이며, 제페토는 온갖 말썽을 피우는 피노키오를 인내심을 갖고 지켜본다. 이를 로봇 공학의 미래와 관련지어 판단하면, 인간은 창조자, 로봇은 피조물이다. 그리고 창조자인 인간은 로봇을 인내심을 갖고 지켜보아야 할 것이다. 그런데 ②에서는 '예의 바르고, 똑똑하고, 심지어 성인 같은 로봇'이라고 진술하고 있다. 이는 시게오 히로세의 견해로 인간이 창조한 피조물인 로봇의 성격을 이렇게 판단한다는 것이다. 따라서 탐구 과제에서 요구하는 창조자와 피조물의 관계, 피조물에 대한 창조자의 태도가 어떠해야 하는지에 대한 답변이 될 수 없다.

> 오답 해설

① 창조자인 제페토와 피조물인 피노키오의 관계는 창조자는 인간, 피조물은 로봇인 관계로 볼 수 있다.

③ 창조자인 제페토가 피조물인 피노키오의 행동을 제어하지 못하는 것은, 로봇의 행동을 제어하지 못하는 인간의 한계에 대응한다고 볼 수 있다.

④ 피조물이 발휘하는 능력의 역설은 피조물이 창조자를 넘어서는 능력을 지닌다는 것을 의미한다. 따라서 고래 배 속에서 제페토를 구한 피노키오의 능력은 인간의 신체적·정신적 능력을 뛰어넘는 로봇과 대응한다고 볼 수 있다.

⑤ 인간을 닮아 가는 피조물의 경우, 3문단에서도 언급했듯이 로봇 진화의 목표가 '인간 되기'라는 점을 생각할 때 인간의 모습을 하고 인간의 일을 하는 로봇 아나운서, 로봇 상담원 등이 인간을 닮아 가는 것으로 볼 수 있다.

영역 통합
03 인쇄술의 발달과 사회의 변화

본문 160~164쪽
지문 분석편 39쪽

STEP **Ⅰ** **1** (1) 유포 (2) 착상 (3) 기여 (4) 대물림 (5) 탄압
2 (1) 배후 (2) 공정 (3) 다방면
3 쓰인, 써진

STEP **Ⅱ** **1** 인쇄술의 발달
2 문명, 문자 매체, 금속 활자
3 인쇄기, 대량으로 인쇄됨, 인류의 새 시대가 열리게 됨.

STEP **Ⅲ** **1** ④   **2** ①   **3** ④

1 1문단의 내용을 통해 지식과 문화가 풍성하면 인류가 발전한다는 내용은 추리할 수 있지만, 문화가 우수한 민족이라고 해서 정치와 종교의 권위를 존중한다는 내용은 제시되어 있지 않다. 오히려 4문단과 5문단에서 인쇄술의 발달로 의식 수준이 높아진 사람들이 종교의 권위에 대해 비판하는 분위기를 형성했다는 내용이 제시되어 있다.

> 오답 해설

① 1문단에 인류의 문화 자산이 후손들에게 전해졌다는 내용이 제시되어 있다.

② 1문단에서 문자의 발명이 고도로 발전한 문명의 필수 요소였음을 밝히고 있다.

③ 4문단에서 책을 접하지 못했던 사람들이 지식과 정보를 터득함으로써 새로운 사상과 이념 등을 터득하게 되었다는 내용을 다루고 있다.

⑤ 4문단과 5문단을 통해 인쇄술의 발달로 책이 대량 생산되어 결국에는 인류의 의식 수준이 높아졌다는 것을 알 수 있다.

2 이 글은 인쇄술의 발달 과정을 제시하면서 이러한 인쇄술의 발달이 인류에게 어떠한 변화를 가져왔는지 서술하고 있다. 파피루스 두루마리 형태의 책에서 활자를 구워 찍어 내는 형태, 금속으로 만든 활자를 인쇄기에 찍는 방식 등 인쇄술의 발달 과정이 시간 순서대로 제시되어 있고, 이러한 인쇄술의 발달이 인류의 새 시대가 열리게 해 준 계기가 되었다고 설명하고 있다. 따라서 이 글은 대상이 발전해 온 과정을 순서대로 제시하고 있다고 볼 수 있다.

> 오답 해설

② 문답 형식은 질문과 이에 대한 답변으로 구성되는 서술 방식인데, 이 글에서는 문답의 형식은 나타나 있지 않다.

③ 대상을 이루고 있는 구성 요소들을 분석하며 설명하는 방식은 분석의 서술 방법에 해당한다. 이 글에서는 인쇄술을 이루고 있는 구성 요소들을 분석하고 있지는 않다.

④ 인쇄술의 다양한 방식이 나타나 있기는 하지만 그 종류를 나열하고 각각의 장단점을 비교하고 있지는 않다.

⑤ 인쇄술을 다른 대상과 대조하고 있지 않으며 이를 바탕으로 새로운 개념을 이끌어 내고 있지도 않다.

3 조선 조정은 백성들을 교화할 목적으로 한문으로 쓰인 『삼강행실도』 등의 책을 한글로 번역하였다. 이는 국가가 원하는 대로 유교적 통치 이념을 실현하고자 한 것이지 혁명적인 사상을 탄압하지 않았다는 것은 아니다. 즉, 조선에서 역모를 꾀하거나 국가의 통치 이념인 유학에 반대되는 사상에 대해 어떻게 처리했는지는 〈보기〉에 나와 있지 않으므로, 국가가 이를 탄압하지 않았을 것이라 추측하는 것은 타당하지 않다.

> 오답 해설

① 세종이 한글을 창제한 것은 인쇄된 책이 있어도 백성들이 그것을 읽을 수 없는 상황을 안타깝게 여겼기 때문이다. 즉 세종의 한글 창제는 인쇄술의 발달, 말과 글이 다른 언어생활 등과 밀접한 관련이 있기에 ㉠을 보여 준다고 할 수 있다.

② 고려 시대 때 인쇄술이 발달하여 불경 간행 등이 활발하게 이루어졌지만, 그 이전에는 손으로 썼기 때문에 ㉡처럼 그렇게 만들어진 책을 일반인들이 접근하기는 쉽지 않았을 것이다. 따라서 손으로 책을 베껴 쓰던 시절의 고려에서도 불경 등의 책은 소수의 사람들만 독점했을 것임을 알 수 있다.

③ ㉢에 제시된 것처럼 유럽에서도 새로운 지식이나 정보를 얻기 위해 글을 배우려는 사람이 늘어난 것을 보면, 조선에서도 새로운 지식과 사상을 터득하고 싶은 백성은 한글을 배웠을 것으로 짐작할 수 있다.

⑤ ㉢에서 유럽의 사상가들이 자신들의 사상을 책을 통해 유포한 것처럼, 조선에서도 「홍길동전」이라는 책을 통해 신분 차별이나 사회 부조리에 대한 작가의 비판적 사상이 유포되었다고 볼 수 있다.

③ 일반적인 사형보다 더 잔인한 벌을 주는 것은 다른 사람들에게 두려움과 경각심을 심어 주어 다시는 유사한 범죄가 반복되지 않게 하려는 의도를 지니고 있다고 볼 수 있다. 이는 곧 형벌을 통해 범죄 예방의 효과를 얻으려는 것으로, 일반 예방주의에 해당한다.

⑤ 죄수를 완전히 격리하여 가두어 둔다는 것은, 어떻게 해도 교화되지 않는 사람이 있다는 인식을 드러내고 있는 예이다. 이는 교화를 중시하는 특별 예방주의의 입장에 대한 반론으로 활용될 수 있다.

영역 통합 04 범죄와 형벌

본문 165~168쪽
지문 분석편 40쪽

STEP **I** **1** (1) 발각 (2) 처벌 (3) 박탈
2 우후죽순

STEP **II** **1** 범죄에 따른 형벌에 대한 세 가지 입장
2 특별 예방주의, 사회
3 형벌, 일반 예방주의, 교화, 교화

STEP **III** **1** ③   **2** ④

---

1 ㄱ. 고전적 입장을 취한다면 무임승차를 하다 적발되었을 때 요금을 내면 된다고 생각할 수 있기 때문에 이를 막기 위해 무임승차 운임의 30배를 내도록 한다는 강력한 규정을 정한 것이다.
ㄴ. 무임승차에 대한 규정을 정확히 정해 놓은 것은, 무임승차 행위가 발생했을 때 처벌 수준에 대한 논란이 없도록 하는 효과가 있다.
ㄷ. 무임승차를 하다 적발되었을 때 운임의 30배를 벌금으로 내게 된다는 점을 알게 되면 사람들은 적은 벌금을 내는 것보다 훨씬 더 조심하게 될 것이다. 따라서 무임승차를 예방하는 효과를 가져올 수 있다.

오답 해설

ㄹ. 지하철 무임승차에 대해 요금의 30배나 되는 벌금을 내도록 규정한 것은 죄를 저지른 자는 당연히 그에 걸맞은 벌을 받아야 한다고 보는 입장을 반영한 것이다. 그리고 죄에 비해 강한 처벌을 하여 무임승차 예방 효과를 가져온다는 점에서 무임승차한 사람을 교화해서 같은 죄를 반복하지 않도록 해 준다는 것은 적절하지 않다.

2 ㄷ는 교화가 불가능하다고 판단된 범죄자를 섬 감옥에 완전히 격리한다는 내용으로, 이는 교화가 불가능한 사람도 있다고 생각한 당시의 인식을 보여 주는 예라고 할 수 있다. 하지만 이런 강력한 격리 제도가 형량을 정할 때 범죄 결과보다 범죄자 개인에게 초점을 맞춰 정해진다는 것을 증명할 근거는 찾아볼 수 없다.

오답 해설

① '눈에는 눈, 이에는 이'는 죄를 지은 사람은 그에 해당하는 벌을 받는다는 내용으로, 이는 응보형주의에 해당한다.
② 죄를 지은 사람은 그에 해당하는 벌을 받는다는 내용으로, 고전적인 입장을 대표하는 예이다.

중학 국어로 수능 잡기

꿈을 키우는 인강

중학도 EBS!

EBS중학의 무료강좌와 프리미엄강좌로 완벽 내신대비!

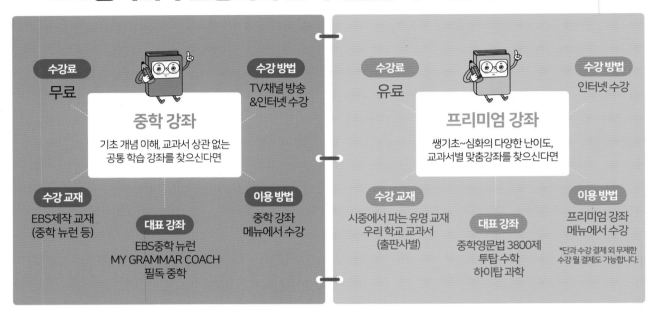

| **수강료** | | **수강 방법** |
| 무료 | **중학 강좌** | TV채널 방송 &인터넷 수강 |

기초 개념 이해, 교과서 상관 없는 공통 학습 강좌를 찾으신다면

| **수강 교재** | **대표 강좌** | **이용 방법** |
| EBS제작 교재 (중학 뉴런 등) | EBS중학 뉴런 MY GRAMMAR COACH 필독 중학 | 중학 강좌 메뉴에서 수강 |

| **수강료** | | **수강 방법** |
| 유료 | **프리미엄 강좌** | 인터넷 수강 |

쌩기초~심화의 다양한 난이도, 교과서별 맞춤강좌를 찾으신다면

| **수강 교재** | **대표 강좌** | **이용 방법** |
| 시중에서 파는 유명 교재 우리 학교 교과서 (출판사별) | 중학영문법 3800제 투탑 수학 하이탑 과학 | 프리미엄 강좌 메뉴에서 수강 |

*단과 수강 결제 외 무제한 수강 월 결제도 가능합니다.

프리패스 하나면 EBS중학프리미엄 전 강좌 무제한 수강

내신 대비 진도 강좌

☑ 국어/영어: 출판사별 국어7종/ 영어9종 우리학교 교과서 맞춤강좌

☑ 수학/과학: 시중 유명 교재 강좌 모든 출판사 내신 공통 강좌

☑ 사회/역사: 개념 및 핵심 강좌 자유학기제 대비 강좌

영어 수학 수준별 강좌

☑ 영어: 영역별 다양한 레벨의 강좌 문법 5종/독해 1종/듣기 1종 어휘 3종/회화 3종/쓰기 1종

☑ 수학: 실력에 딱 맞춘 수준별 강좌 기초개념 3종/ 문제적용 4종 유형훈련 3종/ 최고심화 3종

시험 대비 / 예비 강좌

· 중간, 기말고사 대비 특강
· 서술형 대비 특강
· 수행평가 대비 특강
· 반배치 고사 대비 강좌
· 예비 중1 선행 강좌
· 예비 고1 선행 강좌

왜 EBS중학프리미엄 프리패스를 선택해야 할까요?

현직 교사들이 직접 참여하는 강의

타사 대비 60% 수준의 합리적 수강료

프리패스 회원만을 위한 특별한 혜택

자세한 내용은 EBS중학 > 프리미엄 강좌 > 무한수강 프리패스(http://mid.ebs.co.kr/premium/middle/index) 에서 확인할 수 있습니다.

*사정상 개설강좌, 가격정책은 변경될 수 있습니다.